本书为国家社会科学基金西部项目"金代家族与金代文学关系研究"（项目编号：09XZW007）最终成果。

# 金代家族与金代文学关系研究

杨忠谦 ◎ 著

中国社会科学出版社

# 图书在版编目(CIP)数据

金代家族与金代文学关系研究 / 杨忠谦著 . —北京：中国社会科学出版社，2019.5

ISBN 978-7-5203-4342-8

Ⅰ.①金… Ⅱ.①杨… Ⅲ.①家族-研究-中国-金代②中国文学-古典文学研究-金代 Ⅳ.①K820.9②I206.464

中国版本图书馆 CIP 数据核字（2019）第 080117 号

| | |
|---|---|
| 出 版 人 | 赵剑英 |
| 责任编辑 | 慈明亮 |
| 责任校对 | 冯英爽 |
| 责任印制 | 戴 宽 |

| | |
|---|---|
| 出　　版 | 中国社会科学出版社 |
| 社　　址 | 北京鼓楼西大街甲 158 号 |
| 邮　　编 | 100720 |
| 网　　址 | http：//www.csspw.cn |
| 发 行 部 | 010-84083685 |
| 门 市 部 | 010-84029450 |
| 经　　销 | 新华书店及其他书店 |

| | |
|---|---|
| 印　　刷 | 北京明恒达印务有限公司 |
| 装　　订 | 廊坊市广阳区广增装订厂 |
| 版　　次 | 2019 年 5 月第 1 版 |
| 印　　次 | 2019 年 5 月第 1 次印刷 |

| | |
|---|---|
| 开　　本 | 710×1000　1/16 |
| 印　　张 | 19.5 |
| 插　　页 | 2 |
| 字　　数 | 301 千字 |
| 定　　价 | 99.00 元 |

凡购买中国社会科学出版社图书，如有质量问题请与本社营销中心联系调换
电话：010-84083683
版权所有　侵权必究

# 序 一

狄宝心

近日忠谦兄告知其国家社科基金项目"金代家族与金代文学关系研究"即将付梓，嘱我为序，欣然应承。之所以如此，一是因早在20世纪末就与忠谦兄结交，对这位雁北大汉忠厚踏实的品格十分喜欢；二是因早已看过其阶段性成果——在博士论文基础上充实出版的专著《政权对立与文化融合——金代中期诗坛研究》（人民出版社2010年版）及论文《科举文化视野下的金代家族与文学》（《民族文学研究》2011年第6期）等，对其在金代文学研究领域持之以恒、盈科后进的学术取向及勤奋扎实的学人品行有深入的了解。元好问《论诗三十首》之六"心画心声总失真，文章宁复见为人。高情千古闲居赋，争信安仁拜路尘"，其人品决定诗品之逻辑推理的合理性曾遭质疑，就学术言，学人品行决定其学术表现的合理成分则更多。我对金代文学的研究成果看得较多，往往能看出作者的品性来。如有的文章所引资料不出前人范围，甚而直接转引，承续其误；所持观点或组合前人而成，或在文字层面改头换面，大同小异。由此我断定其人属不肯吃苦爱耍小聪明者，就敬而远之，不愿深交。做学问者大致可分两类，老实人靠勤奋重资料的挖掘，睿智者重理论，往往整合前者成果进而提炼升华。当然这两者不是二元对立，而是相辅相成各有侧重，以资料为重者亦需从广阔的背景中发现其价值，再从理论的高度提炼学术命题。忠谦兄做学问应属此类，这从本书的选题布局及论证推理中即可得到印证。

就选题言，近年来的古代文学研究比较注重创作主体的生成环境考察，从自然的、社会的、文化的多种角度研究其对作者的决定性影响。在家族文化与作家作品之内在联系的研究方面，汉、晋、唐、宋的成果较多，金代则仅有两三篇论文涉及，系统深入研究的论著尚未见。忠谦兄站在学术前沿，勇于借鉴有关理论与实绩，为金代文学研究范围的扩大、披荆斩棘开辟出一条新路。金代文学的研究基础向来比较薄弱，有关的现成资料不多，需要应用文献学知识，纵贯文、史、地，并突破书籍载体的局限，从碑刻文物等更广的范围搜罗。忠谦兄刻意于金代文化文学原生态的复原，从家族、民族等不同层面，借助文学、史学、民族学、文化学等资源，扩大视野搜集整理了大量文献，为学界奉献出一部视域宽广、内容丰富、证据坚实、理由充分、可喜可贺的专著。

就谋篇布局言，本书既有宏大视域下的鸟瞰整合，也有对代表性家族的审视根究，亦可谓点面结合，结构得体。初做学问时看待资料往往是只见树木不见森林，只能由材料到观点，有一分资料说一分话。等到在某领域日积月累达到一定的程度时，便可在相关研究的基础上预先设计议题，再穷尽性搜集有关资料，从史料学角度判断其可信度，从时代背景的角度判断哪些属个例、哪些属普例，高屋建瓴，既见树木，又见森林，从而做到观点鲜明，证据确凿，思路清晰，说服力强。忠谦兄业已达到这种"昨夜西风凋碧树，独上高楼，望尽天涯路"的学术境界。如总论部分在地域文化的视域中加入民族文化研究维度，梳理了金代家族的文化与文学在多民族文化融合中互动关系，力求对金代文学原生态作深入准确的把握，对金代文学产生与创作的文化环境、当下语境提供合理还原，这就需要有像考古者复原文物的能力，将碎片化的资料激活，组成有机系统，注入鲜活内容。个案研究将有代表性的文学家族的命运和成就放在金代社会生活变迁与文化形态转型的过程中考察，在逻辑上则以归纳为主。如对浑源刘氏家族文化的追踪考察，先将有关资料梳理铺排，而后归纳概括为"赋学—诗学—理学—史学"，进而推导出与金朝学术文化的发展演变同步的论断。这同样需要由此及彼、由表及里的功夫，从字里行间入木三分地看到文献载体所饱含的信息蕴量。

按项目的名称与事先的设计，本书是从金代家族的角度研究金代文学的，前者属方法层面，后者属终极目标，是重心所在。我觉得忠谦兄对后者还可以再用力一些，可以结合金代民族大融合的背景，将有代表性的文学家族在金代文学创作方面的具体体现再进一步充分的分析和论证。

感谢忠谦兄让我当第一读者，拜读中受益良多。忠谦兄正值壮年有为之际，前途无量，希望在以后的学术道路上取得更多成就。

# 序 二

## 黄 珅

宋金对抗已成为历史,当年金戈铁马、旌旗蔽空的景象,早已灰飞烟灭。但其影响不会就此消失,仍有一些问题,萦绕在后人的心头。为什么泱泱中原皇朝,面对一个北方游牧民族,竟然一败涂地?金朝的崛起,真如某些文学作品描述的那样,仅仅只是依靠武力?女真民族,难道始终只会挽弓射雕、策马搴旗?在其强盛的过程中,社会在发生怎样的变化?文化因素起着怎样的作用?

对此,可以进行无穷尽的思索,展开多方面的探讨。更需要孜孜不倦的学者,对一个个具体的问题,进行深入研究,推出具有原创意义的成果。

杨忠谦教授撰写的《金代家族与金代文学关系研究》,便是这样一部值得重视的著作。

陈寅恪先生指出:"夫士族之特点既在其门风之优美,不同于凡庶,而优美之门风实基于学业之因袭。故士族家世相传之学乃与当时之政治社会有极重要之影响。"(《唐代政治史述论稿》中篇)这一点,在金朝得到同样具体的印证。但是,能够系统研究金代社会文化生态和文学关系的成果并不多。通过对金代家族的衍生状态、文化特征、创作情况进行考察研究,展现金代家族与文学的互动生成,揭示金代家族文学多样化的文化形态、特殊的文化价值、对当时社会的推动作用,更是罕见。

可喜的是,《金代家族与金代文学关系研究》这部著作,能从问题意识入手,对金代家族进行系统的史实、文献和文学梳理研究,描述了金代文学家族的衍化,并通过家族这一研究视角,将涵盖诸多民族特色的金代家族与金代文学的关联性,作为一个有机整体来把握,从民族关系、地域色彩、社会背景、文化政策、文学发展等多个角度,进行全方位的探讨，对金代文学产生与创作的文化环境、当下语境提供合理还原，使金代文学的阐释和重构呈现一种逻辑上的体系性，揭示了这一被遮蔽的学术思路潜在的研究价值，在金代文学研究领域，作了新的开拓。

金代的文学家族，数量之多，遍布之广、声誉之高，是金代以前文学史、家族史中少见的。在这部著作中，既有全景式扫描，又有聚焦式关注。从中我们看到当时辽金少数民族文化的儒学化，反映了北方游牧渔猎文化与中原农耕文化的双向交流与优势互补，以及对代表中华民族主体文化——中原儒家文化的认同感和归属感。看到长期接受儒学影响的北方家族，在文学艺术方面所呈现的高度汉化的倾向。看到培养通晓诸国语言的人才，已上升为女真政权的治国政策，成为科举考试的内容和选官的条件。原本主要从事文字交流、文化传播的译史、通事等，也成了家族文学创作主体的重要组成部分。伴随各个阶层的汉化进程，展现出金代文学发展的历史脉络。

这部著作将一些有代表性的文学家族的命运和成就，放在金代社会生活变迁、民族文化融合与文化形态转型的过程中加以考察，在地域文化的研究中，引入民族文化研究的思考维度，阐发了北方游牧文化的南下，与儒家农耕文化的北上，在彼此间的交流与互动中所引发的少数民族文学在传承方式上的改变、胡姓家族文学地位的改变，汉族世家文学观念和文学风格的转变以及他们为金代文学的整体格局的形成和在文化建设方面的贡献。

总之，这部著作探讨了北方文化背景下的、汉化政策下的、科举政策影响下的家族与文学关系，揭示了金代文学家族之间的互动及生成的文化土壤与文化生态，指出正是社会文化环境的诱发，朝廷汉化政策的推行，以儒学为主的家族文化的熏陶，促进了金代家族文学的繁荣。进而提出由家族内聚力所产生的强大生命力，更是儒家传统文化的储存与传播的有效载体，即使在金朝灭亡之后，中原文化学术也不会随之而去。

这部著作能回归具体的历史情境，从探明事理和理解前人心曲的动机出发，推翻了以往人们对金代社会的一些褊狭认识，祛除了对金代家族研究的学术遮蔽，充分肯定了金代文学家族在推动金代汉化进程中的历史贡献。虽然重心在研究金代家族与金代文学的关系，但为此展现的史料，以及从中推出的结论，也会加深、完善人们对金代历史、社会的认识，对重新评估宋金之间的抗争，提供有益的启示。

鉴于金代文学研究，还有不少领域可以开拓，还有许多问题需要深刻、合理的回答，满心期待杨忠谦教授推出更多有价值的成果。

# 目　　录

绪论 ……………………………………………………………… (1)
　一　本书拟讨论的问题 ……………………………………… (1)
　二　学术史回顾 ……………………………………………… (3)
　三　研究对象的确定 ………………………………………… (9)
　四　有关概念的阐释 ………………………………………… (11)
　五　主要内容及观点 ………………………………………… (13)

**第一章　北方文化背景下的家族与文学关系论** ……………… (15)
　第一节　金代地域文化特征 ………………………………… (15)
　第二节　文学视野下的金代谱牒文化形态 ………………… (20)
　　一　北方谱牒撰写传统 …………………………………… (21)
　　二　金代汉人家族谱牒书写的多样性 …………………… (22)
　　三　金代谱牒文化的民间基础 …………………………… (34)
　　四　金代谱牒文化的学术性 ……………………………… (36)
　　五　金代谱牒文化的文学性 ……………………………… (38)
　第三节　金代家族在农耕—游牧文化融合中的作用 ……… (41)
　第四节　辽、宋入金家族及其文化贡献 …………………… (45)
　　一　由辽入金家族 ………………………………………… (45)
　　二　由宋入金的士族 ……………………………………… (48)
　第五节　金代家族转型与文化贡献 ………………………… (53)
　　一　军功家族转型 ………………………………………… (53)
　　二　医学家族的文学转型 ………………………………… (55)
　　三　亦文亦医家族 ………………………………………… (56)
　　四　地方豪族文学转型 …………………………………… (56)
　　五　金末家族的文化贡献 ………………………………… (62)

## 第二章 汉化政策下的金代家族与文学关系论 …………………… (68)
### 第一节 金代文化的儒学化趋向与金代家族的文化发展 ……… (68)
一 金代立国之前我国北方胡姓政权统治下的儒学发展 …… (69)
二 金代的儒学化 …………………………………………… (73)
### 第二节 汉化背景下金代家族的读书嗜学风气 ………………… (80)
一 藏书 ……………………………………………………… (81)
二 重教 ……………………………………………………… (85)
三 重学 ……………………………………………………… (90)
### 第三节 金代文学的家族化 ……………………………………… (91)

## 第三章 科举政策影响下的家族与文学 ……………………………… (97)
### 第一节 金代科宦——文学家族的产生 ………………………… (98)
### 第二节 科宦家族的家风与家学 ………………………………… (110)
### 第三节 尊崇伦理、气节的士大夫文化 ………………………… (121)
### 第四节 科宦家族的文学风貌 …………………………………… (128)

## 第四章 家族文学的空间流动与交流 ………………………………… (135)
### 第一节 战争、移民、贬谪等带来的文学家族流动 …………… (135)
一 战争动乱 ………………………………………………… (135)
二 移民迁居 ………………………………………………… (143)
三 政府迁都 ………………………………………………… (145)
### 第二节 从敬宗收族到以文继祖 ………………………………… (149)
### 第三节 家族间的通婚与文学交流 ……………………………… (155)

## 第五章 金代女真皇族与文学 ………………………………………… (162)
### 第一节 金代女真皇族谱牒文化述论 …………………………… (163)
### 第二节 金初四朝的皇族与文学——以完颜亮为中心 ………… (177)
### 第三节 世宗一系的文学——以完颜璟为中心 ………………… (183)
一 世宗一系的皇族教育 …………………………………… (183)
二 世宗一系文学创作 ……………………………………… (186)
### 第四节 金末皇族的文化影响——以完颜璹为中心 …………… (191)

## 第六章 金代北方胡姓家族与文学 …………………………………… (199)
### 第一节 金代胡姓家族与文学 …………………………………… (199)
一 金代对于少数民族贵族子弟的主要培养方向 ………… (201)

二　女真贵族与文学 …………………………………………（204）
　　三　猛安谋克与文学 …………………………………………（207）
　　四　其他高度汉化的胡姓家族与文学 ………………………（208）
　第二节　契丹家族文学——以耶律履家族为中心的考察 ………（214）
　　一　耶律氏谱系 ………………………………………………（215）
　　二　耶律氏家族意识 …………………………………………（217）
　　三　耶律氏儒学渊源 …………………………………………（218）
　　四　耶律氏家族的嗜学传统 …………………………………（222）
　　五　耶律氏家族的学术成就 …………………………………（225）
　　六　耶律氏家族的文化贡献 …………………………………（227）
　　七　耶律氏文学思想 …………………………………………（229）
　第三节　胡姓家族的文化贡献 ……………………………………（232）
第七章　西京浑源刘氏家族 ……………………………………………（237）
　第一节　刘氏家族谱系 ……………………………………………（240）
　第二节　刘氏家族家风特征论 ……………………………………（245）
　第三节　刘氏家族文学特色 ………………………………………（250）
　第四节　刘氏联姻家族文化特征考论 ……………………………（262）
　　一　主要联姻家族 ……………………………………………（262）
　　二　联姻家族文化特征 ………………………………………（263）
　　三　联姻家族的社会影响 ……………………………………（265）
　　四　联姻家族的交谊 …………………………………………（266）
第八章　渤海熊岳王氏家族 ……………………………………………（270）
　第一节　渤海文化背景下的王氏家族谱系 ………………………（270）
　第二节　王氏家族的文化贡献与文学创作——以王庭筠为
　　　　　中心 ……………………………………………………（274）
　　一　诗词创作 …………………………………………………（276）
　　二　书画成就 …………………………………………………（282）
　第三节　渤海四大家族关系考察 …………………………………（285）
参考书目 …………………………………………………………………（293）
后记 ………………………………………………………………………（297）

# 绪　　论

金代是北方女真贵族建立起来的政权，有一百二十年的历史。女真政权统治下的金代文学是中国古代文学的重要组成部分。从 20 世纪后期开始，越来越多的学者致力于金代文学的研究，并取得了令人瞩目的成果。举凡文学理论与思潮研究、各类文体研究、文本研究、士风研究等，都有突破性成就。作品总集、别集的辑佚、校勘、笺注，作家身世、交游、行踪的考证与诗文系年，都有高质量的成果问世。文学批评方面，有张晶《辽金元文学论稿》，詹杭伦《金代文学史》《金代文学思想史》，胡传志《金代文学研究》等；诗词研究方面，有张晶《辽金诗史》，赵维江《金元词论稿》，陶然《金元词通论》等；综合研究有裴兴荣《金代科举与文学》，胡传志《宋金文学的交融与演进》等。这些著作从宏观和微观方面对辽、金两代文学创作、文学思想和文学理论的发展进行了认真的梳理，填补了辽金文学研究的空白。专题研究也都取得了不小的成绩，有胡传志、裴兴荣《中州集》系列研究，刘达科《河汾诸老诗集》，赵永源《遗山词研究》等。文献整理校勘方面，有阎凤梧、康金声《全辽金诗》，阎凤梧《全辽金文》；狄宝心《元好问诗编年校注》《元好问文编年校注》，刘达科《辽金元诗文史料述要》，胡传志、李定乾《滹南遗老集校注》，胡传志《金代诗论辑存校注》、马振君《王若虚集》等；对金代作者生平考订、诗文系年等进行文献整理与研究方面，有王庆生《金代文学家年谱》，牛贵琥《金代文学编年史》，狄宝心《元好问年谱新编》等。正是因为这些学者筚路蓝缕、抉微钩沉的开拓奉献，为金代文学的深入研究提供了坚实的基础。

## 一　本书拟讨论的问题

家族与文学的关系研究，从陈寅恪先生较早注意以来，逐渐成为文学研究的热点之一。最近十多年来，主要成果丰硕。汉代家族与文学研究主要成果有：吴桂美论文《东汉文学的家族化和家族的文学化》①《东汉家族文学与文学家族》②，魏宏灿论文《曹氏家族的武功修持与文学创作》③。两晋时期的研究：孙明君专著《两晋士族文学研究》④。南北朝时期研究：杨东林论文《略论南朝的家族与文学》⑤。刘跃进专著《门阀士族与永明文学》⑥、程章灿专著《陈郡阳夏谢氏：六朝文学士族之个案研究》⑦及《世族与六朝文学》⑧。唐代时期的研究：李浩专著《唐代关中士族与文学》⑨及《唐代三大地域文学士族研究》⑩。宋代研究有张剑、吕肖奂论文《宋代的文学家族与家族文学》⑪，张剑、吕肖奂专著《宋代家族与文学研究》⑫、张剑的《宋代家族与文学——以澶州晁氏为中心》⑬、汤江浩博士学位论文《北宋临川王氏家族及文学考论：以王安石为中心》。王善军论文《宋代三槐王氏家族的仕宦、婚姻与文化成就》⑭。明清时期研究有宗韵专著《明代家族上行流动研究》⑮、江庆柏专著《明清苏南望族文化研究》⑯等。

上述学者都能够从家族的角度来研究中国古代文学的发展，开拓了古代文学研究的新领域。不过，这些研究的成果皆偏重于历史上汉族政权统治下的文学发展，较少涉及少数民族的家族文学成就及地位。所

---

① 《求索》2010 年第 10 期。
② 《中国文学研究》2008 年第 3 期。
③ 《阜阳师范学院学报》2002 年第 2 期。
④ 孙明君：《两晋士族文学研究》，中华书局 2010 年版。
⑤ 《文学评论》1994 年第 3 期。
⑥ 刘跃进：《门阀士族与永明文学》，生活·读书·新知三联书店 1996 年版。
⑦ 程章灿：《陈郡阳夏谢氏：六朝文学士族之个案研究》，台北文津出版社 1993 年版。
⑧ 程章灿：《世族与六朝文学》，黑龙江教育出版社 1998 年版。
⑨ 李浩：《唐代关中士族与文学》，台北文津出版社 1999 年版。
⑩ 李浩：《唐代三大地域文学士族研究》，中华书局 2002 年版。
⑪ 《文学评论》2006 年第 4 期。
⑫ 张剑、吕肖奂：《宋代家族与文学研究》，中国社会科学出版社 2009 年版。
⑬ 张剑：《宋代家族与文学——以澶州晁氏为中心》，北京出版社 2006 年版。
⑭ 《河北学刊》2003 年第 2 期。
⑮ 宗韵：《明代家族上行流动研究》，华东师范大学出版社 2009 年版。
⑯ 江庆柏：《明清苏南望族文化研究》，南京师范大学出版社 1999 年版。

以，在我国历史上少数民族建立政权统治下的家族与文学关系方面，研究成果比较少。关于金代家族研究，目前发现只有中央民族大学2005届杜成慧博士学位论文《金元时期浑源刘氏家族研究——以刘祁为中心》等少数成果。近几十年以来，对金代文学的研究也涉及了对金代的家族世系、交游、仕宦、婚姻等的相关考察，然而，由于学者研究重心的不同，对金代家族与文学关系的论述比较分散。金代文学家族的创作主体，除汉族文人外，女真、契丹、鲜卑、渤海等民族作家的贡献绝对不能忽视。所以从家族角度研究金代文学或者从文学角度观照金代家族，长期以来尚属于一个比较薄弱的研究环节，还属拓荒阶段，研究空间仍然十分巨大。

在金代多元一体的文化格局中，多民族之间构成的文化交流与文学发展，呈现一种双向交流、互动互补的趋势。这种趋势一大部分的原因也是依赖于家族。金代家族构成的特点比较独特。按民族构成，可分为汉人家族、女真家族、契丹家族及其他少数民族家族。按社会地位的高低可以分为皇帝宗室、世家大族、科宦家族、地方望族、平民庶族等。这些家族大多数呈现文学家族的特点。金代文学成就远大于南北朝时期北朝文学的成就，重要原因是金代家族特别是科举制度影响下的文学家族大量涌现。

本书通过金代家族与文学关联性的研究，对金代文学产生与创作的文化环境、当下语境提供合理还原，使对金代文学的阐释和重构呈现一种逻辑上的体系性，以期弥补金代研究的不足。

## 二 学术史回顾

金代文学是中国古代文学发展当中不可缺少的一环。自20世纪后半期以来，金代文学研究取得令人瞩目的成果。金代文学的研究朝着更加全面、深入的方向发展。特别是进入21世纪之后，随着中国古代文学研究的整体推进，文学分体研究、学科交叉研究，以及各种新观念、新角度的引入，给金代文学研究带来清新的活力和广阔的视野。就与本书相关的论题，也有越来越多的成果问世。

1. 有关金代文学家族的研究

狄宝心《元好问年谱新编》体例谨严，考证精审，内容包括对元氏家族家世、著述、交游及所处时代、社会背景相关文献的全面考证与深入研究。王庆生《金代文学家年谱》① 收录有金一代文学家共242人，除元遗山已有缪钺、狄宝心先生详谱而未收外，几乎囊括金代《中州集》《中州乐府》《河汾诸老诗集》三书全部作家。以大量的考证工作为基础，以翔实的文献资料来呈现金代文学家的行履和成就。其中包括家族资料、文学交往、仕宦生平、文学创作、文学特色等。

近年来，有关女真与其他胡姓家族文学的研究成果逐渐增多。代表成果有李玉君《论金朝皇族的文学艺术成就及其成因》② 和刘崇德、于东新《论金代完颜皇族词——以胡汉文化融合进程为中心》③，兰婷、王伟《金代皇室教育》④ 等。田同旭《论金元帝王诗与民族文化融合》⑤ 指出金元帝王诗歌是草原文化和中原文化相互融合的艺术结晶，有利于中原传统诗歌吸收新的艺术成分，推动中原传统诗歌的发展与社会的进步。周峰《完颜亮评传》⑥ 对完颜亮的一生做出全面描述与评价，在一定意义上复原历史的本来面目，肯定其在改革官制、重视科举等方面的贡献，还原出一个完整、全面的完颜亮来。由于偏重于历史的角度，所以对完颜亮的文学成就并未论及。范军、周峰《金章宗传》⑦ 向读者勾勒出一个类似于宋徽宗的、金代汉化最深的一个皇帝，举凡诗词歌赋、书法绘画，无所不通。

金、元耶律氏贵族文学是辽代耶律倍一系的皇族文学在新的历史时期的继续和升华，延绵四代，反映了契丹族后裔文学的水平和成就。刘达科《金元耶律氏家族文学世家探论》⑧ 一文，探讨耶律氏家族的文学成就。这一文学世家的形成充分显示了北方民族文化的边缘活力和各民族文化交融为中华文学带来的生机。漆水—燕蓟文化圈是耶律氏文学世家产生和发展的土壤。它上承渤海文化、唐文化，沿着自己独特的道路

---

① 王庆生：《金代文学家年谱》，凤凰出版社2005年版。
② 《大连大学学报》2010年第2期。
③ 《河北大学学报》2010年第1期。
④ 《吉林师范大学学报》2010年第2期。
⑤ 《民族文学研究》2008年第2期。
⑥ 周峰：《完颜亮评传》，民族出版社2002年版。
⑦ 范军、周峰：《金章宗传》，中国广播电视出版社2003年版。
⑧ 《民族文学研究》2003年第2期。

演进，代表契丹民族走出原始文化之后的主体性文化的走向。其最突出的特色就是体现了北方民族的游牧文化与汉民族的农耕文化的交流融合。

2. 金代地域文化与文学家族的关联性研究

近年来，地域文化学逐渐引入古代文学的研究。罗时进《家族文学研究的逻辑起点与问题视域》[①]认为，地理环境不仅是抽象的物质性地理状貌，而且是与生产、礼制、习俗、精神以及审美相联系的要素结构。种种要素在长期社会发展过程中逐渐符号化，与其他地域空间形成的文化世界产生差异，成为特定的地域文明。这种地域文明的形成，将在生存文化（如生产方式和衣食住行习俗）、交际文化（如礼仪和规范）、精神文化（如语言、文学、艺术、宗教）诸方面产生影响，并在与地理环境的物质因素相互作用、与社会环境的文化互动中显示出意义和价值。实际上，将家族文学与地域文化研究相结合的研究可以追溯到陈寅恪。陈寅恪先生在《隋唐制度渊源略论稿》一书中，论及"魏晋以降中国西北隅即河陇区域在文化学术史上所具之特殊性质"时说："当中原扰乱、京洛丘墟之时，苟边隅之地尚能维持和平秩序，则家族之学术亦得藉以遗传不坠。刘石纷乱之时，中原之地悉为战区，独河西一隅自前凉张氏以后尚称治安，故其本土世家之学术既可以保存，外来避乱之儒英亦得就之传授。历时既久，其文化学术逐渐具地域性质。"[②] 陈寅恪对魏晋南北朝家族与地域的关系研究可以给我们研究金代家族与文学提供参考。一些研究金代文化的学者从我国南北文化的宏观视角，指出金代文化的特殊性。

金朝与南宋隔江而治的状况，造成了当时北方地域文化与南方地域文化两大文化范型分化与强化的趋向以及并行发展的格局，那么对于辽金文学的阐释和评价，便涉及一个文化上的认同和立足点的问题。赵维江《地域文化视野中的辽金文学研究》[③]认为，北方地域文化视野不同于"正统"的中原文化视野。北方地域文化概念在辽金时期已与其他历史时期（包括统一王朝和南北分治时期）大不相同，一是地理上它

---

① 《中国社会科学》2012年第1期。
② 陈寅恪：《隋唐制度渊源略论稿》，中华书局1963年版，第19页。
③ 《学术研究》2005年第3期。

向北大大推移；二是民族和文化属性已掺入了更多的异质成分。民族的斗争与融合，文化的互动与同化（尽管汉化为主要趋势），使得这种环境中所产生的文学已不可能只是一些形式上的变易而不产生某些新质素。赵维江先生还强调，北方地域文化视野中的辽金文学研究，也应当关涉到从特质文化到精神文化的不同层面和侧面，如北方地理环境、北方文化生态、北方民族关系、北方民俗民风、南北文化关系、北方学术传统、北方文学传统等等。这每一方面都可成为辽金家族文学研究的一个有力切入点，由此会发现许多新的信息，使我们能够更准确、更明晰地作出分析和判断。李成《再论"金源文化"的特征》[①]就认为，金源文化是在女真族半农半牧半渔猎的生活方式和历史发展中形成的，因此具有以农业文化为主兼具草原文化和渔业文化的特征，因而金源文化具有开放性、开拓性和创造性的特征，而这些也毫无疑问地影响到了女真家族文化与文学的发展。

金代是辽宁地域文化发展的重要时期。王德朋《金代辽宁地域文化述略》[②]专门探讨金代辽宁地区的文化发展。他认为，教育方面，学校体系日益完善，辽宁籍士人在科举考试中脱颖而出；文学方面，涌现出一批辽宁籍文学家，出现了一批描摹辽宁山川风物的文学作品；宗教及艺术方面，佛教的影响在前代基础上继续扩大，书法、绘画作品的创作及收藏更加广泛。金代辽宁地域文化的进步，是各族人民共同创造的结果，同时也为元明清辽宁文化的进一步发展奠定了重要基础。孟繁清等著《金元时期的燕赵文化人》[③]以金元时期民族斗争与民族融合的前沿燕赵地区文化名人为研究对象，讨论社会变革对文人的影响。赵继颜《金元之际山东三世侯》[④]汉人世侯起于战乱、乱中求治的东平行台、不断作乱的益都行省、保境安民的济南知府、汉人世侯的罢黜。乱中求治、安定一方的同时，兴教办学、传承文化。聂树锋、王秀珑《史氏家族在真定》[⑤]肯定了金末元初汉族世侯在收留大量知识分子和士大夫、

---

① 《哈尔滨师专学报》1999年第1期。
② 《辽宁师范大学学报》2009年第6期。
③ 孟繁清等：《金元时期的燕赵文化人》，河北人民出版社2004年版。
④ 赵继颜：《金元之际山东三世侯》，山东文艺出版社2004年版。
⑤ 《石家庄师范专科学校学报》2000年第3期。

保护中原封建文明传统方面所作的贡献。

王万志《略论金代山西文人与地域文学的发展及原因》[①]将金代山西地域文学的发展历程分为三个阶段：一是从金太祖到海陵王迁都之前（1115—1153），是金代山西地域文学的复苏期；二是海陵王迁都之后到章宗朝（1153—1209），是金代山西文学的发展期；三是从卫绍王到金亡（1209—1234），是金代山西文学的繁荣期。金代山西地域文学在金末迎来鼎盛局面主要有三方面的因素：一是中原文化重心的北移；二是"壬辰北渡"时期山西士人的回归；三是金末山西文人的忠国意识与使命感。文章认为：中原文化重心的北移、"壬辰北渡"时期山西士人的回归、文人的忠国意识与使命感导致金代山西文学的鼎盛。刘扬忠《金代山西词人群》[②]指出，金代山西词人群不但是一个地域作家群体，也是一个主导金词后期发展方向的文学流派。第一，这个群体的核心人物和主帅，就是金代文学巨擘元好问，这一点应当没有任何疑问。第二，这个群体有着共同的审美追求和群体艺术风格，这就是近代词学家陈匪石论元好问所选《中州乐府》之风格时说的："雄阔而不失伧楚，蕴藉而不流于侧媚"（《声执》卷下）。这一点可从元好问、二段、李俊民等代表作家的作品得到证明。第三，山西词人群成员之间曾有大量的艺术交流和作品唱和活动。第三点尤为重要。试看不少文学史著作都认定过这样一种流派：其成员生不同时，或虽同时而互相间并无自觉的群体聚合和艺术交流，仅仅是审美倾向和艺术风格相近而被后人"追认"为一派。这其实算不得完整意义上的流派。山西词人群则大不相同，他们不但审美倾向和艺术风格相近，而且开展过大量的群体聚会与唱和活动。"山西词人群"并非我们仅凭作家籍贯划定的一批地域词人的凑合体，而是由许多共时态的作家聚合并开展过创作"集体活动"的自觉的词派。

金代山西作家作出了突出贡献。李正民《金代山西文学论略》[③]强调，金代山西数以百计的文学家在特定历史阶段游牧文明与农业文明的冲突、互补、交融的进程中，为建构多元一体的中华文化大厦作出了独

---

[①]《史学集刊》2009年第2期。
[②]《晋阳学刊》2003年第4期。
[③]《山西师范大学学报》2003年第2期。

特的贡献。李正民注意到，研究金代山西文学，还有一个突出的现象值得注意，即文学世家甚多，如浑源刘扴、刘汲、刘从益、刘祁、刘郁，雷思、雷渊、雷膺，忻州元德明、元好古、元好问、元严，永济李献诚、李献卿、李献能、李献甫，稷山段克己、段成己，临猗陈赓、陈庚。涉及其他朝代的还有著名的闻喜裴家、太原王家、榆次常家、阳城陈家、洪洞董家，等等。深入研究这一现象，具有重要的文化史意义。

3. 金代文化政策与文学家族的关联性研究

21世纪以来，对金代文学的跨学科交叉研究，也取得突破。金代文学与科举制度、教育制度、书法绘画、佛道思想等相结合的研究成果不断呈现。在长期的发展过程中，依据教学内容、创办者、办学目的的不同，金代私学分为家学、女真贵族官僚家塾、学者自设私塾、官宦私塾和自学五大类型。兰婷《金代私学教育》① 研究指出，与其他朝代私学相比，金代私学具有类型多样化、设置早于官学、教育对象比官学更加广泛等自身特色。金代私学对于金代文化知识的传播和发展，科学文化教育的普及、交流，以及各民族文化素质的提高，均起到重要的促进作用。刘达科《金朝科举与文学》② 中认为，科举作为统治集团网罗人才、提高政权素质的重要手段，在金朝发挥了很大的作用。同时，它也使文人素养得到提高，作家队伍得以壮大，为文坛繁荣提供了保证，奠定了基础。文人队伍的阵容和水平与科举制的健全成熟、文学家族的大量出现息息相关。裴兴荣《金代科举与文学》一书对金代进士的地理分布进行了详细的统计，并对金代进士家族的地理分布、主要类型及形成原因进行了专门的分析。书中还涉及金代状元包括浑源刘氏家族、莒州张氏家族等对家族文学的影响。作者认为："状元们凭借突出的文学才能，博取超常的功名富贵，成为时代的宠儿。他们的文学创作，尤其是场屋之作，必然会引起众多文人的关注和效仿，进而对文坛产生较大的影响。这种影响首先及于状元家族的子孙后代；波澜所及，也影响到本乡文人；其影响深远地几乎贯穿于金代百年文学发展史。"③ 薛瑞兆

---

① 《史学集刊》2010年第3期。
② 《社会科学辑刊》2007年第3期。
③ 裴兴荣：《金代科举与文学》，中国社会科学出版社2016年版，第219页。

《论金代社会的藏书风尚》①认为,文章从皇家藏书、学校藏书、寺院藏书、道观藏书、私家藏书五个方面考察了金代藏书状况及其意义,金代藏书活动广泛而持久,既与当时雕版印刷的繁荣相关,又与当时文化教育的发达相适应。这表明了女真入主中原后对文献典籍的重视,反映出一代藏书风尚形成的内在原因,加速了当时社会的封建化进程。其中论及私家藏书时,薛先生指出,入金后,"从权贵到士庶,藏书蔚然成风,与官藏、公藏等汇成一代藏书文化"②。

## 三 研究对象的确定

金代文学研究取得丰硕成果,并且,越来越多的学者加入金代文学的研究队伍当中,然而,金代文学在中国文学史上的地位还没有真正体现出来。在现在各师范院校通行使用的文学史教材中,有关金代文学部分仍然只是属于宋代文学当中的一节来叙述。而导致对金代文学认识上存在偏差的原因,是比较明显的。

首先,由于传统的华夷之辨的影响。和金代并存的南宋政权往往被认为是延续继承了中国传统的儒家文化,而金代是由少数民族建立的政权,其政权往往被认为是分裂的势力,有学者甚至认为是割据政权,从而被踢出了学术关注的视野。除了文学史论著之外,其他如研究中国古代政治制度的吕思勉《中国制度史》、徐扬杰《中国家族制度史》、王鹤鸣《中国家谱通论》当中,皆没有给予金代政治制度、家族制度和谱牒制度等应有的关注。

其次,长久形成的重南轻北观念的局限。和中原农耕文化相对照的北方少数民族的游牧文化、渔猎文化历来被认为是落后野蛮的文化形态。唐宋时期中国文化学术处于鼎盛时期,而同时存在于北方的辽金政权统治下的文化学术自然在一定程度上被忽视。

---

① 《求是学刊》2006年第6期。
② 有关金代科举与文学研究的成果还有:都兴智《金代科举制度的特点》,《北方文物》1988年第2期;赵冬晖《金代科举制度下的士人》,《东北地方史研究》1990年第3期;黄凤岐《金朝的教育与科举》,《北方文物》2002年第2期;吴凤霞《金代文教政策探析》,《辽宁师范大学学报》2005年第2期;裴兴荣《金末科举改革与奇古文风的演进》,《民族文学研究》2013年第4期等。

第三，原始材料的匮乏单薄，导致对金代文学整体成就认识存在偏差。

据有关资料记载，有金一代至少有近一百位诗人有文集流传当世。不幸的是，现在绝大多数诗人的文集早已经失传。张行简"有集三十卷传于家"①。今只存诗三首而已。任询"平生诗数千首，君谟殁后皆散失"②。今仅存七题九首。郑子聃"平生所著诗文二千余篇"③，今仅存诗一首。董师中当时有《燕赐边部诗》《漳川集》传世，今仅存一首诗歌。元好问曾见关中诗人岳行甫诗"百余篇"，④今只存两篇而已。张庭玉，"能日赋百篇"，今仅存诗一首。另如海陵年间进士、世宗朝官至户部尚书的曹望之，"有诗集三十卷"⑤，现无一首留存。这些作品大多在金末战乱中亡佚。元苏天爵指出："金儒士蔡珪、郑子聃、翟永固、赵可、王庭筠、赵沨皆有文集行世，兵后往往不存。"⑥《中州集》卷四："德卿初有常山集，丧乱后不复见。"即使能够在战乱中幸存下来，但在元明时也任其散失。正如黄廷鉴《金文最序》所云："金之立国，元既相仇，明人又视同秦越，其文一任其散佚。"阎凤梧、康金声先生主编《全辽金诗》，收金诗12036首。除去全真道教诗歌5039首之外，非道教诗人的诗歌为6997首。所以金代诗人现存诗歌数量极为有限，无疑这是评价金代诗歌成就、确立金代诗歌地位的不利因素。

中国文学史教材都把辽金文学作为宋代文学的一个补充，用一节加以介绍。章培恒、骆玉明主编《中国文学史》在第五编"宋代文学"里面，用第七章"辽金文学的发展"的篇幅，分三节介绍"辽的文学""金诗词与元好问""《西厢记诸宫调》"。现通行最广的袁行霈主编的

---

① （金）元好问：《中州集》卷9《张太保行简》，华东师范大学出版社2014年版，第593页。

② （金）元好问：《中州集》卷2《任南麓询》，华东师范大学出版社2014年版，第107页。

③ （元）脱脱等：《金史》卷125《文艺传上》，中华书局1975年版，第2726页。

④ （金）元好问：《中州集》卷7《岳行甫》，华东师范大学出版社2014年版，第441页。

⑤ （元）脱脱等：《金史》卷92《曹望之传》，中华书局1975年版，第2040页。

⑥ （元）苏天爵：《三史质疑》，李修生主编《全元文》第40册，江苏古籍出版社1999年版，第452页。

"面向二十一世纪课程教材"的最新版《中国文学史》，把"辽代文学""元好问与金代文学"作为第十二章"南宋后期和辽金的诗歌"中的两节。

第四，对金代文学研究方法的单一化也影响到对金代文学总体成就的客观评价。学术界由于受南北朝文化研究的影响，在研究金代文化时，也比较侧重宋、金南北两地的比较，而忽略了金代疆域内部存在的多元地域文化。金代立国前期政治文化中心，在东北上京，而在完颜亮时，迁都南京（现北京）后，政治经济文化重心随之南移。金南渡后，政治经济文化的重心又南移至黄河流域。就金代的文化学术来说，大致呈现出由北向南的空间变化，其成就也由小到大。从多元、动态、发展的研究视角对于研究金代文学艺术是非常重要的。

由于少数民族政权统治下的家族与文学研究起步较晚，与实力雄厚的老学科相比，学科积累相对薄弱，文献资料相对匮乏，研究基础比较薄弱，势必会遇到研究对象、研究方法的困境。如何避免本书研究中关于家族史和文学史研究的简单嫁接，是本书值得注意的问题。

### 四 有关概念的阐释

1. 关于"家族"概念的阐释

对于"家族"的定义，学术界有不同的理解。冯尔康认为，所谓家族，就是"由男系血缘关系的各个家庭，在宗法观念的规范下组成的社会组织"，"宗族与家族、宗族制与家族制、宗族社会与家族社会、宗族生活与家族生活，并没有严格意义上的区别"[①]。杜正胜《传统家族试论》一文则认为"家族"和"宗族"有明显不同：家族包含"家"和"族"，家指家庭，是同居共财的近亲血缘团体；族在二千年的历史发展中，则多指"家族"与"宗族"。所谓家庭，主要是父、己、子三代，最广可前推到同祖父者；同出曾、高之祖而不共财者，是"家族"，至于五服以外共远祖之同姓，就是"宗族"[②]。徐扬杰先生《中国

---

[①] 冯尔康等：《中国宗族社会》，浙江人民出版社1994年版，第7—11页。
[②] 杜正胜：《传统家族试论》，黄宽重、刘曾贵主编《家族与社会》，中国大百科全书出版社2005年版，第1—87页。

家族制度史》①与《宋明家族制度史论》②中,对宋代及宋代以后的"家族"特征描述是:魏晋以后家族聚居的形式是以庄园制为主的,一个庄园即是一个聚族而居的单位,好像同姓聚居的村落一样;而宋以后的家族组织则是同一男性祖先的子孙,虽已分裂成为数目不等的个体小家庭,却以血缘关系为纽带,按照一定的规范和办法聚族而居的一种社会组织。

金代家族从整体上来说,涵盖不同民族、不同地域、不同阶层的社会基层家庭单位。各个民族处于不同的社会发展形态、不同的文化发展层次,所以本文对"家族"的理解,偏重于含义广泛、覆盖面宽的家族概念。孙本文《现代中国社会问题》中指出:"'家庭'为最小的单位,限于同居共财的亲属,'宗族'是由'家庭'扩充,包括父族同宗的亲属,'家族'则更由'宗族'扩充,包括父族、母族、妻族的亲属。'宗族'为同姓,而'家族'则未必为同姓,盖包括血亲与姻亲二者。"③孙本文所论正符合金代一些文学家族(如东京张氏家族、西京刘氏家族、河中李氏家族等)构成的特点。

2. 关于"文学"概念的阐释

按照一般的理解,"文学是文化系统精神文化层面的艺术文化丛中的一种文化特质。文学这种文化特质,是在人类文化漫长的创造发展过程中,应人的审美需求,从文化母体上分形、发育、成长而来的。所以,它受文化系统中的各层面的诸文化丛中的所有文化特质的渗透和制约,故所以文学与文化系统存在着分形全息相似关系,因而它对整个文化系统有广泛的包容涵摄性。"④

文学有广义的文学和狭义的文学两类。既有抒情性文学——诗词等,又有应用性文学——奏疏、谏议、策论、杂文。本书对于"文学"概念的理解将置身于金代文学发生的文化语境。金代的文学概念与今天并不一致,要想完整还原金代文学,还须将其置于金代历史文化的母体中来观照。金代胡姓家族文人在跨民族语言交流、女真政权的文化建设

---

① 徐扬杰:《中国家族制度史》,人民出版社1992年版。
② 徐扬杰:《宋明家族制度史论》,中华书局1995年版。
③ 孙本文:《现代中国社会问题》,商务印书馆1947年版,第71页。
④ 靳明全:《区域文化与文学》,中国社会科学出版社2003年版,第180页。

方面，发挥了积极的作用，作出了特殊贡献。排除非汉族文人的文化成就，金代文学就不完整。非汉族文人在辽、金、元三代逐步登上文坛，成为中国文学史上新兴的主体。据统计，金代其中包括契丹族及霫等族文人，有4位有诗文集，16位有诗流传，40多位有文传世。胡姓作家现在所存之文大多为奏疏、谏议、策论等应用文体。这些文章也是金代文学的不可或缺的有机组成部分。

今天抽象出来的金代文学世家，脱胎于文化世家这一母体。这样的视野，若用于西京刘氏、河东元氏、渤海王氏、大兴吕氏、漆水耶律氏等，甚至并不以文学知名的宛平敬氏等金代名族，都应能获得更为全面丰富的金代家族全息图景。因此，本书中的文学概念虽以狭义文学为主，同时也兼取广义文学的特点。

### 五 主要内容及观点

金朝作为少数民族建立的政权，其汉化政策的推广既来自朝廷的政策措施，其动力又来自家族内的中原儒家文化积累，来自不同民族、不同阶层的以家族形式存在的儒家文化力量。家族的文化活动、文学创作由北向南发展，体现出金朝在由北方游牧、渔猎文化向中原儒家文化转化的明显痕迹。

金代家族作为社会细胞在金代社会长期存在，而金代家族又是金代文化建设、传承和文学传递的一种载体，金代作家的家庭文化背景和家学渊源在文学创作与文化建设上发挥了积极的作用。反过来，文学又对家族发展带来多元影响。金代家族可以依靠文学维持声誉和地位，并延续它的发展。

不同民族、不同类型的金代家族一般皆重视对家族成员的伦理教育、文化教育。在伦理教育方面，注重慎终追远、敬宗睦族、孝悌仁爱；在人格修养上，注重个人立身大节、出处进退；其文化教育则注重图书积累和嗜学博学风气的培养，为金代文学铺设了厚重的文化底蕴。

金代家族高度发展，推动了金代文学艺术的繁荣。金朝文学家族内形成的砥砺提携、相互切磋的风气，有力地促进了金代文学创作的繁荣和文学成就的提高。

文学家族带动本地的崇文风气，其地缘影响不容忽视。许多文学家族联姻通婚，壮大了文学创作队伍，促进了原生性文学的发展。

　　一个家族的家学家风由时空因素长时间培育形成，一旦成熟定型，就使得一个家族的"祖宗家法"发展成一种潜意识的文化积淀，最终形成一种具有鲜明价值取舍的文化氛围。

# 第一章　北方文化背景下的家族与文学关系论

家族作为人们生活的基本单位，具有特定的生活方式和关系网络及调整这些关系的行为规范，因而它表现出一定的文化特征和功能。它与社会其他层次的文化相互联系、相互作用、相互结合形成个体活动的社会文化环境①。而"家族"和"文学"同样具有深度关联性。这种深度关联性形成了文学与家族长期的同向并轨发展。在这一过程中，文学与血缘、地域相关联，催生出具有文化意义的家族性文学共同体，并产生了丰富的创作成果。

## 第一节　金代地域文化特征

文学来自文化的土壤。研究金代文学，自然会涉及金代的地域文化。北方文化是金代文化、金代文学产生与发展的必要条件。

我国历来有地域文化之别。一些学术大师如王国维、梁启超、刘师培等，都曾论述南北文化的不同。陈寅恪先生在分析南北朝士族的不同命运时认为："南朝商业城市发达。士族喜居都邑。都邑一被攻破，士族也就被摧毁。北方宗族与农业土地有关系，不在都市，所以北方士族的势力可以延续下去，这影响到隋唐以后的历史。"② 陈寅恪先生是从我国全域疆土的角度，区别南北朝士族文化的不同。尽管北方士族的生存能力很强，受战争影响相对有限，但在唐宋以后的历史发展中，北方文学成就始终不及南方。据谭正璧《中国文学家大辞典》所录，宋辽

---

① 邵伏先：《中国的婚姻与家庭》，人民出版社1989年版，第175页。
② 万绳楠：《陈寅恪魏晋南北朝史讲演录》，黄山书社1987年版，第201页。

金时代的文学家，共1168人，有籍贯可考者1079人。其中辽、北宋时期有文学家404人，有籍贯可考者385人，其中，南方226人，北方159人。金南宋时期有文学家764人，有籍贯可考者694人，其中，南方505人，北方189人。辽北宋时期，南北文学家的比率为5.8∶4.2，金南宋时期，南北文学家的比率为7.3∶2.7。

辽金文学的整体水平滞后于中原儒学文化发达地区，是与作为游牧民族的契丹、女真民族的生活习俗、社会文化发展密切相关的。

与两宋同时的北方辽金政权，为契丹与女真贵族建立的以游牧文化为基础的少数民族政权。辽金时期，长城以南，"其人耕稼以食，桑麻以衣，宫室以居，城郭以治。长城以北大漠之间，多寒多风，畜牧畋渔以食，皮毛以衣，转徙随时，车马为家。此天时地利所以限南北也"①。

女真族早期的社会习俗、家庭生活具有原始社会的特征。女真"俗勇悍，喜战斗，耐饥渴苦辛。骑马上下崖壁如飞，济江河不用舟楫，浮马而渡。其乐惟古笛，其歌惟鹧鸪曲，第高下长短如鹧鸪声而已。其疾病无医药，尚巫觋。病者杀猪狗以禳之。或用车载病者入深山大谷以避之"②。同时早期的女真部落没有礼教约束，而有民主平等的表现。"生女直无书契，无约束，不可检制。昭祖欲稍立条教，诸父、部人皆不悦，欲坑杀之。"③ "生女直之俗，生子年长即异居。"④ 早期女真族具有多元宗教信仰，除萨满教之外，还有佛教、道教、景教、摩尼教等。其中佛教、道教最为盛行。"浮图之教，虽贵戚、望族，多舍男女为僧尼。"⑤ 同时金朝"崇重道教，与释教同。自奄有中州之后，燕南、燕北皆有之"⑥。世宗朝以后，全真教盛行关中、山东、河南等地，渐呈蔓延全国之势，其发展兴盛直至元朝。金代社会多元信仰显示出金代文化思想的开放性与包容性特色，也形成了适合金代文学产生与发展的良

---

① （元）脱脱等：《辽史》卷32《营卫志中》，中华书局1974年版，第373页。
② （宋）宇文懋昭：《金志》，（明）吴琯校，丛书集成初编本，中华书局1985年版，第5页。
③ （元）脱脱等：《金史》卷1《世纪》，中华书局1975年版，第3—4页。
④ 同上书，第6页。
⑤ （宋）宇文懋昭：《大金国志》卷36，崔文印校证，中华书局1986年版，第517页。
⑥ （宋）宇文懋昭：《金志》，（明）吴琯校，丛书集成初编本，中华书局1985年版，第12页。

好文化生态环境。

在女真口承文学的发展过程中，最早出现萨满教的"巫歌"。从"巫歌"发展为"民谣""诅咒词""解纷歌"和各种各样的"自度歌"，这是女真本民族文学发展的径路①。萨满教除了表示崇敬外，也有诅咒。诅咒的对象最初是恶魔、恶神，后来发展到诅咒人。《金史·谢里忽传》中有一段记载："国俗，有被杀者，必使巫觋以诅祝杀之者，乃系刃于杖端与众至其家，歌而诅之曰：'取尔一角指天，一角指地之牛，无名之马，向之则华面，背之则白尾，横视之则有左右翼者。'其声哀切凄婉，若篙里之音。既而以刃划地，劫取畜产财物而还。其家一经诅祝，家道辄败。"萨满（"巫觋"）假恶魔之需索而将杀人者之"畜产财物"劫走，这实际上是女真早期部落中对杀人者的一种公开的家族性惩罚。

《金史·景祖昭肃皇后唐括氏传》云："景祖（乌古乃）没后，世祖（劾里钵）兄弟凡用兵皆禀于后而后行，胜负皆有惩劝。""后往邑屯村，世祖、肃宗（颇剌淑）皆从。会桓赧、散达偕来，是时已有隙，被酒，语相侵，不能平，遂举刃相向。后起两执其手，谓桓赧、散达曰：'汝等皆吾夫时旧人，奈何一旦遽忘吾夫之恩，与小儿子辈忿争乎？'因自作歌。桓赧、散达怒乃解。"世祖和肃宗都是景祖乌古乃和唐括氏的儿子。桓赧、散达还是兄弟二人，居住在完颜部的邑屯村，是乌古乃生前的属下。乌古乃死后，他们和反对乌古乃诸子的跋黑勾结。唐括氏为了争取他们亲到邑屯村，当他们与随去的劾里钵、颇剌淑"言语纷争，遂相殴击，举刃相向"时，唐括氏竟用唱歌"亲解"了这场决斗。

上述女真口传文艺充满萨满色彩。其内容大致有两种：通过宗教的力量向对方诅咒报复，或者在当事者之间调解和合。熙宗、海陵时，女真口头文学遂在女真社会上层失去了应有的地位，只能在女真老人和下层女真人中保持着。

在女真族的发展过程中，原始的民主平等观念与战争时期的上下一心形成有机的结合，使女真民族具有鲜明的家族观念，从而形成强大的

---

① 金启孮：《论金代的女真文学》，《内蒙古大学学报》1984年第4期。

战斗力。女真"俗本鸷劲，人多沉雄，兄弟子姓才皆良将，部落保伍技皆锐兵。加之地狭产薄，无事苦耕可给衣食，有事苦战可致俘获，劳其筋骨以能寒暑，征发调遣事同一家"①。金代立国之初，"诸部之民无它徭役，壮者皆兵，平居则听以佃渔射猎习为劳事，有警则下令部内，及遣使诣诸孛堇征兵，凡步骑之仗粮皆取备焉"②。

自然生活环境、生存环境形成了鲜明的女真国俗。梁启超在《中国学术思想变迁之大势》中说："北地苦寒硗瘠，谋生不易，其民族消磨精神日力，以奔走衣食，维护社会，犹恐不给。"如果说简朴尚武的生活方式、重巫信命的人生态度，为胡姓家族的多元文化发展提供广阔的空间，那么，以部为氏、家国一体的生存意识，则为北方少数民族家族文化的发展奠定了坚实基础。

在女真建国初期还处在原始奴隶社会形态的同时，长城以南以农耕文化为特征的汉族地区早已进入成熟的封建社会阶段。所谓金境"方疆广于万里。以北则民清而事简，以南则地远而事繁"③。从家族观念上看，金代汉人家族与北方少数民族皆有"恋本"④的家族观念。史载，"北土重同姓"，"有远来相投者，莫不竭力营赡"⑤。"虽三二十世，尤呼为从伯从叔"，"行路相逢，便定昆季"⑥。南朝的家族观念则相对淡薄："士大夫以下，父母在而兄弟异计，十家而七矣。庶人父子殊产，亦八家而五矣。凡甚者，乃危亡不相知，饥寒不相恤，又嫉谤谗害，其间不可称数。"⑦

"北人恋本"形成的原因，辛弃疾认为是由于北方家族生存方式的不同。他说："北方之人，养生之具不求于人，是以无甚富甚贫之家。

---

① （元）脱脱等：《金史》卷44《兵志》，中华书局1975年版，第991页。
② 同上书，第992页。
③ （宋）李心传：《建炎以来系年要录》卷162，丛书集成初编本，中华书局1985年版，第2650页。
④ （北齐）魏收：《魏书》卷19中《任城王云传附澄传》，中华书局1974年版，第465页。
⑤ （梁）沈约：《宋书》卷46《王懿传》，中华书局1974年版，第1391页。
⑥ （北齐）颜之推：《颜氏家训》卷2《风操第六》，闫福玲、李世琦、王爱玲注，天津人民出版社1998年版，第77页。
⑦ （梁）沈约：《宋书》卷82《周朗传》，中华书局1974年版，第2097页。

南方多末作以病农，而兼并之患兴，贫富斯不侔矣。"① 北方主要依靠农业生产，生产方式单一，贫富差距不大，家族之间可以各自独立生存，家族成员内部没有利害关系。南朝"人竞商贩，不为田业"。② 工商业比北方发达，嫡庶异计殊产。财产兼并导致贫富不均，家族成员内部容易形成相互争斗，最终影响家族凝聚。吴曾《能改斋漫录》卷十："世以同宗族为骨肉。……予观南北朝风俗，大抵北胜于南，距今又数百年，其风俗犹尔也。"南、北方家族文化一直到宋代并没有改变。而与宋代同时期的金代汉族同样表现出强烈的家族观念，即"恋本"的民间习俗。

金朝立国之后，以中原儒学忠孝伦理观念为核心的女真汉化政策将长城南北的游牧民族与农耕民族融为一体，从北宋灭亡到绍兴十二年，黄河流域大批人迁往南方，而金朝又将东北女真、奚、契丹大批迁往中原，立屯田军。由于宋金间真正的战争时间并不长，不如两汉之际、隋唐之际、安史之乱等，再加上金朝入主中原后，调整了政策，社会经济很快恢复，人口下降幅度并不大。③ 人口的快速增长又为金代南方地区经济文化的发展，特别是为金代家族的生存与发展提供了可靠的保证。

女真汉化政策也使北方（包括少数民族地区和汉人聚居区）强烈的家族意识进一步由民间形态发展到官方政策。北方的伦理本位、家族本位意识使不少家族断而复续，遗传不绝，并使敬宗收族的儒学文化传统得以传承。中原、河陇地区在南北朝、五代、两宋、辽、金时期朝政更迭、战乱纷扰，正因重视忠孝传家、以礼治家、并扶危济困、造福一方，所以不少家族才能壮大，谱系才能延续。

金代从游牧文化、渔猎文化转向农耕文化、定居文化的过程中，女真政权强化了伦常秩序，促进了社会政治的稳定，并为家族文化的形成与繁荣创造了条件。金代的家族文化与六朝的家族贵族文化不同，代表了一种新的文化方向。

文化是文学的土壤。民族文化背景不同导致民族文学形态的差异。

---

① （元）脱脱等：《宋史》卷401《辛弃疾传》，中华书局1977年版，第12165页。
② （唐）魏征、令狐德棻：《隋书》卷24《食货志》，中华书局1973年版，第689页。
③ 葛剑雄：《中国人口发展史》，福建人民出版社1991年版，第195—202页。

在女真政权汉化政策影响下，金源地域文化加快了融入中华文明大家庭的进程。这种变化带来的结果是金代整个社会的文化教育、艺术创作、文学趣味的积极营造与有效培育。这期间，家族的作用是不可替代的。

## 第二节　文学视野下的金代谱牒文化形态

在中国古代社会发展中，传统文化、民族文化的汇聚和发散，一个重要的途径是通过家族形式来实现的。在金代多元一体的文化格局中，多民族之间构成的文化交流与文学发展，呈现出一种双向交流、互动互补的趋势。这种趋势一大部分的原因也是依赖于家族。金代家族的衍生和发展，依赖于北方非常强烈的家族文化意识与谱牒文化环境。

研究金代家族作家的血缘关系是关于创作主体的追源知本的基础性研究，包括以谱牒学方法进行家族的世谱梳理、支脉追寻等方面细密考论。

谱牒是对家族世系的记录。中原谱牒的产生要早于北方游牧民族，周代的《世本》被认为是中国现存最早的谱牒著作。门阀制度的盛行，导致两晋、南北朝时期谱牒之学的兴盛。郑樵："自隋唐而上，官有簿状，家有谱系，官之选举必由于簿状，家之婚姻必由于谱系。……所以人尚谱系之学，家藏谱系之书。"① 南朝刘孝标为《世说新语》作注，引用了39种族谱资料。《隋书·经籍志》著录南朝集部作品171种，几乎被一二十家世家大族所包揽。然而"自五季以来，取士不问家事，婚姻不问阀阅，故其书散佚而其学不传"②。

唐代以前，谱牒作为彰显贵族血统的工具，主要用来记录士族的世系源流、血缘亲疏、门第高下。南北朝时，"中原丧乱，人士谱牒，遗逸略尽"③。"唐亡，继以五代丧乱，旧谱十九散亡，官家亦不复提倡，谱学乃中绝。"④ 苏洵《苏氏族谱·谱例》指出："盖自唐衰，谱牒废

---

①　（宋）郑樵：《通志·氏族略》第一，《通志二十略》，中华书局1995年版，第1页。
②　同上。
③　（唐）李百药：《北齐书》卷37《魏收传》，陈勇等标点，吉林人民出版社1995年版，第260页。
④　潘光旦：《中国家谱学略史》，《东方杂志》第26卷第1号。

绝，士大夫不讲，而世人不载；于是乎由贱而贵者，耻言其先；由贫而富者，不录其祖，而谱遂大废。"

宋朝以后，文人士大夫们意识到家谱是维系宗族、团结宗族的有力工具。"秦汉以来的仕官，或至百世而不绝，无庙无宗而宗族不忘、宗族不散，其势宜亡而独存，则由有谱之力也。"① 所以，无论黄河南北，民间皆致力于修撰家谱。元黄溍《族谱图序》："古者图谱有局，掌于史官。局废，而士大夫家自为谱。"吕诚在《中国宗族制度小史》中指出："自宋学盛行，人有敦宗收族之心，而谱牒之纂修复盛。"士大夫为了避免先祖遗美不彰，旌纪寂寥，所以希望通过续修谱牒，有光先代，垂裕后昆。

由于学术界大多数谱牒学、家族学著作很少涉及金代家族以及谱牒领域的研究，所以，人们对金代谱牒修撰了解甚少②。处于北方的金代私家修谱盛行，和宋朝一样，也主要以敦宗收族为目的。然而在修撰谱牒的社会背景、方式手段等方面，又呈现出和宋代不完全相同的特点。

### 一　北方谱牒撰写传统

以南宋为界，之前谱系氏族之学盛于中原。刘声木《苌楚斋随笔》卷五《江南文物盛衰》："历代声明文物之盛，多在大河以北，即世称中原是也。自南宋偏安于杭，声明文物，转在江南。"宋人南渡之后，中原入金，谱牒之学承北宋之盛，继续发展。

其实在五代北宋的同时，北方辽朝社会中无论契丹人家族，还是汉人家族都有编撰家族谱牒的传统。辽代张济《耶律元妻晋国夫人萧氏墓志铭并序》载：耶律元妻萧氏"家牒悉著于缣箱"。陈觉《秦晋国妃墓志铭》载国妃姓萧氏："嗣袭绵远，则家牒录而存焉；勋业隆盛，则国史载之详矣"。王用极为刘宇杰写的墓志铭中，称刘宇杰"其先帝尧之后，国史明陈，家牒俱载"。王纲为父亲王泽撰写墓志时称"谨案家

---

① 潘光旦：《中国家谱学略史》，《东方杂志》第26卷第1号。
② 徐扬杰《中国家族制度史》（人民出版社1992年版）从原始社会末期家族组织的雏形叙至新民主主义革命时期，缺少辽、西夏、金时期家族制度的论述。王鹤鸣《中国家谱通论》，（上海古籍出版社2010年版）叙中国家谱的发展从母系氏族社会直至20世纪止，唯缺辽、西夏、金及其他少数民族政权时期的家谱发展。

谱"。史克忠《耿延毅妻耶律氏墓志铭》中云："夫人耶律氏，本姓韩。其韩氏之源，国纪家牒备矣。"王景运《宋匡世墓志》称匡世"宗祖诒谋，世家迭盛，先志俱载"。李谦贞《郑恪墓志铭并序》载，郑恪，世为白霫北原人，"其先《史记》世家及家状详焉"。

汉人世族由辽、宋入金后，保持了原来的家谱撰写的传统，由家族成员或续写、或重新编撰家族谱牒，不少家族保存的谱牒世系久远，可资考证。山东孔氏家族、河东元氏家族等著名家族当时皆有家谱传世。金末，山东孔子五十一代孙孔元措撰《孔氏祖庭广记》，记载孔氏源流，保存孔家文献。元初，孔子五十四世孙孔文升传《阙里谱系》，并请赵孟頫作序。河东元好问年轻的时候，其"家牒具存、碑表相望"，贞祐南渡后，"旧所传谱牒，乃于河南诸房得之"。① 元初王良弼，其先为汾阳人。避五代之乱，流寓上党。其远祖复徙潞城县之北、进羊山之南，"其支分派别散处诸邑者，有家图谱可考"。② 金末李俊民为唐高祖李渊后裔，其所撰本族《李氏家谱》依唐代《天潢玉牒》，从颛顼记起；经桀之乱，至商周、至隋唐、入宋金，叙姓氏之来源、家族之变迁，郡望之分支；又从俊民高祖宪之，下叙到俊民孙辈。脉络连贯，清晰可考。金代普通士族亦有家谱流传。元代大兴路良乡梁氏家族从辽末梁德成至八世孙元代梁德珪所历八世官簿，"历历可据！"③ 金奉圣州人、天眷二年进士梁肃裔孙梁秉常家藏有世谱。④

## 二 金代汉人家族谱牒书写的多样性

金代家族除书写纸质谱牒外，许多世家大姓还常把家族世系撰刻在石碑上，存立于家族宗祠内。这样做的目的就是为了长久保存。辽无名氏《张哥墓志》："标古记于千秋，显碑文于万岁。"石刻家谱可以追溯

---

① （金）元好问：《南冠录引》，姚奠中主编《元好问全集》卷37，山西古籍出版社2004年版，第774页。

② （元）韩仲元：《王公迁封墓志》，李修生主编《全元文》第18册，江苏古籍出版社1999年版，第494页。

③ （元）袁桷：《推诚保德功臣开府仪同三司太傅上柱国追封蓟国公谥忠哲梁公行状》，李修生主编《全元文》第23册，江苏古籍出版社1999年版，第506—508页。

④ （元）王恽：《剑戒哀梁子也》，李修生主编《全元文》第6册，江苏古籍出版社1999年版，第255页。

到商代的金文家谱。商代晚期出现的实物家谱即金文家谱是铸刻在青铜器上的铭文。周代以后，人们普遍在青铜礼器上铸刻铭文以表达对祖先的崇敬，这些铭文一般先叙述祖先的名字及美德、功勋，然后是铸器人的名字，涉及家族世系的比较多，因此金文家谱屡见不鲜。

金初，由于战争的摧残，中原地区"井邑萧然，无复烟爨，尸骸之属，不可胜数"。①"自建炎南渡，中原故家崎岖兵乱，多失其序。"② 故有金一代，无论世家大族还是地方庶族，皆选择石刻谱牒作为保存家族世系的最好方式。

世宗、章宗朝，随着社会经济发展、大族兴起，私修家谱比较普遍，并以石刻谱牒为主。现藏闻喜县裴柏村"裴氏碑廊"的《裴氏家谱碑》可以作为代表。《裴氏家谱碑》撰定于金大定十一年（1171）。全谱以河东裴氏在《贞观氏族志》中的等第为主要线索进行编写。此碑碑文多不可辨认。碑石高269厘米，宽38厘米，厚28厘米。碑额题为"裴氏相公家谱之碑"。碑文前为《闻喜裴氏家谱序》末署"金大定十一年八月晦日里人彭城刘若虚序"。碑文为《裴氏家谱》，署名"将仕郎试秘书校书郎知闻喜县令裴滔"，裴滔为唐人。文中说："自秦、汉、魏、晋、宋、齐、梁、陈、魏、周、隋、唐，历一十二朝，皆采于史记。"这是一份不可多得的唐代裴氏家谱！关于这部家谱的撰写与石刻的目的，据刘若虚《闻喜裴氏家谱序》中所记，是裴氏族人裴再兴有感于"祖茔畔旧有碑一座，并无一字镌刻。次后迁移村下，立在道左，积有年矣。……今欲将家谱模勒是碑，非徒为远近荣观，又且为不朽之计"③。

金末几十年来的残酷战争，致使北方不少家族家破人亡、谱系断绝。"大家贵族违亲戚，去坟墓，散之四方，而其后泯灭无闻者多

---

① （宋）徐梦莘：《三朝北盟会编》卷36《靖康中帙十一》，上海古籍出版社1987年版，第271页。
② （宋）杨万里：《通判吉州向侯墓志铭》，《诚斋集》卷130，四部丛刊初编本。
③ （金）刘若虚：《闻喜裴氏家谱序》，阎凤梧主编《全辽金文》，山西古籍出版社2002年版，第1625页。

矣。"①"盛业大德名卿巨公之后,遭罹元元,遂绝其世者多矣。"② 待战乱过后,一般家族"推原高、曾名字于荒碑野塚之际,皆缺轶无所考"。③ 战乱频仍、家族变故,无疑增加了金末文人士大夫的慎终追远的强烈愿望和敦宗收族的忧患意识,不少士大夫撰写国史、家牒,以保存历史文献,传承中原文化为己任。

　　孔子五十一代孙孔元措"悼斯文之将没,恐祖牒之久湮,去圣愈远,来者难考",于是"克承前志,推原谱牒,参考载籍,摘拾遗事,复成一书",撰成《孔氏祖庭广记》一书,记载孔家谱系,保存孔家文献。元好问羁管聊城时,感叹自己年已四十有五,"残息奄奄,朝夕待尽;使一日颠仆于道路,家史不传,乃手写《千秋录》一篇,付女严以备遗忘。有感于国遭丧乱,《实录》佚散,而金百年以来明君贤相可传后世之事甚多的事实,又以先朝杂事附焉。合而一之,名曰《南冠录》。叔仪、伯安而下,乃至传数十世,当家置一通。有不解者,就他人训释之。违吾此言,非元氏子孙"④。《南冠录》包括了女真国史和元氏家史。

　　为了能够经历战乱,更长久、更有效地保存家族谱系,金末文人们更是选择墓铭来作为传播保存家谱的方法。元好问指出,金末"史册散逸,既无以传信;名卿钜公立功立事之迹,不随世磨灭者,繄金石是赖"⑤。当龙山赵氏家族请元好问为去世成员撰写墓铭时,元好问欣然应允:"不勒之金石,以昭示永久,后世其谓我何诚?"⑥ 金代墓志铭在记载死者生平事迹的同时,叙述死者家族世系,所以应看作是亡者家族

---

① (元)黄溍:《赠奉议大夫大名路滑州知州骁骑尉追封白马县子王府君墓志铭》,李修生主编《全元文》第30册,江苏古籍出版社1999年版,第353页。
② (金)元好问:《冠氏赵侯先茔碑》,《元好问全集》卷30,姚奠中主编,山西古籍出版社2004年版,第629—630页。
③ (元)袁桷:《推诚保德功臣开府仪同三司太傅上柱国追封蓟国公谥忠哲梁公行状》,李修生主编《全元文》第23册,江苏古籍出版社1999年版,第506—508页。
④ (金)元好问:《南冠录引》,姚奠中主编《元好问全集》卷37,山西古籍出版社2004年版,第775页。
⑤ (金)元好问:《嘉议大夫陕西东路转运使刚敏王公神道碑铭》,姚奠中主编《元好问全集》卷18,山西古籍出版社2004年版,第430页。
⑥ (金)元好问:《龙山赵氏新茔之碑》,姚奠中主编《元好问全集》卷30,山西古籍出版社2004年版,第626页。

的简明谱系。金代不少家族如开封张氏、大梁赵氏谱牒通过墓志铭而得以保存延续。开封张氏"当五季之乱徙自清河,传至于今,十有四世矣。……及宋祚南迁,金源氏起,中原为兵革之场,世族故家,磨灭几尽。而张氏丘垄之藏,谱牒之载,金石之刻,尤宛然岿然,不沦为禾黍、化为灰烬者,岂非先世积累之厚,子孙继承之贤耶?"① "赵氏世居保塞,以仕迁大梁。五代末有讳匡颖者,官至静江军节度使、兼桂州管内观察使;弟匡衡及八世孙襄,迭仕于宋,皆至通显。金朝兵破大梁,吾宗例为兵所驱,尽室北行,至龙山,遂占籍焉。虽谱牒散亡,而其见于祖茔石志者盖如此。"② 另外卢龙赵氏历辽、金、元三代,垂四百年,亦有赖于家族成员墓铭的保存。③ 苏天爵说:"辽、金大族,如刘、韩、马、赵、时、左、张、吕,其坟墓多在京畿,可模碑文以备采择。"④ 墓志铭不易毁坏,可以历经长久,这为保存、梳理、撰写世家谱系提供极大便利。

卢龙赵氏牒谱:

| 世代 | 朝代 | 姓名 | 籍贯 | 仕历 | 学行 | 出处 |
| --- | --- | --- | --- | --- | --- | --- |
| 一代 | 唐 | 赵少阳 | | | | 《秋涧先生大全文集》卷48《卢龙赵氏家传》(以下简称《家传》) |
| 二代 | | 赵简亮 | | | | 《家传》 |
| 三代 | | 赵元遂 | 宦游于燕,家焉,因为卢龙人 | | | 《家传》 |

---

① (元)程钜夫:《书开封张氏世谱后》,李修生主编《全元文》第16册,江苏古籍出版社1999年版,第216页。

② (金)元好问:《龙山赵氏新茔之碑》,姚奠中主编《元好问全集》卷30,山西古籍出版社2004年版,第626页。

③ (元)吴澄:《题卢龙赵氏世家谱后》,李修生主编《全元文》第14册,江苏古籍出版社1999年版,第535页。

④ (元)苏天爵:《三史质疑》,李修生主编《全元文》第40册,江苏古籍出版社1999年版,第452页。

续表

| 世代 | 朝代 | 姓名 | 籍贯 | 仕历 | 学行 | 出处 |
|---|---|---|---|---|---|---|
| 四代 | 五代、辽 | 赵思温 | | 保静军节度使、检校太师、兼侍中，进开国公 | | 《家传》《辽史》卷76《赵思温传》 |
| 五代 | 辽 | 赵延照 | | 同政事门下平章事、开国公 | | 《家传》 |
| | | 赵延祚 | | 燕京留守，检校太师开国公 | | 《家传》 |
| | | 赵延卿 | | 大同军节度使，检校太师开国公 | | 《家传》 |
| | | 赵延构 | | 供奉官，东西班都点检 | | 《家传》 |
| | | 赵延威 | 特进府君，赵穆十二世祖 | 保静军节度使，特进检校太师开国公 | | 《家传》《赵匡禹墓志》 |
| | | 赵延晞 | | 飞龙院使，检校尚书左仆射 | | 《家传》 |
| | | 赵延海 | | 保静军马步军都指挥使，库提点 | | 《家传》《旧五代史》卷85 |
| | | 赵延光 | | 顺义军节度使 | | 《家传》 |
| | | 赵延玉 | | 彰国军节度使 | | 《家传》 |
| | | 赵延煦 | | 点检 | | 《家传》 |
| | | 赵延绍 | | 同州兵马使 | | 《家传》 |
| | | 赵延旭 | | 内库提点 | | 《家传》 |
| 六代 | | 赵匡舜 | | 左千牛卫大将军 | | 《家传》 |
| | | 赵匡禹 | | 临海军节度使 | | 《家传》《赵匡禹墓志》 |
| | | 赵匡尧 | | 保静军节度使 | | 《王悦墓志》 |

续表

| 世代 | 朝代 | 姓名 | 籍贯 | 仕历 | 学行 | 出处 |
|---|---|---|---|---|---|---|
| 七代 | 辽 | 赵为臣 | | 西南面安抚副使 | | 《赵匡禹墓志》 |
| | | 赵为春 | | 永丰库副使 | | 《赵匡禹墓志》 |
| | | 赵为果 | | 右领军卫上将军，天德军节度使 | | 《赵匡禹墓志》 |
| | | 赵为佐 | | 侍卫亲军、神武左厢都指挥使 | | 《赵匡禹墓志》 |
| | | 赵为干 | | 西南面安抚副使，沂州刺史 | | 《赵为乾墓志》 |
| | | 赵为带 | | 随驾仪鸾副使 | | 《赵匡禹墓志》 |
| | | 赵为翰 | 始葬大兴穴鸾别墅 | 仕至保遂州团练都统使 | | 《家传》 |
| | | 赵为航 | | 宁州观察使，保静军节度使 | | 《赵匡禹墓志》《续资治通鉴长编》卷164 |
| 八代 | | 赵相之 | | | | 《家传》 |
| | | 赵进之 | | 永丰库使 | | 《家传》 |
| | | 赵尚之 | | | | |
| 九代 | | 赵洧 | | | | 《家传》 |
| | | 赵渍 | | 宁昌军节度使，赠金吾卫上将军 | | 《家传》 |
| 十代 | | 赵澹 | | 秘书省校书郎 | | 《赵匡禹墓志》 |
| | | 赵公谨 | | 龙虎卫上将军，静江军节度使 | | 《家传》《金史》卷91《赵兴祥传》 |
| | | 赵公为 | | 管内观察使 | | 《家传》《金史》卷91《赵兴祥传》 |

续表

| 世代 | 朝代 | 姓名 | 籍贯 | 仕历 | 学行 | 出处 |
|---|---|---|---|---|---|---|
| 十一代 | 金 | 赵兴祥 | 葬良乡回城刘李里蔡家凹,迄今以赵大王坟目之 | 官至开府仪同三司,左宣徽使,太子少傅,申国公,封巨鹿郡王 | | 《家传》 |
| 十二代 | | 赵镕 | | 镇国上将军 | | 《家传》 |
| | | 赵居常 | | 骠骑卫上将军 | | 《家传》 |
| | | 赵珣 | | 阁门祗候 | | 《金史》卷91《赵兴祥传》 |
| | | 赵晒 | | 山北辽东道廉访吏 | | 《家传》 |
| | | □ | | 肥乡三务使 | | 《家传》 |
| | | 赵明今 | | 任两浙运司知事 | | 《家传》 |
| 十三代 | | 赵柄 | | | 天姿孝友,博学,克守世范 | |
| | | 赵挺 | | 金初,任灵台司正郎 | 邃星历术 | 《家传》 |
| | | 赵机 | | 选充尚医,侍宣宗,官至保宜大夫 | 留心轩岐书,技精良 | 《家传》 |
| | | 赵梅 | | 善货殖,致屋润,积而能散,贫乏者多沾其惠 | | |
| | | 赵植,字景道,后易名质,穆之曾祖也 | | 尝举进士,不偶,辄拂衣去,易名质,隐穴鸢别墅,教授为业 | 姿情淑,有操行,力学,务为无所不窥,工作诗 | |

续表

| 世代 | 朝代 | 姓名 | 籍贯 | 仕历 | 学行 | 出处 |
|---|---|---|---|---|---|---|
| 十四代 | 金 | 赵天民 | | 辽阳省都事 | | 《家传》 |
| | | 赵侃，字和之，穆之伯祖 | | 章宗时，用阀阅子弟，试太常礼乐科，中承安二年登歌甲首 | 长于音律仪制。编集郊祀所记忆者，为《祀典乐志辨》凡三十卷 | 《家传》 |
| | | 赵璧，字国宝，穆之叔祖 | | 中武举第，官广威将军，宣宗丽妃位奉事 | 资沉雄，有才干，涉猎经史 | 《家传》 |
| | | 赵玫，字文玉，穆之祖也 | | 藉门资调遵化三司使 | 学问淹贯，工辞翰，易代后，僻居研穷理学，申明家法，勉子孙兴门户为务 | 《家传》 |
| 十五代 | | 赵铉，字仲器，幼孤，藉伯考定远君翼海 | | | 音律占筮咸诣其精妙。太宫肇造钟鼎祭器法物朝仪，以先生家学精思罕匹，命之监视 | 《家传》 |
| | | 赵守忠 | | 正大间策论进士，仕至承德郎，管勾尚书省承发司 | | 《家传》 |

续表

| 世代 | 朝代 | 姓名 | 籍贯 | 仕历 | 学行 | 出处 |
|---|---|---|---|---|---|---|
| 十六代 | 元 | 赵原 | | | | |
| | | 赵圭 | | | | |
| | | 赵秀 | | | | |
| | | 赵义 | | | | |
| | | 赵穆 | | 从事翰林，出倅孟州，转邢台尹，超授承务中山府判官 | 性纯孝，早传家学，善篆隶，以敏慧延誉缙绅间 | 《家传》 |

  金末元好问在金代谱牒文化方面作出突出贡献。元好问一生广为金源贵裔与文臣、武将撰写传、状、铭、诔，既以彰潜发幽，感念故人，且以探寻故国所致衰亡之迹，希望把百年来可传之人物著之金石以示永久。世宗、章宗时名臣张万公"善化一乡，智效一官"，为金代百年以来良相，故元好问"不欲使之随世磨灭"，要"著金石，传永久"①。辽东王庭筠之名德向为元好问所倾慕。"虽不迨指授，至于不腆之文，亦从公沾丐得之。已尝不自揆度，为先正寿国文贞张公、闲闲赵公、内相文献杨公碑矣。有如我公，乃不得著金石，传永久，顾安所逃责乎？"②

  除为张万公、王庭筠、赵秉文、杨云翼撰写墓碑外，元好问"二三年以来，死而可书如承旨子正、中郎将良佐、御史仲宁、尚书仲平、大理德辉、点检阿散、郎中道远、右司元吉、省讲议仁卿、西帅杨沃衍、奉御忙哥、宰相子伯详、节妇参知政事伯阳之夫人、长乐妻明秀、孝女舜英，予皆为志其墓"③。

  《元好问全集》碑铭表志碣部分从卷16到卷31，共99篇。可称

---

① （金）元好问：《平章政事寿国张文贞公神道碑》，姚奠中主编《元好问全集》卷16，山西古籍出版社2004年版，第387页。

② （金）元好问：《王黄华墓碑》，姚奠中主编《元好问全集》卷16，山西古籍出版社2004年版，第395页。

③ （金）元好问：《漆水郡侯耶律公墓志铭》，姚奠中主编《元好问全集》卷27，山西古籍出版社2004年版，第583页。

私家谱系,"以碑存史"。据狄宝心所编元好问年谱统计,金亡以后,元好问共创作了五十二篇碑志文,占其碑志文总数的二分之一强。

金代墓铭的撰写动机与唐代截然不同。唐代碑志文写作普遍存在商品化现象。宋王谠《唐语林》:"长安中争为碑志,若市贾然。大官薨,其门若市,至有喧竞构致,不由丧家者。"司马光《颜乐亭颂》一文指出,韩愈"好悦人以铭志,而受其金"。而金代墓铭主要作家王寂、赵摅、赵可、赵秉文、王鹗、元好问等都是为同事、师友、师长等熟悉关系撰写,不以获利为目的。

从文体来说,家谱与墓志铭的写作格式规范有明显不同。仓修良先生认为,家传、家记、世传、家史、墓铭等,并不是家谱。因为家谱编修是要有一定格式的。① 家谱都必有一篇叫作"宗族源流"或"族姓渊源"的小序冠于谱首,叙述本族姓氏的由来,始祖的渊源,迁徙的经过,兴盛的始末,祖宗的事迹,等等。不过,从现存金元作家所写的家传、家记、世传、家史、墓铭等来看,明显具有家谱的某些特点。章宗时文人雷文儒作《太原王氏墓记》《李氏墓表》,皆为农耕庶族作家谱,称赞这两个家族勤俭务农、忠孝传家。李俊民《故王公辅之墓志铭》记晋城王翼生平,考王氏二十一望之源起,自周灵王太子晋至唐,引《史记》辨别,谱系明晰。元好问记武安胡氏家族从北宋末胡智起直至元初胡持,共历九世,谱系颇详。② 元好问《杨府君墓碑铭》叙关中杨氏家族由唐郧国公杨侑开始一直叙到其十九世孙杨振。谱系清晰详细。③ 王寂《先君行状》叙述王础为宦生涯时,自先祖三槐王氏(宋太祖时王祐及其子王旦)写起,记家族发展十多件事情。李俊民为孟攀鳞(字驾之)所作《孟氏家传》,从孟攀鳞高祖孟唐牧写起,直至攀鳞之子,为脉络清晰的孟氏家谱。

宋代墓志文献重叙事,长篇化倾向严重。④ 金代沿袭宋代墓铭特色,

---

① 参见仓修良《家谱概述》,《淮阴师范学院学报》2009年第1期。
② (金)元好问:《朝散大夫同知东平府事胡公神道碑》,姚奠中主编《元好问全集》卷17,山西古籍出版社2004年版,第409页。
③ (金)元好问:《杨府君墓碑铭》,姚奠中主编《元好问全集》卷22,山西古籍出版社2004年版,第505页。
④ 参看王海平《宋代墓志文献管窥》,《广播电视大学学报》2011年第3期。

偏重叙事，篇幅较长。不少墓志铭是在世德碑文、神道碑文、家传行状等材料的基础上，梳理归纳、综合撰写而成，其资料之翔实、脉络之清晰，丝毫不亚于专门的家谱。元好问为不少文人写墓志铭时，皆参考该家族的有关材料。为冯璧撰写墓碑，以郑景纯、路宣叔述冯氏世德碑为材料。① 为毛伯朋撰写墓碑，以王鹗述毛氏四代世德碑为材料。② 为赵秉文撰写墓碑，以李纯甫述赵氏三代世德碑、王鹗所撰《志铭》为材料。③ 另外，元好问以王鹗所撰孙氏家传为孙德秀写墓铭，④ 以李周卿所撰张汝明行事之状为张汝明写墓志铭，⑤ 以元祐进士赵子良所撰常氏家族成员墓铭为崞县常晦写墓铭。⑥ 元好问《曹南商氏千秋录》参考曹南商氏《墓志》《家录》以及《唐史》等材料，记叙商氏家族从传说少典时代，经过商汤、秦、两汉、曹魏、六朝、隋、唐代、北宋，一直到金代商衡、商衡子元代商挺，详细记录了商氏历代地望、家世、官爵和婚姻等情况，完全沿袭魏晋隋唐谱牒的内容格式，也继承了宋代碑志除记载墓主的籍贯、名讳、世系、官爵、学行、功名、宦游、政绩、卒年等外，还包括妻子、儿孙、女婿在内的众多家属亲朋的内容。《曹南商氏千秋录》向世人展现商氏家族业绩的同时，也比较完整地展示出商氏家族的人际网络、社会关系。李俊民《故王公辅之墓志铭》记晋城王翼生平，考王氏二十一望之源起，自周灵王太子晋至唐，引《史记》辨别，谱系明晰。元好问记武安胡氏家族从北宋末胡智起直至元初胡

---

① （金）元好问：《内翰冯公神道碑铭》，姚奠中主编《元好问全集》卷19，山西古籍出版社2004年版，第446页。
② （金）元好问：《潞州录事毛君墓表》，姚奠中主编《元好问全集》卷28，山西古籍出版社2004年版，第604页。
③ （金）元好问：《闲闲公墓铭》，姚奠中主编《元好问全集》卷17，山西古籍出版社2004年版，第401页。
④ （金）元好问：《御史孙公墓表》，姚奠中主编《元好问全集》卷22，山西古籍出版社2004年版，第504页。
⑤ （金）元好问：《御史张君墓表》，姚奠中主编《元好问全集》卷21，山西古籍出版社2004年版，第476页。
⑥ （金）元好问：《真定府学教授常君墓铭》，姚奠中主编《元好问全集》卷24，山西古籍出版社2004年版，第522页。

持，共历九世，谱系颇详。①

清代著名档案学家章学诚《文史通义》认为："家乘谱牒，一家之史也。"一些世家大族历经长久，甚至跨越数代。家族中有不少重要成员皆有墓铭。将这些墓铭综合梳理，则成为该家族的家谱。据元代王恽《浑源刘氏世德碑铭》所记，浑源刘氏家族从刘撝至刘祁五代，先后有张景仁、陈讷、雷渊、赵秉文、王盘为其家族所写墓铭而形成完整家族谱系。②马氏家族由第一代辽代和禄采思至第八代元代马祖常，由黄溍《马氏世谱》、元好问《恒州刺史马君神道碑》、苏天爵《元故资德大夫御史中丞赠摅忠宣宪协正功臣魏郡马文贞公墓志铭》等先后为其家族成员所写的这些墓志铭、世谱等，形成完整的家族谱系。

魏晋隋唐谱牒的重点在于对门第的标榜和维护，记载的内容包括姓名、官爵、生卒年、婚姻、迁徙、居住、支系、坟墓等情况，尤其对地望、家世、官爵和婚姻记载得最详细。金代一些家族的墓铭也有这些信息的相关记录。

金代或墓铭或石谱，其主旨皆是以碑存史，以光照祖考，泽流子孙。金代中期，随着社会的安定、经济的发展，人们有财力、物力为逝去的亲人刻石立碑，并借以永久存续家谱。章宗时文人唐子固"聊举徐氏之先宗，以彰令族之后裔"，故撰有《东海徐氏墓碑》。据墓碑中云，徐氏宗族自古以来就聚居济州任城。经红巾之乱，宗族离散。后分五叶。至金章宗时，有一叶"独恋乡贯"，乘田胜遂，子孙播衍。乃"刻石立铭，磨成不朽之图；异里命工，琢就无穷之记。可得明昭辨穆，知宗别派，其如指掌矣"。③

这种以碑存史的情况在当时相当普遍。章宗时文人黄晦之记云，"近世习俗，祖、考既葬，不问贵贱，皆为之立碑。……阀阅之家，不止轩冕焜耀，有大功德，可以上卫国而下庇民，子孙荣之，于是为神道

---

① （金）元好问：《朝散大夫同知东平府事胡公神道碑》，姚奠中主编《元好问全集》卷17，山西古籍出版社2004年版，第409页。

② （元）王恽：《浑源刘氏世德碑铭（并序）》，李修生主编《全元文》第6册，江苏古籍出版社1999年版，第503页。

③ （金）唐子固：《东海徐氏墓碑》，阎凤梧主编《全辽金文》，山西古籍出版社2002年版，第2061页。

碑；其次，德行文章，显然为时闻人，虑其湮没于世，则有墓表、墓志纪其实，以贻不朽，二者古今皆然"。① 以碑存史的现象到了元代也没有断绝。元初刘因记载"近世多刻石先茔，叙先世名迹，如古先庙碑者"②。

金代文人大多数通过墓铭方式来记录的家谱，基本和北宋欧阳修、苏轼五世为图、近亲疏远的谱图之法一致。③ 这主要是因为金初的战争导致绝大多数的家族谱系断绝，无从查考。家谱只能从墓主高祖或曾祖叙起，直至墓主子孙。

### 三 金代谱牒文化的民间基础

谱学研究盛行于魏晋南北朝时期。东晋贾弼之、南齐贾渊祖孙及梁王僧孺，均长于谱学。唐五代以后，门阀制度衰落，谱学亦衰。然唐宋以后亦有以谱学著名的学者。唐代李守素、宋代韩溥因精通谱学、熟知先朝氏族而被称为"肉谱"。金代不少文人亦精通谱学而也应称为"肉谱"。他们或博览精研、或潜心著述、或热衷寻访谱学资料，为金代谱学作出贡献。进士刘俣之子刘景玄，"无所不窥，六经百氏外，世谱、官制、地理与兵家所以成败者为最详"。④ 勾龙瀛撰《姓谱》行于世。⑤ 萧贡著有《五声姓谱》五卷。出自金朝著名科宦家族的吕周卿酷嗜文书，"著碣石志数十万言，皆近代以来事迹"⑥。另有周子仁"日余伏田里，教诲童孺，虽无干士禄意，然天下凡名公巨儒，必问其家世及行己大方，与所著述文章于人"。平时周子仁与朋友"所与谈绝无尘俗利欲

---

① （金）黄晦之：《济宁李氏祖茔碑》，阎凤梧主编《全辽金文》，山西古籍出版社2002年版，第1994页。

② （元）刘因：《怀孟万户刘公先茔碑铭》，李修生主编《全元文》第13册，江苏古籍出版社1999年版，第432页。

③ 参见王鹤鸣《中国家谱通论》，上海古籍出版社2010年版，第118页。

④ （金）元好问：《刘景玄墓铭》，姚奠中主编《元好问全集》卷23，山西古籍出版社2004年版，第515页。

⑤ （元）王恽：《碑阴先友记》，李修生主编《全元文》第6册，江苏古籍出版社1999年版，第526页。

⑥ （金）李纯甫：《吕子羽外传》，阎凤梧主编《全辽金文》，山西古籍出版社2002年版，第2631页。

语，非论京师衣冠之世族，即商榷文章行实之源委，或继以忧民困穷而自叹其莫之能恤也"①。

自金至元，一些文人博闻强记，对地方名物、世家谱系等烂熟于心，这显示谱牒文化口耳相传的民间特色。金末汴州赵滋"少日出闾里间，其晓音律、善谈笑，得之宣政故家遗俗者为多。为人强记默识，不遗微隐。唐以来名家者之诗文，往往成诵如目前。东京大内隆德、太一故宫楼观台沼，门户道路，华木水石，悉能历数之。听之者晓然如亲到其处。至于宋名贤所居第宅坊曲与其家行辈群从，孙息姻娅，排此前后，虽生长邻里者不加详也"。②元初有名樗庵者，"平生于辽、金右族字名、官勋、世数、子孙，及其外氏何人，皆能默疏而备言。其子吴京亦喜谈辽、金世族，盖习闻余论，庶其能成书乎？"③

口耳相传的谱牒可以突破时间、空间的限制，甚至穿越战乱、天灾等残酷历程而得以传承延续。唐代名臣郭子仪郭氏家族谱牒主要通过口头传承而得以延续。五代时，豆卢革一次问侍中郭崇韬："汾阳王（指郭子仪）是代北人，你祖居雁门，是不是他的后人？"崇韬回答说："经乱失谱牒。曾听先父说：去汾阳王已经四代。"④可见在五代战乱中，郭氏纸质谱牒已经失佚。然据金末元好问记载，"唐以来，忠武王之子孙散居汾、晋间，不见于谱系，而得之传承"。⑤说明通过家族成员之间的世代口头传承，在金末，郭氏后人因而也熟悉家族世系。

金代一般女真贵族也比较重视家族系谱的传承。元好问《龙虎卫上将军术虎公神道碑》中记载：上京术虎筠寿家族，"勋贵之盛，国史家牒详焉"。元好问参考"国史家牒"，知晓术虎氏家族五世仕履迁徙情

---

① （元）蒲道源：《洋州太守周子仁送行诗序》，李修生主编《全元文》第21册，江苏古籍出版社1999年版，第219—220页。
② （金）元好问：《蓬然子墓碣铭》，姚奠中主编《元好问全集》卷24，山西古籍出版社2004年版，第530页。
③ （元）姚燧：《樗庵序》，李修生主编《全元文》第9册，江苏古籍出版社1999年版，第395页。
④ （宋）薛居正等《旧五代史》卷57《郭崇韬传》，中华书局1976年版，第772页。
⑤ （金）元好问：《广威将军郭君墓表》，姚奠中主编《元好问全集》卷28，山西古籍出版社2004年版，第603页。

况：术虎筠寿"五世祖术不从武元下宁江，王业渐隆，论功第一。一命银青荣禄大夫，节度宁江。开国之后，一门世封猛安五人、谋克十七人、尚县主者三人。子孙以世官故，移戍西北路桃山之阳，因占籍抚州"①。元好问又记载，合懒路人夹谷土剌曾大父息虎起，天会初，尝以王爵握兵柄，"史牒载其功详矣"②。现在我们还可以通过一些女真贵族家族墓地中所发现的墓志铭、神道碑等了解这些家族的谱系。清代光绪年间在吉林舒兰小城子乡，发现完颜希尹家族墓地以及完颜希尹神道碑。碑系由王彦潜撰文、任询书丹、左光庆篆额的。碑中详细记叙完颜希尹的族系家世，是研究完颜希尹生平业绩及其家族，乃至金初宋金、辽金之间相关历史十分重要的实物资料。

金代从官方到民间皆注重谱牒文献的收集。官方在编撰国史、实录等史书时，要大量收集民间相关资料，这为有关谱牒资料的保存、使用提供了条件。大定二十九年（1189），党怀英与郝俣充《辽史》刊修官，应奉翰林文字移剌益、赵沨等七人为编修官。"凡民间辽时碑铭墓志及诸家文集，或记忆辽旧事，悉上送官。"③

金代民间谱牒文化意识更为普遍、强烈。明昌五年（1194）经义、词赋两科进士韩玉曾作《元勋传》，深受章宗称赏。不少文人也热心收集民间碑刻、表传、史书等古籍文献，其中包含大量和谱系、谱牒有关的资料。

### 四 金代谱牒文化的学术性

金代一些著名文人热衷于金石遗文、谱牒家传的收集、整理与研究，从而形成金代谱牒文化鲜明的学术特色。赵秉文笔下的宝墨堂主人"平生无所嗜好，独于法书名刻，宝之不啻珠玉，千金购求，必得而后已。自公壮时，驰驿往来于燕、秦、齐、晋之间，闻有石刻，虽深山旷

---

① （金）元好问：《龙虎卫上将军术虎公神道碑》，姚奠中主编《元好问全集》卷27，山西古籍出版社2004年版，第564页。

② （金）元好问：《资善大夫武宁军节度使夹谷公神道碑铭》，姚奠中主编《元好问全集》卷20，山西古籍出版社2004年版，第473页。

③ （元）脱脱等：《金史》卷125《党怀英传》，中华书局1975年版，第2727页。

野，必命赍藤楮，作墨本以归。以是裒金石遗文，仅千余卷"①。金末浑源人雷渊"好收古人书画碑刻藏于家，甚富"②。金元之际绛州史志经"搜奇访异，亲历见闻，至古今名士所作碑记、表传、诗文，极力求之，期于必得而后已"③。元好问金亡之后，"闲居不仕，著述自娱。凡四方碑版铭章，靡不奔走其门"④。而杨奂所著"《汴故宫记》述北宋大内遗迹，《与姚公茂书》论朱子家礼神主之式，举所见唐杜衍家庙及汴京宋太庙为证。《东游记》述孔林古迹尤悉，皆可以备文献之征也"⑤。

收集整理人物传记、谱牒家史的风气，自金末延续到元朝。

刘祁《归潜志》共涉及金代人物四百二十余人，有稍详记载者三百七十余人。其中卷一至卷六，悉为金末人物小传。立传者有一百四十多人，附录十四人。所记人物，除皇室宗亲外，皆金末文人学士，达官显宦，一代名将、死节之臣。又有乡绅名士，世外僧道，名医隐者，几乎包括了金末社会各个层面的人物。元好问编《中州集》，除收金诗之外，各于名下结撰小序，存其行实，成为《金史》人物列传中《文艺传》和《隐逸传》的主要来源。永和人乐著作《相台诗话》三卷，记有彰德府文人名宦的出身、历官等事迹。⑥

元朝苏天爵家多藏书，"悉知辽与金故实，暨国朝（元朝）上公硕人家伐阅谱系事业碑刻文章"⑦。其所撰《国朝名臣事略》完成于天历元年（1328）。此书凡十五卷，载录四十七人。全书征引的墓志、碑传、行状、家传、言行录以及其他著述，不下一百二十余篇，其中一些

---

① （金）赵秉文：《宝墨堂记》，阎凤梧主编《全辽金文》，山西古籍出版社2002年版，第2283页。

② （金）刘祁：《归潜志》卷1，崔文印点校，中华书局1983年版，第10页。

③ （金）王鹗：《洞玄子史公道行录》，《全辽金文》，阎凤梧主编《全辽金文》，山西古籍出版社2002年版，第3484页。

④ （清）荣誉：《续夷坚志序》，姚奠中主编《元好问全集》卷48，山西古籍出版社2004年版，第1114页。

⑤ （元）杨奂：《汴故宫记》，李修生主编《全元文》第1册，江苏古籍出版社1999年版，第133页。

⑥ （明）《嘉靖彰德府志》卷7《选举》。

⑦ （元）宋本：《滋溪书堂记》，李修生主编《全元文》第33册，江苏古籍出版社1999年版，第226页。

篇章原文已佚，赖以得传。《元史》有关人物列传，得资参考。苏天爵之后，又有王祎因感于苏天爵仅列四十七人，未及搜访甄录者固多，故"复博求于世臣之家，又得七十三人，人各为传，而赘以论赞，名曰《国朝名臣列传》，总百有二十"①。

刘祁《归潜志》、元好问《中州集》、苏天爵《元朝名臣事略》、王祎《国朝名臣列传》等书皆可看作金元人物微型谱牒的汇编。在朝代更迭、战乱动荡的社会背景下，这样的记载方式可以最大的容量、最有效的方式为后代传承家族、民族和国家的历史。

金代谱牒文化是北方家族文化的文字展现和实物展现，体现了北方具有深厚民间基础的家族文化、家族意识，也折射出北方各民族强烈的忠孝伦理文化，这为金代文学的生成、发展提供了不竭的源泉。研究金代文学家的生平交游、文学活动、文学成就等方面，学界主要以金元时期的碑铭石刻为对象进行考证研究，如金毓黻《王黄华先生年谱》、王树楠《闲闲老人年谱》、缪钺《元遗山年谱汇纂》、狄宝心《元好问年谱新编》等。王庆生先生所著《金代文学家年谱》除考证金代242位作家个人的行履与成就外，还尽可能旁及作家整个家族的血缘世系及家学传承。

## 五 金代谱牒文化的文学性

以碑存史的现象反映出金代家族深厚的家族伦理观念，其谱牒碑志的文本也成为金代散文创作的一个有机组成部分。

金代碑志撰写继承史传文学的创作成就，具有鲜明的文学特色。六朝以来的碑志格式僵化，多千篇一律，内容上铺排郡望，藻饰官阶，形式上讲求声律典故，骈四俪六，卓卓可言者屈指可数。唐代韩愈的一些碑志作为表达思想的工具，具有积极的意义。在写法上，韩愈完全打破了传统手法，开辟了用史传文学的写人叙事的手法来写碑志的创作方法。金代碑志在韩愈的基础上，进一步增强了文学性、形象性。

金代早期的碑铭如天会间文人杨丹《故刘君墓志铭》，碑铭从曾、

---

① （元）王祎：《国朝名臣传序》，李修生主编《全元文》第55册，江苏古籍出版社1999年版，第276页。

高祖叙起，直至曾孙辈，重点则塑造了沉厚忠直、纯俭起家的隆德府潞城人刘秀世的形象。黄久约《朝散大夫镇西军节度副使张公神道碑》为张商老撰写碑铭。文章围绕张商老在立身原则、学术经历、家族教育和文学特色等展开论述。王寂《先君行状》，述王寂父王础生平事迹。由王昼、王旦叙起，重点指出其父王础"性嗜书卷，未尝去手。有诗百篇，平淡简古，如其为人"的文学特征。张万公《武威郡侯段铎墓表》，叙山西稷山段铎"少孤，师事长兄钧，专心嗜学，行吟坐诵，声满邻舍"。"积数年间，经籍子史无不该贯。"党怀英《醇德王先生墓表》叙琅琊王去非："束发知问学，为文章不喜为进取计，尝试有司，不合即屏去。益探六经、百家之言，务为博赡该诣，又杂取老、庄、释氏诸书，采其理要，贯穿融汇，折诸大中。"在金代不少的碑志文章中，涉及对墓主学术思想、文学成就的评价非常普遍。

赵秉文有14篇碑文，长短不拘，皆具文学色彩。其中《郭公碣铭》以短小的篇幅、简洁的语言，记述一位仁慈孝友、轻财乐施，以忠果强敏闻于天下的郭姓士人的形象，做到了记述与议论相结合，形象性与思想性相结合。《盘安军节度副使姬公平叔墓表》则用翔实的材料、细腻的笔法，展现金代著名文人姬平叔立身刚直、勇于言事的生平事迹。《中大夫翰林学士承旨文献党公神道碑》重点侧重介绍党怀英在书法、散文及史学方面的贡献。赵秉文为张信甫、刘从益、史良臣、王磵、祁宰等撰写墓铭时，或评其文学、或赞其政事、或称其人品、或述其吏能、或叹其忠毅。文章情绪饱满、爱憎分明。人物性格突出，形象鲜明。

大兴府诗人王郁所撰《王子小传》为自传体文章。文章先追溯到十五代祖、唐太宗时宰相王珪，次及祖父及父辈以下文行仕履。文章以第三人称叙述自己自幼时的从学经历、学术领域、诗文特色以及平生交游。文章语言整饬简古而又诙谐有趣，在金代散文中别具一格。

李俊民《故王公辅之墓志铭》对古代王氏二十一望的脉络源流条分缕析，细致考辨，对晋城王翼一族的发展迁居重点阐述，对王翼文学、学术、医药成就与特色给予详细介绍。王若虚撰有十多篇人物墓铭，语言简洁、生动，述论结合。

元好问近一百篇碑铭文章组合成众多精心描绘的栩栩如生的形象长

廊，为我们保留了金源一代许多国士豪杰的风采。这些形象既是历史人物，也是艺术典型；既有重要的历史价值，又有较强的审美价值。《顺安县令赵公墓碑》突出了高唐赵雄飞为官一方，"吏畏而爱，民爱而畏，蔼然有良吏之风"的形象。《雷希颜墓铭》突出了浑源雷渊的豪爽之气、侠义之风、疾恶如仇和胆识过人的形象。《临海弋公阡表》则为我们刻画了弋润"百炼钢化为绕指柔"的仁厚长者典型。

元好问的许多碑铭墓志议论精警雄放，感情真挚强烈。《恒州刺史马君神道碑》运用与《报任安书》同样的感情色彩和语言风格，反映他作为金国遗民而未能死节又不能死节的矛盾心理。《忠武任君墓碣铭》对制造党禁的小人进行了严厉的谴责。遗山的许多碑铭墓志不仅议论风发，而且很富于情感。

曹丕《典论·论文》指出："铭诔尚实，词赋欲丽。"宋代欧阳修、苏轼、王安石诸古文大家，其碑志文中的铭诗，大多篇幅简短，且崇尚质实，缺乏诗情。金代一些作家，如赵秉文、王若虚、李俊民、元好问等撰写的墓铭中的铭诗，长短不拘，体裁不一，有杂言体、七言体、骚体、四言体，不但丰富了描写的形式，也增强了抒情的色彩。赵秉文《郭公碣铭》中的铭文共有四句："不能锐，是以钝。不予试，以昌其世世。"寥寥数语，阐发面对人生寿夭穷达的思考。王若虚《故列朝大夫刘君墓碣铭》铭文中有："其得也迟而丧之速，为荣也不足而哀有余。"对挚友刘鼎臣高才博学而数奇不偶的悲剧命运表示深切同情。

元好问近百篇碑志文字中，附有铭诗 90 首。元好问这些铭诗的写作突破了碑志文字尚实和尚简的局限，感情真挚，笔法灵活，叙事、抒情、写景、状物、记人均各得其宜，且各体兼备，填补了他诗歌创作体裁样式方面的空白。如《张君神道碑》《御史张君墓表》《尚书右丞耶律公神道碑》《内相文献杨公神道碑铭》《内翰冯公神道碑铭》《国子祭酒权刑部尚书内翰冯君神道碑铭》《商平叔墓铭》《赞皇郡太君墓铭》《东平行台严公祠堂碑铭》《恒州刺史马君神道碑》《大丞相刘氏先茔神道碑》《故帅闻侯墓表》《濮州刺史毕侯神道碑铭》《宣武将军孙君墓碑》《西宁州同知张公之碑》《清凉相禅师墓铭》《雷希颜墓铭》，等等。篇中的铭诗，皆情绪饱满、形象鲜明、富有诗意。元好问的碑志铭诗中，则不乏鲜明生动的人物形象刻画。《西宁州同知张公之碑》铭诗，描写墓主蒙古将军张荣祖的勇武形象，《兖州同知五翼总领王公墓铭》铭诗曰："突如其驰，荡如其靡。马革自随，非壮夫之悲。魂兮来归，汝友是依！"塑造了蒙古将军王德录在战场上驰突荡决，不惧马革裹尸的勇武形象。铭诗虽然很短，但气势充沛，感人至深。《尚书右丞耶律公神道碑》中的铭诗赞美耶律履："德星煌煌出东方，让王七世蔚有光。高阳苗裔袭众芳，得易贞干书潜刚。帝前巍冠讲虞唐，德音一鸣凤朝阳。"记辽东丹王耶律倍之七世孙、金世宗时名臣耶律履的生平仕履，充满敬佩之情。

元好问对墓主非常熟悉，所以墓志碑铭容易写的富有情感，更具文学特性。

"北人恋本"的家族观念，至宋代亦然。吴曾《能改斋漫录》卷十云："世以同宗族为骨肉。……予观南北朝风俗，大抵北胜于南，距今又数百年，其风俗犹尔也。"说明在宋金之前，北方家族观念一直比南方明显强烈。由北方强烈的家族观念所产生的金代谱牒文化除表现出明晰血缘、道德教化、精神凝聚、家风传承等功能之外，我们还应注意其具有的文献、文本、文心的文学功能。以宏观视野、辩证思维来观照金代谱牒文化，不仅可以丰富金代谱牒文化的研究内容，还可以大大拓展金代文学的研究思路，开辟金代文学新的研究领域。

## 第三节　金代家族在农耕—游牧文化融合中的作用

金代家族文化、谱牒文化中的忠孝伦理思想在少数民族建立的政权中，起到了民族融合、社会和谐的巨大作用。官方对儒家思想的接受，并将其作为统治思想，既维护了统治阶级的利益，又使得金代家族获得更大的发展空间。家族的发展又为文学注入了持久而有生命力的强大动力。

魏晋南北朝时期，修谱主要是为选官、联姻服务。北宋建立后，家谱作为用来区别门第身份的社会政治功能已基本消失，代之而起的是"尊祖、敬宗、收族""尊尊、亲亲之道"的道德教化功能。谱牒不仅仅记载家族规模、本族世系和重要人物事迹、家族有关的重大历史事件，还记载了本家族在一定历史时期的政治、经济、文化状况，展现家族内部的家学家风，强化家族内部的敬宗亲亲之道。潘光旦《中国家谱学略史》指出："唐以上谱之用二，于官则助选举，于私则佐婚；宋以后则所存效用，惟敬宗收族。"欧阳修在《衡阳渔溪王氏谱序》指出："余惟族谱之作，所以推其本、联其支，而尊尊亲亲之道存焉。"

辽金两朝虽为少数民族建立的政权，但都极力推行汉化政策，宣扬儒家忠孝伦理观念，体现出家国一体的统治思想。对于民间忠孝伦理观念的推行，比较突出的表现就是在法律上制定家族聚居制度，这无形中推动了谱牒文化的发展。辽圣宗统和元年（983）下诏："民间有父母在，别籍异居者，听邻里觉察，坐之。有孝于父母，三世同居者，旌其门闾。"① 辽道宗咸雍十年（1074），以奚人达鲁三世同居，赐官旌之②。据王善军先生统计，《辽史》所载被旌表的数世同居家庭共有6家，其中汉人家庭就有5家。辽州张庭美六世同居、仪坤州刘光胤四世同居、庆州靳文高八世同居、锦州张宝四世同居、天德军田世荣三世同居③。金代也制定法律，鼓励父母与子女兄弟同居。"凡叙使品官之家，并免杂役，验物力所当输者，止出雇钱。进纳补官未至荫子孙、及凡有出身者。出职带官叙当身者，杂班叙使五品以下、及正品承应已带散官未出职者，子孙与其同居兄弟，下逮终场举人、系籍学生、医学生，皆免一身之役。三代同居，已旌门则免差发，三年后免杂役。"④ 金代杂色仪制有中，列有"三代同居仪"，规定"三代同居孝义之家，委所属申覆朝廷，旌表门闾，仍免户下三年差拨"⑤。

女真政权采取一系列措施进一步解放奴隶，恢复其人身自由，使其从奴隶变为自由的平民。这有助于普通家族的发展与壮大。

太宗天会三年（1125），禁内外官及宗室毋得私役百姓，权势家不

---

① （元）脱脱等：《辽史》卷10《圣宗纪一》，中华书局1974年版，第112页。
② （元）脱脱等：《辽史》卷23《道宗纪三》，中华书局1974年版，第275页。
③ 参见王善军《世家大族与辽代社会》，人民出版社2008年版，第103页。
④ （元）脱脱等：《金史》卷47《食货志二》，中华书局1975年版，第1056页。
⑤ （宋）宇文懋昭：《大金国志》卷35"杂色仪制"条，崔文印校证，中华书局1986年版，第502页。

得买贫民为奴。七年，诏兵兴以来，良人被略为驱者，听其父母妻子赎之。① 天会十年正月，针对从前辽人分士庶之族，赋役皆有等差，太宗下诏曰："其悉均之。"② 熙宗皇统四年（1144）十月，陕西、蒲、解、汝、蔡等处因岁饥，流民典雇为奴婢者，官给绢赎为良，放还其乡③。辽人佞佛，多以良民赐诸佛寺，分其税一半输官，一半输寺，谓之二税户。世宗大定二年（1162），诏免二税户为民④。

熙宗至世宗，金已逐步封建化，但仍保有奴隶制的残余。金朝的法律一方面对女真奴隶主贵族的特权有所限制，另一方面也对驱奴与良民的不同地位作了法律规定。对于家族财产的继承分割，金世宗也有专门的诏令。太子詹事赵隇子孙、司徒张通古子孙皆不肖淫荡，破赀产，卖田宅。世宗闻之，诏曰："自今官民祖先亡没，子孙不得分割居第，止以嫡幼主之，毋致鬻卖。"⑤ 为了维护家族聚居，世宗在多次场合，针对不同的对象，极力强调忠孝伦理的观念。他专门对宰臣强调：凡士民之孝弟姻（同"姻"）睦者，举而用之；其不顾廉耻无行之人，则教戒之。不悛者则加惩罚⑥。有一次，他还对皇太子及亲王曰："人之行，莫大于孝弟，孝弟无不蒙天日之佑。汝等宜尽孝于父母，友于兄弟。自古兄弟之际，多因妻妾离间，以至相违。且妻者乃外属耳，可比兄弟之亲乎？若妻言是听，而兄弟相违，甚非理也。汝等当以朕言常铭于心。"⑦

著名学者许烺光认为："中国人所遵循的生活方式基本准则的外部表现形态"，是"情境中心取向"，"情境中心取向最基本的心理基础是相互依赖"，以一种持久的、把近亲连接在家庭和宗族之中的纽带为特征："以情境为中心的中国家庭，培养了中国人一种向心的世界观。这种世界观在人际关系中的基本表现是相互依赖。它使中国人能够轻松自

---

① （元）脱脱等：《金史》卷46《食货志一》，中华书局1975年版，第1033页。
② （元）脱脱等：《金史》卷3《太宗本纪》，中华书局1975年版，第64页。
③ （元）脱脱等：《金史》卷4《熙宗本纪》，中华书局1975年版，第81页。
④ （元）脱脱等：《金史》卷46《食货志一》，中华书局1975年版，第1033页。
⑤ （元）脱脱等：《金史》卷81《赵隇传》，中华书局1975年版，第1830页。
⑥ （元）脱脱等：《金史》卷8《世宗纪下》，中华书局1975年版，第187页。
⑦ （元）脱脱等：《金史》卷7《世宗纪中》，中华书局1975年版，第161页。

如地在内心的中国宗族结构和'人与人之间关系完全调和'这一理想的框架内满足其社交、安全和地位的需要"①。深厚的宗族观念等在金代社会封建化发展中，发挥社会影响。金代河北、山东、山西出现不少聚居一方的世家大族。刘若虚大定十一年（1171）所作《闻喜裴氏家谱序》记河东闻喜裴氏，自秦朝后，"宗族繁衍昌大，迄于近代。其间豪杰俊迈、名卿贤相，摩肩接踵，辉耀前史，茂郁如林，世不乏人"②。明昌时人黄晦之《济宁李氏祖茔碑》记当地李氏家族："自唐迄今，五百余户。阡陌连接，鸡犬相闻，大率俱以力田为业，生产温厚，衣食充羡，且知礼让，重廉耻，尚节操，孝友而慷慨。"③唐代散文家樊宗师之后，有一支居临晋之董村，族中有樊二员外者，"金代以赀名举。家千□，乐振施，修德好礼，乡党称为善人。有子曰德□，□泰和末年，甫三十，遭壬辰之乱，保族完家，不离乡土，人以为难"④。可见金代中期汉人家族注重敬宗收族与家族发展。一些家族能得天时、地利、人和之便利，又能教育子孙、积德为善、尊崇礼义、护佑一方，而得到朝野上下的一致推崇。章宗时文人鹿汝弼《成氏葬祖先坟茔碑》记成氏家族为山东嘉祥绵延长久的地方大族。天会之乱，四方云扰，居民逃难解散。是时成氏之族已数十余户。成氏家族成员据山险为堡寨，推族内成进、成宝为寨长，安老幼于中，驱少壮以守，群盗不敢向视。几年后，天下休兵，四方安静，得全者万口，皆为成氏家族之力致。当地官员具功申覆，成进、成宝俱受进义校尉。成宝"诸侄暨诸孙，或有行迹，或隐德不仕，或以农□□勤俭有节，或通儒学；见父之执、兄之友，常加肃敬，况于事父兄之礼乎！""乡人皆以成氏诸子孙孝悌之道悉为标杆。"诸女亦百数，皆适殷富之家。大定、明昌时，成氏家族中，先后有四人因年寿获补官。"成宝玄孙至百数，未名者数十人，自梁唐

---

① ［美］许烺光：《宗族·种姓·俱乐部》，薛刚译，华夏出版社1990年版，第235页。
② （金）刘若虚：《闻喜裴氏家谱序》，阎凤梧主编《全辽金文》，山西古籍出版社2002年版，第1625页。
③ （金）黄晦之：《济宁李氏祖茔碑》，阎凤梧主编《全辽金文》，山西古籍出版社2002年版，第1994页。
④ （元）陈观：《樊氏先茔之记》，李修生主编《全元文》第10册，江苏古籍出版社1999年版，第27页。

以来，未有如此之巨族也。上下十世间，相继家风，父慈子孝，兄爱弟敬，夫和妻柔，姑慈妇听，遵依八义，师慕五常，姻睦族系。"成宝教其子孙曰："我自先祖之下，治家勤俭，好礼义，施仁德，畏刑罚，避凶暴，以是全身远害而已。"①

自然经济的社会结构，安土重迁的桑梓情结，使金代家族具有顽强的生命力。由此形成的家族门风、理念追求、功业构建影响社会各个方面。从生存必需的物质条件到上层建筑的灵魂塑造等，无不打上家族文化的印记。在金朝社会发展中，传统文化、民族文化的汇聚和发散，一个重要的途径是通过家族形式来实现的。而传统文化、民族文化对一个家族的生存与发展，也往往历时长久才能发挥作用。杨万里《人才下》云："士之幼而壮，壮而老，父兄之所训诲、君师之所长育，不知其几何？日博之古今以入其智，试之世务，以出其能，不知其几何？事或昔之过而今补之以功，或彼之短而此济之以长，尝险易而涉风霜，不知其几何？变阅日之久也，更事之多也，应变之熟也，而其才犹有不成者矣。幸而成才，则上之人当如何而爱惜之？故曰才莫难于成。"② 在金代复杂、多元的民族文化背景下，只有进一步强化家族观念，凝聚家族力量，才能有效延续家族的生存、推动社会健康发展。

## 第四节 辽、宋入金家族及其文化贡献

家族文化作为中国社会组织中最重要的核心，即使在政权更迭下也具有顽强的内聚力，促进其在时间和空间上表现出强劲的生命力。在世代交替的战乱之际，作为民族传统文化的主要承载者，也能够为中原文化的传承提供保障与支撑。

### 一 由辽入金家族

由辽入金大族主要有刘、韩、马、赵、时、左、张、吕等。其中最

---

① （金）鹿汝弼：《成氏葬祖先坟茔碑》，阎凤梧主编《全辽金文》，山西古籍出版社2002年版，第2062—2063页。

② （宋）杨万里：《诚斋集》卷87，四部丛刊初编本。

著名者为燕地韩、刘、马、赵四大家族。

1. 河间刘氏

刘彦宗为大兴宛平人。远祖刘怦,唐德宗时任卢龙节度使。石晋以幽、蓟入辽,刘氏六世仕辽,相继为宰相。刘怦出自昌平,至四代孙刘景一支已迁居河间。河间刘氏家族入辽的第一代代表人物为刘景之父刘守敬。刘景与先辈不同,而是以文学起家。应历初年,以幽都府文学迁右拾遗、知制诰,为翰林学士。以后,刘氏家族子孙贵显不绝。第四代刘六符兄弟数人出仕。刘六符之子孙,"有为节度、观察者十数人"[①]。其中,刘霄为咸雍十年(1074)状元,官至中京留守。霄子彦宗,擢进士乙科,曾在北辽政权中任签书枢密院事[②]。刘彦宗入金后,太祖使复旧职,迁左仆射。其子刘筈于天辅七年(1123)间随父兄降金,迁尚书左司郎中。天辅八年授殿中少监,迁卫尉少卿,授西上合门使,仍从事元帅府。

2. 燕京韩氏

韩昉,燕京(今北京一带)人。辽天祚帝天庆二年(1112)壬辰科状元。韩昉先祖仕辽,累世通显。韩昉中状元后,补右拾遗,转史馆修撰,累迁少府少卿、乾文阁待制。后降金,被加官卫尉卿、知制诰。

3. 卢龙赵氏

卢龙赵思温赵氏家族第一代为唐代赵少阳,第二代为赵简亮,第三代元遂时,定居卢龙。元遂子思温出入行阵三十年,大小百余战,勋业烜赫,身都将相,备极人臣之贵。思温"生子十有二人,其后支分派别,官三事使相宣徽节度团练观察刺史下,逮州县戡余二百人"[③]。赵公瑾为赵思温六世孙,辽静江军节度使。赵公谨子赵兴祥以父任阁门祗候,谒告省亲于白霫。及娄室获辽主,兴祥乃入金,从宗望伐宋,为六宅使。天眷初,累官同知宣徽院事。世宗即位,以为秘

---

① (宋)叶隆礼:《契丹国志》卷18《刘六符传》,贾敬颜、林荣贵点校,中华书局2014年版,第200页。

② 参见王善军《世家大族与辽代社会》,人民出版社2008年版,第120—121页。

③ (元)王恽:《题辽太师赵思温族系后》,李修生主编《全元文》第6册,江苏古籍出版社1999年版,第827页。

书监,复为左宣徽使。赵兴祥仕金海陵、世宗两朝,以德望门地,致仕途显赫,官至开府仪同三司,左宣徽使,太子少傅,申国公,封巨鹿郡王。

4. 宛平马氏

金朝宛平人马肩龙,先世为辽代大族。祖先中有知兴中府者,故又号兴中马氏①。马肩龙祖父马大中,金初登科,节度全、锦两州。父马成谊,明昌五年(1194)登科,官京兆府路统军司判官。

上述四大家族为燕地贯穿辽金的著名士族。元蒙初期,"燕之故老,谈勋阀富盛、照映前后者,必曰韩、刘、马、赵四大族焉"②。由辽入金世家大族除以上四家外,还有下面几大家族。

5. 玉田韩氏

燕京人韩企先,其九世祖韩知古为辽佐命功臣之一。辽神册初,授彰武军节度使。总知汉儿司事,兼主诸国礼仪。当时朝廷仪法疏阔,韩知古援据故典,参酌辽俗与汉仪,使辽人易知而行。不久,拜左仆射,迁中书令。知古子韩匡嗣授晋昌军节度使,改西南面招讨使。③ 韩企先为乾统年间进士,辽国灭亡后入仕金国。金天辅六年(1122),韩企先任枢密副都承旨,迁转运使,后调任西京(今山西大同)留守。金天会六年(1128)任同中书门下平章事、知枢密院事。次年任尚书左仆射兼侍中,封楚国公,为管领汉地的行政长官。金天会十二年(1134)升任尚书右丞相,金熙宗执政时期韩企先仍任右丞相。金皇统元年(1141)封濮王。

6. 辽东杨氏

辽东铁州人杨朴,本渤海大族,少第进士,累官校书郎。先是从高永昌叛,因降于金。《大金国志》载:"金天辅元年(时宋徽宗重和改元、辽天祚帝天庆八年,公元1118年)……阿骨打用杨朴策,始称皇帝。"

---

① 参见《中州集》卷9、《金史》卷123《马肩龙传》。
② (金)王恽:《题辽太师赵思温族系后》,李修生主编《全元文》第6册,江苏古籍出版社1999年版,第827—828页。
③ 参见《金史》卷78《韩企先传》。韩氏家族仕宦表,王善军《世家大族与辽代社会》,人民出版社2008年版,第112—117页。

7. 蓟州左氏

左企弓八世祖左皓为后唐棣州刺史，以行军司马戍燕。中进士后，左企弓再迁涞州观察判官，累迁知三司使事。天庆末，拜广陵军节度使，同中书门下平章事、知枢密院事。左企弓于金太祖驻跸燕京城南时奉表降，太祖复其旧职，守太傅、中书令。企弓长子左泌仕辽，官至棣州刺史。入金后，左泌从宋王宗望南伐，破真定有功，贞元间，迁陕西路转运使，封戴国公。企弓第三子左渊累官燕京副留守、中京路都转运使，历河北东路、中都路都转运使。左渊长子左贻庆因上表贺世宗即位，特赐任忠杰榜第三甲进士，授从仕郎。左渊次子光庆以荫，补阁门祇候，迁西上阁门副使、东上阁门副使，再转西上、东上阁门使，兼太庙署令。

## 二 由宋入金的士族

据史料记载，"当赵宋南渡时，北方士大夫率皆随驾南渡，散处州郡"①。"南渡之乱，东北士大夫来依吴塘以居者，凡数十家"②。可见，在北宋灭亡之际，不少北方士族随宋室南渡。金朝境内的士族大为减少。原北宋所辖黄河一带士族文人即使没有南渡，也不愿为金朝所用，而是隐居僻地，自谋生计。

建炎四年（1130）九月，宋朝宗室南渡不及者，尚散居民间，刘豫募人索知。承务郎阎琦因匿不以闻，被人所告，被刘豫杖死。承直郎姚邦基知尉氏县，秩满不复仕，屏居村落间，授徒以自给③。

在金初四朝中，由宋入金士族文人包括蔡松年、宇文虚中、吴激、高士谈、施宜生、刘著、张斛、马定国、祝简、张子羽、朱之才、王竞、孙九鼎等，或因投降、或因使金、或因门荫等出仕金朝，或被羁北方。

---

① （元）刘诜：《赠张汉鼎赴岭南序》，李修生主编《全元文》第22册，江苏古籍出版社1999年版，第61页。

② （元）虞集：《故梅隐先生吴君墓铭》，李修生主编《全元文》第27册，江苏古籍出版社1999年版，第650页。

③ （宋）李心传：《建炎以来系年要录》卷37，丛书集成初编本，中华书局1985年版，第706页。

1. 蔡氏：蔡松年其父蔡靖北宋时守燕山，降金后，为翰林学士。蔡松年随其父蔡靖镇守燕山，宣和七年（1125）战败入金。蔡松年从尚书台令史开始，参与金王朝的政治、军事活动，历任吏部侍郎、户部尚书、吏部尚书、参知政事、尚书右丞相，加仪同三司，封卫国公，成为《金史·文艺传》中"爵位之最重者"。

2. 吴氏：由宋入金吴激为宋宰臣吴栻之子，王履道外孙，米芾女婿。使金被留，为翰林待制。

3. 宇文氏：北宋宇文虚中使金留而不遣。仕为翰林学士承旨、礼部尚书等职。

4. 司马氏：司马朴，字文季，司马光之侄孙，陕州夏县（今山西夏县）人。金朝授以官职，托病不受，遨游于王公之门。司马朴与高士谈为诗友。司马朴曾得绿萼香梅，高士谈为赋《绿萼梅》诗。

5. 朱氏：朱弁字少章，号观如居士。婺源（今属江西）人，朱熹叔祖，太学生出身。南宋建炎元年自荐为通问副使赴金，为金所拘，不肯屈服，拘留十六年始得放归。

除上所举使金被留的文人之外，辽宋家族入金的途径还有以下几种：

一是战争抢掠

金初自灭辽取宋之初，就抢掠各种人才，为自己政权建立后的政治、经济、文化建设储备人才资源。《平燕录》云：金既破契丹，至燕，"哀取殆尽，将燕城职官、民户、技术、嫔嫱、倡优、黄冠、瞿昙、金帛、子女等席卷而东"①。靖康二年（1127）正月，金人"索玉册、车辂、冠冕一应宫廷仪物，及女童六百人、教坊乐工数百人"。四月，金军俘虏徽、钦二帝和后妃、皇子、宗室、贵戚等三千多人北撤。宋朝皇室的宝玺、舆服、法物、礼器、浑天仪等也被搜罗一空。②靖康二年二月二日，金军索三馆文籍、图书，国子监书板。又取太学博士十人，太学生博通经术、堪为师法者三十人。靖康二年二月十八日，金人移

---

① （清）厉鹗：《辽史拾遗》卷12，丛书集成初编本，中华书局1985年版，第235页。
② （宋）确庵、耐庵：《靖康稗史》之二《瓮中人语》，崔文印笺证，中华书局1988年版，第75页。

文，索太学博通经术者三十人①。

二是门荫制度

金初主要有三个政策体现出这种倾向。第一个政策是"辽、宋旧有官者皆换授"②的政策。这个政策主要解决官僚队伍数量严重缺乏的问题，但客观上促进了仕宦家族的连续性，也促进了辽、宋家族文化的继承性。第二个政策是太祖立国初，针对燕京官民所指定的"降者赦其罪，官皆仍旧"③的政策。天辅六年（1122）十二月攻破燕京，对左企弓、虞仲文、张彦忠、康公弼、刘彦宗、韩昉、韩企先等累世显贵、科举出身的辽朝官员在政治上一律加以重用，"俾复旧职，皆授金牌"④，"诏彦宗凡燕京一品以下官皆承制注授"⑤，在政治上给予优厚的待遇。此外，还在经济上保护他们的利益，辽致仕宰相张琳进降表，诏"燕京应琳田宅财物并给还之"⑥。这就使前朝士人的种种利益得到了充分保障，从而取得了他们的认同和支持。第三个政策是士族子弟门荫政策。伪齐政权仿北宋官僚选拔方式，较早开启金代士族子弟门荫之例。"蔡京为政，尝置三卫郎，皆用世族之子弟。后刘豫亦仿为之。"⑦这也为后来的女真帝王所仿效。金世宗大定五年（1165）十月，朝廷下诏："亡宋官当荫子孙者，并同亡辽官用荫。"⑧门荫政策维护了由辽、宋入金官僚仕宦家族的政治、经济利益，客观上也为异代政权统治体制、文化体制等传承提供了可靠的渠道。

一些家族因家居北方，随宋金政权转换而自然入金。忻州人孙九鼎于北宋政和年间为太学生，与洪皓同舍。入金后，孙九鼎与他的两个弟弟孙九畴、孙九亿同榜登科，先后担任翰林修撰、秘书少监等职。

---

① （宋）徐梦莘：《三朝北盟会编》卷81《靖康中帙五十六》，上海古籍出版社1987年版，第609页。

② （元）脱脱等：《金史》卷125《蔡松年传》，中华书局1975年版，第2715页。

③ （元）脱脱等：《金史》卷2《太祖本纪》，中华书局1975年版，第39页。

④ （元）脱脱等：《金史》卷75《左企弓传》，中华书局1975年版，1724页。

⑤ （元）脱脱等：《金史》卷78《刘彦宗传》，中华书局1975年版，第1770页。

⑥ （元）脱脱等：《金史》卷75《左企弓传》，中华书局1975年版，第1724页。

⑦ （宋）李心传：《建炎以来系年要录》卷119，丛书集成初编本，中华书局1985年版，第1919页。

⑧ （元）脱脱等：《金史》卷52《选举志二》，中华书局1975年版，第1159页。

辽、宋入金士人在金代文化、金代文学的建设中，主要做出了以下两个方面的贡献。

第一，由于大多出身世家大族、公卿子弟出身世家大族、累世通显的文人受家族熏染，一般皆熟悉汉制、精通文史，甚至硕学多才、娴于治道。王若虚《臣事实辨》中引唐代李德裕对武宗之语："朝廷显官须公卿子弟为之，盖少习其业而熟于朝廷台阁之仪，寒士虽有过人之才，不能娴习也。"① 他们积极建言献策，为金朝政权建设、制度建设作出奠基性贡献。

刘彦宗父子入金后，重视保护文献典籍，制定礼仪制度，为著名的文化家族。太宗天会间，金兵伐宋围汴京，刘彦宗劝宗翰、宗望收集图籍、文物。金太祖崩，宋、夏遣使吊慰。凡馆见礼仪皆刘筈详定。刘筈从事元帅府期间，凡约束废置及四方号令多经筈之筹划。熙宗巡幸燕地时，"法驾仪仗，刘筈讨论者为多"②。

韩昉天会十二年入礼部，到金熙宗皇统二年（1142），在职凡七年。"当是时，朝廷方议礼制度，或因或革，故昉在礼部兼太常甚久"③。韩昉不但在金熙宗进行重大的政治改革中积极参与制定仪礼，而且模仿汉制，颁布新官制，推行科举，吸收汉族地主中知识分子进入金朝政治权力机构。

韩企先博通经史，对金初典章制度的制定和重要官员的任命贡献颇多，世称贤相。金世宗称赞他"汉人宰相无能及者"。"本朝典章制度，多出斯人之手。至于关决大政，与大臣谋议不使外人知之。由是无人能知其功，前后汉人宰相无能及者"④。

杨朴的贡献更为突出。金建国之初，诸事草创，朝仪制度皆出其手。阿骨打用杨朴策，始称皇帝，建元天辅，以王为姓，以旻为名，国

---

① （金）王若虚：《滹南遗老集》卷29，胡传志、李定乾校注，辽海出版社2006年版，第331页。
② （元）脱脱等：《金史》卷78《刘筈传》，中华书局1975年版，第1771页。
③ （元）脱脱等：《金史》卷125《韩昉传》，中华书局1975年版，第2714—2715页。
④ （元）脱脱等：《金史》卷78《韩企先传》，中华书局1975年版，第1778页。

号大金①。杨朴又建议，自古英雄开国或受禅，必先求大国封册，遂遣使议和，以求封册②。阿骨打听从杨朴建言，自番汉群臣以下宜致敬尽礼，所合定朝仪、建典章，使上下尊卑粗有定序。③

左企弓、左泌、左渊、左贻庆祖孙三代融官僚、文人、学者为一体，在金初政权草创时期，为女真文化建设作出了重要贡献。左企弓通《左氏春秋》；左泌性好夷澹，喜读《庄》《老》；左企弓孙辈以文事著称；左光庆"好古，读书识大义，喜为诗，善篆隶，尤工大字"。世宗行郊礼，受尊号，及受命宝，皆左光庆所篆。左氏家族至左光庆一代由军功转向文化家族。

第二，多数文人具有较高文学素养，在金初文坛有较大影响，甚至引领一代文风。

天辅二年（1118）九月，金太祖下诏：国书诏令宜选善属文者为之。其令所在访求博学雄才之士，敦遣赴阙④。其中访求之士多出于世族大家。宇文虚中与韩昉同掌词命。宇文虚中在金初颇有影响。"金初一切制度皆虚中所裁定。"⑤ 不但如此，宇文虚中的文学成就也非常卓著。《中州集》入选50首，他的书法也有名气，韩撰写的《太祖睿德神功碑》，由他书写刻石。他的诗、文、书法等在金初具有示范意义，他被"金人号为国师"。太宗即位时，韩昉等皆在朝廷，主张恢复科举、擢用文学之士，朝廷逐渐形成崇文重学的风气。蔡松年参与诏令、册文等的撰定。蔡松年亦擅长乐府，有文集行世。元好问评曰："百年以来，乐府推伯坚与吴彦高，号吴蔡体。"二子蔡珪、蔡璋，俱第进士，"号称文章家"。蔡珪亦为"国朝文派"的"正传之宗"⑥。吴激擅长诗

---

① （宋）宇文懋昭：《大金国志》卷1《太祖武元皇帝上》，中华书局1986年版，第15页。

② （元）脱脱等：《辽史》第28卷《天祚皇帝二》，中华书局1974年版，第336页。

③ （宋）宇文懋昭：《大金国志》卷1《太祖武元皇帝上》，中华书局1986年版，第17页。

④ （元）脱脱等：《金史》卷2《太祖本纪》，中华书局1975年版，第32页。

⑤ （元）苏天爵：《三史质疑》，李修生主编《全元文》第40册，江苏古籍出版社1999年版，第452页。

⑥ （金）元好问：《中州集》卷1《蔡太常珪》，华东师范大学出版社2014年版，第39页。

文,有《东山集》十卷并乐府行于当时。元好问称吴激诗词"自当为国朝第一手"。书法绘画能得其岳丈米芾的神髓,并影响金代书画风气。朱弁留金期间,金国名王贵人多遣子弟就学。其所作《曲洧旧闻》主要记述北宋太祖以来诸帝及名臣遗闻逸事。朱弁散文学中唐陆贽,援据精博,曲尽事理。诗歌学晚唐李商隐,辞气雍容,没有险怪奇涩之弊,影响周围文人的创作风格。

由辽、宋入金家族在金初所起的作用是不可替代的。正如元代史家所评:"金之始取天下时,用辽宋人材,如韩企先、刘彦宗、韩昉辈也。及得天下,其封建废置,政令如前朝,虽家法边塞,害亦不及天下,故典章法度皆出于书生。"① 经过辽宋入金的世家大族、科宦士族的辅佐,至太宗时,"即仪礼制度,治历明时,缵以武功,述以文事,经国规摹,至是始定"②。立国所需的各项制度初步建立起来了。

## 第五节 金代家族转型与文化贡献

金朝立国之后,政权稳定、社会发展。女真统治者治国政策由武重文,众多的胡姓和汉人家族逐渐转型,以适应社会的变化与发展。

### 一 军功家族转型

女真初期,家族文化偏重武功。笔者据《金史》《大金国志》统计,有金一代明确著籍于金源地区并建立军功的女真人(不包括金朝皇帝)共有179位,其中主要活动和成长于太祖、太宗时期的共有152位,占了金源地区全部武官的84.9%。

金初胡姓军功家族上下一体,勇猛无敌,"部分既定,上下既亲,故能所向成功。此皆血战之余,屡试可者。且又父子兄弟自相赴援,各顾其家,心一而力齐,势不可离"③,体现出北方少数民族的尚武精神和家国一体的家族文化形态和国家意识。同时,军功家族又"趋庭就

---

① (金)刘祁:《归潜志》卷12,崔文印点校,中华书局1983年版,第136页。
② (元)脱脱等:《金史》卷3《太宗本纪》,中华书局1975年版,第66页。
③ (元)脱脱等:《金史》卷108《胥鼎传》,中华书局1975年版,第2377页。

傅，学诗礼以检身；筮仕勤王，便骑射而成性"①。金初北方武将家族如耶律涂山、萧恭、耶律恕、赤盏晖、完颜希尹等，在崇尚武功的同时，亦不废诗文礼乐，修身陶情。宋钦宗靖康元年（1126）金军南下攻陷开封，入城大肆抢掠三四个月，俘虏了徽、钦二帝，把宫廷所藏图籍文物等"凡人间有用之物"劫掠860辆车北去，京城为之一空。另据史载，当时金军名将完颜宗翰曾向金太宗进奏："破人城池后掠取太甚，会为天下后世讥笑，宜取图籍文书。"于是，金兵尽收图籍与其镂版，一起运走。这种看重汉文典籍的现象正是女真政权汉化政策实行的社会基础。

金代汉人军功家族向文学家族的转型。金代不少的汉人军功家族逐渐向文化家族转型。写诗作文、研经治道，有的甚至依靠科举入仕，转换家族门径。

张中孚，出生于安定（今甘肃泾川）望族，曾从其父张达在宋军中。45岁时，入金除行台兵部尚书。贞元初，迁尚书左丞，出为济南尹，改南京留守。弟忠彦，官授招抚使，世宗朝终于吏部尚书。信甫昆弟出身戎伍而文雅俱有可称。当时有《三谷集》传于家。

李夷，陈郡（今河南淮阳）人。"出于兵家，能刻苦为学，喜读史书，究古今成败治乱，尤喜武事，习兵法，击剑驰射，有志于功名。累举词赋不中，改试经义复不售。"李夷"为文尚奇涩，喜唐人。作诗尤劲壮，多奇语，然不为乡里所知。贞祐末，先子为陈幕，一见喜之，为延誉诸公间。后为麻知几、雷希颜所重，东方后进皆推以为魁"②。

李献能，河中（今山西永济）人。"先世以武功显，仕至金吾卫上将军，时号李金吾家。迨钦叔昆弟皆以文学有名，从兄钦止献卿先擢第，继以钦叔，又继以从兄钦若献诚，从弟钦用献甫，故李氏有四桂堂。"③

王予可，河东吉州（今山西吉县）人。其父本军校，王予可亦尝隶军籍。金南渡后，王予可居于上蔡、遂平和郾城之间。"人与之纸，落

---

① （金）郝云：《韩瑜墓志铭》，阎凤梧主编《全辽金文》，山西古籍出版社2002年版，第108—109页。

② （金）刘祁：《归潜志》卷2，崔文印点校，中华书局1983年版，第20页。

③ 同上书，第16—17页。

笔数百言，或诗或文，散漫碎杂，无句读、无首尾，多六经中语及韵学家古文奇字，字画峭劲，遇宋讳亦时避之。或问以故事，其应如响，诸所引书皆世所未见。"①

## 二 医学家族的文学转型

南宫张遵古，以医为业者历八世，有贫家来谒，遵古热情诊治。"或资之糜粥之费，不特不责报谢而已。"遵古医术高明，但从不自衒鬻。"文士过门，接其余论以自裨益，故时誉独著。"②

王寿，太原人，家世业医。王寿天眷二年（1139）进士。弟琪、珣，皇统九年（1149）同榜。王寿仕至汾阳军节度使。乡人荣之，号"三桂王氏"③。

冯延登，吉州吉乡（今山西吉县）人，世代业医。延登承安二年登词赋进士第。泰和元年，转宁边令。贞祐二年（1214），补尚书省令史，寻授河中府判官、兼行尚书省左右司员外郎。兴定五年（1221），入为国史院编修官，改太常博士。元光二年（1223），知登闻鼓院，兼翰林修撰，正大七年（1230）十二月，迁国子祭酒。官至礼、吏二部侍郎，权刑部尚书。

李平父之祖李玘，自济南齐河避乱镇州，侨寓一名医家，遂传其学。李玘子拯，徙居栾城（今河北栾城），仍食先业。赋诗饮酒，谈玄讲道。平父先传家学，后因不愿"以人命试吾术"，于是改读律。又"以法家少恩，与前潦病无异"，即尽弃故学，一意读六经，学为文章，登明昌二年（1191）词赋进士第。"先生喜作诗，律切精严，似其为人，雅为王内翰子端、周员外德卿、赵礼部周臣、李右司之纯之所激赏。字画得于苏黄之闲，画入神品，赏识至到，当世推为第一。"④"自

---

① （元）脱脱等：《金史》卷127《王予可传》，中华书局1975年版，第2754页。
② （金）元好问：《张遵古墓碣铭》，姚奠中主编《元好问全集》卷24，山西古籍出版社2004年版，第535页。
③ （金）元好问：《中州集》卷8《王汾州寿》，华东师范大学出版社2014年版，第505页。
④ （金）元好问：《寄庵先生墓碑》，姚奠中主编《元好问全集》卷17，山西古籍出版社2004年版，第414—415页。

南渡以来，元好问登李平父门者十年。先生不鄙其愚幼不肖，与之考论文艺，商略古昔人物之流品、世务之终至。问无不言，言无不尽，开示期许，皆非愚幼不肖所当得者。"①

### 三 亦文亦医家族

易州麻九畴，初学《易》，后研读邵雍《皇极书》，晚又学医。麻九畴文学成就亦高，"为文精密巧健，诗尤奇峭，妙处似唐人"②。

许州任履真，读书喜杂学，深于医术。贞祐初，召入太医院，不久辞官告归，与赵秉文、李纯甫及刘从益相游。"为医，起人疾甚众。"③

睢州张子和，精于医，精通《难经》《素问》之学，又颇喜读书作诗。曾被召入太医院，不久就辞官而去④。

洺水张澄仲经本出于辽东乌若族。通经史、工书翰，亦通医学⑤。

### 四 地方豪族文学转型

金代地方庶族依靠勤劳致富，富甲一方，成为地方豪族。在金代儒学化过程中，不少地方豪族不满足于财富，而是注重家族文化熏染，文献学术，诗词歌赋，逐渐转化为科宦士族。

上谷（今河北宣化）信光祖为魏公子无忌信陵君后裔，家族发展到光祖祖父怀阳、父庆寿时，已为当地豪族。贞祐兵兴，光祖偕乡曲千余人迁避梁山。宋将彭义斌据大名，多次以官赏诱降，光祖不从。"五翼号为难驭，光祖统之久，能得其欢心，少有被笞罚者。军之族属万家，散处梁山、徂徕之间，光祖未尝辄至所部，使有供张之劳。……人有以急难告者，百方赒恤，不计有无。生口北渡，道殣相望；作糜粥以救饿者，思欲遍及之。其仁心为质，多此类也。幕府暇日，日与文士歌酒相

---

① （金）元好问：《寄庵先生墓碑》，姚奠中主编《元好问全集》卷17，山西古籍出版社2004年版，第415页。

② （金）刘祁：《归潜志》卷2，崔文印点校，中华书局1983年版，第14页。

③ （金）刘祁：《归潜志》卷6，崔文印点校，中华书局1983年版，第65页。

④ 同上。

⑤ （金）元好问《张君墓志铭》，姚奠中主编《元好问全集》卷24，山西古籍出版社2004年版，第536页。

燕乐，谈笑谑浪，不为小廉曲谨，人亦以此多之。河南破，家所购法书名画，无虑数十百种。客至时出展玩，欣然忘倦，如畜未名之宝。闻人谈闲闲赵公书法，爱而学之，落笔即有可观。儿子入小学，迤渐买书，经史完备，虽儒素家少有及者。"①

淄川邹平刘汝翼曾祖刘异，为政和末进士。祖父刘伸为地方豪族。父刘时昌为大定初律学出身，历孟州军事判官，终于左三部检法。刘汝翼幼时颖悟，日诵数百言。师事同乡单雄飞、张元造。初治《书》，改授《易》，卒业于《诗》；在山东儒生间，很有声名。贞祐四年，以经义第一人擢第，特授儒林郎，赐绯衣银鱼。子五人，皆传家学。

汝州弋润，中年喜儒学。以宝丰多文士，便迁居于此，以便诸子之学。弋润还帮助士子不能自给者为之经理其事。同郡张矗资性颖悟，能日诵万言，弋润妻以甥，并招至其家。张矗登进士第后，及将莅官，弋润复殷重教督。弋润"长子彀英，文学行义，高出时辈。次子世英，亦业进士。次庭英，七岁应童子举。孙二人，惟敬、惟友，皆习儒业"②。

怀州修武吕豫，祖、父皆力田为业。吕豫自幼好学，之后专研《周易》，成就突出，为王广道器重。"一时名士如秀容折安上、济阳王善长、安阳苗景藩、馆陶段彦昌、冠氏孙希贤、田子发，从之学者甚众。"③女真宗室完颜复兴镇大名期间，闻吕豫之名，延致门下，以师礼礼之。

赵端卿为东京人，曾祖赵弼以教读为业。端卿幼孤，养于叔父赵泽家。赵泽教以科举之业，而于经学有所得。"虽有声场屋间，非其好也。兴定五年春省试，魁多士，遂登乙科。释褐征事郎，守解州安邑丞，即闭户读书，无复仕进意。教诲子弟，以孝、弟、忠、信为根本，身自表率，使知践履之实，不徒事章句而已。辟举法行。当路有知君之贤、欲以一县相屈者，君为书以绝之。正大初，修《宣宗实录》，杨礼部之

---

① （金）元好问：《五翼都总领豪士信公之碑（并引）》，姚奠中主编《元好问全集》卷30，山西古籍出版社2004年版，第635页。

② （金）元好问：《临海弋公阡表》，姚奠中主编《元好问全集》卷24，山西古籍出版社2004年版，第528—529页。

③ （金）元好问：《南峰先生墓铭》，姚奠中主编《元好问全集》卷24，山西古籍出版社2004年版，第526页。

美、赵内翰用臣连章奏君为编修官，召至史馆，力辞而去。执政闻君名，有欲求见之者，君深自闭匿，不使见也。"①

贺勇、刘海文先生的《金代张子行墓志初探》一文，对张家口市宣化区下八里辽金张氏家族墓群出土的金代张子行墓志进行了初步考释。墓志记载，张子行的父亲张煦"尝闲居乡里，顾州学隳弊日久，谓诸儒曰：'此传道之所，安忍坐观如是耶。'遂运筹策力为兴修，不数月而成"②。张煦能够带头在政府倡导之前就兴修州学，一方面说明了儒家思想对张氏家族的重要影响，另一方面也说明了张氏家族的向学传统从辽至金一直不衰。

金代中后期，社会安定、经济发展，汉人家族聚居，田地、人口众多，成为一方富户、地方豪族。从政权架构来说，地方豪族是女真统治权力的有力补充和有效延伸。从统治思想上说，地方豪族是意识形态的地方体现和地域文化的主要载体，以及文化传承的主要途径。经过金代的长期孕育，这些家族实现文化转型，有的在元朝达到了发展的高峰。

以下为金代后期部分著名的地方豪族：

| 家族名称 | 代表人物 | 表现 | 材料出处 |
| --- | --- | --- | --- |
| 武安胡氏 | 胡景崧 | 族属余百口同居，迨公（胡景崧）四世，公卹睦之，小大无间言。 | 元好问《朝散大夫同知东平府事胡公神道碑》，《遗山先生文集》卷第17（四部丛刊初编本，下同） |
| 沃州焦氏 | 焦旭 | 其族系甚大，有相依者，无问远近，（焦旭）皆与酬赡之，月俸屡不能给。 | 元好问《龙山赵氏新茔之碑》《遗山先生文集》卷第30 |
| 冠氏赵氏 | 赵天锡 | 赵天锡年未五十，孙息满前，群从自生齿而上余七十辈。 | 元好问《冠氏赵侯先茔碑》，《遗山先生文集》卷第30 |
| 文水孙氏 | 孙德秀 | 孙德秀祖父孙皋遭靖康之难，由泾州长武迁居太原文水。遂为文水大族。 | 元好问《御史孙公墓表》，《元好问全集》卷第23 |

---

① （金）元好问：《奉直赵君墓碣铭》，姚奠中主编《元好问全集》卷22，山西古籍出版社2004年版，第500页。

② 《文物春秋》2002年第3期。

续表

| 家族名称 | 代表人物 | 表现 | 材料出处 |
|---|---|---|---|
| 平阳徐氏 | 徐玉 | 宗族繁衍，五世不异居。 | 王博文《故河东南路提举常平仓事徐君墓碣铭》，《全元文》卷140 |
| 云中高氏 | 高佑 | 自高曾而降凡六世，虽荐更世故，以孝义勤俭，同居不析故也。 | 王恽《故云中高君墓碣铭（并序）》，《全元文》卷194 |
| 蠡州史氏 | 史忠（字良臣） | 凡五世同居，蔼然以孝义风一乡。 | 王恽《故蠡州管匠提领史府君行状》，《全元文》卷180 |
| 卢龙张氏 | 张思忠 | 金百年来，支属蕃息，居不异爨，至今以义门称燕朔间。 | 王恽《大元故宣武将军千户张君家传》，《全元文》卷181 |
| 汲郡王氏 | 王恽 | 王恽曾祖经，昆仲七人同居。王氏北渡后，可支分派别者尚十余房。 | 王恽《南廊王氏家传》，《全元文》卷182 |
| 陵川郝氏 | 郝经 | 至伯大父，复以嫡长莅家，而昆季十余族，长穉百余口。 | 郝经《郝文忠公陵川文集》卷36，《全元文》卷134 |

综合考察上述家族之所以能够做到宗族聚居并绵延数世，主要由于注重以下原因：

1. 重文化教育

古代能够传家数代的地方大族无不重视家族教育，在家族内部形成通经术、工文章、明德化、孝义勤俭的风气，所谓"长老有敦朴俭勤之范、子弟有讲学弦诵之习"，使家族长盛不衰。元初庐陵人赵文记云："异时吾乡大家，皆积累数世而后能有所就，未有朝为一箪人，暮为万石君，若近世之易也。然近世富家，其骤兴崛起，不出于诗书之泽，不本于父祖之积，虽能骤致富强，惊动闾里，其子孙一落，往往鞭背马前，呼罪庭下，终不若彼出于父祖之积、诗书之泽者，虽贫且弱，犹挟册往教，号称人师。此俗人之所以诋諆姗侮，而至不易得者也"①。没有长期的家风传承、家学积累，一个家族很难得到延续。金代一些几代聚族同居的家族，非常重视子孙后代教育，诗书礼乐、

---

① （元）赵文：《送罗山禹序》，李修生主编《全元文》第10册，江苏古籍出版社1999年版，第55页。

薰濡涵育，不断有成员读书励行，光昭世绪，最终科举及第，使家族发展更加昌盛，家族门庭光大。元好问记武安胡氏家族从北宋末胡智起，至第四世胡景崧时，"族属余百口同居，迨公（胡景崧）四世，公恤睦之，小大无间言。从弟义幼孤，赖公教督，继擢高第"①。一些家族除对内部成员加以教育外，还对地方文化教育做出贡献。郝经八世祖郝祚，自潞徙泽之陵川。祖父郝天挺、父郝思温，八世同居，以儒术教授乡里②。

2. 重忠孝伦理

北方家族文化的兴盛也与儒学思想影响有直接关系。北方文化具有以经学为主，兼容并包的文化特色，重伦理、重人格、重道德、重操守。金代汉人家族一般都重视伦理忠孝、家法整肃。家族成员皆以内外有序、显亲扬名为重，将儒家礼仪文化发扬光大。滹南王若虚所撰《千户贾侯父墓铭》云："墓有碑，碑有文，所从来尚矣。且礼不忘其本，而孝莫大于显亲。亲有善而揄扬之，大书深刻，以申其追慕尊崇之意，此天道之自然、人情之同欲。"③王恽同里、汲县高佑"自高曾而降凡六世，虽荐更世故，以孝义勤俭，同居不析故也。至君（高佑）承父兄余业，益光大于后，内则齐理严肃，以身率先，族属家僮千有余指无间言，日趋事惟谨。屋庐被服，务从朴素。常以骄靡为戒。外则持心近厚，与物无滞，敬畏官府，奔走输辨，未尝少厌。所患谋生之不勤，胡恤王事之时亟也"④。

3. 重积德为善

金代一些地方大族非常重视参与地方社会治安，以及经济发展。比间族党之间崇尚急公好义、患难相助。沃州焦氏家族为由宋入金家族。焦旭二十二岁时及第，官终西京路转运使。焦氏"其族系甚大，有相依

---

① （金）元好问：《朝散大夫同知东平府事胡公神道碑》，姚奠中主编《元好问全集》卷17，山西古籍出版社2004年版，第411页。

② （元）阎复：《元故翰林侍读学士国信使郝公墓志铭》，李修生主编《全元文》第9册，江苏古籍出版社1999年版，第292页。

③ （金）王若虚：《千户贾侯父墓铭》，《滹南遗老集》卷42，胡传志、李定乾校注，辽海出版社2006年版，第507页。

④ （元）王恽：《故云中高君墓碣铭（并序）》，李修生主编《全元文》第6册，江苏古籍出版社1999年版，第553页。

者，无问远近，（焦旭）皆与酬赡之，月俸屡不能给。公本官合荫，人皆仰焉，曾不以己之子为念"①。程震字威卿，先世居雒阳。北魏时迁居东胜。曾大父获庆，大父总，"质直尚气节，乡人有讼，多就决之"②。孙德秀，其祖父孙皋遭靖康之难，由泾州长武迁居太原文水。遂为文水大族。其父孙枑"尤喜赒恤贫乏，或养之终其身，且葬祭之"③。另如蠡州博野史氏家族史忠（字良臣），"自高祖以降，昆弟宣多"。至史忠，"凡五世同居。蔼然以孝义洇一乡"④。卢龙永清张思忠家族"金百年来，支属蕃息，居不异爨，至今以义门称燕朔间"⑤。王恽曾祖王经，内长厚，喜施与，以累叶不分，家用饶足，其赈贫施乏，不掩为偏惠。其亲丧，随所寓权厝。凡内外男女孤茕无藉赖者，为娶嫁之。祖父王宇，为节度完颜从坦所知遇，由郡掾辟刑曹孔目官。王宇"尽心庶狱，要本情与法应，未尝用察为明，情得为喜也，故郡中称平，至有哀矜折狱之誉"⑥。

宣德刘氏家族自辽时即发展为大家族。至刘德柔时，又以赀雄其乡，委积丰实，畜牧蕃息。轻财好施，乐于助人，并且排难解纷，周急继困，任侠尚气，"求者多所全济，故州里以阴德称焉"⑦。

4. 重家风影响

一个家族能否得到延续与发展，与家族核心人物所树立的良好祖德、家风、世德息息相关。元初王博文指出："名门右族，莫不由祖考

---

① （金）李嗣周：《中议大夫西京路转运使焦公墓碑》，阎凤梧主编《全辽金文》，山西古籍出版社2002年版，第2058页。
② （金）元好问：《御史程君墓表》，姚奠中主编《元好问全集》卷21，山西古籍出版社2004年版，第479页。
③ （金）元好问：《御史孙公墓表》，姚奠中主编《元好问全集》卷22，山西古籍出版社2004年版，第503页。
④ （元）王恽：《故蠡州管匠提领史府君行状》，李修生主编《全元文》第6册，江苏古籍出版社1999年版，第327页。
⑤ （元）王恽：《大元故宣武将军千户张君家传》，李修生主编《全元文》第6册，江苏古籍出版社1999年版，第333页。
⑥ （元）王恽：《南郦王氏家传》，李修生主编《全元文》第6册，江苏古籍出版社1999年版，第355—359页。
⑦ （金）元好问：《大丞相刘氏先茔神道碑》，姚奠中主编《元好问全集》卷28，山西古籍出版社2004年版，第592页。

积德为善以封植之，莫不由子孙贤立而振大之。"① 先人种德，后人发扬，素承家范，亢宗起家，使一个家族历经危难而得以延续。

陵川郝氏家族自郝经曾伯祖起，"已有法制，使子孙世守"。"又以孝友、睦姻、任恤等数条书于榜，曰：有违此者，非郝氏子孙！至于乡邻不法者，畏其闻知辄自戢曰：勿令大翁知。有讼者则相率而质其曲直，行于里巷。望者趋而避不及则揖而拱以待。其为人敬畏如此。"② 史籍亦载："龙山赵氏家族赵振玉幼仕州县，乘时奋起，遂有良民吏之目。虽其材干足以自致，推究源委，益知世德之自矣。夫忠以事上，敬以莅官，孝以显亲扬名，义以慎终追远，是可书也。"③ 龙山赵氏之所以历时长久，就是因为家族成员能够秉承家族世德，注重忠、敬、孝、义，从而能够不坠祖业，光大门风。

## 五　金末家族的文化贡献

陈寅恪先生在分析南北朝时期北朝既然比南朝要强，却为什么又不能很快统一南北时指出："北朝之所以不能一举并吞南朝，主要在于内部民族与文化问题没有解决。"陈寅恪认为，一方面，"北朝民族问题十分复杂，极少数人统治极大多数不同种族的民族，问题遂至无穷"。另一方面，"在我国历史上，统一不能以血统着手而要看文化高低。文化低的服从文化高的，次等文化服从高等文化。而文化最高的是汉族中的士族。要统一汉人和各种不同的胡人，就要推进汉化，要汉化就要推崇汉人，而推崇汉人莫过于推崇士族"④。

中国文学的文化土壤主要可以归纳为宗法文化、农业文化和血缘文化三种。它们共同构成了中国传统文化的主流。而宗法文化、农业文化、血缘文化又是家族凝聚与发展的主要因素。陈寅恪先生高度评价汉

---

① （元）王博文：《故河东南路提举常平仓事徐君墓碣铭》，李修生主编《全元文》第五册，江苏古籍出版社1999年版，第104页。

② （元）郝经：《先伯大夫墓铭》，李修生主编《全元文》第4册，江苏古籍出版社1999年版，第447页。

③ （金）元好问：《龙山赵氏新茔之碑》，姚奠中主编《元好问全集》卷30，山西古籍出版社2004年版，第627页。

④ 万绳楠整理：《陈寅恪魏晋南北朝史讲演录》，黄山书社1987年版，第229、230页。

人士族在北方多民族文化形态中所起的关键作用。宗法文化、农业文化、血缘文化衍生出的家国一体观念，在士族文人身上的表现就是重史意识和文化传承的责任担当。作为后南北朝时代的辽金时期，士族文人在文化传承、文化传播方面的作用同样是应当值得重视的。金代士族文人中，贡献较大的包括忻州元氏、西京刘氏、曲阜孔氏、真定冯氏等家族。

（一）存史意识

金末元好问有感于"百十年间，中州板荡，人物凋谢，文章不概见于世。姑因录诗，传其人之梗概"①，乃编金诗总集《中州集》，意存金朝一代诗歌。《中州集》共10卷，其中除"南冠"类收入忠于宋王朝的留金使节或官吏朱弁、滕茂实等5人的84首作品外，全系金人诗。《四库全书总目》说《中州集》"大致主于藉诗以存史，故旁见侧出，不主一格"，不特为金诗之渊薮，而且是冶金史者所必备。②

孔子五十一代孙孔元措在东平奉祀祖庙，并"悼斯文之将没，恐祖牒之久湮，去圣愈远，来者难考"，于是"克承前志，推原谱牒，参考载籍，摘拾遗事，复成一书"，撰成《孔氏祖庭广记》，记载孔家历代情况，保存孔家文献。将"应祖庭事迹、林庙族世、古今名号、典礼沿革之始末，并列于篇，粲然完备"③。

《归潜志》，14卷，金末刘祁撰。刘祁有感于"昔所与交游皆一代伟人，今虽物故，其言论、谈笑想之犹在目。且其所闻所见可以劝戒规鉴者，不可使湮没无传"，于是作《归潜志》，意在"异时作史，亦或有取焉"。书中涉及人物不下数十人，包括有达官显宦、皇家宗室、文臣武将、学者名流、医卜书画家等三教九流。其小传，文约意丰，述其仕履、生平、言行、性格、情趣、诗文佳篇和重要社会活动等，十分具体生动。其名人事迹，大抵为《金史》所采，史料价值很高。

---

① （元）虞集：《国朝风雅序》，李修生主编《全元文》第26册，江苏古籍出版社1999年版，第95页。

② 可参看裴兴荣《"借传以存史"——〈中州集〉史学价值新论》，《北方论丛》2007年第1期。

③ （金）张行信：《孔氏祖庭广记序》，阎凤梧主编《全辽金文》，山西古籍出版社2002年版，第2408页。

真定人冯渭搜集金代文章，积数百卷①。勾龙瀛撰《姓谱》行于世。王鹗撰《汝南遗事》一百零七条，记哀宗被围蔡州事，杨奂撰《近鉴》三十卷，记正大以来朝政，高鸣撰《壬辰小稿》，记壬辰事变。1250年，刘秉忠上万言策，向忽必烈建议撰修《金史》。中统二年（1261），王鹗上书请修辽金二史。至元元年（1264），王鹗又提议置局编撰实录，附修辽金二史。至元二年（1265），金朝遗老王磐、徐世隆、王鹗等进呈《大定治绩》凡一百八十余条。

在以文存史的作家当中，元好问的成就最大。元好问每以著作自任，所杂录近世事，至百万余言，捆束委积，塞屋数楹；著《南冠录》，记其先世及好问本人行年、事迹，并已先朝杂事附之。其文集中，又有大量碑志、序引，保存记述了当时的人物和事件。好问又撰《壬辰杂编》《金源君臣言行录》《野史》等。其中《壬辰杂编》为元代撰修《金史》提供许多史料。

元好问除花费大量心血收集当时世事实录之外，还包括以下资料。

1. 学术资料

元好问《杜诗学引》记好问闲居嵩山期间，录其父德明所教和听闻于师友之间有关杜甫的资料，写成一书名为《杜诗学》："子美之传志、年谱及唐以来论子美者在焉。"②

2. 典章文献

元好问对金末的典章制度有很好的印象。他曾说过："贞祐甲戌，车驾迁南都，武元立国至是百年矣。自中州被兵，朝廷大政虽以战守为急，而大纲小纪，典则具在。武备文事，不容偏废。若礼乐，若祠祭，若历象，若宴飨，若学校，若选举，凡隶于春官氏者，率奉行如故事。"③金亡之际，元好问有感于"以金源氏有天下，典章法度几及汉唐，国亡史作，已所当任"，所以好问"凡金源君臣遗言往行，采摭所

---

① （元）姚燧：《中书右三部郎中冯公神道碑》，李修生主编《全元文》第9册，江苏古籍出版社1999年版，第667页。

② （金）元好问：《杜诗学引》，姚奠中主编《元好问全集》卷36，山西古籍出版社2004年版，第750—751页。

③ （金）元好问：《通奉大夫礼部尚书赵公神道碑》，姚奠中主编《元好问全集》卷18，山西古籍出版社2004年版，第435页。

闻，有所得，辄以寸纸细字为记录，至百余万言"①。

3. 人物传记

元好问对于金代有突出贡献的人物，非常欣赏。他评价张万公"善化一乡，智效一官，人且喜闻而乐道之，不欲使之随世磨灭；有如我公，乃不得以著金石，传永久，秉笔之士将不有任其责者乎？"（《平章政事寿国张文贞公神道碑》）《遗山集》的碑、铭、表、志、碣部分近百篇文章更是明确表达了要把百年来可传之人物著之金石以示永久的想法。

根据清倪灿撰卢文弨《补辽金元艺文志》，元好问的著述包括《壬辰杂编》《续夷坚志》《遗山集》《遗山诗集》《中州乐府》《遗山乐府》《唐诗鼓吹》《中州集》《杜诗学》《东坡诗雅》《锦机》《诗文自警》。另据《遗山文集》和郝经的《遗山先生墓铭》中的记述，元好问当时还著有《南冠录》《金源君臣言行录》等。

金天兴三年（1234），元好问作《漆水郡侯耶律公墓志铭》："呜呼！世无史氏久矣。辽人主盟将二百年，至如南衙不主兵，北司不理民，县长官专用文吏，其间可纪之事多矣。泰和中，诏修《辽史》，书成，寻有南迁之变，简册散失，世复不见。今人语辽事，至不知起灭凡几主，下者不论也。《通鉴长编》所附见，及《亡辽录》《北顾备问》等书，多敌国诽谤之辞，可尽信邪？正大初，予为史院编修官，当时《九朝实录》已具，正书藏秘阁，副在史院。壬辰喋血之后，又复与《辽书》等矣，可不惜哉！故二三年以来，死而可书，如承旨子正、中郎将良佐、御史仲宁、尚书仲平、大理德辉、点检阿散、郎中道远、右司元吉、省讲议仁卿、西帅杨沃衍、奉御忙哥、宰相子伯详、节妇参知政事伯阳之夫人、长乐妻明秀、孝女舜英，予皆为志其墓。夫文章天地之元气，无终绝之理。他日有以史学自任者出，诸公之事，未必不自予发之，故不敢以文不足以起其事为之辞。"②

首先，从这段记载可以看出，金亡之际，大量史册散佚，致后人难

---

① （元）脱脱等：《金史》卷126《元好问传》，中华书局1975年版，第2742、2743页。
② （金）元好问：《漆水郡侯耶律公墓志铭》，姚奠中主编《元好问全集》卷27，山西古籍出版社2004年版，第583页。

以续考,所以元好问极为忧患。其次,不少史籍内容真伪难辨,需要厘正。最后,当时出现许多可歌可泣人物,需要载于书册,传之后世。故元好问以史学自任,希望为后世留下确切真实、全面客观的一段历史。

(二) 史学成就

有金一代,文人学者的史鉴意识非常强烈,所以皆重治史。一些女真皇帝也非常重视史学,善于从历史经验中得到治国的良方①。金代中后期,产生了不少的咏史诗,就是在这一社会文化环境中产生的。

金代士族阶层的史鉴意识,比较具体地体现在通鉴学方面②。元好问就谈到蔡珪、萧贡、完颜璹,以及弋唐佐、高雄飞等史学名家,他们皆以通鉴学闻名于当时。

元好问《陆氏通鉴详节序》:"中州文明百年,有经学,有《史》《汉》之学、《通典》之学,而《通鉴》则不能如江左之盛,唯蔡内翰伯正甫珪、萧户部真卿贡、宗室密国公子瑜璹之等十数公,号称专门而已。近岁,此学颇行河朔,武臣宿将讲说记诵,有为日课者,故时人稍稍效之。"③

汝下弋唐佐集诸家《通鉴》成一书,以东莱吕氏《节要》为断。增入外纪、甲子谱年、目录、考异、举要、历法,及与道原史事问答、古舆地图、帝王世系、释音;温公以后诸儒论辩,若事类,若史传,终始括要,又皆科举家附益之者,为卷百有二十,凡二百余万言④。

河东高雄飞"卓然以问学为业,真积力久,故胸中之言多六《经》、百氏、《史》《汉》、陈、范之书、司马氏、范氏《通鉴》《唐鉴》之学,六朝、唐以来之篇什,驰骋上下,累百数万言,往往见于成诵。文章翰墨,宜在茂异之科。古所谓立谈可以敬双璧、一日可以致九迁者,在此行矣"⑤。

---

① 有关金代文人史学意识、史鉴意识,可参看拙著《政权对立与文化融合——金代中期诗坛研究》第一章第二节、第三节,人民出版社 2010 年版。
② 参看傅骏博士学位论文《金元通鉴学之研究》,复旦大学 2007 年。
③ (金) 元好问:《陆氏通鉴详节序》,姚奠中主编《元好问全集》卷 36,山西古籍出版社 2004 年版,第 749 页。
④ 同上书,第 753 页。
⑤ (金) 元好问:《送高雄飞序》,姚奠中主编《元好问全集》卷 37,山西古籍出版社 2004 年版,第 778 页。

金代产生不少通鉴学研究专家。金末四大世侯之一的史天泽崇儒重道，精通《资治通鉴》。应该说，通鉴学有广泛的民间基础。

注重存史、治史是金代家族文学的有机组成部分。史料搜求、史籍著述、史学研究，体现金代民间普遍存在的重史意识和史鉴意识。这种意识归根到底源于我国古代的宗法文化与血缘文化，更直接来自金代政权统治下，以汉族文化为主体的农业文化所孕育的政权生存、家族生存的忧患意识。而重史意识为文学发展提供了可靠的文化保障、文献条件和作家群体。

# 第二章 汉化政策下的金代家族与文学关系论

家族一直是封建宗法制度的核心组成部分。儒家忠孝伦理是家族内聚与发展的文化保证与思想基础。由孔子提出"君君、臣臣、父父、子子""家国合璧"的政治——家庭伦理构成的"家国一体"观念为北方少数民族贵族，包括契丹、女真贵族所接受。家族荣誉、家族利益、家族命运与国家命运、政权延续密不可分。在金代家族中，经学教育与艺术文化教育相结合、地域文化与女真统治思想相结合，共同促进了金代文学的发展。

金代社会由多种民族构成，具有多元文化形态、多重社会结构的特点。然而在不到几十年的时间内，女真贵族将发展水平不同的女真各部和封建经济高度发展的渤海人、汉人和契丹人纳入自己治下，这就使金朝境内不但在经济上必然经历一个由奴隶制向封建制转化的过程，而且在政治治理方式上也必然经历一个由原始社会末期的贵族政治向中央集权制的封建官僚政治转化的过程。

金代封建化过程依赖于民族融合与文化互动，而存在于金代家族中的儒家农耕文化成为推动金代封建化进程的基础。借助家族的力量，传统儒家文化得以储存、积累、传授与发展。在金代社会封建化的同时，家族内部的相对稳定性、内聚性促进了金代文学的繁荣。家族成员的嗜书、嗜学、学以为政、以文继祖的观念是金代文学发生、发展的原始动力，也是金代社会封建化的具体体现。

## 第一节 金代文化的儒学化趋向与金代家族的文化发展

儒学继世，经术传家，通常被视为北方世家大族的一般特征。金代文人大多有经学研究。在经学教育的过程中，金代家族非常注重教育后辈正道直行、不阿时好，使家族成员注重自身的道德节操和传统伦理，这种教育使得金代文人从整体上表现出良好的人格修养和道德素质。

钱穆先生在回答"中国何以能至于大一统，能将不同地区、不同性格、不同风习之人群，共同陶冶在同一文化系统之下，共同来创造此一历史传统"的问题时指出："中国之地理扩展，并非如西方帝国主义凭武力来向外征服，而是一种自然的趋向于文化的凝聚与统一。"① 同样陈寅恪先生在分析南北朝时期宇文泰率领少数西迁之胡人及胡化汉族割据关陇一地，欲与财富兵强之山东高氏及神州正朔所在之江左萧氏共成一鼎峙之局时指出：应"融合其所割据关陇区域内之鲜卑六镇民族及其他胡汉土著之人为一不可分离之集团，匪独物质上应处同一利害之环境，即精神上亦必具同一渊源之信仰，同受一文化之薰习，始能内安反侧，外御强邻。而精神文化方面尤为融合复杂民族之要道"②。

钱穆强调的"文化的凝聚与统一"与陈寅恪指出的"同受一文化之薰习"，皆关乎纷繁复杂的少数民族地区如何实现民族融合、甚至天下一统的核心命题。而陈寅恪所指"精神文化方面尤为融合复杂民族之要道"确为我们研究金代文化提供了一把解决问题的锁匙。

## 一 金代立国之前我国北方胡姓政权统治下的儒学发展

金代封建化的过程实际上是北方少数民族政权儒学化的过程。金朝之前，北方各民族在中原建立地方政权，学习中原王朝统治方式，首先是重视和培养本民族学习儒学的士人。

北魏自道武帝开始，大力褒奖儒学。拓跋珪、拓跋焘重用崔浩、卢元、高允等大儒，聚集平城，经学大盛。北魏孝文帝迁都洛阳后，实行了一系列改革鲜卑旧俗的措施，规定迁洛阳的鲜卑人死后须葬河南，禁止鲜卑人着胡服、在朝廷上说鲜卑语，提倡说汉语、着汉服、改汉姓、与汉人通婚等，目的虽在于巩固北魏政权，但在客观上却促进了鲜卑族同中原汉族的融合。自北魏迁都洛阳后，因全力推行汉化政策，到宣武

---

① 钱穆：《中国历史研究法·朱子学纲要》，广西师范大学出版社2005年版，第88页。
② 陈寅恪：《陈寅恪史学论文选集》，上海古籍出版社1992年版，第565页。

帝时，天下承平，儒学负笈者不可胜数。

北魏汉化进程中，拓跋氏帝王宗亲崇尚儒家文明、渴求经史文章，有力地推动了北魏的封建化发展，并为以后北方政权的汉化政策提供了坚实的社会文化基础。北魏太祖拓跋珪长子、太宗帝拓跋嗣兼资文武，礼爱儒生，好览史传，以刘向所撰《新序》《说苑》于经典正义多有所阙，乃撰《新集》三十篇，采诸经史，该洽古义。高祖拓跋宏"雅好读书，手不释卷。《五经》之义，览之便讲。学不师受，探其精奥；史传百家，无不该涉。善谈庄、老，尤精释义。才藻富赡，好为文章；诗赋铭颂，在兴而作。有大文笔，马上口授；及其成也，不改一字。自太和十年以后诏册，皆帝之文也。自余文章，百有余篇"①。

建立在北方文化基础上的隋朝在开国之初，就针对当时"丧乱已来，缅将十载，君无君德，臣失臣道，父有不慈，子有不孝，兄弟之情或薄，夫妇之义或违，长幼失序，尊卑错乱"的社会现象，要求"伐路既夷，群方无事，武力之子，俱可学文，人间甲仗，悉皆除毁。有功之臣，降情文艺，家门子侄，各守一经，令海内翕然，高山仰止"②。

隋高祖所下诏书反映了北方以经学为主的家族性儒学文化传统。从汉代形成的经学世家体现出经学传承由学缘转向血缘，由个体转向群体，由群体转向家族。东汉时期，脱胎于经学世家的文学家族大幅增加，包括扶风班氏、马氏、窦氏，沛郡桓氏，汝南应氏，弘农杨氏，洛阳贾氏，安阳杜氏，颍川荀氏，博陵崔氏，安定梁氏，敦煌张氏。家族分布主要在黄河流域，东汉时期以后，延及北方乃至西北地区。

儒学继世，经术传家，通常被视为北方世家大族的一般特征。《北史·儒林传》："燕、齐、赵、魏之间，横经著录，不可胜数，大者千余人，小者犹数百。"楼钥《奉化县学记》："父兄之告语、师友之讲习，率以孝悌为先。"③

如果说前一个南北朝时期民族融合的结果主要表现为北方汉族共同体的扩大，那么这后一个南北朝时期（辽金时期）民族大迁徙、大融

---

① （唐）李延寿：《北史》卷3《魏本纪第三》，中华书局1974年版，第121页。
② （唐）魏征、令狐德棻：《隋书》卷2《高祖纪下》，中华书局1973年版，第32—33页。
③ （宋）楼钥：《攻媿集》卷54，四部丛刊初编本。

合的结果则主要是中国农业文化地理范围的扩大以及随之而来的塞北游牧民族政治观念、文化思想方面的深刻变化。李锡厚认为，这种变化有效地促进了中华民族共同心理状态的形成。这为后来的金、元、清诸王朝在塞北兴起以及近代我国各族人民抵御殖民主义者入侵奠定了坚实的历史基础①。

辽代的儒学化过程具有复杂性和艰巨性，过程也更加漫长。"契丹比他夷狄尤顽傲"，"其风俗与奚、靺羯颇同。"② 契丹的儒学化过程是从汉人进入契丹人的生活开始。胡峤《陷辽记》记胡峤于后晋出帝开运四年（辽太宗会同十年、世宗天禄元年，公元947年）时至辽上京所见，当地"宦者、翰林、伎术、教坊、角觝、秀才、僧、尼、道士等皆中国人，而并、汾、幽、蓟之人尤多"③。燕云十六州，自五代时归契丹。所以能"维持契丹者，自公卿翰苑州县等官，无非汉儿学诵书识字者，必取富贵"④。

北宋大中祥符初，路振出使契丹，一路所见，"蕃、汉官子孙有秀茂者，必令学中国书篆，习读经史。自与朝迁通好以来，岁选人才优异、聪敏知文史者，以备南使。故中朝声教，皆略知梗概"⑤。

耶律阿保机时，"多用汉人，汉人又教之以隶书，半增损之，作文字数千，以代刻木之约。又制婚嫁，置官，号称皇帝"⑥。

以上所引材料为我们提供了一条线索，就是早期契丹人由和"中国人"一起生活，到"汉儿"进入契丹地方政权，再到"蕃、汉官子孙"中人才优异、"聪敏知文史者，以备南使"。直到阿保机时，"多用汉人"，帮其"制婚嫁，置官，号称皇帝"，显示儒家文化在契丹人的社会生活、家族教育中的影响是渐次深入的。

---

① 参见李锡厚《〈辽史〉与辽史研究》，《中国社会科学院研究生院学报》1995年第5期。
② （宋）欧阳修：《新五代史》卷72《四夷附录第一》，（宋）徐无党注，中华书局1974年版，第888页。
③ 贾敬颜：《五代宋金元人边疆行记十三种疏证稿》，中华书局2004年版，第21页。
④ （宋）徐梦莘：《三朝北盟会编》卷19《政宣上帙十九》，上海古籍出版社1987年版，第137页。
⑤ 贾敬颜：《五代宋金元人边疆行记十三种疏证稿》，中华书局2004年版，第75页。
⑥ （宋）叶隆礼：《辽志》，丛书集成初编本，中华书局1985年版，第3页。

在建国初，辽朝开始推行"尊孔崇儒"的文教政策。太祖听从耶律倍所谓"孔子大圣，万世所尊，宜先"的建议，兴建孔子庙，并诏皇太子春秋释奠。① 为了顺利实施这一既定政策，辽朝统治者首先用儒学统一君臣的思想认识，其次大力擢用汉族文人儒士、实行科举制度和大量收求中原图书典籍，使尊崇孔子、提倡儒家文化成为辽朝社会生活的时尚。第三是采取中原封建王朝传统的统治形式。"其朝廷之仪，百官之号，文武选举之法，都邑郡县之制以至于衣服饮食，皆取中国之象。"② "耶律氏修好中华有年数矣，爵号、官称，往往仿效。"③ 这种汉化倾向愈来愈深刻广泛。辽代景、圣间，则"科目聿兴，士有由下僚擢升侍从，骎骎崇儒之美"。④ "远则有虞、大舜，近则唐室文皇。"⑤《宣府镇志》曰：契丹初兴，惟尚武艺。燕赵间学校俱仍唐旧间。罹兵燹，十存二三，取用文士，多由自奋。至道宗，乃诏设学养士。于是有西京学、有奉圣、归化、云德、蔚、妫、儒等州学，各建孔子庙，颁赐五经诸家传疏，令博士助教教之，属县附焉。⑥ 清宁六年，道宗在"中京置国子监命以时祭先圣先师"。⑦ 道宗自己亦深受儒学影响、宣扬儒家礼教，有《君臣同志华夷同风应制》："虞廷开盛轨，王会合其琛，到处承天意，皆捧同日心，文章通蠡谷，声教薄鸡林，大寓看交泰，应知无古今。"称赞天下安乐和平，实属礼乐教化之影响。在寿昌六年（1100）《赐高丽国王太子册》中，道宗用了"究礼乐诗书之源""合君臣父子之义"⑧ 来评论高丽国王子太子。

辽朝的"尊孔崇儒"文教政策在实施过程中形成了鲜明的契丹民族

---

① （元）脱脱等：《辽史》卷72《宗室》，中华书局1974年版，第1209页。
② （宋）苏轼：《东坡应诏集》卷5《策断》，端方重刊明成化本。
③ （宋）苏颂：《华夷鲁卫信录总序》，《苏魏公文集》卷66，王同策、管成学、颜中其等点校，中华书局1988年版，第1005页。
④ （元）脱脱等：《辽史》卷103《文学传上》，中华书局1974年版，第1445页。
⑤ （辽）张俭：《圣宗皇帝哀册》，阎凤梧主编《全辽金文》，山西古籍出版社2002年版，第184页。
⑥ （清）厉鹗：《辽史拾遗》卷16，丛书集成初编本，中华书局1985年版，第333页。
⑦ （元）脱脱等：《辽史》卷21《道宗纪一》，中华书局1974年版，第258页。
⑧ （辽）耶律洪基：《遣萧好古赐高丽国王太子册》，阎凤梧主编《全辽金文》，山西古籍出版社2002年版，第488页。

特色：一是儒学契丹化；二是儒、佛、道三教并兴，和谐发展。

经过辽朝的努力，儒家文化在北方游牧地区得以广泛传播，辽代社会逐渐呈现"华夷同风"的景象。

和契丹政权同时存在的党项、奚等族同样经历汉化的发展进程。

1. 西夏的汉化

据清吴广成《西夏书事》载，西夏自五代百余年来，汉化很快。"其音节悠扬，声容清厉，犹有唐代遗风。迨德明内附，其礼文仪节，律度声音，无不遵依宋制。"嘉祐七年、夏奲都六年夏四月，谅祚献马五十匹，表求太宗御制诗草、隶石本，欲建书阁宝藏之。并求《九经》《唐史》《册府元龟》及中国正至朝贺仪。仁宗赐以《九经》，还所献马。南宋绍兴十八年、夏人庆五年三月，建内学。仁孝亲选名儒主之。自乾顺建国学，设弟子员三百，立养贤务；仁孝增至三千人，尊孔子以帝号，设科取士，又置太学、内学，选名儒训导。仁宗大庆四年（1143），尊孔子为文宣皇帝，令州郡兴修孔庙。人庆五年（1148），又兴建内学，选名儒主持讲授。仁宗妻罔氏出身党项大族，也好汉礼。仁宗还依仿宋朝科举制，策试举人。

2. 奚族的汉化

活动在东北的奚族有悠久的历史。北朝时，奚族与东北其他各民族一样，多次派遣使臣到平城、洛阳。辽朝时，不少奚族人逐渐与契丹人融合在一起。北宋苏颂使辽路过奚人居落时，作《和过打造部落》诗曰："汉节经过人竞看，忻忻如有慕华心。"① 至金朝世宗时期，金廷解散奚人猛安谋克组织，将其分隶于女真猛安谋克，对奚人实行大规模移民，奚人逐渐融入汉、契丹、女真等民族之中，民族融合更加深入。

## 二 金代的儒学化

金代儒学经历了"借才异代"、制度化、学术化三个发展阶段。太祖、太宗时期，金代从辽宋"借"来的人才决定了金初儒学的面貌；熙宗至章宗统治前期，金朝统治者进行了一系列的封建化改革，其诸多政治制度的制定诸如科举、教育、礼仪等，儒学都充当了重要的角色；

---

① （清）厉鹗：《辽史拾遗》卷13，丛书集成初编本，中华书局1985年版，第268页。

章宗统治后期，金代儒学步入学术化阶段，出现了以儒名家的代表人物，在一定范围内形成了儒学研究的热潮①。

(一) 金代早期的儒学化

宋许亢宗《许亢宗行程录》记其徽宗时北使金国云："契丹强盛时，虏获异国人则迁徙、杂处于黄龙府（今吉林农安县）。南有渤海，北有铁离、吐浑，东南有高丽、靺鞨，东有女真、室韦，东北有乌舍，西北有契丹、回纥、党项，西南有奚，故此地杂诸国风俗：凡聚会处，诸国人语言不能相通晓，则各为汉语为证，方能辨之。是知中国被服先王之礼仪，而夷狄亦以华言为证也。"②

北宋许亢宗于徽宗宣和七年（金太宗天会三年，公元1125年）使金，所见金地："每差接伴、馆伴、送伴、客省使，必于女真、渤海、契丹、奚内人物白皙，详缓、能汉语者为之；副使则选汉儿读书者为之。"③ 由此可见，金代立国初期，有多民族聚居的地方，或公开场合，皆以汉语作为共同的交流语言和官方语言。

女真军队"既蹂躏中原，国之制度，强慕华风，往往不遗余力"④。出于对汉文化的倾慕，在灭宋之际，金军大量抢掠搜集经籍图书，扣留博通经术的人员。北宋张邵、洪皓、何宏中、姚孝锡、滕茂实、司马朴、朱弁等被扣留的南宋使节皆将儒学文化带入金境。这些被扣留的使节，在金地开设私塾，虽是为了糊口求生，却是在金朝第一批开设私塾、传播儒学文化的人。金立国之后，宋金关系趋于和缓。两国出于外交礼仪，不时互派使臣。据统计，自公元1117—1234年，百余年间宋派往金的使节有500多次，其中有名可查的有484人。⑤ 他们从事外交活动的同时，还带去了儒家传统文化思想及诗词文赋。

(二) 儒学的制度化

辽金时期的典章制度、吏司设置、宫廷仪礼，直到科举选官等，都

---

① 参看刘辉《金代儒学发展脉络缕析》，《东北史地》2009年第五期，范寿现《论金代的孔庙建置及其作用》，《社会科学辑刊》1993年第2期。
② 贾敬颜：《五代宋金元人边疆行记十三种疏证稿》，中华书局2004年版，第249页。
③ 同上书，第252页。
④ （宋）范成大：《范成大笔记六种》，孔凡礼点校，中华书局2002年版，第16页。
⑤ 参见董克昌《宋金外交往来初探》，《学习与探索》1990年第2期。

有意吸取中原汉族封建统治的经验。①

宋金战争之中，金代女真一些将领就对孔子表现出敬仰之情，说明在金初女真生活中，儒学具有一定的社会基础。"初汉儿至曲阜，方发宣圣陵。粘罕闻之，问渤海人高庆绪曰：孔子何人？对曰：古之大圣人。曰：大圣人墓岂可发，皆杀之。故阙里得全。"②

金政权对儒家文化的制度化吸纳，首先从尊孔建庙开始的。皇统元年（1141）二月，熙宗到文宣王庙奠祭时，对儒臣们强调，孔子虽无位，以其道可尊，使万世高仰。为了表示对孔子的崇敬和对儒学的宣扬，金代熙宗、章宗即位，诏各处建庙学。北宋仁宗宝元二年（1039），封孔子四十五代孙孔宗愿为文宣公，不久改封为衍圣公。北方金朝熙宗天眷三年（1140），诏加孔子四十九代孙孔璠承奉郎，袭封衍圣公，奉祀事。孔璠卒后，其子孔拯袭封，加文林郎。天德二年（1150），定袭封衍圣公俸格，有加于常品，加拯承直郎。孔拯卒，弟孔总袭封，加文林郎。明昌初，章宗召孔子四十八代孙孔端甫至京师，特赐王泽榜及第，除将仕郎、小学教授，以主簿半俸致仕。承安二年（1197）正月，诏孔子后人孔元措兼曲阜县令，仍世袭。元措历事宣宗、哀宗，后入元朝。

将儒家经典列为科举内容是金代儒学制度化的重要体现。金代天会元年（1123）始设科举后，逐步将儒家经籍列入主要的养士、科举的内容。所选儒籍，选用经典的注疏本。"凡经，《易》则用王弼、韩康伯注，《书》用孔安国注，《诗》用毛苌注、郑玄笺，《春秋左氏传》用杜预注，《礼记》用孔颖达疏，《周礼》用郑玄注、贾公彦疏，《论语》用何晏集注、邢昺疏，《孟子》用赵岐注、孙奭疏，《孝经》用唐玄宗注。"③ 章宗明昌元年（1190）正月，诏免乡试，府试"以《六经》《十七史》《孝经》《论语》《孟子》、及《荀》《扬》《老子》内出题，皆命于题下注其本传"④。

金朝重视经籍翻译与经学教育。金世宗尝论及古今兴废时，认为：

---

① 参看拙文《论金代儒学的传播》，《晋中学院学报》2005年第2期，刘辉《金代儒学发展脉络缕析》，《东北史地》2009年第5期。
② （宋）洪皓：《松漠记闻》下，丛书集成初编本，中华书局1985年版，第15页。
③ （元）脱脱等：《金史》卷51《选举志一》，中华书局1975年版，第1131页。
④ 同上书，第1136—1137页。

"经籍之兴,其来久矣。垂教后世,无不尽善"①。为了使儒学在本民族内得到更广泛的传播,辽金两代都重视经书的翻译,金代经籍的翻译与传播,在世宗、章宗朝达到极盛。大定朝,纥石烈良弼向世宗建议:"女直、契丹人,须是曾习汉人文字,然后可。"② 各级官员精通汉语,有利于汉文典籍的翻译与流传。大定四年(1164),诏徒单镒以女真字译书籍。五年,翰林侍讲学士徒单子温进所译《贞观政要》《白氏策林》等书。六年,复进《史记》《西汉书》,下诏颁行。大定二十三年(1183)九月,译经所进所译《易》《书》《论语》《孟子》《老子》《杨子》《文中子》《刘子》及《新唐书》。章宗明昌二年(1191)三月,又置专门的机构弘文院,译写经书。

对于军队中儒学经籍的教育传播,金代统治者也采取了具体的措施。世宗朝时,彰德军节度使、参知政事梁肃建议朝廷每百户亲军赐《孝经》一部,使之教读,使其明白臣子之道,如其任职,可知政事。章宗泰和四年(1204)冬十月丙申,诏亲军35以下令习《孝经》《论语》。章宗大定二十九年七月,诏京府节镇防御州设学养士,并设经童科。宣宗兴定元年二月下诏:"自古文武并用,向在中都设学养士,犹未尝废。况今日乎?其令仍旧给之。"③

自太宗即位,即重用南来之宋人。特别是经过熙宗、海陵王和世宗三朝进行的封建化改革,到世宗、章宗之世。"儒风丕变,庠序日盛……金用武得国,无以异于辽,而一代制作,能自树立唐、宋之间,有非辽世所及,以文而不以武也。"④

(三) 儒学的学术化

金代后期,著名的汉族文人大多喜爱经学研究,儒学进入学术化阶段。元好问《中州集》中,长于经史的诗人有麻九畴、杨云翼、刘从益、冯璧、冯延登、王特起、赵元、赵秉文、王广道、刘昂霄、田紫芝、王万钟、王渥、周昂、周嗣明、周驰、白贲等,另外如王若虚、李纯甫、元好问、李俊民等,皆对经学有精深的研究。

---

① (元) 脱脱等:《金史》卷7《世宗纪中》,中华书局1975年版,第163页。
② (元) 脱脱等:《金史》卷88《纥石烈良弼传》,中华书局1975年版,第1952页。
③ (元) 脱脱等:《金史》卷15《宣宗纪中》,中华书局1975年版,第328页。
④ (元) 脱脱等:《金史》卷125《文艺传上》,中华书局1975年版,第2713页。

金代不少地方为经学研究的重镇。中都燕京，"有唐三百年雅俗之旧，而不为辽雪之所变迁，是以敦麗耆艾之士，视他郡国为尤多。至于子弟秀民，往往以横经问道为事"①。山东东平，"其土沃衍，其民乐阜。其君子好礼，其小人趋本。其俗习于周公、孔子之流风余教，可驯以诗书，故多士族"（《东平州志》）。河东泽州，"往往以经学名家。虽事科举，而六经传注皆能成诵。耕夫贩妇，亦耻谣诼而道文理，遂与齐、鲁共为礼义之俗而加厚焉"（元郝经《郝文忠公陵川文集》卷三十六《先曾叔大父东轩老人墓铭》）。陵川郝氏为金元时期著名的经学世家，至郝经先曾大父昆季七人，皆"治经力学，教授州间，有声张彻，郝氏益大"。"岁时燕集，尊卑壮稚，比次以序，秩然有礼，熙然有恩，而粲然有文，无阋墙反目之私。于是家人笃于亲，国人慕其义，道为人师，礼为人则焉。"②白贲"自上世以来，至其孙渊，俱以经学显"③。

经学教育的核心是忠孝伦理。《孝经·广扬名章第十四》："君子之事亲孝，故忠可移于君；事兄悌，故顺可移于长；居家理，故治可移于官。是以行成于内，而名立于后世矣。"《孟子·告子章句下》：尧舜之道，孝悌而已矣！《礼》云："亲亲故尊祖，尊祖故敬宗，敬宗故收族，收族故宗庙严，宗庙严故社稷重。"儒家思想没有将家庭伦理文化与致君泽民理想相对立，而是作为有机的整体，所谓修身齐家治国平天下。

在儒学化的过程中，辽、金、西夏统治者都极力推崇儒家忠孝伦理思想。辽圣宗常诫诸侄：汝勿以才能陵物，勿以富贵骄人。惟忠惟孝，保身保家。④《辽史·百官志》载辽代南京统军使、富春郡王耶律义先《拜惕隐戒族人文》："国家三父房最为贵族，凡天下风化之所自出。不孝不义，虽小不可为。""西夏风气广莫，民俗强梗敢战，然能尚气节，重然诺，故忠孝之事，亦时取焉。"⑤

---

① （金）元好问：《致乐堂记》，姚奠中主编《元好问全集》卷33，山西古籍出版社2004年版，第701页。

② （元）郝经：《棣华堂记》，李修生主编《全元文》第4册，江苏古籍出版社1999年版，第338页。

③ （金）元好问：《中州集》卷9《白先生贲》，华东师范大学出版社2014年版，第555页。

④ （清）厉鹗：《辽史拾遗》卷17，丛书集成初编本，中华书局1985年版，第347页。

⑤ （清）吴广成：《西夏书事—校证》卷34，龚世俊校证，甘肃文化出版社1995年版。

金代帝王同样重视对皇室成员的忠孝伦理教育。世宗曾对皇太子及亲王强调："人之行莫大于孝弟。孝弟无不蒙天日之佑。汝等宜尽孝于父母、友于兄弟。"① 章宗也指出："孝义之人，素行已备，稍可用，即当用之。后虽有杀觊作伪者，然伪为孝义，犹不失为善。可检勘前后所申孝义之人，如有可用者，具以闻。"② 关于忠与孝的关系，金代张暐作了明确的阐述：追怀罔极，嗣有令绪，能昭先功、睦亲族而和万邦，通神明而光四海，斯可谓之孝③。他还说："桓桓忠节，率自孝移。"④ 强调孝的作用和意义。

洪亮吉《开沙于氏族谱序》中将传承经学的世家大族归纳为：以功德显、以文章著、以孝友称三个标准。⑤ 出仕则惠泽一方，退则躬耕陇亩，安贫乐道。后人则须恪守先辈遗训，保持家风不坠。"礼不忘其本，而孝莫大于显亲。亲有善而揄扬之，大书深刻以申其追慕尊崇之意，此天道之自然，人情之同欲，而子职之所当尽者也，不亦务乎？吾观近世，自一介之微，稍跻贵显者，争先树建以为华荣，螭首龟趺，亭亭相望，宜我侯之不敢缓也。"⑥

辽金西夏等政权都重视经学的教育，并将儒家忠孝伦理文化作为教育官僚贵族子弟的主要内容。金代家族注重社会伦理的维系，事亲睦族，教子祀先，谨身节用，利物济人，维持严格的礼法家风和良好的社会声望；注重文化传统的保持，经学继世、父子相承。政治环境险恶时，多采取冲退避世的方式，待价而沽；时机成熟，则出仕"以试祸福"。由于北方的连年战事以及胡族政权的频繁更迭，使得许多名家大族不可能长期稳定地保持较高的政治地位。⑦

---

① （元）脱脱等：《金史》卷7《世宗纪中》，中华书局1975年版，第161页。
② （清）毕沅：《续资治通鉴》卷152，"标点续资治通鉴小组"标点，中华书局1957年版，第4082页。
③ （金）张暐等：《大金集礼》卷2，丛书集成初编本，中华书局1985年版，第19—20页。
④ （金）张暐等：《大金集礼》卷3，丛书集成初编本，中华书局1985年版，第36页。
⑤ （清）洪亮吉：《更生斋文甲集》卷2，授经堂刻本。
⑥ （金）王若虚：《千户贾侯父墓铭》，《滹南遗老集》卷42，胡传志、李定乾校注，辽海出版社2006年版，第507页。
⑦ 参见宋德金《辽金人的忠孝观》，《史学集刊》2004年第4期。

钱穆先生认为："中国学术分两纲，一为心性修养之学，另一则为治平实践之学。"① 心性修养是治平实践的基础，所以也是古代家族的重要教育内容。在经学教育的过程中，金代家族非常注重教育后辈正道直行、不阿时好，使家族成员注重自身的道德节操和传统伦理，这种教育使得金代文人从整体上表现出良好的人格修养和道德素质。刘祁所谓："夫欲心不死，道心不生。若欲安时任命，著书立言，发前人所未见，成后世之大名，惟忘富贵利达外物可也。"他又说："士君子苟不为世味所诱，何名之不成，何节之不立哉？"② 正是在这种文化熏陶下，金代出现不少孝悌友爱之士。如讲求兄友弟恭之道：庞迪"昆弟析家财，迪尽以与之，一无所取。官爵之荫，率先诸侄。"③ 张毂"性友爱。弟毅，才高，相与甚欢，所蓄称其所用"④。

北方文化背景与家学、家风相融合，在金代自然也会出现侠气与正气相结合的人物。宣宗时监察御史陈规，言事不假借，朝望甚重，凡宫中举事，必有建言。"一时近臣切议，惟畏陈正叔耳，挺然一时直士也"。死之日，家无一金，知友为葬之。⑤ 张行信为人纯正真率，"遇事辄发，无所畏避，第奏事上前，旁人为动色，行信处之坦如也"。⑥ 董师中"临事则刚决，挺然不可夺"⑦。李晏子李仲略"刚介特立，不阿权贵"⑧。一些少数民族士人在金末战乱之际，亦以大义为重，不向邪恶势力屈服。裴满阿虎带、完颜珠颗皆女真进士。崔立事变之翌日，乌古孙奴申同御史大夫裴满阿虎带，还有户部尚书完颜珠颗三人自缢以殉国。

金代家族的伦理教育内容还包括正直廉明的官德观念：淡于名利、甘于自守。张行信"为人纯正真率，不事修饰。虽两登相位，殆若无官

---

① 钱穆：《中国历史研究法·朱子学纲要》，广西师范大学出版社2005年版，第63页。
② （金）刘祁：《归潜志》卷13，崔文印点校，中华书局1983年版，第149页。
③ （元）脱脱等：《金史》卷91《庞迪传》，中华书局1975年版，第2013页。
④ （金）刘祁：《归潜志》卷4，崔文印点校，中华书局1983年版，第35页。
⑤ （元）脱脱等：《金史》卷109《陈规传》，中华书局1975年版，第2412页。
⑥ （元）脱脱等：《金史》卷107《张行信传》，中华书局1975年版，第2371页。
⑦ （元）脱脱等：《金史》卷95《董师中传》，中华书局1975年版，第2116页。
⑧ （元）脱脱等：《金史》卷96《李仲略传》，中华书局1975年版，第2129页。

然"①。海陵时平章政事张通古"虽居宰相，自奉如寒素"②。元好问师郝天挺"为人有崖岸，耿耿自信，宁落魄困穷，终不一至豪富之门"③。

金代文人普遍重视学术文化、道德修养，出处进退能够以气节为先，为人处世能够以礼仪为重，这固然与北方地域文化的兴盛和影响相关，但是金代家族重视中原文化传承、嗜书嗜学的因素，也是我们不可忽视、值得研究的。

## 第二节　汉化背景下金代家族的读书嗜学风气

钱穆先生在论及魏晋南北朝学术文化与士族门第的关系时曾指出："当时门第传统共同理想，所期望于门第中人上自贤父兄，下至佳子弟，不外两大要目：一则希望其能具孝友之内行，一则希望其能有经籍文史学业之修养，此两种希望，合并成为当时共同之家教。其前一项之表现，则成为家风；后一项之表现，则成为家学。"④ 钱穆先生将家族教育概括为家风和家学这两大要目是颇为准确的。中国传统社会在对人才的教育培养方面，家风和家学尤其重要。

元好问多次强调父兄渊源对于人才教育与培养的重要性：

> 士之有所立，必藉国家教养、父兄渊源、师友讲习，三者备而后可。喻如世之美妇，多出于膏腴甲族、熏酣含浸之下；间阎皆非无名色，一旦作公夫人，则举步羞涩，曾大家婢不如，其理然也。故作新人材，言教育也；独学无友，言讲习也；生长见闻，言父兄也。⑤

维金朝大定已还，文治既洽，教育亦至。名氏之旧与乡里之

---

① （元）脱脱等：《金史》卷107《张行信传》，中华书局1975年版，第2371页。
② （元）脱脱等：《金史》卷83《张通古传》，中华书局1975年版，第1861页。
③ （元）脱脱等：《金史》卷127《郝天挺传》，中华书局1975年版，第2750页。
④ 钱穆：《略论魏晋南北朝学术文化与当时门第之关系》，《新亚学报》第5卷第2期。
⑤ （金）元好问：《中州集》卷10《溪南诗老辛愿》，华东师范大学出版社2014年版，第613页。

彦，率由科举之选、父兄之渊源、师友之讲习，义理益明，利禄益轻。一变五代辽季衰陋之俗。①

夫天下大器，非一人之力可举，而国家所以成就人材者，亦非一日之事也。从古以来，士之有立于世，必藉学校教育、父兄渊源、师友之讲习，三者备而后可。②

元好问多次强调的"父兄渊源"，指的就是家族教育与家族影响，这个因素对于人才成长的重要性仅次于官学教育系统。

## 一 藏书

中国古代藏书一般分为官府藏书、私家（家族）藏书、寺观藏书、书院藏书四大系统。家族教育首先依赖于私家（家族）藏书。私家（家族）是否藏书、藏书数量的多少，一定程度上，显示一个家族文化氛围的强弱。在金初战乱频仍、社会动荡的时代，官府藏书、寺观藏书、书院藏书几乎没有可能。在家风与家学影响下，金代家族的私人藏书与文献积累的贡献不可低估。

金代家族文献图书的获得分为以下几种情况。

（一）战争中获取

赤盏晖从金军攻余杭，"乃还，载《资治通鉴》版以归"③。完颜宗翰定汴后，完颜勖奉命劳军。宗翰等问其所欲，完颜勖回答说"惟好书耳"，后"载数车而还"④。辽代大定府金源令范承吉在金天会四年，从攻太原。五年，宗翰克宋，所得金珠承吉司其出入，承吉"无毫发欺，及还，犊车载书史而已"⑤。胡祗遹高祖胡益在正隆南征时，"以良家子

---

① （金）元好问：《内相文献杨公神道碑铭》，姚奠中主编《元好问全集》卷18，山西古籍出版社2004年版，第420页。
② （金）元好问：《寄中书耶律公书》，姚奠中主编《元好问全集》卷39，山西古籍出版社2004年版，第804页。
③ （元）脱脱等：《金史》卷80《赤盏晖传》，中华书局1975年版，第1806页。
④ （元）脱脱等：《金史》卷66《完颜勖传》，中华书局1975年版，第1557页。
⑤ （元）脱脱等：《金史》卷128《范承吉传》，中华书局1975年版，第2759页。

从军，载国子监书以归，因之超万卷堂"①。金初奉圣州人沈璋从金军伐宋。"汴京平，众争趋赀货，璋独无所取，惟载书数千卷而还。"②

（二）由辽、宋入金的民间家族藏书

厉鹗《辽史拾遗》卷21引《诗话总龟》曰：北辽多有文籍，亦以文雅相尚。据现有资料，辽代私家藏书多为耶律皇族、后族成员和契丹贵族，如耶律倍、其子耶律隆先、耶律琮、耶律资忠等。包括这些家族以及其他阶层家族的藏书大多在辽末战火、动乱中遭到毁灭。有些辽代贵族世家的藏书幸存。如任金朝同知西京留守的萧公建，其妻子耶律氏"少好学问，□□典教，藏书万卷，部居分别，各有伦次。每早起□□□诵佛经，日旰方食。已而，杂阅诸书，涉猎传记。或时评议古今得失，切当事理，闻者叹息，玩□□□，得所趣人"③。耶律氏藏书大多是自辽代就开始搜集，不但多达万卷，而且还"部居分别，各有伦次"。可见其藏书数量已具规模。

由宋入金家族的藏书当亦不少。蔡松年的好友、范仲淹四世孙范季霑，家河南许昌。"聚图书万余卷，知名当世。"④辽中书舍人杨丘文之子杨伯渊，疏财好施，喜收古书。金天会初，以名家子补尚书省令史。

宇文虚中等宋臣入金时，皆随带大量图书。皇统六年（1146）二月，唐括酬斡家奴杜天佛留告虚中谋反，诏有司鞫治无状，乃罗织虚中家图书为反具，宇文虚中反驳说："死自吾分。至于图籍，南来士大夫家家有之，高士谈图书尤多于我家，岂亦反耶？"⑤从宇文虚中的话语中，我们可以想象当时由宋入金的许多士人家中，皆有大量的藏书。

（三）个人购书

这种途径在金代最为常见。应奉翰林文字张邦直，"居南京，从学者甚众。束脩惟以市书，恶衣粝食，虽仕宦如贫士也。"⑥怀州人许国，

---

① （金）元好问：《朝散大夫同知东平府事胡公神道碑》，姚奠中主编《元好问全集》卷17，山西古籍出版社2004年版，第409页。
② （元）脱脱等：《金史》卷75《沈璋传》，中华书局1975年版，第1721页。
③ 周峰：《金代萧公建家族两方墓志铭考释》，《北京辽金文物研究》，北京燕山出版社2005年版，第237页。
④ 魏道明注蔡松年《水调歌头》，《四印斋所刻词》本。
⑤ （元）脱脱等：《金史》卷79《宇文虚中传》，中华书局1975年版，第1792页。
⑥ （金）刘祁：《归潜志》卷5，崔文印点校，中华书局1983年版，第43页。

少擢第,有能名。性闲淡,不悦仕进。为南京丰衍库使时,"倾家赀市书,"后辞官告归。回乡后,"敝衣粝食,环堵萧然。盖清苦之士也。"①这些文人往往不顾生活之困顿,倾全家之所有而市书,可见其嗜书、嗜学的程度。

(四) 书坊印书

辽金时期,一些经济比较发达、文化比较繁荣的地区,皆有私刻、坊刻图书印行,为家族印书、藏书提供很大便利。辽代书坊刻书的地点主要有南京(析津府,今北京)、中京(大定府,今辽宁凌源)和范阳(今河北涿州)。刻书的内容包括佛经、诗文集、医书、启蒙读本等。金代女真统治中心移入中原后,在辽、宋的基础上,造纸和印刷业也有了很大发展。金代文化机构的设置仿北宋,设立秘书监,下设著作局、笔砚局、书画司、司天台,通掌经籍图书,日历修订。金朝刻书分官刻、家刻、坊刻。刻书业遍布中都、河北、河东、南京、京兆等路,如河北西路的真定府、邢台、宁晋、浚州,大名府路的大名,南京路的亳社,河南府少林寺,京兆府路的同州朝邑,河东南路的隰州、蒲州、泽州、山阳、河内,河东北路的太原府、五台山,山东东路的济南、宁海、莱州,山东西路的曲阜等。19路中,有11路有书坊。而中都、南京、平阳(今山西临汾)、宁晋等地刻书业更盛。

中都、南京和河东南路文化发达,士子对书籍的要求促进了印刷、造纸业的发展。

金代还在平阳设局置官,开雕经籍,形成雕版印刷中心。叶德辉《书林清话》卷四"金时平水刻书之盛"指出:"金源分割中原不久,乘以干戈,唯平阳不当要冲,故书坊时萃于此,而他处私宅刊本,间亦有之。"李晋林认为平阳"书林林立,行业兴隆,行销四方"②。平阳所在的河东南路仕宦之家有"家置书楼,人蓄文库"之称,反映金朝出版事业的兴旺发达。

金代家族收集文献不仅仅限于图书,而是还包括字画、碑刻、前朝遗物等,真正成为传统文化的保存者、研究者与继承者。应州浑源人雷

---

① (金)刘祁:《归潜志》卷5,崔文印点校,中华书局1983年版,第46页。
② 李晋林:《金元时期平水刻板印刷考述》,《文献》2001年3期。

渊"好收古人书画碑刻藏于家，甚富"①。丞相高汝砺之婿，应州人曹恒，孤介不肯事人。南渡居大梁，葺轩种竹，又好收古人书画、器物。曹州进士商衡"性嗜学，藏书数千卷，古今金石遗文人所不能致者，往往有之"②。商衡子商挺，官至枢密副使，俸钱常以聚书，至老未尝一日废读。转运使张毂"家多法书名画，古物秘玩，周秦以来镜至百余枚，他物称是"③。元好问家旧藏有许多医书，"往往出于先世手泽。丧乱以来，宝惜固护，与身存亡。"④一些文墨粗疏的武将，也自己出资收集文物图籍。信光祖是土豪出身的将领。其家所购法书名家，至少有数百种。

据学者估计，两宋私家藏书在万卷以上者有数百家，金代自然不能与其相比。然而金代家族藏书在万卷以上者亦有其人。宿州人宁知微，博学，无所不知。迁居淮阳，与刘祁同游数年，"家积书万卷，载以行。"⑤ 太原安全广"以赀雄乡间，买书万余卷"⑥。另外前面谈到的范季霑，藏书也在万卷以上。元好问记其同乡武伯英"少日举进士，有诗名。……家故饶财，第宅园亭为河东之冠。贮书有万卷楼。……为人多伎巧，山水杂画、斲琴、和墨，皆极其工"。元好问特别强调说："吾乡衣冠家，法书名画及藏书之多，亦有伯英相上下者。"⑦ 可见元好问家乡忻州藏书家数量之多，藏书丰富。

收藏文献图书比较丰富的家族往往会发展为文学活动的中心。山西解州诗人刘祖谦"家多藏书，金石遗文略备"。一时名士如雷渊、李献

---

① （金）刘祁：《归潜志》卷1，崔文印点校，中华书局1983年版，第10页。
② （金）元好问：《商平叔墓铭》，姚奠中主编《元好问全集》卷21，山西古籍出版社2004年版，第484页。
③ （金）元好问：《中州集》卷8《张转运毂》，华东师范大学出版社2014年版，第520页。
④ （金）元好问：《元氏集验方序》，姚奠中主编《元好问全集》卷37，山西古籍出版社2004年版，第785页。
⑤ （金）刘祁：《归潜志》卷3，崔文印点校，中华书局1983年版，第29页。
⑥ （金）王寂：《默庵先生安君行状》，《拙轩集》卷22，丛书集成初编本。
⑦ （金）元好问：《云岩（并序）》，姚奠中主编《元好问全集》卷4，山西古籍出版社2004年版，第80页。

能、王湿等皆游其门①。一些著名学者因其祖先在金初战争中注意收集图书文献，而为后代奠定学术基础。胡祗遹的高祖胡益从军南征时，载宋国子监书以归，于是"延致儒士，门不绝宾。儒素起宗，实兆于此"②。顺天贾辅有万卷楼。"南北之书，皆入侯府，不啻数万卷焉。始贮于室，室则盈，贮于堂，堂则溢，乃作楼藏之。楼既成，尽以卷帙置其上，而为之第。别而为九。六经、传注、后传、诸子、历代史、杂传、史、诸儒史论、先正文集及诸著述。百家众流、阴阳图籍、山经地志、方伎术数、法书名画。私家之藏，几逾秘监。故贾侯之书甲天下。"③河东平阳一带，邑居之繁庶，土野之沃衍，雄冠他邑。其俗好学尚义，勇于为善。孔天鉴《藏书记》为我们展示了金代平阳地区家族藏书文化的繁荣景象。有感于"草莱贫乏之士，有志而无书，或未免借观手录之勤，不足于采览，无以尽发后生之才分"，邑中之豪从各出金钱以赎书。于是得为经之书有若干、史之书有若干、诸子之书有若干，以至类书字学，凡系于文运者，粲然毕备④。

汉化政策背景下，女真统治者重视经籍图书的收集与整理，这为金代整个社会重视保护收集文献典籍提供了良好的文化环境。章宗朝时，金廷图书收集已成规模。明昌间下诏购求《崇文总目》内所阙书籍。又泰和元年，敕有司购遗书宜尚其价，以广搜访。藏书之家有珍惜不愿送官者，官为誊写，毕复还之⑤。金代家族藏书符合金代的右文汉化政策，因此民间收集、求购汉语书籍环境气氛比较宽松。

## 二 重教

不同民族的金代家族一般皆重视对家族成员的文化教育和伦理教育。在文化教育方面，注重嗜书、嗜学风气的培养，客观上为金代文学

---

① （金）元好问：《中州集》卷5《刘邓州祖谦》，华东师范大学出版社2014年版，第326页。

② （金）元好问：《朝散大夫同知东平府事胡公神道碑》，姚奠中主编《元好问全集》卷17，山西古籍出版社2004年版，第409页。

③ （元）郝经：《万卷楼记》，李修生主编《全元文》第4册，江苏古籍出版社1999年版，第310—311页。

④ 《山西通志》卷204《艺文》23，中华书局2017年版。

⑤ （元）脱脱等：《金史》卷11《章宗纪三》，中华书局1975年版，第257页。

铺设了厚重的文化底蕴。在伦理教育方面，注重孝悌仁爱、慎终追远、敬宗睦族。同时注重立身大节、出处进退，体现女真政权汉化政策的深刻而广泛的影响。

在文化教育方面，一些家族长辈能够以家族利益为重，亲自督促、教育子女晚辈，以使家族振兴。

世宗时龙虎卫上将军术虎筠寿，虽为女真武将，亦通经史。"亲授三子者学，夜参半，犹课诵不已，三子服教，悉能自树立。"① 宣宗朝时，参知政事张行信致仕后，"惟以钞书、教子孙为事"。张氏"诸子侄多中第居官，当世未之有也"②。

家族女性教育以忻州元氏为代表。元好问有诗："添丁学语巧于弦，诗句无人为口传。竹马几时迎阿姊，五更教诵木兰篇。"③ 元好问对其女弟、女儿的严格教育，以及两位家族女性的自我激励，使两位成员文学创作各具成就。据有关方志记载，"金二元氏，一好问女弟，文而艳。一好问次女名严。诏为宫教，号浯溪真隐，有《浯溪集》行世"④。

金代家族努力为子弟接受教育、饱读诗书提供优越的资源，培养了家族中浓厚的文化气氛，使家族成员易于在科第和文学上获得成功，从而保持一个家族的长盛不衰。"人之成德，必由父兄之训诲，师友之讲习，学校之教养，耳闻目见，朝熏暮沐，习与性成，庶勉于善。"⑤ 而金代家族内部的嗜书博学风气，确实造就了许多思想开放、精通百家的学者型人物。蔡珪"号为辨博，凡朝廷制度损益，珪为编类详定检讨删定官"⑥。"正隆三年，铜禁行，官得三代以来鼎钟彝器无虑千数，礼部官以正甫博物，且识古文奇字，辟为编类官。朝廷稽古礼文之事，取其

---

① （金）元好问：《龙虎卫上将军术虎公神道碑》，姚奠中主编《元好问全集》卷27，山西古籍出版社2004年版，第568页。

② （金）刘祁：《归潜志》卷6，崔文印点校，中华书局1983年版，第58页。

③ 元好问：《寄女严三首》（其二），姚奠中主编《元好问全集》卷11，山西古籍出版社2004年版，第282页。

④ 《雍正山西通志》卷二百三十《杂识》。

⑤ （元）胡祗遹：《郝孝子诗卷序》，李修生主编《全元文》第5册，江苏古籍出版社1999年版，第269页。

⑥ （元）脱脱等：《金史》卷125《蔡珪传》，中华书局1975年版，第2717页。

议论为多。"① 弘州襄阴人李纯甫，出身科宦家族。其祖安上，尝魁西京进士。父采，卒于益都府治中。纯甫幼颖悟异常，初业词赋，及读《左氏春秋》，大爱之，遂更为经义学。擢承安二年经义进士。为文法庄周、列御寇、左氏、《战国策》，后进多宗之。又喜谈兵，慨然有经世心。晚年喜佛，力探其奥义。陵川人刘景玄，其父刘俣，第进士，官至管勾承发司。景玄年十六七许时，其父官四方，景玄留学陵川，已能如成人自立，受到老师同学称道。"景玄之学，无所不窥。六经百氏外，世谱、官制、地理与兵家所以成败者，为最详。作为文章，渊绵致密，视之若平易而态度横生，自有奇趣，他人极力追之，有不能到者。"② 更多人则是出自艺术之家，所以更偏重诗画艺术。易州任询，其父任贵善画，喜谈兵，宣、政间游江、浙。任询为人慷慨多大节。书为当时第一，画亦入妙品，评者谓画高于书，书高于诗，诗高于文，然王庭筠独以其才具许之。登正隆二年进士第。历益都都勾判官，北京盐使。年六十四致仕，优游乡里，家藏法书名画数百轴。③ 耶律履"通六经百家之书，尤邃于《易》《太玄》，至于阴阳方技之说，历象推步之术，无不洞究。"④ 汴州赵滋，"学书、学画、学诗、学论文。立志既坚，力到便有所得。为人强记默识，不遗微隐。唐以来名人诗文，往往成诵如目前。考论文义，解析络脉，殆若素昔在文字间者。画入能品，诗学亦有功"。⑤

孔子的"学而优则仕"指出了古代文人求学的动机与人生的态度，但同时表明，古代为学是为官的必然条件与要求。《传》曰："学以从政，不闻以政入学。"具有良好知识修养的博学之士历来为统治者所倚重。元好问词所谓："三世读书无白屋，一经教子胜黄金。"自隋代实

---

① （金）元好问：《中州集》卷1《蔡太常珪》，华东师范大学出版社2014年版，第39页。

② （金）元好问：《刘景玄墓铭》，姚奠中主编《元好问全集》卷23，山西古籍出版社2004年版，第515页。

③ （元）脱脱等：《金史》卷125《任询传》，中华书局1975年版，第2719页。

④ （金）元好问：《尚书右丞耶律公神道碑》，姚奠中主编《元好问全集》卷27，山西古籍出版社2004年版，第584页。

⑤ （金）元好问：《中州集》卷10《蓬然子赵滋》，华东师范大学出版社2014年版，第662页。

行科举，文人遂视科举为龙门，而统治者亦将科举作为选拔人才的最重要手段。年轻书生一旦科举得中，就能够博取功名，光宗耀祖，提振家声，取得现实的利益。一旦科举及第，马上可以实现家族转型。事实上，金代不少文人通过自身努力，嗜书嗜学，使身处寒门素族或者军功家族、方技家族、地方豪族等转化为文化家族与科宦家族，实现家族向上流动的机会。张万公之父弥学常铭其左右云："欲求子孙，先当积孝；欲求聪明，先当积学。"弥学"笃于学问，以《尚书》为专门之业"。而张万公"博闻强记"，中正隆二年辞赋进士，官至宰相①。

金末名臣杨云翼曾祖杨君青嗜读书而不事科举，曾教育其子孙："圣人之道无它，至诚而已。诚者何？不自欺之谓也。盖诚之一物，存诸己则忠，加诸人则恕。是道也，出于人心，谁独无之？"② 由于重视家族成员的文化教育，所以金代出现了不少的神童，他们的文学才华从小就展露了出来。蔡珪"七岁赋菊诗，语意惊人，日授数千言"③。王庭筠"生未期，视书识十七字。六岁闻父兄诵书，能通大义。七岁学诗，十一岁赋全题。读书五行俱下，日记五千余言"④。易州人麻九畴三岁识字，七岁能草书，被人称为神童。石琚七岁时，读书即过目成诵，之后博通经史，工词章，天眷二年中状元。元好问"七岁能诗，太原王汤臣称为神童"⑤。出身辽耶律皇族耶律倍一系的耶律履早孤，养于兴平族叔德元家。少时所著之文，"早为时辈所推"⑥。《金史·文艺传》中亦记有明昌以来，五位以神童著称者。其中太原常添寿，四岁能作诗。合河刘滋文荣，六岁有诗云："莺花新物态，日月老天公。刘征

---

① （金）元好问：《平章政事寿国张文贞公神道碑》，姚奠中主编《元好问全集》卷16，山西古籍出版社2004年版，第387页。
② （金）元好问：《内相文献杨公神道碑铭》，姚奠中主编《元好问全集》卷18，山西古籍出版社2004年版，第421页。
③ （金）元好问：《中州集》卷1《蔡太常珪》，华东师范大学出版社2014年版，第38页。
④ （金）元好问：《王黄华墓碑》，姚奠中主编《元好问全集》卷16，山西古籍出版社2004年版，第393页。
⑤ （元）郝经：《遗山先生墓铭》，李修生主编《全元文》第4册，江苏古籍出版社1999年版，第416页。
⑥ （金）元好问：《尚书右丞耶律公神道碑》，姚奠中主编《元好问全集》卷27，山西古籍出版社2004年版，第584页。

## 第二章　汉化政策下的金代家族与文学关系论

伯祥七岁被旨，赋凤皇来仪。"新恩张汉臣世杰五六岁亦召入，赋元妃素罗扇画梅。

金代不论是胡姓文学家族还是汉人文学家族，都注重诗书礼乐的教育。其主要原因，一为疗贫，郝经之父郝思温诗："日月倘随天地在，诗书终疗子孙贫。"河曲人白全道生十二岁而孤。"舅氏僧法澄为经纪其家，拊育训导，恩义备至。及长，乃能自树立，营度生理，日就丰厚。"① 二为应举，李纯甫《重修面壁庵碑》："屏山居士，儒家子也。始终读书，学赋以嗣家门，学大义以业科举。"西京孟驾之的母亲为其子读书，不惜金钱购书。"（驾之）年逾三十，不就资荫。折节读书，母罄囊金，聚经史以成其志。工属文，颇为进取计，有声于场屋，学者从之如林。崇庆元年秋，魁大同府选，辛巳登进士第。"② 磁州滏阳人曹珏生数月而孤，养于祖母史氏。"少长，教之读书，学性颖悟，有成人之量。及就举选，即有声场屋间，以两赴廷试，移籍大学。时辈翕然推重之。"③ 三为成才，元好问《书贻第三女珍》："珠围翠绕三花树，李白桃红一捻春。看取元家第三女，他年真作魏夫人。"④ 四为自适，元德明《六言》："北阙三台五省，东山万壑千岩。琴书中有真味，风月外无多谈。"《诗》："少有吟诗癖，吟来欲白头。科名不肯换，家事几曾忧。含咀将谁语，研摩若自雠。百年闲伎俩，直到死时休。"《送张冀州致政还都》（张冀州为状元行简之父）："父子文章千载事，田园松菊自由身。"

历代也有读书不为功名者。其中许多人所选择的是旗帜鲜明的出世道路。正如北宋宋珰聚书以贻子孙，"使不忘本"⑤ 一样，金代一些家族纯粹以读书识礼为家族荣誉的表现。对于家族成员是否登第，反而并

---

① （金）元好问：《善人白公墓表》，姚奠中主编《元好问全集》卷24，山西古籍出版社2004年版，第524页。

② （元）李俊民：《孟氏家传》，李修生主编《全元文》第1册，江苏古籍出版社1999年版，第59页。

③ （金）元好问：《曹征君墓表》，姚奠中主编《元好问全集》卷23，山西古籍出版社2004年版，第520页。

④ （金）元好问：《书贻第三女珍》，姚奠中主编《元好问全集》卷14，山西古籍出版社2004年版，第339页。

⑤ （元）脱脱等：《宋史》卷276《宋珰传》，中华书局1977年版，第9392页。

不介意。金代段季良云:"丈夫居室。岂能以太仓一粒为人所役哉!姑山之阳,汾水之曲,世有善田数顷许,足以奉祭祀、供甘旨,备岁时伏腊之礼,给子孙诗书之费。孝乎惟孝,友于兄弟,善于乡里,是亦为政,奚其为为政哉!"① 顺圣魏允元就教育其诸子曰:"我家赀可约五万余贯。浑有几,不若供汝辈读书。泰则登第,不登第,犹足以学自守。"② 遂大量购置图书,又重金延师,教其子孙。这些家族教育后代的目的只是继承传统伦理忠孝文化,坚持操守,造福乡里。

## 三 重学

《礼记·学记》云:"建国君民,教学为先","化民成俗,其必由学"。印刷、收藏图书,其目的就是为了读书、博览。金代著名文人皆得益于自己丰富的藏书。他们刻苦攻读,终成饱学之士。山阴人宗道以足疾不仕,其诗云:"家藏千卷富,身得一生闲。茅屋经年补,柴门尽日关。"此诗真实记录自己的读书生活。博州赵雄飞躬教诸子学。每患经史不备,妨于指授。当地文士李夏卿家"文籍甚富",有人建议赵雄飞去借阅。③ 王郁"家素富,赀累千金,遭乱,荡散无几,先生殊不以为意,发愤读书"④。为数不少的士子通过读书问学,考中科举,进入仕途。王寂《拙轩》云:"拙轩少也绝交朋,闭门坐断藜床绳。据梧手卷挑青灯,目力自足夸秋鹰。"记其年轻准备应举时辛勤向学、博闻强记的岁月。中山人刘焕,稍长就学,因"天寒拥粪火读书不怠",终登天德元年进士⑤。奉圣州人梁肃,自幼勤学,夏夜读书往往达旦,母葛氏常灭烛止之。天眷二年,擢进士第⑥。杨伯雄之弟杨伯仁,读书一过成诵。登皇统九年进士第。天德二年,除应奉翰林文字。海陵射鸟,伯

---

① (金)李愈:《段季良墓表》,阎凤梧主编《全辽金文》,山西古籍出版社2002年版,第1518页。
② (元)魏初:《先君墓碣铭》,李修生主编《全元文》第8册,江苏古籍出版社1999年版,第496页。
③ (金)元好问:《顺安县令赵公墓碑》,姚奠中主编《元好问全集》卷20,山西古籍出版社2004年版,第458页。
④ (金)刘祁:《归潜志》卷3,崔文印点校,中华书局1983年版,第23页。
⑤ (元)脱脱等:《金史》卷128《刘焕传》,中华书局1975年版,第2764页。
⑥ (元)脱脱等:《金史》卷89《梁肃传》,中华书局1975年版,第1981页。

仁献《获乌诗》以讽。世宗朝，改著作郎。入为起居注兼左拾遗，上书论时务六事。伯仁久在翰林，文词典丽，世宗评价说："自韩昉、张钧后，则有翟永固，近日则张景仁、郑子聃，今则伯仁而已，其次未见能文者。"①

有些文人虽功成名就，读书嗜学的习惯并没有改变。山东日照诗人张莘卿"老犹笃学，手不释卷。儿时所诵，终身不忘。家多藏书，部帙完洁，蝇头细字，往往手自抄写"②。莘卿之孙信甫"虽位宰相而奉养如寒士。日书经史五百字为课，寒暑不废者四五十年，故于书所不读"③。信甫继承了其祖辈形成的家风、家学，其嗜学习惯始终坚持。

## 第三节 金代文学的家族化

陈寅恪指出："所谓士族者，其初并不专用其先代之高官厚禄为其唯一之表征，而实以家学及礼法等标异于其他诸姓。"他强调："士族之特点既在其门风之优美，不同于凡庶，而优美之门风实基于学业之因袭。"金代私学注重庭训教育、风沐熏陶，最终形成士族具有的"门风之优美""学业之因袭"的特点。对于金代文化知识的传播和发展，科学文化教育的普及、交流，以及各民族文化素质的提高，金代私学所产生的大量文学家族起到重要的促进作用。

金朝文学呈现家族化倾向。一代数人或数代几人以文学著称，是文学家族的主要标志。

汉人文学家族为数更多。以下所列只是部分较为著名的汉人（另外还包括辽阳张氏、盖州王氏，以及忻州元氏等高度汉化的渤海、鲜卑族家族文人）文学家族。

金代部分汉族文学家族图表：

---

① （元）脱脱等：《金史》卷125《杨伯仁传》，中华书局1975年版，第2724—2725页。
② （金）黄久约：《朝散大夫镇西军节度副使张公神道碑》，阎凤梧主编《全辽金文》，山西古籍出版社2001年版，第1364页。
③ （金）元好问：《中州集》卷9《张左丞行中》，华东师范大学出版社2014年版，第586页。

| 省别 | 地区 | 县别 | 家族成员 | 成员关系 | 备注 |
|---|---|---|---|---|---|
| 辽宁 | 沈阳 | | 刘泽、刘光谦 | 父子 | |
| | 营口 | 盖州 | 王政、王遵古、王庭玉、王庭坚、王庭筠 | 父子 | 王庭筠犹子王明伯 王庭筠甥高宪 |
| | 辽阳 | | 张浩、张汝为、张仲泽、张汝方、张汝猷、张汝霖 | 父子 | |
| | 锦州 | 义县 | 耶律履、耶律楚材 | 父子 | |
| 内蒙古 | 呼和浩特 | | 边元鼎、边元勋、边元恕 | 兄弟 | 据《中州集》卷八，边元勋为丰州人，后迁云中。 |
| 山西 | 大同 | 浑源 | 雷思、雷志、雷渊 | 叔侄 | |
| | | | 刘扔、刘汲、刘㑺、刘从益、刘祁 | 祖孙五代 | 刘扔婿张景仁、王元节 |
| | 朔州 | 应州 | 曹恒、曹之谦 | 父子 | 曹恒为高汝砺之婿 |
| | 忻州 | | 元德明、元好问、元好古、元严 | 祖孙三代 | |
| | | | 张翰、张俭、张天彝 | 叔侄 | |
| | | 代县 | 胥鼎、胥持国 | 父子 | |
| | | 定襄 | 赵元、赵宪 | 兄弟 | |
| | | 河曲 | 白华、白贲 | 兄弟 | |
| | 太原 | | 郝俣、郝居简、郝居中 | 父子 | |
| | | | 王琦、王琪、王珣、王渥 | 兄弟 | |
| | 晋中 | 介休 | 马天采、马天章、马云汉 | 兄弟 | |
| | 运城 | 永济 | 李献能、李献卿、李献诚、李献甫 | 兄弟 | 李献能为沃州刘仲尹外孙 |
| | | 临猗 | 麻秉彝、麻革 | 祖孙 | |
| | | | 陈仲谦、陈赓、陈庾 | 父子 | |
| | | 稷山 | 段克己、段成己 | 兄弟 | |
| | | 绛县 | 孙镇、孙锜、孙铉 | 兄弟 | |
| | | 新绛 | 梁襄、梁持胜 | 父子 | |
| | 晋城 | 高平 | 李森、李曼、李晏、李仲略 | 祖孙三代 | |
| | | | 赵可、赵述 | 父子 | |
| | | 陵川 | 秦事轲、秦略、秦志安 | 祖孙三代 | |
| | | | 郝天挺、郝思温、郝经 | 祖孙三代 | |
| | 临汾 | 吉县 | 冯延登、冯源 | 父子 | |
| | | 洪洞 | 乔扆、乔宇 | 父子 | |
| | 长治 | 长子 | 宋辑、宋元吉、宋元圭、宋景萧 | 祖孙 | |
| | | | 董文甫、董安仁 | 父子 | |

续表

| 省别 | 地区 | 县别 | 家族成员 | 成员关系 | 备注 |
|---|---|---|---|---|---|
| 河北 | 衡水 | 冀州 | 路伯达、路铎、路钧 | 父子 | |
| | | | 刘铎、刘敏中 | 父子 | |
| | 保定 | 顺平 | 赵思文、赵庭秀 | 兄弟 | |
| | | 易县 | 魏上达、魏元真、魏元化、魏道明 | 兄弟 | |
| | 石家庄 | 正定 | 蔡松年、蔡珪 | 父子 | |
| | | | 周伯禄、周昂 | 父子 | 周昂外甥王若虚 |
| | | | 冯子翼、冯璧 | 父子 | |
| | | 栾城 | 赵鼎、赵中立 | 父子 | |
| | 沧州 | 献县 | 许安仁、许古 | 父子 | |
| | 北京 | | 韩昉、韩汝嘉 | 父子 | |
| | | 大兴 | 吕士安、吕贞干、吕卿云、吕子羽 | 叔侄 | |
| | 唐山 | 玉田 | 卢启臣、卢庸、卢元、卢曾、卢安 | 祖孙 | |
| 山东 | 济南 | | 阎时升、阎长言 | 父子 | |
| | 泰安 | 东平 | 赵懋、赵泂 | 父子 | |
| | | | 刘迹、刘长言 | 父子 | |
| | 日照 | 莒县 | 张暐、张行简、张行信 | 父子 | |
| | 烟台 | 掖县 | 刘迎、刘国枢 | 父子 | |
| | 枣庄 | 滕阳 | 张孝纯、张公药 | 父子 | |
| 河南 | 许昌 | 襄城 | 卫文仲、卫承庆 | 父子 | |
| | 漯河 | 临颍 | 张毂、张毅 | 兄弟 | |
| | 洛阳 | 福昌三乡 | 朱之才、朱澜 | 父子 | |
| | 开封 | | 王震、王磵 | 叔侄 | |
| | 济源 | | 鲜于坦、鲜于溥 | 父子 | |
| | | | 史士举、史庭玉 | 祖孙 | |
| 陕西 | 延安 | 黄陵 | 雷秀实、雷琯 | 父子 | |
| | | | 史才、史学 | 兄弟 | |
| | 咸阳 | 武功 | 杜佺、杜师扬 | 父子 | |
| 其他地区 | 江苏徐州 | | 张孝纯、张公药、张观、张厚之 | 祖孙四代 | |
| | 安徽蒙城 | | 高士谈、高公振 | 父子 | |

金代文学家族数量众多。这些家族种类多样，关系不一。或兄弟间，或父子间，或祖孙间，或甥舅间，或翁婿间，或姻娅间，往往一家几代、一代几人，皆为能文之士。初步考察金代的文学家族，其数量之多，遍布之广、声誉之高，都是金以前北方少数民族政权统治下的文学史、家族史上比较罕见的现象。

　　在民族构成、地域分布、表现形态等方面，金代文学家族呈现出明显的不平衡性和差异性。从民族构成上来说，汉人文学家族的数量远远大于胡姓家族数量，社会阶层也更加广泛。从地域分布上来看，出于经济发达的山西、山东和河北地区数量远高于其他地区。这些内容将在后面的章节做专门的阐述。

　　女真政权的汉化右文政策提供了文学家族产生与发展的社会环境。而文学家族对于文学人才的培养，具有不可替代的作用。"承安、泰和间，文治熠然勃兴，士生于其时，蒙被其父兄之业，由子弟之学而为名卿材大夫者，尝十分天下寒士之九。"① 许多文学家以家族为纽带，以科举为途径、以教育为使命、以气节相砥砺，以文学为号召，终提振家声，推动家族发展。

　　金代家族对文学的影响是直接而深刻的。统治者汉化政策的推行，社会文化环境的诱发，浓厚的家族文化的熏陶，有力促进了金代家族文学的繁荣。在金代文学发展的几个关键时期，一些文化底蕴深厚、家学渊源绵长的文学家族起到了关键的作用。如以蔡松年、蔡珪父子为代表的蔡氏家族开"国朝文派"创始之功。而许多少数民族家族的文学创作，丰富了中国古代文学的创作风格，增强了南北文学风格的交融。金末一些地方世侯如山东东平严氏、河北真定史氏、保定张氏等起家于金朝南渡之际。客观上，在金末乱世中，这些世侯家族为继承儒学传统、保存文化典籍作出了贡献。

　　金代文学家族化的一个显著特征就是注重对家族男性成员家风传承、家学传授。高士谈之子高公振，"诗有家学"②，"萧闲父子，诗皆

---

① （金）元好问：《张君墓志铭》，姚奠中主编《元好问全集》卷24，山西古籍出版社2004年版，第537页。

② （金）元好问：《中州集》卷1《高内翰士谈》，华东师范大学出版社2014年版，第50页。

学山谷"①。山西高平李晏,其父森,"工于诗",李晏及其子李仲略亦有诗名。仲略"有集传于世"②。出身东平刘氏家族的正隆宰相刘长言,"诗文能世其家"③。开封王碉初学诗于伯父王震,"落笔惊人,震自以为不及"④。刘汲"颖悟绝人,早传家学"⑤。

辽宁辽阳诗人王元粹,系出辽世衣冠人家。元粹"年十八九,作诗便有高趣,性习专固,世事不以累其业。故时辈无能当之者"⑥。以阎长言为代表的济南长清阎氏家族,"曾、高以来,登科者六世矣"⑦。然长言幼孤,养于从祖家。长言"能自振厉,好学工词赋","性本豪俊,使酒任气,及游京师,乃更折节,遂以谨厚见称"⑧。

唐宋以前官宦名族多治专门之学,宋明以来则往往广涉众域。大多表现出官僚、文人、学者三位一体的特点。

金代著名诗词书画家族有:

王庭筠子万庆,以书画名世,能山水,尤喜墨竹,"诗笔字画,俱有父风"⑨。

赵可子赵述,"诗、章、字、画皆有父风"⑩。

耶律履,《金史》卷九十五:"精历算、书、绘事",《绘事备考》

---

① (清) 顾奎光:《金诗选》卷1评蔡珪《医巫间》诗,清乾隆刻本。

② (金) 元好问:《中州集》卷2《李承旨晏》,华东师范大学出版社2014年版,第123页。

③ (金) 元好问:《中州集》卷9《刘右相长言》,华东师范大学出版社2014年版,第578页。

④ (金) 赵秉文:《遗安先生言行碣》,阎凤梧主编《全辽金文》,山西古籍出版社2002年版,第2242页。

⑤ (元) 王恽:《浑源刘氏世德碑铭并序》,李修生主编《全元文》第6册,江苏古籍出版社1999年版,第504页。

⑥ (金) 元好问:《中州集》卷7《王元粹》,华东师范大学出版社2014年版,第481页。

⑦ (金) 元好问:《中州集》卷9《阎治中长言》,华东师范大学出版社2014年版,第595页。

⑧ 同上书,第595页。

⑨ (金) 元好问:《中州集》卷3《黄华王先生庭筠》,华东师范大学出版社2014年版,第183页。

⑩ (金) 元好问:《中州集》卷2《赵内翰可》,华东师范大学出版社2014年版,第93—94页。

卷七:"善画鹿,绰有祖风,人马亦佳,墨竹尤妙"。

政治、经济、文化因素造成金代中后期胡汉士族追求典雅的时代风气。任询在大定末致仕后,"家所藏法书名画数百幅,日夕展玩,不知老之将至"①。王庭筠"李白一杯人影月,郑虔三绝画诗书"②。从中可见当时的文人平时典雅的士大夫生活。正定冯氏家族代表人物冯璧学长于《春秋》,诗笔清峻,似其为人;字画楚楚有魏、晋间风气,雅为礼部闲闲公所激赏;制诰典丽,当代少见其比;尺牍又其专门之学,风流蕴藉,不减前世宋景文。往在京师,浑源雷渊、太原王渥、河中李献能、龙山冀禹锡,从公问学,其人皆天下之选,而好问与焉③。

金代家族高度发展,推动了金代文学艺术的繁荣。金朝文学家族内形成的砥砺提携、相互切磋的风气,有力地促进了金代文学创作的繁荣和文学成就的提高。文学家族带动本地的崇文风气,其地缘影响不容忽视。从表现形态上来看,汉人文学家族成员熟悉经史、擅长诗词书画,文学活动非常活跃。而胡姓家族文学则更多表现为学习异族语言,并能够在跨民族文化交流中,起到翻译、传递、沟通等桥梁作用。有些女真皇族成员、女真契丹贵族成员汉化程度较深,在史学、文学、宗教等方面有深入的研究。

---

① (金)元好问:《中州集》卷2《赵内翰可》,华东师范大学出版社2014年版,第107页。

② 吴景旭:《历代诗话》卷63《三绝》:"赵周臣寄王子端云:李白一杯人影月,郑虔三绝画诗书。吴旦生曰:唐明皇爱郑虔之才,以为博士善图山水好书。尝自写其诗并画以献帝。大署其尾曰:郑虔三绝。……按元遗山称子端诗有师法,高出时辈之右。字画学米元章,其得意处颇能似之。墨竹殆天机所到,文湖州已下不论也。则周臣赠以三绝当不诬云。"文渊阁四库全书本。

③ (金)元好问:《内翰冯公神道碑铭》,姚奠中主编《元好问全集》卷19,山西古籍出版社2004年版,第451页。

# 第三章 科举政策影响下的家族与文学

在我国古代文学的发展当中，家族型创作群体、家族型世代创作始终是文学生成的重要因素。从纵向的、历史的角度看，家族文学自从产生之后，它的发展形态并不是一成不变的。梅新林以政治文化制度变革为核心动力，通过对家族史与文学史演变的双重梳理，对我国古代文学世家进行历史还原与逻辑建构。梅新林先生认为，经学博士制度、九品中正制度与科举制度的重大变革作用于家族史与文学史，先后形成"经学—文学世家""门阀—文学世家""科宦—文学世家"三重形态在前、中、后三大时段中的相互衔接与有序推进。前期自两汉至南北朝，得益于经学博士制度与九品中正制度的有力推动与经学世家、门阀世家的日益发达，主要呈现为"经学—文学世家"与"门阀—文学世家"双重形态的衔接与演进；中期贯穿于隋唐。在新旧双重制度以及门阀世家与科宦世家的冲突和交融中，主要呈现为"门阀—文学世家"与"科宦—文学世家"混合形态的交替和演进。后期自两宋至明清，得益于科举制度的有力推动与科宦世家的日益发达，主要呈现为"科宦—文学世家"主流形态的承变与演进①。金代实行汉化政策，举行科举取士制度，使金代融入了我国科举文化的发展轨道。金代科举制度促使众多军功家族、方技家族、寒门庶族等转型成为科宦家族，从而使金代文学家族数量增多。科举制度增强了原宋地黄河以北地区的文学成就，扩展了原辽地区的儒家文化。在金代科举制度背景下，通过金代家族的家学相传，中原学术文化在元代得到了传承。科宦世家也为金代提供了大量优质的文学人才，从文学生态、文学创作、文学理论等多方面影响到金代文学的发展。

---

① 参看梅新林《文学史家的历史还原》，《中国社会科学》2011年第1期。

## 第一节　金代科宦——文学家族的产生

钱穆先生指出："'家族'是中国文化的一个最主要的柱石。我们几乎可以说，中国文化，全部都从家族观念上筑起，先有家族观念乃有人道观念，先有人道观念乃有其他的一切。"① 在国家四分五裂、社会剧烈动荡的时代，首先是家族承担着文化传承的责任。东汉末年之后，中央政府如弈棋之更置，而家族门第则自有传统，继绳不绝。在钱穆先生看来，主要是因为"社会重心，文化命脉，在下不在上，一皆寄托于此"②。刘师培《中国中古文学史》在总论宋、齐、梁、陈文学时也有类似的观点："试合当时各史传观之：自江左以来，其文学之士，大抵出于世族，而世族之中，父子兄弟各以能文擅名。"汉魏南北朝时期，高门世族掌握并传承着中国的文化学术。科举制度的实施，则打破了门阀势力一统文化学术的局面。唐宋以降，新兴的科宦家族逐渐成为封建儒家文化的主要继承者和传播者。

与五代、北宋并立的由北方契丹、女真贵族建立的辽、金政权，在建立官学教育系统的同时，也依靠家族来传承文化学术。特别是金朝汉化政策的推行，很大程度上依赖于具有广泛基础的、具有强大生命力的、作为文化承载者的家族力量。金代科举制度的实行，则进一步激活了金代家族中的传统文化因子，使以中原儒家农耕文化为主体的汉人家族和逐渐汉化的胡姓家族在金代封建化过程中发挥着独特的、巨大的作用，在金代文化、文学发展方面展示了强大的活力。金代文学家族数量众多，这些家族种类多样，关系不一。或兄弟间、或父子间、或祖孙间、或甥舅间、或翁婿间、或姻娅间，往往一家几代、一代几人，皆为能文之士，且大多通晓经史，擅长书画。初步考察金代的文学家族，其数量之多、遍布之广和声誉之高，都是以前文学史、家族史上比较少见的现象。正是金代家族推动了金代文学的发展，而科举制则是催生金代文学家族的强力催化剂。

---

① 钱穆：《中国文化史导论》（修订本），商务印书馆1994年版，第51页。
② 钱穆：《国史新论》，生活·读书·新知三联书店2004年版，第248页。

## 第三章 科举政策影响下的家族与文学

金代入仕之途很多。《金史·选举志》指出："自进士、举人、劳效、荫袭、恩例之外，入仕之途尚多，而所定之时不一。若牌印、护卫、令史之出职，则皇统时所定者也。检法、知法、国史院书写，则海陵庶人所置者也。若宗室将军、宫中诸局承应人、宰相书表、太子护卫、妃护卫、王府祗候郎君、内侍及宰相之子，并译史、通事、省祗候郎君、亲军骁骑诸格，则定于世宗之时，及章宗所置之太常检讨、内侍寄禄官，皆仕进之门户也。"

随着女真政权由武向文的转化、汉化政策的推行，以及围绕科举而开展的官学、私学教育的普及，科举逐渐成为文人入仕的主要途径。

金代，"及第出身，视前代特重"①。科举制激发了金代家族学以为政的热情，促使众多军功家族、方技家族、寒门庶族等希望转型成为科宦家族。具有科宦背景的文学家族，往往希望通过文学获得世代科举及第，从而扩大家族影响，维护家族利益，延续家族发展。所谓"科第之设，草泽望之起家，簪绂望之继世"②。反过来，现实的利益促使家族成员更有热情嗜书嗜学，利用家风、家学，培养家族成员的文学素养，提高他们的文学水平。在此过程中，随着女真政权由武向文的转化、汉化政策的推行，以及围绕科举而开展的官学、私学教育的普及，科举逐渐成为文人入仕的主要途径，"名士之旧与乡里之彦，率由科举之选"③。即使科举没有成功，朝廷还设有恩例、恩榜等，照顾那些具有特殊才华、但没能通过正常渠道获得进士资格的士人。"凡诸进士举人，由乡至府，由府至省，及殿廷，凡四试皆中选，则官之。至廷试五被黜，则赐之第，谓之恩例。又有特命及第者，谓之特恩。恩例者但考文之高下为第，而不复黜落。"④ 章宗大定二十九年，敕今后凡五次御帘进士，可一试而不黜落，止以文之高下定其次，谓之恩榜⑤。

---

① （元）脱脱等：《金史》卷51《选举志一》，中华书局1975年版，第1130页。
② （五代）王定保：《唐摭言》卷9《好及第恶登科》，阳羡生校点，上海古籍出版社2012年版，第64页。
③ （金）元好问：《内相文献杨公神道碑铭》，姚奠中主编《元好问全集》卷18，山西古籍出版社2004年版，第420页。
④ （元）脱脱等：《金史》卷51《选举志一》，中华书局1975年版，第1134页。
⑤ （元）脱脱等：《金史》卷52《选举志二》，中华书局1975年版，第1163页。

金代科举制度基本上继承了唐、辽代、北宋的科举制度，具有政策延续性，这有利于金代文人对金代科举的认同，提高他们参与科举的积极性。文人以科举入仕为荣："以词赋经义取士，预此选者，选曹以为贵科。荣路所在，人争走之。"① 国家也对由科举入仕的文人格外看重，"惟进士之选最为崇重，不求备数，惟务得贤"。所以"终金之代，科目得人为盛"②。

　　不少辽、宋家族因入金后成功应举而实现异代的家族传承。一般仕宦家族可以通过其家族成员的世代科举而避免"三世而衰""五世而斩"的家族命运。比如来自宋代三槐王氏的蓟州玉田的王寂，其父王础，辽保大二年中进士。同年入金后，历仕太宗、熙宗、海陵、世宗朝。王寂为天德三年进士，历仕海陵、世宗、章宗三朝。曹州济阴（今山东菏泽）商氏家族，历唐、五代、北宋，然后入金，科举入第者，代不乏人。更多的家族则是入金后由军功家族、仕宦家族、方技家族、寒门庶族等通过科举转型成为科宦家族。

　　蔚州定安牛氏家族经历了由仕宦家族向科宦家族的转化。蔚州牛德昌，其父牛铎，曾仕于辽。德昌不愿由门荫入仕，刻苦自学，中皇统二年进士第。累官刑部、吏部侍郎，中都路都转运使，广宁、太原尹③。

　　渔阳人韩玉五世祖继宁，仕石晋为行军司马。后有韩知白，仕辽为中书令。韩孚为中书门下平章事。韩玉曾祖韩锡，仕于金朝，以济南尹致仕。韩玉不愿以荫入仕，而是科举入第，为明昌五年经义、词赋两科进士，入翰林为应奉。韩玉文学成就很高，曾应制一日百篇，文不加点。河中李氏家族先世为武将人家，后家族中李献能等四兄弟皆中进士，又以文学著名，从而转化为一个典型的科宦、文学家族。山西山阴张檝曾祖父为银青荣禄大夫、祖父怀远大将军，到其父亲时为虢县薄，官卑职轻。而张檝为明昌时的词赋状元，"文赋诗笔，截然有律度。时人甚爱重之"④。张檝通过自身努力，实现了家族从仕宦家族到科宦家

---

① （金）赵秉文：《闲闲老人滏水文集附录》，丛书集成初编本，中华书局1985年版。
② （元）脱脱等：《金史》卷51《选举志一》，中华书局1975年版，第1130页。
③ （元）脱脱等：《金史》卷128《循吏传》，中华书局1975年版，第2758页。
④ （金）元好问：《中州集》卷9《张内翰檝》，华东师范大学出版社2014年版，第594页。

族的转变。

渤海张氏家族经历了由军功家族通过科举向科宦家族的转型。张浩自其曾祖以来皆为辽朝官吏。入金后，张浩历仕太祖至世宗五朝，官至尚书令。海陵王时，张浩先后负责营建中都和汴京宫室。张浩五子中，汝霖、汝为、汝翼皆为进士。其中汝霖仕至平章政事，莘国公；汝为石琚榜及第，官至河北东路转运使。另两子汝方与汝猷俱官至宣徽使。据《中州集》卷9载，张浩父子兄弟各有诗传于世。吉州冯氏家族、太原王氏家族经历了由医学家族向科宦家族的转型。吉州吉乡人冯延登先世业医。延登承安二年（1197）登词赋进士第，官至礼、吏二部侍郎，权刑部尚书。太原"三桂王氏"家世业医，后王璹与其弟琪、珦先后中进士第。冯延登和王氏三兄弟又皆为著名诗人，其诗为元好问《中州集》所收。

唐名臣张公谨之后张万公为正隆二年（1157）词赋进士，官至仪同三司、平章政事。咸阳萧贡为唐宣宗咸通时宰相萧寊十七代孙，大定二十二年（1182）中进士，宣宗朝官至御史中丞、户部尚书。萧贡也为著名学者和诗人，曾著有《注史记》一百卷、《公论》二十卷、《五声姓谱》五卷、文集十卷。冯翊人党怀英字世杰，为北宋太尉党进十一代孙，后因其父党纯睦为泰安军录事参军，因而迁家泰安。大定十年（1170），党怀英中进士第，调莒州军事判官，累除汝阴县尹、国史院编修官、应奉翰林文字、翰林待制、兼同修国史。怀英能属文，工篆籀，当时称为第一，学者宗之①。泽州高平李晏为唐顺宗第十六子李绔后裔。"世名儒，少以家学驰声。"② 皇统六年（1146），李晏登经义进士第。章宗时，李晏官至礼部尚书、昭义军节度使。李晏子仲略，大定十九年（1179）词赋进士，官终山东东西路按察使。仲略著有《丹源钓徒集》。邵世钜，其先幽州人。至石晋之乱，遂迁家于沛。曾祖邵化、伯祖邵奎、伯父邵敏能，皆为进士。其父敏德亦官至司户。北宋末，兵革扰乱，家世索然，宗族解散。邵世钜孤处乡中，虽"多难剧贫，而无他念，惟务读诵，朝夕不辍。夜乏膏油，县君时与燃薪继晷，精勤不知

---

① （元）脱脱等：《金史》卷125《党怀英传》，中华书局1975年版，第2726页。
② （金）边元忠：《西京副留守李公德政碑》，阎凤梧主编《全辽金文》，山西古籍出版社2002年版，第1769页。

寒暑。初则治诗，后无文籍，惟存戴经全帙，遂改治焉。"齐阜昌六年（1135）开辟应试，为省试第二人，廷试第一甲第一人登第。世宗朝，官至中靖大夫。居官廉直，所在屡有治迹。"虽州牧侯伯，亦不阿事，常不以近为念。所乐者，诗书而已。"①

出身庶族的赵秉文通过科举，进入仕途，成为一代名士。五台人聂明，长子元吉以卫绍王崇庆二年（1213）登科。同年登科有雷渊、宋九嘉、商衡、张天纲、冀禹锡、康锡皆等。"朝野以为得人，而元吉起田亩，能以雅道自将，践历台阁，若素宦然，诸人多以为不及也。"②

上述七人皆由素族通过科举成为科宦家族。

金代一百多年的科考历史中，进士及第的人数比较可观，据马端临《文献通考》卷二九《选举考》引《唐史摭言》云："圣唐有天下二百载，登进士科者三千余人。"周腊生《宋代状元谱·自序》："宋代共进行过进士考试一一八次，取进士约42577人。"金代取士高于唐而少于宋，为6000余人③。

金代有意识地扩大科举及第人数，大大提高了女真政权官僚队伍的整体素质。而据笔者统计，《金史》中汉人正传185人、附传17人。其中进士出身者130人，占64.36%④。这个比例大大超出辽代进士在辽代官僚队伍中的比例⑤。可以说，通过推行科举，金代呈现出人才济济的景象，正如《金史·文艺传》所云"士由科第位志宰辅者接踵"。大定十九年（1179）科举考试时，"同年生六十人，自甲选张行简至黄士

---

① （金）訾栋：《中靖大夫邵公墓志铭》，阎凤梧主编《全辽金文》，山西古籍出版社2002年版，第1893页。

② （金）元好问：《聂元吉墓志铭》，姚奠中主编《元好问全集》卷21，山西古籍出版社2004年版，第491页。

③ 关于金代进士录取人数及开科次数。据都兴智统计，金代共录取进士6150人，见都兴智著《辽金史研究》，人民出版社2004年版第94页。据裴兴荣最新统计，金朝共举行47榜进士科考试，见裴兴荣著《金代科举与文学》，中国社会科学出版社2016年版，第114页。

④ 本汉族官员统计数字不包括《金史》中《忠义》《文艺》《隐逸》《酷吏》《佞幸》《列女》《宦者》《孝友》《方伎》《逆臣》《叛臣》中的汉族人物。

⑤ 有学者统计，《辽史》汉人正传中共有46人，附传11人。在正传的46人中，除去后妃、列女、方技、伶官、宦官5个类传中的人物共7人，则所剩在政治上有影响的人物共39人。在39人中，其中进士出身者为20人，超过半数。见王善军《世家大族与辽代社会》，人民出版社2008年版，第193页。

表，赋学家谓人人可以魁天下，程卷皆锓木以传。凡仕宰相数人，刺史、节度殆过其半，人以比前世'龙虎榜'"。① 金代科举为封建士子实现人生价值理想、提升家族社会影响提供可能的途径，所以，不少文人刻苦努力，博学嗜读，坚持不懈，追求科举的成功。卢洵吕造榜及第时，已六十一岁。而朱澜大定二十八年（1188）进士及第时，年亦已六十。并且在我国科举史上，金代出现了一些特殊家族、特殊人物。博州吕氏家族三人吕造、及其父忠嗣、大父延嗣皆为状元及第。当时有诗："状头家世传三叶，天下科名占两魁。"② 有开封人孟宗献于大定三年（1163），乡、府、省、御四试皆第一，被称为"孟四元"。这些一家三状元、一人四夺魁的现象，在其他朝代是没有出现过的。

金代科举取士改变了金代文化地理布局。金代辖境广阔，既包括原北宋黄河流域北方"五路"，又有原辽代腹地。北方"五路"虽为北宋的政治中心，然而文化基础较之南方，还是明显薄弱，科举及第人数也没有南方多。宋代常将"五路"视为一体。苏轼《上神宗论河北京东盗贼》云："至于京东、西、河北、河东、陕西五路，盖自古豪杰之场，其人沉鸷勇悍，可任以事，然欲使治声律读经义，以与吴楚闽蜀之人争得失于毫厘之间，则彼有不仕而已，故其得人常少。"宋敏求云："河北、陕西、河东举子，性朴茂，而辞藻不工，故登第者少。"③ 五路地区入金后，金代有针对性地采取了一系列措施，提高该地区文化水平。太宗天会五年，以河北、河东郡县职员多阙，下诏开贡举取士，以安新民。其南北进士，各以所业试之。并规定南（北宋故地）以经义，北（辽之汉地）以词赋取士。金初府试三路，有两路就在原北宋五路地域。白河以北至女真，皆就燕；关西及河东，就云中；河以南，就汴。通过一系列政策的倾斜，终金之世，原北方五路地区科举及第文人的数量大幅增加，远超金代其他地区。

在籍贯可考知的金朝进士1489人中，山西籍有473人（河东南路

---

① （金）元好问：《沁州刺史李君神道碑》，姚奠中主编《元好问全集》卷16，山西古籍出版社2004年版，第399页。

② （金）元好问：《续夷坚志三》，姚奠中主编《元好问全集》卷50，山西古籍出版社2004年版，第1188页。

③ （元）脱脱等：《宋史》卷291《宋敏求传》，中华书局1977年版，第9737页。

250人、河东北路124人、西京路99人），占31.8%，排名第一。河北籍有278人（河北东路31人、河北西路247人），占18.7%，排名第二。① 又据裴兴荣《金代科举与文学》一书，金代13个路的进士家族数量统计，山西境内（金代西京路、河东北路、河东南路）的进士家族数量为49个，含进士140名，排名第一。河北地区（金代中都路、河北东路、河北西路、大名府路）的进士家族数量为49个，含进士137名，排名第二。② 在山西、河北等经济发达地区出现的科宦家族数量，随之远远超过其他地区。

山西地区比较著名的状元家族有如前所云的河中李氏、太原"三桂王氏"、平定杨氏、陵川武氏。平定杨云翼为章宗明昌五年（1194）经义进士第一，词赋亦中乙科。子杨恕，亦为进士。山西陵川有赵氏两状元。据《山西通志》载，赵安时为正隆五年（1160）庚辰科状元及第，其弟赵安荣为天眷三年（1140）庚申科状元，比其兄还早20年及第。陵川又有武氏状元家族，武明甫在海陵王贞元中状元及第。从子天佑泰和三年（1203）经义第一。天佑弟天和泰和六年（1206）经义第一。父子三人被称为"武氏三状元"。③

除此之外，山西还有绛州孙氏：孙镇高才博学，尝中省试魁。承安二年（1197），五赴廷试，赐第。其弟孙锜、孙铉同榜擢第。乡人荣之，号"三桂孙氏"。忻州孙氏：孙九鼎与弟九畴、九亿俱有时名，三人同榜登科。浑源刘氏：刘㧑为金初进士。其家族共四世八人中进士。浑源雷氏：雷思天德三年（1151）进士。其弟雷志亦第进士。雷思季子雷渊崇庆二年黄裳榜进士甲科。

再说河北地区。析津府程氏：据《金史·程寀传》，程寀之祖程冀、冀之子，共6人，皆为辽进士，世称其家为"程一举"。程寀父辈仕辽，程寀为金进士。玉田卢氏：卢启臣与其四子长、庸、元、曾，皆为进士，时人以燕山窦氏比之。易州魏氏：著名文人魏道明之父在辽天庆中登科，入金后，官至兵部郎中。魏道明与其弟上达、元真、元化，俱第进士，又

---

① 数据来自裴兴荣《金代科举与文学》，中国社会科学出版社2016年版，第82—89页。
② 参看裴兴荣《金代科举与文学》，中国社会科学出版社2016年版，第106—107页。
③ （金）李仲常：《武公墓表碑铭》，阎凤梧主编《全辽金文》，山西古籍出版社2002年版，第2138页。

皆有诗学。兴州刘氏：刘昂大定十九年（1179）进士。曾高而下，以科名相踵者七世。大兴"六桂"吕氏：吕子羽，大兴人。大定末进士。李纯甫《故人外传》记：吕氏自国朝以来，父子昆弟凡中第者六人，以六桂名其堂。中山赵氏：赵庭玉、赵庭秀、赵庭直三弟兄皆名进士。遂城高氏：高有邻，大定三年（1163）进士。子嵩、岩、犹子铸，皆进士及第。真定冯氏：冯仲尹，真定人，天眷初以进士起家，官至中议大夫同知山东西路转运使事。子翼字士美，正隆二年进士。大定十四年（1174），为博州防御判官。大定二十二年（1182），任无极县令。《无极县志》卷十六《金石志》载冯子翼《问山堂记》。终于同知临海军节度使事。仲尹孙璧，亦登进士第。祖孙三人俱为名大夫。

  以金初吕延嗣为代表的燕州吕氏家族为贯穿辽金两代的著名科宦家族。据考古资料考证，吕延嗣高祖吕胤于五代时因躲避战乱，举家由山东东平迁至燕地潞阴（今北京通州一带）。曾祖吕密赠太子洗马。吕延嗣祖父吕德方中辽统和进士甲科。伯祖吕德懋为太师、侍中。吕延嗣之父吕士安为重熙七年（1038）进士，官至左散骑常侍、奉陵军节度使。吕延嗣本人为辽寿昌元年（1095）进士。辽亡入金，吕延嗣于天会初年任西京盐铁判官、殿中侍御史等。"吕氏自公伯祖太师侍中暨祖司空以博学为世儒宗，故其子孙皆守儒学而多闻人"，以诗书传家，可知吕延嗣有着良好的家学渊源和学术环境。加之本人自少嗜学，故墓志中记"公尤博览强记，才思俊逸，作为文章援笔立成，学者皆称慕之"。① 吕延嗣之孙吕忠敏天德间进士及第，曾官至南京路都转运副使，再授南京都转运度支判官。吕忠翰贞元二年状元，曾任莫州刺史。吕延嗣的曾孙以吕造最为显赫、杰出。吕造，字子成，金章宗承安二年（1197）状元。吕延嗣的曾孙女六人，一人嫁给了赵承元。赵承元，字善长，河间人，大定十三年（1173）状元。《大中大夫刘公墓碑》："百年以来，御题魁选，以赵内翰承元赋《周德莫若文王》超出伦等，有司目为'金字品'。"②

  辽金时期汉族士人燕州吕氏家族科举仕宦表：

---

  ① 孙勐、朱至刚、安凯：《北京石景山区鲁谷发掘金代家族墓及明清墓》，《中国文物报》2007年11月23日。

  ②（金）元好问：《大中大夫刘公墓碑》，姚奠中主编《元好问全集》卷22，山西古籍出版社2004年版，第495页。

| 代别 | 朝代 | 姓名 | 迁居 | 是否进士 | 官职 | 出处 |
|---|---|---|---|---|---|---|
| 一代 | 五代 | 吕胤 | 由山东东平迁至燕地潞阴（今北京通州一带） | | | |
| 二代 | | 吕密 | | | 太子洗马 | |
| 三代 | 辽 | 吕德方 | | 统和进士甲科 | | |
| | | 吕德懋 | | | 太师、侍中 | 孙勐、朱至刚、安凯：《北京石景山区鲁谷发掘金代家族墓及明清墓》，《中国文物报》2007年11月23日 |
| 四代 | | 吕士安 | | 辽重熙七年进士 | 左散骑常侍、奉陵军节度使 | |
| 五代 | | 吕延嗣 | | 辽寿昌元年进士。 | 入金，任西京盐铁判官、殿中侍御史 | |
| 六代 | 金 | 不详 | | | | |
| 七代 | | 吕忠敏 | | 金天德间进士 | 南京路都转运副使，再授南京都转运度支判官 | |
| | | 吕忠翰 | | 贞元二年状元 | 莫州刺史 | |
| 八代 | | 吕造 | | 承安二年状元 | | |

最后来看山东地区。济南阎氏：阎长言曾高以来，登科者六世。长言为承安五年（1200）词赋状元。济源鲜于家族：宋文臣鲜于子骏之后鲜于溥，其高祖淳、曾祖孝标、祖父寿吉、父坦，皆擢进士第。曹州济阴（今山东菏泽）商氏家族，历唐至金，为历时长久的科宦家族。具体见下表：

曹南商氏家族世系表：

| 时代（籍贯） | 代别 | 代表人物 | 是否进士 | 历宦行迹 | 出处 |
|---|---|---|---|---|---|
| 唐（陈之长平） | 一代 | 侑 | | 司空 | 元好问《曹南商氏千秋录》 |
| | 二代 | 羽 | 举进士 | | |
| 五代—宋（家于曹，改姓商氏） | 五代 | 怀钦 | 周显德三年刘灿榜及第 | 官终曹州南华县事 | |

续表

| 时代（籍贯） | 代别 | 代表人物 | 是否进士 | 历宦行迹 | 出处 |
|---|---|---|---|---|---|
| 宋 | 六代 | 捷 | 淳化三年孙何榜擢第 | 累官至比部郎中 | 元好问《曹南商氏千秋录》 |
| | 七代 | 宗傅 | 咸平三年陈尧咨榜及第 | | |
| | | 宗弼 | 大中祥符五年徐奭榜擢第 | 累官至中书舍人 | |
| | | 宗旦 | 天圣五年王尧臣榜及第 | 平阳令 | |
| | 八代 | 倚 | 元丰五年黄裳榜第一甲第三人擢第 | 太原教授、太学博士 | |
| | | 偹 | 皇祐三年冯京榜擢第 | | |
| | | 傅 | 皇祐五年郑獬榜擢第，继登说书科 | 光禄寺丞 | |
| | | 佽 | 嘉祐四年刘辉榜及第 | 通直郎 | |
| | 九代 | 元之 | 熙宁九年徐铎榜及第 | 承议郎、济州钜野令 | |
| | | 贯之 | 元祐六年马涓榜及第 | 朝散郎、知怀州武德镇 | |
| | | 先之 | 元丰五年黄裳榜擢第 | 衡州茶陵令 | |
| | | 说之 | 建炎五年李易榜擢第 | | |
| | | 谌 | 建中靖国元年恩赐进士第 | 虔州大庾令 | |
| 金 | 十代 | 因 | 绍圣四年何昌言榜及第 | 通仕郎、开德府临河县令 | |
| | | 周 | | 通直郎 | |
| | | 同 | 皆业进士 | | |
| | | 冈 | | 建炎二年从刘锡太尉解危沧州，奏补拱转从事。入金，换忠勇校尉 | |
| | | 册 | | | |
| | | 丹 | | 为施朋望诗酒之交 | |
| | | 甬 | | 以儒业显于乡里 | |
| | 十一代 | 驹 | 两赴庭试 | 博学强记，教授乡里 | |
| | 十二代 | 永锡 | | | |
| | 十三代 | 平叔 | 崇庆二年黄裳榜辞赋进士 | 左右司郎中 | |
| | 十四代 | 挺 | 业进士 | | |
| | 十五代 | 琥 | | | |
| | | 璘 | 皆业进士 | | |
| | | 璕 | | | |

金初科举促进了女真由奴隶制向封建制的过渡,使女真族属起源之地黑龙江、辽宁地区的儒家文化也得到很快发展,科宦家族在社会发展中逐渐产生影响。大定十一年(1171)面向女真族和其他诸色人士子开设的策论进士科使得少数民族家族可以通过科举改变命运。

大定十三年(1173),世宗开创女真进士科。最初只"行策选之制"。大定二十年(1180),增加"诗"选,"以策、诗试三场,策用女直大字,诗用小字,程试之期皆依汉进士例"。章宗大定二十九年(1189),又增加"论"选,尚书省奏:"诗、策作一日,论作一日,以诗、策合格为中选,而以论定其名次。"章宗曰:"论乃新添,至第三举时当通定去留"①,为定制。故称女真进士为策论进士。女真进士科还要加试弓箭,以保持女真人的尚武传统。"(承安)三年,定制,女直人以年四十五以下,试进士举,于府试十日前,委佐贰官善射者试射。其制,以六十步立垛,去射者十五步对立两竿,相去二十步,去地二丈,以绳横约之。弓不限强弱,不计中否,以张弓巧便、发箭迅正者为熟闲。射十箭中两箭,出绳下至垛者为中选。"②

据都兴智先生统计,女真进士科从世宗大定十三年(1173)开创到哀宗正大七年(1230)停考,共举行了20次考试。有姓名可考的女真族进士仅91人,有准确及第榜次的有80人,其中见于《金史》记载的为50人。③ 比较著名者为出身低级军官家庭的上京路猛安人徒单镒在金世宗大定十三年(1173)癸巳科女真策论状元,宣宗朝官终左丞相。《金史·选举志》记载了这次策选的试题和科考的过程:(乃就悯忠寺试徒单镒等),其策曰:"贤生于世,世资于贤。世未尝不生贤,贤未尝不辅世。盖世非无贤,惟用与否,若伊尹之佐成汤,傅说之辅高宗,吕望之遇文王,皆起耕筑渔钓之间,而其功业卓然,后世不能企及者,盖殷、周之君能用其人,尽其才也。本朝以神武定天下,圣上以文德绥海内,文武并用,言小善而必从,事小便而不弃,盖取人之道尽矣。而尚忧贤能遗于草泽者,今欲尽得天下之贤而用之,又俾贤者各尽其能,以何道而臻此乎?"悯忠寺旧有双塔,进士入院之夜半,闻东塔上有声

---

① (元)脱脱等:《金史》卷51《选举志一》,中华书局1975年版,第1142页。
② 同上书,第1143页。
③ 都兴智:《金代科举的女真进士科》,《黑龙江民族丛刊》2004年第6期。

如音乐，西入宫。考试官侍御史完颜蒲涅等曰："文路始开而有此，得贤之祥也。"中选者得徒单镒以下二十七人。①

金朝对女真进士的要求是能文能武。在这个政策的指导下，女真策论进士中，有人既具文才，又兼武略；既能任文官，又能为武将领兵作战。完颜阿里不孙为明昌五年（1194）进士，宣宗贞祐初为国子祭酒，迁翰林侍讲学士，后转任元帅左都监、权右副元帅，因立战功，"上京行省蒲察五斤奏其功，赐金百两、绢百匹。"② 夹谷石里哥，明昌五年（1194）登第，章宗时任翰林待制，又任宿州提控，"与山东宣抚完颜弼攻大沫堌，贼众千余逆战，石里哥以骑兵击之，尽殪。"宣宗兴定元年（1217），"破宋兵于宿州，以功遥授安化军节度使。"③ 完颜仲德，泰和三年（1203）登第，"少颖悟不群，读书习策论，有文武才。初试补亲卫军，虽备宿卫而学业不辍。"宣宗南渡后，在抗蒙战争中，完颜仲德身先士卒，战功卓著，"虽在军旅，手不释卷，门生故吏每以名分教之……其掌军务。尝罚明信，号令严整，故所至军民为用，至危急死生之际，无一士有异志者。南渡以后，将相文武，忠亮始终无瑕，仲德一人而已。"④

女真人入仕的主要途径有荫补、世选、军功、科考等。世宗大定朝设立的女真进士科，即策论进士，培养、选拔了一批女真文化官员。其定制是以女真大字试策，以女真小字试诗。大定九年（1169），命温迪罕缔达教猛安谋克内良家子弟以古书、作诗、策，后复试，得徒单镒以下三十余人。《全辽金文》中，现有姓名可考、有作品留存的胡姓散文作家作品多为奏疏谏议等应用文体，显然是策论进士设立的结果。代表性人物徒单镒明敏方正，学识渊博，经学贡献、文学成就皆很突出。他有《弘道集》六卷，并著《学之急》《道之要》两篇，主张文人应以道德仁义为本，这两篇文章被太学诸生刻于石碑之上。

---

① （元）脱脱等：《金史》卷51《选举志一》，中华书局1975年版，第1141页。
② （元）脱脱等：《金史》卷103《完颜阿里不孙传》，中华书局1975年版，第2280—2281页。
③ （元）脱脱等：《金史》卷103《夹谷石里哥传》，中华书局1975年版，第2277页。
④ （元）脱脱等：《金史》卷119《完颜仲德传》，中华书局1975年版，第2610页。

## 第二节　科宦家族的家风与家学

金代科举制度的实行，进一步激活了金代家族中的传统文化因子，使以中原儒家农耕文化为主体的汉人家族和逐渐汉化的胡姓家族在金代封建化过程中发挥着独特的、巨大的作用，在金代文化、文学发展方面展示出强大的活力。科宦家族一般注重笃学修行，不坠门风①。金代科举产生了不少的科宦家族，而科举与文学有密切关联的特点，又使这些科宦家族往往发展为文学家族。《金史·文苑传》载，蔡珪以下27人，其中进士出身者有19人，占70.37%。元好问《中州集》中，记录金代诗人共249人，其中进士出身者有153人，占61.45%。又其中有官品的作家186人，约占总数的74.7%②。这些数字表明，金代作家中，有不少出自亦官亦文的科宦、文学家族。金代科举产生了不少的科宦家族，而因科举与文学密切关联，使这些科宦家族往往发展而为文学家族。辽阳张氏家族是典型的科宦、文学家族。河中李氏是一个典型的文学家族，其家族被称为"四桂堂"。《中州集》载科宦家族数量还有不少，除前面谈到的李氏"四桂堂""三桂王氏"、程氏"程一举""三桂孙氏"、浑源刘氏"丛桂窟"、易州魏氏、济南阎氏、济源鲜于氏等"一家数人"或"数代几人"的科宦大家族之外，还有众多小型科宦家族。有一些父子为进士者：如赵可、赵述，刘迎、刘国枢，韩昉、韩汝嘉，张大节、张岩叟，赵鼎、赵中立；如祖孙为进士者：如边贯道、边元勋，张仲容、张温。这些出自科宦家族的成员在文学方面皆具一定影响。金代诗文集中，不少出自文学家族。著名者如蔡氏家族蔡松年有《明秀集》、其婿桑之维有《东皋集》，其子蔡珪则著作更加丰富。浑源刘氏家族成员刘汲有《西岩集》、刘从益有《蓬门先生集》、刘祁有《归潜志》以及刘㧑婿王元节当时皆有诗集行于世。另外忻州元德明、元好问父子亦各有文集传世。

---

①　（北齐）颜之推：《颜氏家训》卷2《风操第六》，闫福玲、李世琦、王爱玲注，天津人民出版社1998年版，第45页。

②　参见张博泉、程妮娜、武玉环《〈中州集〉与〈金史〉》，《辽金史论集》第三辑，书目文献出版社1987年版，第262页。

具有科宦背景的文学家族，往往是通过文学获得世代科举及第而进入仕途，成为科宦家族。这种入仕途径客观上扩大了家族影响，维护了家族利益，延续了家族发展。反过来，家族的科宦地位促使家族成员更有条件、更有热情嗜书嗜学，利用家风、家学，培养家族成员的文学素养，提高他们的文学水平。金代文学家族中的家风、家学相传非常普遍，王庭筠与其子万庆、刘景玄与其外兄宋景肃、赵可与其子赵述、周昂与其甥王若虚、刘长言与其甥黄久约等，都有这种家族内部教育传承的现象。家族内的嗜学风气一方面有利于对家族核心人物文风的传承，另一方面，也有利于文学流派、文化遗产的继承。如蔡松年、蔡珪父子诗皆学山谷，从而扩大了黄庭坚诗及江西诗派在金朝的影响。

元朝李庭指出："古今士大夫以文显者，鲜不自其家世学业本源中来。"① 魏道明兄弟四人，"皆第进士，有诗学"，其中以魏道明最知名。他著有《鼎新诗话》（佚），并为蔡松年词集作注（《萧闲老人明秀集注》，现存三卷）。元好问的《中州集》就是在他的《国朝百家诗略》基础上编辑而成，而魏道明的父亲则是辽天庆年间进士，他的诗学应源于辽代。性质相似的还有边元鼎、边元勋、边元恕兄弟三人，"俱有时名，时号三边"，其中边元鼎"诗文有高意，时辈少及"，而他们的祖父是辽时的状元边贯道。正隆二年（1157）的状元郑子聃是辽国金源县令郑宏之子，名满天下。"英俊有直气，其为文亦然。平生此外，著诗文二千余篇。"金代中期文人王元节为"辽户部侍郎"王山甫之孙，王元粹与其从弟王郁"系出辽世衣冠家"，韩玉的祖上是"辽中书令"韩知白，马舜卿的先世为辽代大族，这些人都有文学作品传世。

"诗书之泽，衣冠之望，非积之不可。"② 定襄人周鼎，其曾祖周万以种田为业，祖父周庆嗣通六经，教授乡里六七十年。周鼎幼时，即由祖父教之六经，应童子举。又有平阳宿儒毕晋卿，亲授周鼎赋学。周鼎终于在贞祐乙亥（1215），程嘉善榜内登第。③

---

① （元）李庭：《云岩先生文集后序》，李修生主编《全元文》第2册，江苏古籍出版社1999年版，第121页。

② （明）文徵明：《相城沈氏保堂记》，《甫田集》卷18，西泠出版社2012年版。

③ （金）元好问：《阳曲令周君墓表》，姚奠中主编《元好问全集》卷22，山西古籍出版社2004年版，第498页。

临洺王磵，初学诗于伯父王震，未几诗名大振。孟宗献、冯璧、赵沨皆师尊之。"先生天性谦至待之反若居己上，及数公相继魁天下，直玉堂然后先生之道益尊，名益重。"①

科宦家族内部成员之间的递相传授、或耳闻目染，必然会形成鲜明的家族文化传统和学术特色。莒州日照张氏是金代非常有影响力的科宦家族，并以礼学世家闻名。祖孙三代张莘卿、张暐、张晔、张行简、张行信五人皆为进士。家族第一代人物张莘卿就以史学、礼学著名当时，他熟谙古代政体礼仪、典章制度，开创了家族注重礼学的家学传统。莘卿大定初入为国史院编修，改应奉翰林文字。莘卿子张暐博学该通，历太常、礼部二十余年，最明古今礼学，著有《大金集礼》，张暐子行简参与编纂了这本书。此书共四十卷，分尊号、册谥、诏命、祠祀、朝会、宴飨、仪仗、舆服等门，汇集了金代的礼制。行简并著《礼例纂》一百二十卷，记录会同、朝献、禘祀、丧葬等。崇庆间，行简因家学相传，多所考据，入史馆参修《章宗实录》。行简弟行信两登相位，曾官礼部尚书，兼同修国史。张氏家族"世为礼官，世习礼学。其为礼也，行于家庭，讲于朝廷，施用于邻国，无不中度"。故史家感叹道："古者官有世掌，学有专门，金诸儒臣，唯张氏父子庶几无愧于古。"② 作为科宦家族，张氏家族文学成就当然也非常突出。张莘卿有文集10卷。张行简有《敬甫文集》15卷。山西陵川郝经至先曾大父昆季七人，皆"治经力学，教授州间，有声张彻，郝氏益大"③。郝氏世业儒，以经学名家而闻名河东。

山东东平王氏家族以传播儒学而成为齐鲁地域文化的代表。王去非与其弟王去执、去执子王仲元为家族核心人物。据党怀英《醇德王先生墓表》载，王去非"本于吾儒修身养性之道，自信而力行之。其发于情，接于物者，求诸古人或难焉。乡人化服翕然咸尊之。……怀英昔者宦游东山，是时东阿张子羽、茌平马定国、奉符王颐、东平吴大方与其

---

① （金）赵秉文：《遗安先生言行碣》，阎凤梧主编《全辽金文》，山西古籍出版社2002年版，第2242页。

② （元）脱脱等：《金史》卷106《张行简传》，中华书局1975年版，第2334页。

③ （元）郝经：《棣华堂记》，李修生主编《全元文》第4册，江苏古籍出版社1999年版，第338页。

兄大年、郭弼宪、赵悫、申公绰诸公，与先生相友善。讲论道义，援据古今，以孔孟所传为诸儒倡。其后出者闻于朝，处者行于乡，虽隐显不同，而皆以先生为归"。

金代文学家族数代成员的学术重心往往会随着社会时代的变化有可能发生变化，显示出在金代科举文化的背景下北方文化学术的不断变化发展。最有代表性的科宦文学家族——浑源刘氏家族第一代人物刘㧑熟悉举业，精通赋学，得到其子婿王元节的传承。著名文人孟宗献、赵枢、张景仁、郑子聃等皆有取法。刘㧑子刘汲虽早传家学，然主要以诗学著称。晚年致仕归家，隐居故园，寄情山水，吟咏不辍，有《西岩集》行于世。刘氏家族第四代人物刘从益也擅长诗文，先后与赵秉文、李纯甫、雷渊、王权、高献臣等师友诗酒饮乐。张邦直挽诗云："传家有贤子，文或似欧韩。"然刘从益日与诸生讲明伊洛之学，成为"金代理学名儒"①。从益子刘祁值金末丧乱，作《归潜志》以纪金事，修《金史》多采用，体现出刘祁的史学成就。刘氏家族从赋学—诗学—理学—史学的学术中心的转变，是金代社会文化、学术思潮发展变化的一个缩影。

金代多元开放的文化政策、三教并重的统治思想影响着家族文化形态。宽松的客观文化环境和家族成员所受思想的差异，必然产生出一种现象，即同一个家族内部成员可能具有不同的价值取向和人生态度，从而使文学家族的家学传承发生变异。山西河曲白氏家族第一代人物白全道虽出身素族，然而略通经史，精究历算。中年耽嗜佛书，皆所成诵。依靠耕读传家，使家族发展。第二代家族成员四人，则表现出学术的多元化。白彦升留心典籍而不就举选；白贲广览强记，尤精于《左氏》，以及禅学道书、岐黄之说，中泰和三年（1203）词赋进士第。白华为贞祐三年（1215）进士，官至枢密院判官，右司郎中。僧宝琞以诗笔见推文士间，有集行于世。第三代成员中，白忱、白恒皆习进士。综合该家族的文化形态来分析，我们看到，该家族成员在对待科举的态度上、在儒释道思想的选择上、在出世与入世的追求上，皆体现出金代家族文化的多元、开放的特点。然而从以上白氏家族所有男性成员的表现

---

① 魏崇武：《金代理学发展初探》，《历史研究》2000年第3期。

来看，亦有共同的特点，就是他们皆为博学之士。其女性成员亦与科宦士族联姻，以巩固自己的家族利益，提高自己的家族声誉，延续自己的家族生存。

金代医学、数学、天文历法、律学及兵家武学等专科教育的传承，有时由私学、特别是由家学来完成。熙宗时聊摄成公，"家世儒医"。由于他"术业精通，而又有家学，注成《伤寒论》十卷"①。世宗时龙虎卫上将军术虎筠寿，尝言"吾初读《律》，继而授《春秋》"②。章宗泰和年间太医卢昶，"累迁尚药局使。自幼传家学，课诵勤读，老不知倦"③。金末寄庵先生李平父，传承其父祖辈学医，后平父改律学，最后改学儒学④。

科宦家族的家风、家学，对于中原儒家文化的传承与拓展，起到不可替代的作用。特别是金元更替之际，由家族顽强的内聚力所产生的强大生命力更是儒家传统文化的储存与传播的有效载体，为中原文化学术在金亡后进入元朝做出贡献。磁州武安胡氏家族声望贯穿金元。其家族代表人物胡祗遹的高祖胡益于金代出身地方豪族，然喜涉猎经史，工于书翰。曾祖胡仲溶嗜读书，祖父胡景崧十五知属文，三十岁时擢大定二十五年（1185）词赋甲科，胡景崧从弟胡义亦中进士。祗遹父辈有德珪者，亦中正大四年（1127）进士第。胡氏家族入元后，进入发展顶峰。胡祗遹于元世祖朝历任户部员外郎、右司员外郎，官至江南浙西按察使。胡祗遹亦为著名学者，著有诗文集《紫山大全集》。《元史·胡祗遹传》记载，至元二十九年（1292），朝廷征耆德者十人，祗遹为之首。考察胡祗遹道德涵养与学术成就，自然来自其绵长、浓郁的科宦家族的家学、家风。被称为金元百年以来河北易州望族的敬氏家族，在金代已是科宦世家，在元代名臣、鲁国公敬俨时发展到顶峰。敬俨五世祖

---

① （金）成无己：《伤寒明理论序》，丛书集成初编本，中华书局1985年版，第1页。

② （金）元好问：《龙虎卫上将军术虎公神道碑》，姚奠中主编《元好问全集》卷27，山西古籍出版社2004年版，第565页。

③ （金）元好问：《卢太医墓志铭》，姚奠中主编《元好问全集》卷24，山西古籍出版社2004年版，第534页。

④ （金）元好问：《寄庵先生墓碑》，姚奠中主编《元好问全集》卷17，山西古籍出版社2004年版，第413—414页。

嗣辉为天眷二年（1139）进士，累官参知政事。曾祖子渊为乐陵令。祖鉴同知嵩州事。敬俨叔祖铉，亦与太原元好问同登金进士第，元初为中都提学，著《春秋备忘》四十卷，仁宗朝命刻其书，行于当时。敬俨父元长有学行，官至太常博士。敬俨在家学影响下，"嗜学善属文，有诗文若干卷"①，除是一代名宦外，也是著名学者。另有元代渤海解节亨家族"以儒术起家，历宋、金，多名进士，家藏书万数千卷"②。秦将王翦后裔王公渊，字润甫。世为潍之北海人，七世祖时徙居东平。曾祖王尚志，金初进士，官朝散大夫。祖父王瑀，正隆五年（1160）进士，官奉训大夫。父王铎，官忠显校尉。王氏家族与北宋范仲淹家族后裔联姻。金末，王公渊投严武，从事戎幕十多年。乱定得归田里，日课僮仆力田，教子读书。每戒之曰："自汝远祖令公，儒素超宗。登仕版者，代不乏人。箕裘之业，不可废也。"三子遵之，竟得成立。王公渊性喜读书，尤嗜古文篆隶，遂极其趣。夫人亦士族③。

科宦家族是促进金代文学发展的一个重要途径。许多的科宦家族同时又是文学家族，体现了科举与文学天然的关系。由于科举仕宦需要服从统治阶级的利益与意志，因此，科举内容不可能符合个人抒情的传统意义上的"文学"，从而科举又具有"反文学"的因素。④ 唐代开元十七年（729）洋州刺史赵匡《选举议》云："进士者，时共贵之。主司褒贬，实在诗赋，务求巧丽，以此为贤。不惟不益于用，实亦妨其正习；不惟挠其淳和，实又长其佻薄。自非识度超然，时或孤秀，其余溺

---

① （明）宋濂等：《元史》卷175《敬俨传》，中华书局1976年版，第4093页。

② （元）程钜夫：《东庵书院记》，李修生主编《全元文》第16册，江苏古籍出版社1999年版，第294页。

③ （元）胡祗遹：《王忠武墓铭碑》，李修生主编《全元文》第5册，江苏古籍出版社1999年版，第422—423页。

④ 四川大学祝尚书教授主持的国家社会科学基金项目"宋代科举与文学"将科举化为两个层面进行审视，即"外部效应"和"内部运作"。所谓外部效应，指将科举制度作为一个整体，研究它对社会的方方面面——最终对文学所产生的影响和作用；所谓"内部运作"，主要指科举考试，即从士子备考、场屋作文，直到阅卷、放榜的整个过程。在"外部效应"这个层面上，科举对文学的发展基本上是促进的；而在"内部运作"这个层面，对文学则是"促退"的，甚至两相悖反。参看全国哲学社会科学规划办公室《宋代科举与文学》成果简介。另刘达科《金朝科举与文学》（《社会科学辑刊》2007年第3期）和吕肖奂、张剑《两宋科举与家族文学》（《西北师大学报》2008年第4期），也对科举与家族以及文学的关系有所论及。

于所习，悉昧本源。欲以启导性灵，奖成后进，斯亦难矣。"① 这种情况在唐代以后一直存在。

就金代科举而言，除了科举内容方面外，更重要的是科举本身的影响。首先，科举导致文人为科举而科举的急功近利心态，结果造成许多举子视野狭窄。如刘祁《归潜志》卷八所云：学者参加律赋试时，则"止工于律赋，问之他文，则懵然不知。"其次，科举词赋科偏重形式技巧，扼杀创作个性，埋没了许多有天赋的诗人。特别是金后期张行简知贡举时，"惟以格律痛绳之，洗垢求瘢，苛甚，其一时士子趋学，模题画影，至不成语言"②。"所取之文皆萎弱陈腐，苟合程度而已。其逸才宏气、喜为奇异语者往往遭绌落，文风益衰"。③ 科举的弊端是显而易见的。

科举对文学家族的形成往往是通过科举内容来体现的。科举内容决定家族教育的专攻方向。金朝科举包括词赋、经义、策试、律科、经童、制举宏词科、只面向女真族的策论等。在金代诸科考试中，与传统文学形式即诗、赋、文等接近的词赋、策论、制举科类考试（试词赋、经义、策论中选者，谓之进士）备受文人重视。这些偏重"文艺"或"文章"才能的进士科考试促进了文人诗赋策论的能力，确定了封建士子的科考努力的方向，一旦成功，他们将改变家族地位，有可能进入科宦家族的行列。金代皇帝对进士科也给予特别的重视，希望能通过严格的考试选拔优质的人才。有几个皇帝亲自命题策士。正隆二年（1157），海陵临轩试士，拟赋、诗、论三题。大定十九年（1179），世宗自选一题，"出人所不料，故中选者多名士，而庸才不及焉"。④ 泰和六年（1206），章宗亲拟赋题《日合天统》以难文士，只取 27 人。词赋取士直接提升应考士子的文学才能，而海陵王到世宗执政时期的专试词赋的科举政策更有利于文学人才的培养。海陵天德三年（1151），并南北选为一，罢经义、策试两科，专以词赋取士。世宗大定年间，曾有人倡议罢去词赋科，专试经义，但遭到高有邻的反对而没能实现。专试

---

① 转引自徐松《登科记考》卷 29《别录中》。
② （金）刘祁：《归潜志》卷 9，崔文印点校，中华书局 1983 年版，第 97 页。
③ （金）刘祁：《归潜志》卷 10，崔文印点校，中华书局 1983 年版，第 108 页。
④ （元）脱脱等：《金史》卷 51《选举志一》，中华书局 1975 年版，第 1135 页。

词赋虽有利于文学发展,然而缺乏经义科考试,文人就不会重视文史经学素质。这一有所偏颇的考试政策必然会带来消极影响,"诸生不穷经史,唯事末学,以致志行浮薄。"后虽在大定二十八年(1188)恢复经义科,但在章宗泰和元年(1201),平章政事徒单镒还是建议:"可令进士试策日,自时务策外,更以疑难经旨相参为问,使发圣贤之微旨、古今之事变。"① 经义、词赋并重的政策,成效显著。韩玉、赵伯成两人皆为明昌五年(1194)经义、词赋两科进士。韩玉才思敏捷,"一日百篇,文不加点"。② 赵伯成"博通书传,有真积之力"③。两人皆为不可多得的人才。另有王特起"长于辞赋,出入经史,摘其英华,以为句读,如天造神出"④。又出自科宦家族的弘州襄阴人李纯甫,其祖安上,尝魁西京进士。父采,曾官益都府治中。纯甫幼颖悟异常,初业词赋,及读《左氏春秋》,大爱之,遂更为经义学。擢承安二年(1197)经义进士。为文法庄周、列御寇、左氏、《战国策》,后进多宗之。又喜谈兵,慨然有经世心⑤。

明昌、承安间,"科举之学盛,士大夫非赋不谈"⑥。应举士子为了科举成功而迎合风气,自然重视赋学。赋学成为这段时期文学家族的精力投入的重点。不少人在年幼时,就表现出很高的赋学才华。景覃、胡汲、张介等,皆于幼时即有赋声。一些士子如曹用之、郑子聃等,因重视、擅长赋学而获科举成功。金代士人的赋学才华的养成来源有三:一为家族教育与影响。王元节能传其岳丈南山翁赋学。出身于科宦世家的刘昂天资警悟,律赋自成一家,轻便巧丽,为场屋捷法。二为通过师友传承。周驰赋学出于泰山李时亨。大定中住太学,屡以策论魁天下,私试亦中监元。在普遍重视的背景下,出现了一些有影响的赋学人才。易

---

① (元)脱脱等:《金史》卷51《选举志一》,中华书局1975年版,第1135页。
② (金)元好问:《中州集》卷8《韩内翰玉》,华东师范大学出版社2014年版,第528页。
③ 同上书,第531页。
④ (金)元好问:《中州集》卷5《王监使特起》,华东师范大学出版社2014年版,第329页。
⑤ (元)脱脱等:《金史》卷126《李纯甫传》,中华书局1975年版,第2734页。
⑥ (金)元好问:《中州集》卷10《先大夫诗》,华东师范大学出版社2014年版,第664页。

县人张庭玉能日赋百篇，当时有集行于世。三则来自官学教育系统。

金代宏词科中，包括试诏、诰、章、表、露布、檄书等，皆用四六文。只要用心四六，科举也就有可能取得成功。洺州人王彧承安中进士，少日为文，工于四六。李献能苦学博览，于文尤长于四六。贞祐三年（1215），特赐词赋进士，廷试第一人，宏词优等。史公奕为大定二十八年（1188）进士，再中博学宏词科。程文极典雅，而无继之者。一些文人则将其古文创作的经验与成就教育后人，影响很大。

金代专研赋学的文人不在少数：

刘昂"律赋自成一家。轻便巧丽，为场屋捷法"。①

王元节"能传其岳丈南山翁赋学"。②

景覃"年十八，有赋声"。③

崔遵"少日在太学，有赋声"。④

王万锺之兄王万石，在太学，"有赋声"。⑤

张介"幼有赋声，为人有蕴藉"。⑥

胡汲"少有赋声"。⑦

易县人张庭玉"能日赋百篇"⑧，有集行于当时。

沁州武乡人邢安国"少日有赋声。四十岁后，即不应科举，以诗酒自娱"。⑨

---

① （金）元好问：《中州集》卷4《刘左司昂》，华东师范大学出版社2014年版，第243页。

② （金）元好问：《中州集》卷7《王元节》，华东师范大学出版社2014年版，第435页。

③ （金）元好问：《中州集》卷7《景覃》，华东师范大学出版社2014年版，第439页。

④ （金）元好问：《中州集》卷7《崔遵》，华东师范大学出版社2014年版，第460页。

⑤ （金）元好问：《中州集》卷7《王万锺》，华东师范大学出版社2014年版，第467页。

⑥ （金）元好问：《中州集》卷8《张介》，华东师范大学出版社2014年版，第547页。

⑦ （金）元好问：《中州集》卷8《胡汲》，华东师范大学出版社2014年版，第552页。

⑧ （金）元好问：《中州集》卷9《张庭玉》，华东师范大学出版社2014年版，第560页。

⑨ （金）元好问：《中州集》卷9《邢安国》，华东师范大学出版社2014年版，第571页。

马舜卿"在太学,有赋声"。①

洺州王彧为承安进士。"少日为文,工于四六。其子升卿,亦有赋声"。②

一些文人长于词赋,才能出众,影响很大。

刘中诗"轻便可喜,赋甚得楚辞句法,尤长于古文。典雅雄放,有韩柳气象。教授子弟王若虚、高法扬、张履、张云卿,皆擢高第"。③

周驰"赋学出于泰山李时亨。大定中住太学,屡以策论魁天下,私试亦颇中监元"。④

曹用之"幼有赋声,屡中甲乙"。⑤

大定人郑子聃"少日有赋声,时辈莫与为敌。天德三年,第三人登科。正隆二年海陵诏子聃再试,子聃为第一"。⑥

女真进士科培养、选拔了一批女真文化官员。其定制是以女真大字试策,以女真小字试诗。大定九年(1169),命温迪罕缔达教猛安谋克内良家子弟以古书、作诗、策,后复试,得徒单镒以下三十余人。尼庞古鑑本名外留,隆州人也。识女直小字及汉字,登大定十三年(1173)进士第。和速嘉安礼,大名路人。颖悟博学,淹贯经史。大定二十八年(1188)进士。章宗敕女直进士及第后,仍试以骑射,中选者可以升擢。

《全辽金文》中,现有姓名可考、有作品留存的胡姓散文作家作品多为奏疏谏议等应用文体,显然是策论进士设立的结果。

---

① (金)元好问:《中州集》卷9《马舜卿》,华东师范大学出版社2014年版,第572—573页。
② (金)元好问:《中州集》卷9《照了居士王彧》,华东师范大学出版社2014年版,第572—573页。
③ (金)元好问:《中州集》卷4《刘左司中》,华东师范大学出版社2014年版,第252页。
④ (金)元好问:《中州集》卷7《迂斋先生周驰》,华东师范大学出版社2014年版,第442页。
⑤ (金)元好问:《中州集》卷9《曹用之》,华东师范大学出版社2014年版,第570页。
⑥ (金)元好问:《中州集》卷9《郑内翰子聃》,华东师范大学出版社2014年版,第588页。

一些文人，特别是一些出身寒门素族子弟，为了追求自由人格和秉持慎终追远的伦理道德，始终坚持嗜书嗜学、耕读传家、以文继祖的传统而不执着于科举。他们往往忠孝礼让、勤俭持家、睦邻互助，又能博览群书，传授后学。秀容人王甫，博通经史，"淳质有儒行，亦以知医著称"。① 二子王万石、王万锺因家贫，俱无家室。"贫居陋巷中，破屋萧然，不蔽风雨，而弦诵之声不绝。"② 平阴人王去非尝就举，"不得意即屏去，督妻孥耕织以给伏腊。家居教授，束修有余辄分惠人"。③

金代除官学系统之外，教育民间化现象逐渐普遍。民间的文化精英有不少来自源远流长的士族阶层，他们以其丰富的学识见闻、深厚的家学素养，同样掌握着文化话语权力，行使着文化权威的角色，渗透、影响着有金一代的学术文化。

辽相赵思温之后裔赵质，大定末举进士不第，隐居燕城南，教授为业。明昌间，章宗"游春水过焉，闻弦诵声，幸其斋舍，见壁间所题诗，讽咏久之，赏其志趣不凡"④。不少人或干脆不就举业，聚徒授学。霸州信安人杜时升博学知天文，不肯仕进。承安、泰和间，时升隐居嵩、洛山中，以伊洛之学教人，从学者甚众。其子杜瑛于金亡之际，避地河南缑氏山中，搜访诸书尽读之。后又间关转徙，教授汾晋间。杜瑛著作丰富，有文集十卷，及春秋地理原委、语孟旁通、皇极引用、皇极疑事、皇极学等，流传于当时。辽东人高仲振，以家业付其兄，与妻子隐居嵩山。博极群书，尤深《易皇极经世》学。大名人王汝梅始由律学为伊阳簿，秩满，遂隐居不仕。生徒以法经就学者，兼授以经学。"诸生服其教，无敢为非议者"。⑤ 一些士人即使进士及第，亦不为利禄所诱，专习禅道性理、诗词文学。潞人董文甫承安中进士第，"恬于世味，于心学有所得。子安仁，亦学道。父子尝闲居宝丰，闭户不出，以

---

① （金）元好问：《中州集》卷7《王万锺》，华东师范大学出版社2014年版，第467页。
② 同上。
③ （元）脱脱等：《金史》卷127《王去非传》，中华书局1975年版，第2749页。
④ （元）脱脱等：《金史》卷127《赵质传》，中华书局1975年版，第2749页。
⑤ （元）脱脱等：《金史》卷127《王汝梅传》，中华书局1975年版，第2752页。

习静为业。朝夕不继，晏如也"。①

大兴人王郁，世代为宦，其十五代祖王珪相唐太宗，一生崇尚儒学，以儒家忠孝仁义礼等自励，是唐初有名的诤臣之一，与房玄龄、杜如晦、李靖、温彦博、戴胄、魏征等人同为贞观名臣。王郁曾祖、祖父、父亲皆曾为官。"家素富，赀累千金，金末遭乱，荡散无几，先生殊不以为意，发愤读书。"两举不中，遂放怀诗酒。"其论学，孔氏能兼佛老。"② 王郁先后受学于完颜璹、赵秉文、刘从益、雷渊、李献能、王若虚、麻九畴、史学优、程震、宋九嘉等，成为金末著名学者。

这些不受科举制度束缚的文学家族，同样承载着中国传统儒家文化的核心价值与思想理念。在金代民族矛盾、阶级矛盾异常尖锐、激烈的社会背景下，他们不屈服于政权的束缚，不局限于体制的规范，以自己的方式传播文化、教育后人，所以同样也对金代文化的发展、对金代文学的繁荣作出了贡献。

## 第三节　尊崇伦理、气节的士大夫文化

钱穆先生认为："中国学术分两纲，一为心性修养之学，另一则为治平实践之学。"③ 心性修养是治平实践的基础，所以是古代家族的重要教育内容。金代家族注重社会伦理的维系，事亲睦族，教子祀先，谨身节用，利物济人，维持严格的礼法家风和良好的社会声望；注重文化传统的保持，经学继世、父子相承。政治环境险恶时，多采取冲退避世的方式，待价而沽；时机成熟，则出仕"以试祸福"。由于北方的连年战事以及胡族政权的频繁更迭，使得许多名家大族不可能长期稳定地保持较高的政治地位。不过，在北方游牧民族文化和渔猎民族文化基础上建立起来的女真政权，统治思想的来源是多元的。北方固有的民族文化、儒释道三教文化，丰富了文人的心理结构。重质朴自然的秉性熏染，重气节、人格、大义的民族性格，汇聚成传统的忠孝节义观念，也

---

① （金）元好问：《中州集》卷9《无事道人董文甫》，华东师范大学出版社2014年版，第605页。

② （金）刘祁：《归潜志》卷3，崔文印点校，中华书局1983年版，第24页。

③ 钱穆：《中国历史研究法·朱子学纲要》，广西师范大学出版社2005年版，第63页。

有利于金代文学家族的产生与壮大。科举将忠孝伦理的北方家族文化与经世济民的儒学文化相结合,从而促进了士大夫正直磊落的人格形成。

(一) 孝义传家

金代家族的教育内容包括儒家道统伦理观念。如前面所举庞迪、张彀、张行信、张通古等。金代家族注重对子孙后代的忠孝节义教育、正心至诚教育,史籍不乏其例。

通许(今属开封)赵端卿,幼小时,叔父教以科举之业,并长于经学。兴定五年及第,历官征事郎、解州安邑丞。其后闭户读书,无复仕进意。"教诲子弟,以孝弟忠信为根本,身自表率,使知践履之实,不徒事章句而已。辟举法行。当路有知君之贤、欲以一县相屈者,君为书以绝之。"①

真定藁城人赵彦,从小性格就刚果尚义。天眷间,朝廷征兵南伐,赵彦代兄应征。临行,"不一辞妻子,人义而壮之,会事平还。天资纯质,治生尤勤俭,细故躬亲不懈。服食器皿,期于仅足,自余无毫毛非分用。日夕矻矻,恒若不足。教诸子孙及所以语他人亦唯是。见诸惰侈者,咄嗟恶弃,殆不能与言,故卒大其家以名一邑。承安二年,以耆老受官保义副尉。将终,谓其子赵渊曰:吾常叹人之子孙鲜克以义终。祖宗积累之业,一旦不难割散之;骨肉相视,一旦如道路人,恶孰甚焉?尔其帅下以严,处之以均,无怠无颇,无速乖离,以隳我家。其孙曰元英者,以进士擢第,则又特戒曰:惟尔所获,亦惟我祖宗实有庆。尔无遂独庇尔胤,必及其余,以答我祖宗意。"②

杨云翼主张:"学以儒为正,不纯乎儒非学也;文以理为主,不根于理非文也。"③ 哀宗朝设益政院,云翼为选首,每召见赐坐而不名。时讲《尚书》,云翼为言帝王之学不必如经生分章析句,但为国大纲足矣。因举"任贤""去邪""与治同道""与乱同事""有言逆于汝心""有言逊于汝志"等数条,一皆本于正心诚意,敷绎详明。上听忘倦。

---

① (金)元好问:《奉直赵君墓碣铭》,姚奠中主编《元好问全集》卷22,山西古籍出版社2004年版,第500页。

② (金)王若虚:《保义副尉赵公墓志》,《滹南遗老集》卷43,胡传志、李定乾校注,辽海出版社2006年版,第520页。

③ (金)赵秉文:《闲闲老人滏水文集》,丛书集成初编本,中华书局1985年版。

寻进《龟鉴万年录》《圣学》《圣孝》之类凡二十篇。司天有以《太乙新历》上进者，尚书省檄云翼参订，摘其不合者二十余条，历家称焉。所著文集若干卷，校《大金礼仪》若干卷，《续通鉴》若干卷，《周礼辨》一篇，《左氏》《庄》《列赋》各一篇，《五星聚井辨》一篇，《县象赋》一篇，《勾股机要》《象数杂说》等著藏于家。杨云翼在金末文坛影响巨大。他主持科举30年，南渡后与赵秉文轮流执掌文柄，门生半天下。文章亦与赵秉文齐名，世称"杨、赵"。一时高文大册，多出其手。

（二）切谏直言

受儒家忠孝伦理、经世济民思想的影响，元好问对范仲淹推崇备至。他认为范仲淹"在布衣为名士，在州县为能吏，在边境为名将，其材，其量，其忠，一身而备数器。在朝廷则又孔子之所谓大臣者。求之千百年之间，盖不一二见，非但为一代宗臣而已"①。金代并未出现范仲淹所处的北宋时的政治环境。陈规指出金朝"虽设谏官，徒备员耳，每遇奏事皆令回避。或兼他职，或为省部所差，有终任不亲天颜、不出一言而去者。虽有御史，不过责以纠察官吏、照刷案牍、巡视仓库而已，其事关利害或政令更革，则皆以为机密而不闻"。陈规建议："伏愿遴选学术□博、通晓世务、骨鲠敢言者以为台谏，凡事关利害皆令预议，其或不当，悉听论列，不许兼职及充省部委差，苟畏徇不言则从而黜之。"②尽管在非常严酷的舆论环境下，不少金人还是怀着范仲淹儒者报国、以言为先的志向，切谏直言，气节凛然，秉持着士大夫的家国情怀和敢为天下先的主人翁意识。泰和初，元妃李氏干预时政，兄弟同在禁近，声势焰焰，鼓动海内。时张公著为监察御史，上书切谏，引援古今，陈说成败。张公著守河间，元妃兄黄门喜儿尝以水田事私请于公著，公著以正义责之。胡沙虎尹大兴时，固宠负恃，恣为不法。朝臣无人敢言，而公著敢发其奸。"章十余上章宗，言胡沙虎定何罪但跋扈耳！

---

① （金）元好问：《范文正公真赞》，姚奠中主编《元好问全集》卷38，山西古籍出版社2004年版，第797页。

② （元）脱脱等：《金史》卷109《陈规传》，中华书局1975年版，第2405页。

卿等不相容乃如此耶？公著同中丞孟铸言，圣明之朝岂容有跋扈将军乎？"① 章宗览之动容。

金代文人普遍重视学术文化、道德修养，出处进退能够以气节为先，为人处世能够以礼仪为重，而不像以前文人那样轻躁狂狷、不护细行，这固然与北方地域文化的兴盛和影响相关，但是金代家族重视中原文化传承、读书嗜学的因素，也是我们不可忽视的。金朝末年就金宋和战问题，汉族士人上疏之多，上疏者的职务之高，奏疏议论之深刻，在中国历史上是非常少见的。宣宗南渡以后，"赵吏部子文、杨礼部之美、赵礼部周臣、陈司谏正叔，与庭玉皆完人，终始无玷缺者也"。② 这些人物立身刚正，遇事敢言，受到元好问等士人的高度赞赏。

（三）侠肝义胆

金代在家族教育与科举文化的孕育下，产生了不少集义气与侠气于一身的北方豪杰忠义之士。元初王恽指出："金源氏踵唐宋旧制，以举业取士，号称文武正科。大定、明昌间，人材辈出，天下英雄尽入吾彀中。南渡后，境壤蹙，时事艰，其自渊源见闻中来者，多忧深思远，忠义奋发，怀赳赳干城之志，况其风声气习，歌谣慷慨，而有故家遗俗者哉！"③

北方文化背景与家学、家风相融合，在金代自然也会出现侠气与正气相结合的人物。先世为辽大族"兴中马氏"的马舜卿年少时，"辞气纵横，时辈少有及者"。宗室完颜从坦被人诬告以杀人之罪，舜卿知其冤，"以死保之"。④ 后为报州将知遇之恩，不避艰险，勇闯围城，终遭不测。朝廷为表彰其侠义忠烈，诏赠某官，配食褒忠庙。

汝阳人姬汝作为全州节度副使端修之侄孙。端修中大定二十二年（1182）进士第。明昌间，补尚书省令史。承安间，元妃李氏兄弟干预

---

① （金）元好问：《朝列大夫同知河间府事张公墓表》，姚奠中主编《元好问全集》卷17，山西古籍出版社 2004 年版，第 417 页。

② （金）元好问：《中州集》卷 8《赵礼部思文》，华东师范大学出版社 2014 年版，第 535 页。

③ （元）王恽：《大元故蒙轩先生田公墓志铭》，李修生主编《全元文》，第 6 册，江苏古籍出版社 1999 年版，第 376 页。

④ （金）元好问：《中州集》卷 9《马舜卿》，华东师范大学出版社 2014 年版，第 572 页。

朝政。时汝州司候游彦哲将之官，问端修为政之道。端修回答："为政不难，治气养心而已。"并且强调："心正则不私，气平则不暴。为政之术，尽于此矣。"① 姬懋以荫试部掾，转尚书省令史。其子姬汝作读书知义理，性豪宕不拘细行。金史记载，正大末，姬汝作避兵嵩山，保乡邻数百家。天兴二年（1233）六月，哀宗在蔡州，遣使征兵入援。州人为逻骑所扰，农事尽废，城中粮亦垂尽。是月，中京破，部曲私议有唇亡之惧，谋以城降，惧汝作，不敢言，乃以迁州入山白之。时为同知汝州防御使的姬汝作怒曰："吾家父祖食禄百年，今朝廷又以州事帅职委我，吾生为金民，死为金鬼。汝辈欲避于山，非欲降乎？有再言迁者吾必斩之。"②

（四）伏节死难

金朝殉节人中进士比例很高。《金史》设《忠义传》四卷，载有91人（个别的一人之"传"载入二人或三人事），其中殉难于章宗泰和初——金亡时期者83人，占该《传》总人数91.1%。以《忠义传》中83人的民族构成为：女真族38人，占45.8%；汉族32人，占38.8%；契丹族3人，占3.6%；渤海2人，2.4%；奚族2人，占2.4%；唐古1人，不宜分族属4人。83人中，进士31名，占37.3%，进士比重明显偏大。蒙元时代的名士王恽感到惊愕："金祚垂亡，其伏节死义者，皆前日之进士也。"③ 这与金朝在科举教育中重视儒家文化有关。④ 郝经《金源十节士歌》序云："金源氏播迁以来，至于国亡，得节义之士王刚忠公等十人，皆死事死国，有古烈士之风。可以兴起末俗，振作贪懦。其名字官阶始终行业，自有良史。其大节之岳岳磊磊，在人耳目，虽耕夫贩妇，牛童马走，共能称道者。作歌以歌之，庶几揄扬激烈，由其音节，见其风采云。天兴诸臣，国亡无史。不能具官。故皆祇以当世所称者，如郭虾蟆、仲德行院等书之。俟国史之出，当为厘正云。十节

---

① （元）脱脱等：《金史》卷100《宗端修传》，中华书局1975年版，第2204页。
② （元）脱脱等：《金史》卷123《姬汝作传》，中华书局1975年版，第2689—2690页。
③ （元）王恽：《跋玉田傅氏家传后》，李修生主编《全元文》第6册，江苏古籍出版社1999年版，第819页。
④ 参见孟古托力《试论金朝儒家文化分期——兼议"崇儒重道"基本国策》，《满语研究》2001年第2期。

士谓王子明、移剌都、郭虾蟆、合答平章、陈和尚、马乌古、孙道原、仲德行院、绛山奉御李丰亨、李伯渊也。"另元初有张子良，"博采旁收，传信核真，凡得死节之士八十有七人，女子四人也。所录虽前朝之臣，而著民彝、辅世教，固亦圣代之乐闻也"。①

元代学者对金代亡国之际，士大夫守节不屈、甚至不惜以身殉国的行为大加赞赏。虞集指出，金朝灭亡之际，"士大夫死以十百数。自古国亡，慷慨杀身之士，未有若此其多者也。於乎！中州礼乐文献所在，伏节死谊，固出于性情也哉！彼其人，固知天命所在，宁轻一死而不顾，吾知其感于中者深矣！"② 金代文人（无论汉族还是胡族）忠于自己的国家，效忠至上的王权，超越民族，真正实现了以忠孝伦理为核心的儒学文化。出于这样的原因，我们就对毕资伦的行为不难理解了。毕资伦是金代地道的汉人，被南宋俘虏14年不投降，在金朝灭亡后投江自杀。宋人义之，宣示四方，仍议为立祠。

北方文化以经学为主，兼容并包的文化特色。重人格、重道德、重操守。"家国一理，应若鼓桴。"③ 家族文化与统治文化不仅不冲突，而且臣对君的"忠"，与子对父的"孝"，应是"忠孝一体"，所谓："忠臣以事其君，孝子以事其亲，其本一也。"（《礼记·祭统》）《中州集》中的诗人绝大多数既是文人又是官员。他们的角色决定了他们应该秉持"忠孝一体"的立身准则。

有的学者认为：对儒家文化与家族主义的关系作出较为准确判断有二个。第一，作为一种社会哲学观点的家族主义，家族主义的社会哲学是儒家文化的核心。第二，作为一种价值观的家族主义，并不是儒家文化的本质或核心。在儒家看来，家族主义价值观适合于且只适合于普通百姓，而不适合于士大夫阶层；对于士大夫阶层而言，不应该具有家族利益至上的价值观念，相反，他们应该确立起超越家族家庭利益的价值

---

① （元）吴师道：《忠义录序》，李修生主编《全元文》第34册，江苏古籍出版社1999年版，第79页。

② （元）虞集：《田氏先友翰墨序》，李修生主编《全元文》第26册，江苏古籍出版社1999年版，第217页。

③ （清）赵翼：《廿二史札记》（订补本）卷28，王树民校证，中华书局1984年版，第622页。

关怀。因此，可以把家族主义价值观说成是儒家文化的一个方面，但不是儒家文化的本质或核心。① 这种观点用来评价金代士大夫也是非常确切的。

林昌彝《魏晋风格论》谓"河朔水土刚强，素多忠义"。事实上，金代文人忠孝节义观念的形成，除了地域因素、官学教育等之外，与家族教育、家风影响也密不可分。冀州士人路仲显（字伯达），家世寒微，其母有贤行，教伯达读书。金初赋学家有类书名《节事》者，新出价数十金，大家儿有得之者，辄私藏之。母为伯达买此书，撙衣节食，累年而后致。戒伯达言："此书当置学舍中，必使同业者得观，少有靳固，吾即焚之矣。"② 家学教育和家风熏陶对文人人生价值观的影响更加持久，更加深刻。

契丹人石抹元毅、元毅子世勣、世勣子石抹嵩先后俱赴国难。元毅受古代忠烈影响，有报国志向。每读书见古人忠义事，就不禁嗟叹赏慕，喜动颜色。世勣与嵩则受科举教育，忠孝节义，经史传家。世勣在承安五年（1200）登词赋、经义两科进士第。石抹嵩为兴定二年（1218）经义进士。

济南人周驰，大定中入太学，多次策论第一。贞祐元年（1213），蒙古兵攻陷济南，周驰不肯投降，遂携两个孙子投井而死。乾隆年间修《历城县志》时，则将其列为"忠烈"之士，为之立传。周驰为著名学者，曾受学于平阴王广道、泰安李时亨，并与党怀英、赵秉文为忘年交。另有泰和三年（1203）进士、吏部郎中杨居仁，天兴末时北渡，举家投黄河死。

一些少数民族士人在金末战乱之际，亦以大义为重，不惜牺牲。阿虎带、珠颗皆女真进士。崔立事变之翌日，乌古孙奴申同御史大夫裴满阿虎带，还有户部尚书完颜珠颗三人自缢以殉国。③

元好问指出："养士之效，犹种树、犹作室，培植厚则庇荫之利博；堂构勤则维持之功固。周家之作新民，汉氏之旁求儒雅，数世之后，人

---

① 贾新奇：《论家族主义的内涵及其与儒家文化的关系》，《哲学动态》2004年第2期。

② （金）元好问：《中州集》卷8《路冀州仲显》，华东师范大学出版社2014年版，第512页。

③ （元）脱脱等：《金史》卷124《忠义传四》，中华书局1975年版，第2702页。

有士子之行,家食名氏之旧,王室下衰而乔木故在。侨、札郁为时栋,陈、许坐镇雅俗,名德相望,视全盛为无愧。是知列国大夫流风善政,固已发源于《菁莪》乐育之日,三国人物高出近古者,犹兴廉举孝余波之所及也。"① 刘祁亦指出:"士气不可不素养。如明昌、泰和间,崇文养士,故一时士大夫,争以敢言敢为相尚。迨大安中,北兵入境,往往以节死如王晦、高子约、梁询谊诸人皆有名,而侯挚、李英、田琢辈皆由下位自奋于兵间,虽功业不成,其志气有可嘉者。"② 金代中后期崇文养士的效果是非常明显的。其中,家族教育对这段时期士人人格、气节形成的影响则更为广泛而深刻。金末在人才培养方面采取的措施表现出急功近利的倾向,所以效果不能如人所愿。金宣宗南渡,社会动荡,内忧外患。兴定二年(1218),为了保障官僚队伍人数稳定的问题,金廷扩大招生名额,二人取一,这样录取的进士素质就有了问题。刘祁《归潜志》中云:"南渡后,士风甚薄。一登仕籍,视布衣、诸生则为两途。"这些士人的品质极为恶劣。"天兴之变,士大夫无一人死节者。"③ 又"庚寅、辛卯以来,虽军出屡胜,而亡征已具。危急存亡之际,大夫士以自保为幸。或高蹈远引,脱屣世务;或酣歌纵酒,苟延岁月"④。

## 第四节 科宦家族的文学风貌

金立国之初,文移极少。随着政权的稳定,女真治国政策由武转文,到了金朝中叶,"鄙辽俭朴,袭宋繁缛之文;惩宋宽柔,加辽操切之政,是弃二国所长,而并用其所短也。"⑤ 文坛出现了典雅、繁缛的不良文风。科举的实行,为改变这种文风提供了条件。"金有天下,甲

---

① (金)元好问:《通奉大夫礼部尚书赵公神道碑》,姚奠中主编《元好问全集》卷18,山西古籍出版社2004年版,第435—436页。

② (金)刘祁:《归潜志》卷7,崔文印点校,中华书局1983年版,第73页。

③ 同上。

④ (金)元好问:《御史孙公墓表》,姚奠中主编《元好问全集》卷22,山西古籍出版社2004年版,第503页。

⑤ (元)脱脱等:《金史》卷46《食货志一》,中华书局1975年版,第1030页。

子二周,率三岁一大比,由府会至殿庭,凡三试。其选举之法,枢机周密,黜陟至公,名相巨卿,往往由此途出,当时号为得人。"①

金代科宦家族的文学成就与影响是多方面的。忻州定襄人孙九鼎,太宗天会六年(1128)经义进士第一。弟九俦、九亿与九鼎同榜进士。吴激赠九鼎以诗,有"孙郎有重名,谈笑取公卿。清庙瑟三叹,斋房芝九茎"之句,赞赏九鼎的文采。元好问甚至评价"中州文派,先生指授之功为多"。② 蔡珪被推为金代文学的实际奠基人。"七岁赋菊诗,语意惊人。"蔡松年曾为之赋《一剪梅》有"白璧雄文冠玉金,桂月名香继家声"之句。其父日授数千言。进士及第后不赴选调,博极群书,"其辨博为天下第一。"正隆间,朝廷得三代以来上千种鼎钟彝器,蔡珪因其博物,能识古文奇字,被辟为编类官。后任太常丞时,朝廷稽古礼文之事,取其议论为多。蔡珪著有《续欧阳文忠公集录金石遗文》60卷、《古器类编》30卷、《补南北史志书》60卷、《水经补亡》40篇、《晋阳志》2卷等,著述颇丰。他的诗,《中州集》存录46首。元代文学家郝经的《书蔡正甫集后》有"煎胶继弦复一韩,高古劲欲摩欧苏;不肯蹈袭抵自作,建瓯一派雄燕都"之语。施宜生亦称之云:蔡珪"学高才妙,斗南一人"。

由宋入金士族文人为金朝文坛奠定基础的同时,亦将北宋文风特别是苏轼诗风传入金境。蔡松年、蔡珪父子的诗词作品明显有受苏轼影响的痕迹。由宋入金的文人吴激更与苏轼有很深的渊源。吴激为苏门文人王履道之外孙,而吴激岳父——著名文人米芾对苏轼也执弟子礼,且与苏轼有着长达20年的友情。元好问《中州集》称吴激"工诗能文,字画得其妇翁笔意",说明吴氏对北宋文化浸染之深,故其词接受北宋词学传统,自在情理之内。蔡松年与苏门的关系,虽不如吴激那么近,但也有一定渊源联系。即使抛开家族姻亲关系从蔡氏词本身来看,蔡氏也是以东坡为师的。

金代科宦家族的文学创作题材以乡国之思为主,创作活动以文人雅

---

① (元)李谦:《中山前进士题名记》,李修生主编《全元文》第9册,江苏古籍出版社1999年版,第73页。

② (金)元好问:《中州集》卷2《孙内翰九鼎》,华东师范大学出版社2014年版,第92页。

集最为常见。

乡园是直接影响家族成员生活、成长的地域环境。从一定意义上说，传统文化语境中的家族是乡园性的家族；家族文学群体是乡园性的群体，家族文学创作也必然熏染着浓郁的乡园色彩。即使他们远离乡园，仍然会化作诗意的想象并最终转变为栖居的祈愿。

刘著，字鹏南，号玉照老人，舒州皖城人。刘著晚年流落金朝，难忘故乡，故元好问云："皖城有玉照乡，既老，号玉照老人，示不忘本。"① 王碉，字逸宾，"生于汴梁，尝以洺川自称，不忘本也。"②

不少诗人在诗歌中抒发他们的家乡田园之思。

蔡松年《和子文晚望》："因君欲赋思归乐，安得穿云一横笛。"

姚孝锡《春日抒怀》："节物惊心邃，丘园入梦频。"

姚孝锡《睡起》："旧事老年多记忆，故国归梦正悠扬。"

蔡珪《秋日和张仲温韵二首》："在家须信贫犹好，梦想人间行路难。"

刘汲《家僮报西岩栽植滋茂，喜而成咏》："近来故园消息好，西岩花木已成荫。"

刘汲《到家》："绕屋看新树，开箱检旧书。"

边元鼎《客思》："客思逢春易感伤，不堪残泪爱家乡。"

王碉《暮春郭南》："凭高极目见归雁，风物令人思故乡。"

王寂《昼寝梦到故山》："梦到故乡犹可喜，几时真个是还乡。"

王寂《上大人通奉寿三首》："天公报寿岂无意，要识三槐种德深。"

王元节《与党世杰军判丁亭会饮》："望断西州万里家，又将新火试新茶。"

党怀英《题张维中华山图》："我生随宦游，久作东南客。有田泰山下，绕屋皆泉石。"

周昂《九日》："不堪马上逢佳节，况是天涯望故乡。"

刘从益《题闲闲公梦归诗后用叔通韵》："梦间说梦重重梦，家外

---

① （金）元好问：《中州集》卷2《刘内翰著》，华东师范大学出版社2014年版，第79页。

② （金）赵秉文：《遗安先生言行碣》，阎凤梧主编《全辽金文》，山西古籍出版社2002年版，第2242页。

忘家处处家。"

刘从益《闻蛩用少陵韵》:"青衫伤久客,华发念双亲。"

术虎邃《书怀》:"回首故乡何处是,北山天际绿参差。"

白华《为刘京叔归潜堂作》:"有才不肯学干谒,便入林泉真自豪。"

杨云翼《父老》:"老去宦情薄,秋来思乡多。"

元好问《家山归梦图三首》其一:"别却并州已六年,眼中归路直于弦。"

东晋以后的士族,与以前的士族相比,更加关注庄园、山水、文学。大型庄园,既可以维持他们豪华奢侈的贵族生活,又可以满足他们观赏山水的性情。庄园是士族退守的最后一块根据地,是他们的精神家园。

随着金代社会安定和经济发展,家族聚居非常普遍,形成了家族庄园文化。大定、明昌时期,路铎笔下驻春园、师拓笔下同乐园、初昌绍笔下的成趣园、赵秉文笔下的遂初园那样的庄园文学,无疑是当时经济发展的一个反映,也是金代家族文化发展的反映。科宦家族的文学活动以文人聚会为主要方式之一。

庄园是金代士族退守的最后一块根据地,是他们的精神家园。庄园与文学的结合,可以用庄园消解他们的牢骚不平感,也可以用文学引领时代新潮,在山水自然中寻求精神上的解脱。

大定、明昌间,河北梁氏家族所建成趣园凝聚了一大批志同道合的诗人,包括党怀英、张昌祚、李永安、郦掖、路铎、崔巍、田时秀、郭安民、刘仲杰、李楫、高延年、初昌绍等人。他们崇尚魏晋风度,每到成趣园后,"讲论道德,俯仰二仪,错综人物"。[①] 他们在当时还编有《成趣园诗文集》,以成趣园为题,创作了不少的诗歌作品。金末,燕城幕府从事刘公子在御苑之西筑堂名"临锦"。"坐客皆天下之选"。元好问受邀,并被请为堂作记,"并志雅集"。大批祥禽飞鸟曾萃集堂南,场面奇异壮观,"骚人词客多为作乐府、歌诗,以记其异。名章隽语,

---

① (金)初昌绍:《成趣园诗文序》,阎凤梧主编《全辽金文》,山西古籍出版社2002年版,第1539页。

传播海内"。①

　　罗时进先生认为，家族文学生产过程的创作现场，是与"家—族—宗"相关联的"小现场"，是家族作家涵育文学、创作文学的"具体场景"，包含着创作者亲身在场的酣畅体验，感性色彩丰富的情景细节，以及日常生活审美化的鲜活样态。其中郡邑族聚、宗族祭祀、节令团圆、亭园筑构、文会雅集、族内修学以及家集编撰等，皆为文学生产的具体场景，往往能够体现出家族成员及其交游圈"文"化、"雅"化的诗性存在方式，具有文本之外的丰富意义。②

　　元德明《览镜》诗云："台阁多新赋，山林有逸诗。"在不少士族文人聚居京城的同时，不少士族文人或因为宦，或因隐居，或因游处，或因致仕，而聚集地方，登高赋诗，饮酒论文，成为金代比较独特的士族文学特色。

　　元好问《中州集》记载，绛阳军节度使、大兴人王启，致仕还乡里，与其他八人为"九老会"。③

　　"九老会"是中唐以来文坛耆老聚会雅集的一种传统形式。"昔白太傅居香山，与胡杲诸人为九老会；李文正罢相，居京师，与张好问诸人亦为九老会；文潞公在洛下，与富郑公诸人为耆英会，史册绝称之。"④明清时，九老会数量逐渐增多。明代著名者有成化年间常熟的虞山九老社，松江的莺湖九老会，以及湖州乌墩九老会等。清代乾隆皇帝先后在乾隆二十四年、三十六年两度邀请皇室及文武老臣年七十以上者，为皇家九老会。在此影响下，清代民间九老结社风气愈加兴盛。⑤

　　和王启聚集一起成为九老会的成员中，"左丞董公"为董师中。师中为皇统九年（1149）进士，官至尚书左丞，《金史》卷九五有传。"参政马公"为马琪。马琪正隆五年（1160）进士，明昌四年（1194），

---

①（金）元好问：《临锦堂记》，姚奠中主编《元好问全集》卷33，山西古籍出版社2004年版，第698页。

② 罗时进：《家族文学研究的逻辑起点与问题视域》，《中国社会科学》2012年第1期。

③（金）元好问：《中州集》卷8《王吏部启》，华东师范大学出版社2014年版，第503页。

④（清）沈德潜：《尊德九老会序》，《归愚文钞余集》卷3，清乾隆刻本。

⑤ 参见罗时进《清代江南"九老会"文学活动探论》，《地域 家族 文学——清代江南诗文研究》，上海古籍出版社2010年版，第172—183页。

拜参知政事，《金史》卷九五有传。"宣徽卢公"为郇国公卢彦伦之子卢玑，《金史》卷七五有传。章宗朝，卢玑官左宣徽使。"尚书郭公"为郭邦杰。据《金史》卷四九，章宗大定二十九年（1189）时，郭邦杰官刑部尚书。

王启"九老会"，有意承接唐宋"九老会"文名，渲染自己声势，扩大自己影响。这些文人名高宦达，性情雅致。董师中工文，性通达。马琪性明敏，习吏事。卢玑曾从章宗游猎秋山，因其"博直"，被赐名马。可以想见，这些同乡名贤聚为一道，赋诗作文，疑义相析，可为当地文坛一大盛景。

世宗、章宗朝，中都燕京成为以党怀英、王庭筠为代表的文人团体的文学创作中心，此外还有如赵沨、许安仁、魏道明、魏抟霄、郝俣、路伯达、朱澜等翰林诗人。赵秉文尝集党怀英、赵沨、路铎、刘之昂、师拓、周昂，与王碉七人诗刻木以传，目为《明昌辞人雅制》①。金南渡后，南京又成为士族文人文酒聚会的重要地点。王若虚、赵秉文、刘从益、元好问等，任职或寓居京城期间，兴会雅集、唱和联句，成为金末文坛独特风景。

在山东、山西、陕西、河南等地有也不少文人雅集活动。

寒食灵泉宴集：东平幕府诸人曾在灵泉寺宴集，作"五言古诗，任用韵，共九首，以《寒食灵泉宴集》名篇"。参加者有"德华（韩文献）、周卿（李桢）、德昭（靖文炜）、英孺（勾龙瀛）、文伯（高诩）、元某（元好问）。期而不至者：圣与（张圣与）、子中（刘诩）；不期而至者：德谦（孙德谦）、梦符（张孔孙）"。②

平阳有"河汾诸老"。真定有"封龙三友"。河南有"隆虑三隐"（贾竹、翟炳、王鼎）。③

在河南，元好问任内乡令时，张澄、杜仁杰、麻革等人挈家来内乡，以作诗为业，日相唱和，得相从文字间（元好问《张仲经诗集

---

① （金）元好问：《中州集》卷4《王隐君碉》，华东师范大学出版社2014年版，第247页。

② （金）元好问：《寒食灵泉宴集序》，姚奠中主编《元好问全集》卷37，山西古籍出版社2004年版，第780页。

③ 《（嘉靖）彰德府志》卷6《人物》。

序》,《遗山集》卷三七)。

  金代文人文会雅集、诗酒酬唱的现象非常普遍,并且贯穿金朝始终。其中的文会雅集包括大量的家族间的文学交往,从而形成活动于各地的并且经常联系的文学网络。这种文学网络的出现,丰富了金代文学的创作土壤,活跃了金代文学的创作气氛,提高了金代文学的创作品位。

# 第四章 家族文学的空间流动与交流

金代文学家族（本书中，文学家族有时称士族。金代汉族文学家族有许多出自科宦家族。女真或其他少数民族中的文学家族实际上多数来自皇族或贵族阶层）通过文学的代际传承，形成了独特的家族文化文风、家学家风，从而带动了地域文化的繁荣与发展，逐渐推动了金代文学文化的发展与繁荣。在金源文化向金代文化的发展变化当中，金代文学家族因为金代军事、政治、经济、文化生态走向等因素经历着空间的流动与变化。其中战争因素、政府移民、迁都等带来的是群体性的家族流动，而科举仕进、朝廷党争、贬官隐居等造成个体性士族流动。金代群体、个体性的文学家族流动形成了与金源文化向金代文化发展相伴随的社会文化现象。

## 第一节 战争、移民、贬谪等带来的文学家族流动

### 一 战争动乱

金初战乱给金代士族带来深重打击。谱系断绝，难以为继，对金代文学产生消极影响。南宋政权搜访罗致中原士族，一方面是因为重视其文学才能与文化影响；另一方面，通过这个举措来争取中原民心，吸引中原士人南归。金灭北宋之际，一些女真将领又特别注意保护、搜求北宋元祐名家后代，这主要是出于政治的考量，以及借才异代的现实选择。

1125年秋，金国分兵两路，即东路完颜宗望、完颜昌、完颜宗弼自南京（今河北卢龙）攻燕山府（今北京城西南），西路完颜宗翰、

完颜希尹、完颜娄室，自西京（今山西大同）攻太原。第二年春天，北宋许割太原、中山（今河北定州）、河间（今属河北）三镇与金。1126 年秋，金国仍以东西两路军第二次伐宋。完颜宗翰率西路军出西京南攻太原。九月，攻陷太原后，转兵东向，攻东京。十一月，金东西两路军进至东京城下。1127 年 1 月成功攻破东京开封，第二年春天俘虏宋徽宗、宋钦宗二帝北上。天会六年（1128）十一月，金军向南宋大举进攻，至天会七年（1129）三月，完颜娄室所率西路军相继攻破延安府（今陕西延安）、晋宁军（今陕西佳县）、鄜州（今陕西富县）等地。完颜宗翰所率东路军相继攻破澶、相（今河南濮阳、安阳）等州后，分兵自滕县（今山东滕州）奔袭扬州，自率主力于沭阳（今属江苏）击溃宋韩世忠军队后，乘势南下。宋高宗渡江，金军才北撤而去。

金朝立国之初在对黄河以北地区的武力征服中，杀掠现象严重，给中原地区带来极大破坏。中原士族损失惨重，人数骤减。史载高宗渡江时，"士大夫并其家属、禁卫五军、百司人吏老幼等，随从不及，或遇贼、或溺江、或被掳，恸哭之声震于原野，嗟怨之声殆不堪闻。"① 建炎二年，随宋君臣南逃中，"王侯之族，婉冶之姿，尽流异域。官府案牍，悉为煨烬，片纸不留。上至乘舆服御，尽皆委弃。两府侍从之家，或身死兵刃，或父母妻子离散，兄弟不相保。自古及今，未有此境界。"② 南宋诗人杨万里曾描述当时情况："自建炎南渡，中原故家崎岖兵乱，多失其序。"③ 著名的河内向氏家族，"遭时多顾，而向氏子孙流落殆尽。"④ 真定韩氏家族，遭难于颖昌，从此成员散亡。而靖康之后，北宋帝王子孙、宦门仕族被俘北迁者，都被"降为奴隶，执炊牧马，皆非所长，无日不撄鞭挞，不及五年，十不存一"⑤。洪皓亲见北宋宗室、

---

① （宋）徐梦莘：《三朝北盟会编》卷 122《炎兴下帙二十二》，上海古籍出版社 1987 年版，第 890 页。
② 《建炎维扬遗录》，丛书集成初编补印本，商务印书馆 1959 年版。
③ （宋）杨万里：《通判吉州向侯墓志铭》，《诚斋集》卷 130，四部丛刊影印本。
④ （宋）张纲：《向子廉复官》，《华阳集》卷 4，四部丛刊三编本，上海书店 1986 年版。
⑤ （宋）确庵、耐庵：《靖康稗史》之六《呻吟语》，崔文印笺证，中华书局 1988 年版，第 199 页。

百官被俘人员及其子弟"尽没为奴婢，使供作务。每人一月支稗子五斗，令自舂为米，得一斗八升，用为糇粮。岁支麻五把，令绩为裘，此外更无一钱一帛之入"。①

宋"南渡之初，中原士大夫之落南者众"②。宋金战争中，一部分中原士族有幸成功随宋室南逃，散居东南地区。南宋政权对这些来自北方的士族非常重视，尽力搜访罗致。宋高宗绍兴二年（1132）下诏："以中原士大夫隔绝滋久，流徙东南者，媒寡援疏，多致沉滞，令侍从搜访以闻。"③南宋局势渐趋稳定之后，北方金境的一些士人又陆续投奔南宋。据李心传记载，自绍兴三十一年（1161）完颜南侵之后，"中原士民，不忘祖宗之德，归正者不绝。"④其中有不少北方士人流寓在钱塘。他们聚徒授学，以谋生养家。应天府宁陵人程迥，靖康之乱时，渡江南徙绍兴之余姚。时程迥年幼孤贫，漂泊无依。二十余岁，始知读书，"时乱甫定，西北士大夫多在钱塘，迥得以考德问业焉"。最终程迥学问广博，著作丰富，对于户口、田制、贡赋、医药、度量衡、音韵等均有研究。朱熹称其"博闻至行，追配古人，释经订史，开悟后学，当世之务又所通该，非独章句之儒而已"⑤。

南宋政权搜访罗致中原士族，一方面是因为重视其文学才能与文化影响，另一方面，通过这个举措来争取中原民心，吸引中原士人南归。陆游认为："方今虽中原未复，然往者衣冠南渡，盖亦众矣！其间岂无抱才术、蕴器识者，而班列之间北人鲜少，甚非示天下以广之道也。"所以陆游建议："欲望圣慈命大臣近臣各举赵魏齐鲁秦晋之遗才，以渐试用，拔其尤者而任之。庶上遵仁祖用人之法，下慰遗民思旧之心。其于国家必将有赖。"⑥南宋绍兴九年（1139）二月，右谏议大夫李谊言：

---

① （宋）洪迈：《容斋随笔》，《容斋三笔》卷3《北狄俘虏之苦》，穆颖华校点，辽宁古籍出版社1996年版，第368页。

② （宋）周密：《癸辛杂识》后集"许占寺院"条，吴企明点校，中华书局1988年版，第73页。

③ （元）脱脱等：《宋史》卷160《选举志六》，中华书局1977年版，第3750页。

④ （宋）李心传：《建炎以来系年要录》卷53，中华书局1988年版，第1592页。

⑤ （元）脱脱等：《宋史》卷437《程迥传》，中华书局1977年版，第12952页。

⑥ （宋）陆游：《论选用西北士大夫劄子》，《陆游集》，中华书局1976年版，第1994页。

中原沦陷，久隔照临。必有洁身之士，高蹈于山林者，望乞命聿（陕西宣谕使周聿）等搜访以闻。①

金灭北宋之际，一些女真将领特别注意保护、搜求北宋元祐名家后代。靖康元年（1126）十一月，金军在攻陷洛阳时，宗翰就曾命令士兵不得骚扰宋朝名臣司马光之家人，并下令："寻富郑公、文潞公、司马温公等子孙。"②一些宋朝士族进入金朝后，受到重用。蔡松年随其父亲蔡靖镇守燕山，宣和七年（1125）战败入金。入金时，他还是不到20岁的青年，其家世仕宋的身份得到金人的重视，从尚书台令史开始，参与金王朝的政治、军事活动，历任吏部侍郎、户部尚书、吏部尚书、参知政事、尚书右丞相，加仪同三司，封卫国公。

金亡之际的金蒙战争给中原及黄河以北地区的文学家族带来沉重打击。

蒙古成吉思汗在1206年建国后，于1211年2月，聚众誓师，自克鲁伦河南下，发动了大规模的南侵战争。随后，蒙古三军几乎踏遍了金朝黄河以北华北平原的领土，把各州城的金帛、子女、牛羊马畜席卷而去。1214年4月，成吉思汗统率蒙古军自中都北撤后，又派木华黎和石抹也先（降蒙的契丹人）等去辽东攻下了金东京，掳掠去大批粮食、武器。金朝在辽西、辽东的将领和各地地主武装，纷纷投降蒙古，或叛金自立。金人梁询谊《哀辽东》："守臣肉食头如雪，夜半群胡登雉堞。十万人家靡孑遗，马蹄殷染衣冠血。珠玉盈车宫殿焚，娟娟少女嫔膳荤。"③贞祐二年（1214）五月十一日，宣宗下诏南迁。1232年，蒙古围攻汴京，"侯王家世之旧、忠贤名士之裔，不颠仆于草野，则流离于道路者多矣。"④

---

① （宋）李心传：《建炎以来系年要录》卷126，丛书集成初编本，中华书局1985年版，第2052页。

② （宋）徐梦莘：《三朝北盟会编》卷63《靖康中帙三十八》，上海古籍出版社1987年版，第476页。

③ 陈郁：《藏一话腴》卷下，四川图书馆抄本。

④ （金）元好问：《毛氏家训后跋语》，姚奠中主编《元好问全集》卷40，山西古籍出版社2004年版，第839页。

汴梁城破之际，"朝官士庶往往相结携妻子突出北归。"① 诸大臣子孙多死于兵，士之北渡者百不二三。"大夫、士、衣冠之子孙陷于奴虏者，不知其几千百人。"②

金、蒙之间长达数十年战争使北方的社会经济遭到严重破坏，"两河、山东数千里，人民杀戮几尽，金帛子女，牛马羊畜皆席卷而去，房庐焚毁，城郭丘墟。"③ 战争的酷烈与破坏性可以想见。"贞祐初，人争南渡，而陑于河。河阳三城至于淮泗，上下千余里，积流民数百万，饥疫荐至死者十七八。"④

在这样的时代背景下，文人常有朝不保夕之虞。"金之将亡，中原云扰。衣冠世族，强者戮、弱者俘，为自全之计者，或乘时崛起，争相长雄而使人莫能犯，或自混于杂流而取容一时，然恃其力而以暴陵人有仁心者，所不忍为。惟百工之事有以利用而无害于义，故君子宁屑为之。"⑤

金南渡后，衣冠之族多聚集在汴梁及附近地区。元房祺所编《河汾诸老诗集》收集8位金代遗民的诗作。其中有6位出身士族。他们经历了壬辰北渡等事件，羁居河汾汴梁。其中之一的云中应州人曹之谦（？—1264），天兴元年，官尚书省左司都事。金亡，徙居平阳，隐居教授三十余年。

金末战乱不仅导致了士族的流离，而更重要的是士族失去了生活的依靠，而无从延续家族传承。"金季丧乱，士失所业"。⑥ 导致"贞祐丧

---

① （金）刘祁：《归潜志》卷11《录大梁事》，崔文印点校，中华书局1983年版，第126—127页。

② （元）段成己：《创修栖云观记》，李修生主编《全元文》第2册，江苏古籍出版社1999年版，第217页。

③ 佚名：《续编两朝纲目备要》卷14"金人告迁于南京"条，汝企和点校，中华书局1995年版。

④ （元）郝经：《先大夫墓铭》，李修生主编《全元文》第4册，江苏古籍出版社1999年版，第448页。

⑤ （元）黄缙：《奉议大夫同知诸路金玉人匠总管府事傅公墓志铭》，李修生主编《全元文》第30册，江苏古籍出版社1999年版，第302页。

⑥ （元）王恽：《故翰林学士紫山胡公祠堂记》，李修生主编《全元文》第6册，江苏古籍出版社1999年版，第141页。

乱之后，荡然无纪纲文章。"① 以致元朝苏天爵感叹道："昔金盛时，公卿将相隆名极位，赫然震耀，曾无几时，声迹俱灭，甚者或无以为继"。② 元蒙入侵中原后，许多士族分流，为了生计而弃儒为医、为僧、为方技等等。随着全真教在元朝的盛行，一些士大夫为全身避祸，入全真教。"士大夫之流寓于燕者，往往窜名道籍。"③ 据《黑鞑事略》载，全真教主驻居的燕京长春宫中，多有亡金朝士。出身灵台名族的王志谦，1235年避世秦亭，舍儒归道。④ 出身泽郡名族的姬志真，能诗赋、善阴阳。辛巳（1221）家乡沦陷后，流寓冀州。甲午（1234）金亡时，遇栖云真人王志谨演教诸方，遂执弟子礼。⑤

天兴二年（1233）四月，蒙古兵攻破汴京初，元好问出于保护中原儒家文化的目的，即向当时任蒙古国中书令的耶律楚材推荐了54个中原秀士。但当时战乱纷扰，这些士人多数并未得到保护与重用。在金亡前后，"二十余年间所见富贵权势之人，一时烜赫如火烈烈者，迨遭丧乱，皆烟销灰灭无余"。⑥ 一些辽宋大族经过金末的战争，家族沦落，人丁稀少。赵思温子延威一传而二，再传十二人，三传至廿八人，四传四十五人，五传而六十四，六传八十四，七传九十二，八传当建春府君行，群从数几满百，本支子侄廿有八，然遭壬辰丧乱，存者仅三人而已⑦。

金亡前后，金朝一些士族为避难投奔河北、山东的一些地方世侯。这些世侯利用自身的地方影响，及士族的文化修养，发展了地方文化，

---

① （金）元好问：《紫微观记》，姚奠中主编《元好问全集》卷35，山西古籍出版社2004年版，第740页。

② （元）苏天爵：《浑源刘氏传家集序》，李修生主编《全元文》第40册，江苏古籍出版社1999年版，第61页。

③ （元）王鹗：《玄门掌教大宗师真常真人道行碑铭》，李修生主编《全元文》第8册，江苏古籍出版社1999年版，第31页。

④ 《刘望之.灵台观碑》，《陇右金石录》卷五，石刻史料新编（第1辑第21册），台湾新文丰出版公司，1977年版。

⑤ （元）张好古：《知常姬真人事迹》，李修生主编《全元文》第22册，江苏古籍出版社1999年版，第344页。

⑥ （金）刘祁：《归潜志》，崔文印点校，中华书局1983年版，第1页。

⑦ （元）王恽：《卢龙赵氏家传》，李修生主编《全元文》第6册，江苏古籍出版社1999年版，第337页。

同时又为元朝的文化建设储备了大量的人才。

顺天张柔"喜收养士类"①,"性喜宾客。每闲暇,辄引士大夫与之谈论,终日不倦。岁时赡给,或随其器能任使之。"② 有金状元王鹗、乐夔、郝经、敬铉,皆为张柔门下客。王若虚、元好问、刘郁等人与张柔也有往来。张柔入元后,随元军入汴,"诸将争取金缯,公独入史馆,收金实录,秘府图书,仍访求乡曲耆旧、望族十余家。若高户部夔、李都运特立,赵礼部三子:克赞、克刚、克基,杨翰林子恕、婿贾庭扬,护送北归。"③ 张柔率军攻宋时,顺天事务由行军千户、左副元帅贾辅负责。贾辅对留居顺天的名士,"皆厚为资给,厚礼延待,擢其英俊而加任使,其耆德则事之。由是四方贤士,翕然来归,冠佩蔼然,有平原、稷下之盛。"④ 1243 年,郝经为贾辅馆客,教授其诸子。张柔及部下礼贤下士,尊重保护士族,影响很大,以致衣冠北渡者多寓保州。"朝省名士 50 余人会于保下,"有"顺天盛衣冠"之称。⑤

河北真定史氏家族亦为金末士族的避难所。史氏四代皆重儒亲书,喜招贤纳士。史天泽曾祖史伦,在金末战乱中建家塾,招徕学者,并且出钱为被掳为奴的士人赎身,所以士人争相归附。祖父史成珪重视文教而"有父风"。⑥ 父秉直,读书尚气义。史天泽崇儒重道,精通《资治通鉴》。帅真定时,召集流散,存恤贫困。一些名士流离失所,史天泽悉为治其生理而宾礼之,后这些人多致显达。史天泽兄史天倪嗜书好学,日诵千言。史天倪之子史楫在真定,"所举州县佐吏有文学者三十余人,后皆知名"⑦。

---

① (元)魏初:《故总管王公神道碑铭》,李修生主编《全元文》第 8 册,江苏古籍出版社 1999 年版,第 486 页。

② (元)王磐:《蔡国公神道碑》,李修生主编《全元文》第 2 册,江苏古籍出版社 1999 年版,第 270 页。

③ (元)苏天爵:《元朝名臣事略》卷 6,中华书局 1996 年版,第 95 页。

④ (元)郝经:《左副元帅祁阳贾侯神道碑铭并序》,李修生主编《全元文》第 4 册,江苏古籍出版社 1999 年版,第 429 页。

⑤ (金)元好问:《潞州录事毛君墓表》,姚奠中主编《元好问全集》卷 28,山西古籍出版社 2004 年版,第 604 页。

⑥ (明)宋濂等:《元史》卷 147《史天倪传》,中华书局 1976 年版,第 3478 页。

⑦ (明)宋濂等:《元史》卷 147《史楫传》,中华书局 1976 年版,第 3482 页。

金末元初，严实父子为东平路行军万户期间，安定一方，又注重保护士类。严实略知书，次子忠济在东平。"庙学故隘陋，改卜高爽地于城东，教养诸生，后多显者，幕僚如宋子贞，刘肃，李昶，徐世隆俱为名臣"①。三子忠嗣少从张澄、商挺、李桢学，略知经史大义。严氏幕僚如宋子贞、刘肃、李昶、徐世隆，入元后俱为名臣。

除上述三大世侯之外，在入元后，一些地方的少数民族官员也注重保护金朝士族。元太宗时，中书左丞相粘合重山、其子粘合南合相继开府彰德。粘合幕府聚集了一大批金末名士，为保存文化、安定地方做出贡献。

金元之际，一些地方诸侯如太原郝和尚拔都、泽州守段直、云内帅贾抟霄等，收招布衣、折节礼士，注重保护流亡士族。郝和尚拔都，金末任九原府（忻州）主帅。金亡入元，治太原。虽为武将，却常论古今成败之乱，喜与名士大夫游。元好问、李治等皆曾至门下。段直守泽州二十余年，善待、重用本地士人。金末状元李俊民除在家讲学授徒外，还充段直幕僚，为其代写公文。另外，"泽之名士散在四方者，亦必百方招延，必至而后已"。②贾抟霄好学养士，人称其"奇人辐辏君门下，占断西州好士名"。③

一些文人或被地方豪族聘为私家塾师。金户部郎中张敏修、荆王府文学乐著、翰林官员张玠等，曾被彰德富豪盖椿聘为塾师，教其子弟。④

自金末最后一次科举考试，到元武宗死，科举在北方中断了七十多年。这段时期，汉族士人入仕之路断绝。文人分流，"或习刀笔以为隶胥，或执仆役以事官僚，或作技巧贩鬻以为工匠商贾"。⑤

洺人李庆嗣少举进士不第，弃而学医，读《素问》诸书，洞晓其义。天德间，岁大疫，广平尤甚，贫者往往阖门卧病。庆嗣携药与米分

---

① （明）宋濂等：《元史》卷148《史忠济传》，中华书局1976年版，第3508页。

② （元）刘因：《泽州长官段公墓碑铭》，李修生主编《全元文》第13册，江苏古籍出版社1999年版，第436页。

③ （元）耶律楚材：《赠贾非熊抟霄一首》，《湛然居士文集》卷4，丛书集成初编本，中华书局1985年版，第48页。

④ 《（嘉靖）彰德府志》卷2《地理·留村水栅》。

⑤ （明）宋濂等：《元史》卷81《选举志一》，中华书局1976年版，第2017页。

遗之，全活者众。所著《伤寒纂类》四卷、《改证活人书》三卷、《伤寒论》三卷、《针经》一卷，传于世。①

山东士族王去执究经传百家之说，"古今上下，经纬异同，靡不淹贯"。以父母多病，"于《黄帝内经》、老子摄生之旨，尤为尽心。卒保康强无恙，俱享寿以终"。"至宗族乡党，亦赖以安。"②

张元素字洁古，易州人。八岁试童子举。二十七岁试经义进士，犯庙讳下第。乃去学医。平素治病不用古方，并曰："运气不齐，古今异轨，古方新病不相能也。"③ 自为家法。

平州人王元粹，系出辽代衣冠士族。正大末，遭乱，流寓襄阳。襄阳破，只身北归燕中。后为黄冠师，主太极道院。④

东平道士范圆曦（1178—1249）金末以儒入道，好贤喜士，为东州冠。汴梁失陷，衣冠北渡者多往依之。⑤

曾为金进士的张本、秦志安、冯志亨等，皆以儒士归心道门。

棣州厌次（山东惠民）人郭继祖（1188—1260）出身官宦之家，邃于问学，金季丧乱之时，去而为浮屠。

河南士人陈天祥（1230—1316）其祖陈忠"博通经史"，到天祥一代时，已世隶军籍。⑥

## 二 移民迁居

政权初创，女真贵族就比较重视上京的经营，包括充实人口。金初，河北溃散军兵、流亡人户，及山西、河东老幼，俱徙河南。但女真统治者认识到"在处侨居，各无本业，易至动摇"之后，凡与辽战所

---

① （元）脱脱等：《金史》卷131《李庆嗣传》，中华书局1975年版，第2811页。
② （金）赵沨：《王榆山先生墓表》，阎凤梧主编《全辽金文》，山西古籍出版社2002年版，第1757页。
③ （元）脱脱等：《金史》卷131《张元素传》，中华书局1975年版，第2812页。
④ （金）元好问：《中州集》卷7《王元粹》，华东师范大学出版社2014年版，第481页。
⑤ （元）宋子贞：《普照真人玄通子范公墓志铭》，李修生主编《全元文》第1册，江苏古籍出版社1999年版，第167页。
⑥ （元）王恽：《举河南士人陈天祥事状》，《秋涧先生大全文集》卷89，四部丛刊初编本。

俘和来归者，多安置于女真内地上京地区。天辅六年四月，金以燕京六州归宋。凡"燕之金帛、子女、职官、民户，为金人席卷而东，宋朝捐岁币数百万，所得者空城而已"①。这些被安置在女真上京地区的职官、民户其中当有不少属于士族成员。

  金代初期的迁民除用以充实女真内地外，也有防止敌对势力联合的意图。灭北宋后，女真更迁宋宗室百官数千人。在向上京迁民的同时，也逐渐将降民安置于东京、沈州等地。天辅七年，曾将招降的来、隰、迁、润四州士民迁往沈州，将猛安详稳留住所领的归附人户迁往东京。及至河北入金，又将所俘河南民户迁入河北。政权稳定后，再一次将洛阳、襄阳、颍昌、汝、郑、均、房、唐、邓、陈、蔡之民迁往河北。金初迁入内地的民户有契丹人，也有奚人、渤海人和汉人。他们为女真社会带来了先进的文化及农业、手工业和畜牧业技术，增加了劳动力，促进了上京地区的发展进步，对女真社会的经济、文化产生了积极的影响。

  金朝占据中原后，为了充实中原人口，巩固女真统治，大规模向北移民则为女真人的陆续南迁所取代。太宗以来，女真民户不断南迁到汉地。金海陵王迁都中都后，上京一带的女真人大批南下，分布在燕山以南、淮河以北的广大地区。天眷、皇统间，创屯田军。"凡女直、契丹之人，皆自本部徙居中州，与百姓杂处。计其户口，授以官田，使知播种，春秋量给衣焉。若遇出军，始给其钱米。凡官田之所，自燕山之南，淮陇之北皆有之。"② 南宋赵汝谈分析女真这些措施时指出："祸乱犹在河北，未遽至河南，盖豪雄择形势，大盗窥货宝，金帛重器俱聚河北，河南无大川为之险，欲起安所凭？且金素以河南近我，置守多完颜氏亲党，其下亦令蕃汉错居，所以防虑备尽。"③

  女真猛安、谋克户散居在汉人村落之间，多把田地出租汉人佃户耕种，成为封建地主。迁居中原的女真人逐渐接受汉族文化，使用汉族语

---

  ① 宇文懋昭：《大金国志》卷2《太祖武元皇帝下》，崔文印校证，中华书局1986年版，第30页。

  ② 宇文懋昭：《大金国志》卷12《熙宗孝成皇帝四》，崔文印校证，中华书局1986年版，第173页。

  ③ （元）脱脱等：《宋史》卷413《赵汝谈传》，中华书局1977年版，第12394页。

言，女真贵族也多习用汉语、汉文。到了章宗时期，由于章宗具有较高的汉文化素养，在他的倡导下，更有许多女真贵族学习汉文化，而且正式下令鼓励女真屯田户与汉族通婚，加速了女真族的汉化。金末在中原地区，出现不少的女真文学家族。《归潜志》中提到的非汉族文人除了金代帝王完颜亮、完颜璟，以及来自皇室如完颜永功、完颜琦、完颜永中之外，多为女真贵族、世袭猛安成员，包括术虎邃、乌林答爽、石抹世勣、吾古孙奴申、吾古孙仲端、完颜素兰、完颜胡斜虎、完颜合打、完颜陈和尚、移剌买奴、移剌粘合、完颜斜烈兄弟、夹谷德固、完颜守贞、完颜仲元等共20位。他们大多"好文学，喜与士大夫游"，并且"作诗多有可称"。完颜陈和尚虽出身于将门之后，但嗜书嗜学，爱好文史。其兄完颜斜烈擢帅寿（今安徽凤台）、泗（今江苏盱眙西北），奏请陈和尚自随，诏充任宣差提控。斜烈敬贤下士，辟太原儒士王渥为经历。王渥教陈和尚《孝经》《论语》《春秋》《左氏传》，陈和尚尽通其义。刘祁评完颜兄弟"同讲经学，读书不辍，亦一时弟兄良将帅也"。①

## 三 政府迁都

金太祖每收城邑，往往徙其民以充实京师人口。作为文化中心的金代五京，自然皆为士族聚居之地。金源文化时期，金上京、东京、西京地区为文学士族文学活动的主要地区。完颜贵族利用滞留金国的宋人教育后代。绍兴四年（公元1134年，金太宗天会十二年）十一月，金人自燕山移张邵居会宁府，当时宋朝兵部侍郎司马朴、右文殿修撰崔纵、奉议郎魏行可、右武大夫和州防御使郭元迈皆已被羁居于会宁。南宋大臣洪皓于书无所不读，虽食不释卷，留金15年，其间曾经写下上千首诗词，金人"争抄诵求锓锌"。洪皓被放女真贵族完颜希尹家族的驻地冷山（今黑龙江五常境内），因学识渊博而得到完颜希尹赏识。完颜希尹破例让他教授自己的八个儿子读书。朱弁羁金西京（今山西大同）十六载，坚贞不屈，高宗诏为"忠义守节"，朱弁筑馆授学。金国名王贵人多遣子弟就学，当地父老也慕其名节往访甚多。随朱弁出使的北宋

---

① （金）刘祁：《归潜志》卷6，崔文印点校，中华书局1983年版，第62页。

从事郎付伟文，亦为金人所拘，"求应举自免，屏居村落间，授徒以自给。"①

随着金廷先后迁都中都、南京，金代的政治文化重心逐渐南移。不少士族纷纷由北向南或由西向东迁居。特别是金南渡后，原来出生在黄河以北的许多著名的士族文人大多流落于以汴京为中心的黄河以南地区，或山东、关中等地区。文化重心也随之南移。刘勋兄弟出身衣冠士族，其祖上在元魏时迁居云中。后刘勋与其弟刘谯客居济南。元好问知己辛愿，自其祖父由凤翔迁居河南福昌女几山下。博览群书，尤精三传，至于内典，亦称该洽。杜诗韩笔，未尝一日去其手，作文有纲目不乱。律诗精严，而有自得之趣。②系出陇西的李楫，其祖父李福在辽末金初避乱云中，至李楫父李彦直因官全家定居于淄川（今属山东淄博）。李楫幼学颖悟，三赴省试，皆入优等，受郑景纯奖异后，刻苦用功，登大定十九年词赋进士第。③

贞祐南渡后，活动于豫鲁地区重要的士族文人主要有来自元氏家族、刘氏家族、李氏家族、许氏家族、王氏家族、雷氏家族、麻氏家族中的成员，包括元好问、刘从益、李献能、许古、王若虚、雷渊、麻九畴等，另外还有刘微、赵秉文、李纯甫、杨云翼、李俊民、王郁、冯延登、李汾、宋九嘉、王渥、冀禹锡等著名文人。他们以南渡的燕云文人为主，本地文人占少数。此外，还有一部分女真族及契丹族文人，如术虎邃、乌林答爽、完颜斜烈兄弟、移剌买奴等。这些文人在文学、理学等方面成就卓著影响巨大，使这一地区成为金末全国文化的中心区。

金朝的文化发展，以海陵贞元迁都为界，分为前后两个阶段。前者为金源文化时期，后者则为金代文化时期。金源文化的地域代表类型是金上京会宁府文化；金代文化代表类型是金中都及河东南路平阳府地区的文化。这个观点有其合理处。金源文化以女真族政权最初发起到逐渐

---

① （宋）李心传：《建炎以来系年要录》卷143，中华书局1985年版，丛书集成初编本，第2304页。

② （金）元好问：《溪南诗老辛愿》，姚奠中主编《元好问全集》卷41，山西古籍出版社2004年版，第956页。

③ （金）元好问：《沁州刺史李君神道碑》，姚奠中主编《元好问全集》卷16，山西古籍出版社2004年版，第398页。

巩固时期的文化为代表，尽管其官僚人才以由辽入金、由宋入金的士人为主，但其表现特征仍以少数民族文化为主；它的地理特征，就是以上京会宁府为中心，以我国东北为辐射范围，同时延及中都和西京。这些汉族士人为金朝的文化建设和政权巩固，起到了积极的推动作用，为金代文化进入后一阶段奠定了较为坚实的基础。

除以上三大原因造成大规模的士族空间流动之外，还有其他的一些原因造成士族的空间流动。

第一，科举任官。自隋朝实行科举取士以来，科举仕进一直是士族空间流动的一个重要原因。金朝重视科举考试。一些著名的文人皆是通过科举及第进入仕途，然后或任职朝廷，或游宦地方。由于士人身份，其对仕宦之地的文化影响、辐射的作用至为显著。在一定程度上，促进了地域之间的文化交流。一般来说，科宦家族的空间迁移以京城为目标。在金代五京地区，聚集了不少的世家大族和科宦家族。他们或任职京师，或干谒游学。从金太祖至完颜亮时，不少士族来自辽代。著名者包括大定府郑子聃、蓟州人左企弓、易县人张通古、燕人周金、良乡人王枢、渔阳人张斛等，主要聚居在金源腹地，即上京、东京地区。由宋入金的士族文人多长期流寓河朔或定居河朔。如相州人杜充、景州阜城人刘豫、燕人任熊祥、蓟州玉田人王础、安阳人王竞、相州林虑人孔彦舟，等等。金代后期，随着元蒙军队南侵，金代疆域渐被压缩至黄河流域，录取人数明显缩减，士族迁移空间也大为缩小。有些士族成员，其中以王庭筠为代表的王氏家族、以元好问为代表的元氏家族等，皆在仕宦河南中，先后通过诗歌创作、歌酒雅集等活动，活跃了地域文化生活，充实了地域文化内涵，提升了自己家族的文化影响力。

第二，贬官隐居。金代不少士族文人曾有过贬官或隐居的经历。金代中期，文人往往于贬官或隐居之时，专注学问，终成大家。兴州刘氏家族七世登科、世代为宦，为典型的科举士族。家族成员有刘昂为大定十九年（1179）进士，年三十三为尚书省掾，调平凉路转运副使。以母忧去职，连蹇十年，卜居洛阳。刘昂于此专心诗学，律赋自成一家，作诗得晚唐体，尤工绝句。真定周伯禄为大定进士，仕至同知沁南军节度使。其子周昂擢第后，既历台省，为人所挤，竟坐诗得罪，谪东海上十数年；其间砥砺气节、钻研学问，最终形成自己的特色，"学术醇正，文笔高雅，诸儒皆师尊之"。① 王庭筠曾隐居隆虑十年，得以悉力经史，旁及佛老。而金代后期，一些士族文人在隐居或避乱或致仕期间，则除注重嗜书博学之外，还注重聚养生徒、传授学业。真定栾城人李冶，为金正大末登进士第，与河中李献能、龙山冀禹锡、平晋李汾为同年友。壬辰北渡，隐于崞山之桐川。聚书环堵中，闭关却扫，以涵泳先王之道为乐。手不停披，口不绝诵，如是者几五十年。苏天爵评价他说："先生之于学，其勤至矣！人品既高，真积之力斯久，所以优柔餍饫，深造自得，无众人之所难。经为通儒，文为名家，其名德雅望，又为一时衣冠之龙门。"② 进士高彝为女真人，金末任潞州昭义军节度使。后弃官隐居上党，教子弟以诗礼。霸州信安人杜时升在承安、泰和间，隐居嵩、洛山中，以伊洛之学教人。麻信之、杜仲梁、张仲经，正大中同隐内乡山中，以作诗为业。汴梁高仲震隐居嵩山二十年，陶醉于六艺之学。辽东人高仲振挈妻子入嵩山，博极群书，尤深《易》《皇极经世》学。陵川人刘昂霄，举进士不中，以荫补官，不就，与李纯甫等为诗友。原籍四川阆中的鲜于溥为宋文臣子骏之后，其祖辈四世皆擢进士第，家族仕宦通达。溥以门资仕。终于栎阳令。元好问称："济源盘谷，天壤佳处，坦父子居其间，饮酒赋诗。翛然尘垢之外。至今人以高士目之。"③ 金代士人隐居原因各不相同，但对隐居之地的文化学术的影响与带动作用是毋庸置疑的。

第三，文人党争。金代党争皆有民族文化冲突以及女真统治集团的内部斗争的复杂背景。建炎二年（1128），刘豫杀宋将降金。四年九月，被金人立为"大齐"皇帝，建都大名（今属河北），后迁汴京（今河南开封），统治河南、陕西之地。刘豫深文密网，滥及无辜。忠臣义士，多被杀戮，或因贬窜，流落失所。熙宗朝时的田珏党事，是新汉官集团与旧汉官集团的斗争，其结果是孟浩等34人被迁徙海上，尚书省为之一空。而以王础为代表的王氏家族、刘㧑为代表的刘氏家族因为头

---

① （元）脱脱等：《金史》卷126《周昂传》，中华书局1975年版，第2730页。

② （元）苏天爵：《元朝名臣事略》卷13《内翰李文正公》，姚景安点校，中华书局1996年版，第260页。

③ （金）元好问：《鲜于溥》，姚奠中主编《元好问全集》卷41，山西古籍出版社2004年版，第931页。

脑清醒，不预党事，从而逃过一劫。两个家族的后代形成了始终正道直行、不随世俗的家风。苏天爵评价刘㧑云："终金之世，云朔诸郡文献相望，大抵多翁所感发也。其子翰林继之家学，益修居官廉平，恒慕黄叔度、郭林宗为人，萧然有高世之志，徜徉西岩泉石之间，而佚老焉！后之人皆世其学、厉其行，未尝趋势干名以苟富贵，则能传家保族，固其宜哉！"① 世宗、章宗时，受完颜守贞影响的"冷岩十俊"与胥持国身边的"胥门十哲"相互交锋。世宗朝时，守贞及十俊中的一些人员一度被逐出京。守贞以"太邀权誉"罪名出知济南府事，前举守贞者董师中、路铎等皆补外。南渡后，宣宗重用吏权，使得士族文人的生存空间受到挤压。贞祐间，术虎高琪为相，欲树党固其权，先擢用文人，将以为羽翼。已而，台谏官许古、刘元规定之徒见其恣横，相继言之。高琪大怒，斥罢二人。因此更用胥吏，许多文人长期不得升调②。

## 第二节　从敬宗收族到以文继祖

战争、动乱的因素带给文学家族空间迁移经常是成员凋零、家族离散。一旦社会稳定、经济恢复，文学家族的生命力随着科举、仕宦、军功等因素，在儒家忠孝伦理文化的核心观念的激发之下迅速恢复。金代文学家族的空间流动往往受女真政权民族政策、文化政策的直接影响，并对金代文学产生了多方面的促进作用。

第一，国朝文派的创立。

大定、明昌时期，著名重要士族成员如党怀英、赵沨、王庭筠、郝俣等相继进入中都燕京，任职朝廷。燕京实际上成为大定后期以党怀英、王庭筠为代表的"国朝文派"第一批文学创作集团的文学创作中心。集团成员除党怀英、王庭筠外，还包括许安仁、魏道明、魏抟霄、路伯达、朱澜等翰林诗人。大定二十九年（1189），党怀英与凤翔府治中郝俣充《辽史》刊修官，应奉翰林文字移剌益、赵沨等7人为编修官。明昌初，党怀英、赵沨又得到张汝霖的推荐，受章宗重用。王庭筠

---

① （元）苏天爵：《浑源刘氏传家集序》，李修生主编《全元文》第40册，江苏古籍出版社1999年版，第61页。

② （金）刘祁：《归潜志》卷7，崔文印点校，中华书局1983年版，第71页。

于明昌元年（1190），以书画局都监被召入京，与其舅张汝方评第法书名画。明昌三年（1192），应奉翰林文字。金后期诗坛不少代表人物都受王庭筠的推崇与荐举。赵秉文、冯璧、李纯甫则受王庭筠的荐引，韩温甫、路元亨、张进卿、李公度与王庭筠为诗友。

元好问年幼时，随继父元格转徙于山东、河北、山西、甘肃等地，得到了继父良好的教育。十四岁时，元格移官陵川，元好问得以师事陵川著名学者郝天挺。稍后得到太原王中立、翰林学士路铎、名儒郝天挺等的师授指教。元好问22—35岁时，由山西逃难河南并在豫西定居。通过应试汴梁，他得以与朝中名人如赵秉文、杨云翼、雷渊、李晏等交接结好，不仅在学问上受到指点，诗文也大为进步。正大间，元好问任内乡令时，张澄、杜仁杰、麻革等人挈家来内乡，以作诗为业，日相唱和，得相从文字间。天兴二年（1233）以后，元好问与家人辗转于山东聊城、冠氏之间。晚年以诗存史，勤奋编辑金国已故君臣诗词总集《中州集》。清代刘熙载评论："金元遗山诗兼杜、韩、苏、黄之胜，俨有集大成之意。以词而论，疏快之中，自饶深婉，亦可谓集两宋之大成者矣。"① 正因元好问是当时文坛盟主，所以在元好问身边，聚集了不少的文人。而元好问"性乐易，好奖进后进，春风和气，隐然眉睫间，未尝以行辈自尊，故所在士子从之如市然，号为泛爱。"② 长期的辗转流离，目睹国家不幸，创作出苍凉慷慨的丧乱诗歌，影响深远，最终使得元好问成为"国朝文派"的旗手，"国朝文派"的创作成就达到顶峰。

第二，文学社群的形成。

金中期，庄园文学兴盛。如大定、明昌时期出现的象路铎笔下驻春园、师拓笔下同乐园、初昌绍笔下的成趣园、赵秉文笔下的遂初园那样的庄园文学，无疑是当时经济发展的一个反映。河北献县梁子直，"赏酒好饮，任性旷夷，寄怀远远；厌阛阓之喧，乐林泉之胜"。他喜欢读《晋史·隐逸传》，羡慕东晋诗人陶渊明，为寻渊明之趣，将家事委托其子，背城而东，择得膏腴之地，买田二百亩，凿井筑垣，结庐而独

---

① （清）刘熙载：《艺概注稿》，袁津琥校注，中华书局2009年版，第527页。
② （元）徐世隆：《遗山先生文集序》，姚奠中主编《元好问全集》卷53，山西古籍出版社2004年版，第1252页。

居,谓之"成趣园"。大定、明昌间,成趣园汇聚了不少的士族文人,包括党怀英、张昌祚、李永安、郦掖、路铎、崔巍、田时秀、郭安民、刘仲杰、李楫、高延年、初昌绍共十二人。这些诗人在成趣园"讲论道德,俯仰二仪,错综人物。"① 在当时还编有《成趣园诗文集》,以成趣园为题,创作了不少作品。

南渡之后,文化重心南移至以汴京为中心的黄河流域。一些士族或因仕宦、或因隐居、或因避乱等,迁居汴京、洛阳、淮阳、安阳,以及山东、河北、陕西一些地方。这时候实际上呈现出除汴京外,多元地方文化中心并存的现象。

相州安阳是不少金朝遗老硕儒迁居之地。包括緱山杜瑛、蒙城田芝、北燕刘骥、永平王磐、古郑周子维、武安胡德珪、浑源刘祁、太原高鸣、刘汉臣、燕山尚子明、林虑张允中、洛水徐世英、李仲泽、汴梁魏献臣、田仲德、郭谦甫等,"各以经术教授,互相提倡,盖彬彬乎多文学之士,亦一时盛事也"。这些文士大量聚集相州,开展讲学、教育,传承中原文化,《新元史·杜瑛传》称当地"士子受业者恒以百数,至今相、卫尚文雅。"②

河南洛西地区形势平正,土壤膏腴,四水回环;三川围绕,富于桑麻秔稻;翠竹成林,红椒满圃,而被称为"人间繁华锦绣之地"。③ 故"衣冠之士多寓于此"。④ 出于辽东乌惹族的张澄,金初迁之隆安。祖黄县府君,因官又移家洛水。张澄早孤,避地洛西,率资无旬日计,而泰然以闭户读书为业。尝从辛敬之、赵宜之讲学,故诗文皆有律度。薛继先字曼卿。"南渡后,隐居洛西山中,课童子读书。事母孝,与人交谦逊和雅,所居化之。了纯孝字方叔,有父风。"⑤ 出身京兆大族的金末

---

① (金)初昌绍:《成趣园诗文序》,阎凤梧主编《全辽金文》,山西古籍出版社2002年版,第1539页。

② (元)苏天爵:《元故征士赠翰林学士谥文献杜公行状》,李修生主编《全元文》第40册,江苏古籍出版社1999年版,第200页。

③ (元)秦志安:《重修玉阳道院记》,李修生主编《全元文》第3册,江苏古籍出版社1999年版,第450页。

④ (金)元好问:《费县令郭明府墓碑》,姚奠中主编《元好问全集》卷28,山西古籍出版社2004年版,第601页。

⑤ (元)脱脱等:《金史》卷127《薛继先传》,中华书局1975年版,第2750页。

文人陈仲谦贞祐时，和"贾吏部损之，赵漕使庆之，麻凤翔平甫，刘邓州光甫，日有觞咏之乐。□□氏□□乡女儿辛敬之、定襄赵宜之、邑子和献之，皆高人胜士。君从容其间者余十年。洛西盛集，此一时也"。①

除张澄、薛继先外，当时聚居洛西的文人数量不少，文学活动非常活跃。出身辽世家的费县令郭峤与"贾吏部损之、赵邠州庆之、刘文学元鼎、李泽州温甫、刘内翰光甫，名流陈寿卿、薛曼卿、申伯胜、和献之诸人，徜徉泉石间，日有诗酒之乐"。② 在洛西，刘祁叔父刘从恺与杨奂、杨果、李微、薛玄诸人"觞咏于泉石间"。③

金末山东东平也为士族聚居之地。除受严氏家族保护、与严氏家族有交往的士人外，还有许多士族文人聚居东平。他们经常举行一些大型的文学活动。

金亡之时，山东冠县为文人避乱之所。如元好问、杨奂、商挺等皆流寓于此。"逮及六十余年，残膏剩馥，沾溉后人，故未泯也。"④

作为周秦故地，汉唐旧都的关中地区，"风土完厚，人质直而尚义。风声习气，歌谣慷慨，且有秦、汉之旧。至于山川之胜，游观之富，天下莫与为比。故有四方之志者，多乐居焉"。⑤ 金朝有"关中进士、硕儒、故老犹存百人，为士林义契，耆年文会，讲道之暇"，这些文人会聚一处，游览名胜，"或谈故事，或诵诗文"⑥，从而形成了金末的另一个文学活动中心。杨奂在鄠下日，中秋燕集。君意气闲逸，笔不停辍，长韵短章，终夕成三十九首，长安中目为《鄠郊即席唱和诗》传之。⑦

---

① （金）元好问：《故规措使陈君墓志铭》，姚奠中主编《元好问全集》卷31，山西古籍出版社2004年版，第659页。

② （金）元好问：《费县令郭明府墓碑》，姚奠中主编《元好问全集》卷28，山西古籍出版社2004年版，第601页。

③ （元）王恽：《浑源刘氏世德碑铭并序》，李修生主编《全元文》第6册，江苏古籍出版社1999年版，第503页。

④ （元）李谦：《冠州庙学记》，李修生主编《全元文》第9册，江苏古籍出版社1999年版，第85页。

⑤ （金）元好问：《送秦中诸人引》，姚奠中主编《元好问全集》卷37，山西古籍出版社2004年版，第776页。

⑥ （元）骆天骧：《类编长安志引》，黄永年点校，中华书局1990年版，第1页。

⑦ （金）元好问：《故河南路课税所长官兼廉访使杨君神道之碑》，姚奠中主编《元好问全集》卷23，山西古籍出版社2004年版，第512页。

第三，家族文化的拓展。

和平稳定时期，文学家族的迁移不仅拓展了家族成员的生存空间，丰富了家族文化的精神内涵，更重要的是促进了家族文化与所迁入地域之间的文化交流与融合，从而形成家族文化与不同地域文化相互交错又相互渗透的文化网络，为家族文化的扩展、地域文化的提升提供良好的条件。

浑源刘从益、刘祁父子因仕宦迁居河南，促进了当地的文学创作风气的形成，并对民族之间的文化、文学交流与融合做出了贡献。刘从益为叶县令时，大起孔子庙，并集诸生肄习其中，其间并同郝仲纯、李长源、元裕之、王飞伯等诗酒唱和。贞祐末，因官举家迁居陈州，买地筑屋，起建先茔。在陈州，刘从益与许古、董文甫、冀禹锡、李献能、赵思文、程震、赵秉文、李纯甫、元好问、曹恒、王宾、冯璧、史学、白文举、刘祖谦、乌古孙奴申、移剌都尉买奴、冯延登诗文交往。

刘祁髫龀从父祖仕宦大河之南。初知诵读，偶属为童子学。少长习时文，为科举计。"然亦时时阅古今词章，窃读史书，览古今成败治乱，慨然有功名心。未冠计偕，试开封礼部，中之。及庭而绌，于是始大发愤，以著述自力，颇为先达诸公所知。又结交当世豪杰，未有不与以文字往还者"。① 刘祁屡与出身女真纳邻猛安贵族的术虎邃相从讲学。女真世袭谋克乌林答爽，家贫好学，喜从名士游。居陈州时，日诣刘祁家，夜归其室，抄写讽诵终夕。

泽州陵川郝氏家族为金代著名理学世家。1232年，河南沦陷之后，郝经一家北渡黄河，先居于保，后徙顺天。在父亲指授下，郝经发愤苦读，日诵二千言为课。并在父亲的教导下，郝经由专攻"决科文"转而以"道德之理，性命之原、经术之本"为先务。上溯洙泗，下迨伊洛诸书，经史子集靡不洞究，从而树立了以复兴斯文、道济天下为己任的远大抱负。1234年，郝经应顺天左副元帅贾辅之邀，到其府上的万卷楼中和堂执教家馆，数年后又受聘到顺天军民万户张柔家中课读张氏子弟。借助贾、张家藏丰富的图籍秘录，郝经在两府恣意搜览，进一步提高了自己的学识素养。在此期间，郝经还北入燕京，寻访金故都遗

---

① （金）刘祁：《归潜志》卷14，崔文印点校，中华书局1983年版，第171页。

迹；南下曲阜，朝拜儒学宗师故里，与流寓中原的名士幕客交流得失、迭相唱和。数年的家族迁移与长久的父兄教育、师友熏陶，最终形成了郝经深邃的理学思想与人格特征，后被拘南宋十六年间，从者皆通于学。

第四，家族交谊的深化。

一些士族成员在迁移过程中虚心访学，而一些名师又不吝赐教，最终使得这些士族文人成就学问。元好问《张仲经诗集序》载："张仲经出龙山贵族。少日随宦济南，从名士刘少宣问学。客居永宁。永宁有赵宜之、辛敬之、刘景玄，其人皆天下之选，而仲经师友之，故早以诗文见称。及予官西南，仲经偕杜仲梁、麻信之、高信卿、康仲宁挈家就予内乡。时刘内涵光甫方解邓州倅，日得相从文字间。北渡后，薄游东平，谒先行台严公，一见即被赏识，待以师宾之礼，授馆于长清之别墅。积十余年，得致力文史，以诗为专门之学。"①

金代一些家族之间、家族成员内部之间的真诚相助，在我国古代历史上，罕有其比。洺州（今属河北永年）董师中师事河间王彦潜，两人天德三年（1151）同榜登科。王彦潜去世后，董师中待其子恩礼殷重，不减骨肉。元好问深有感慨："论者谓孙铎振之事其兄明之，张瑴伯英爱其弟伯玉，举世无与为比，至于绍祖之待其师之子，则古所未有也。"② 应州曹之谦与秀容元好问交往尤深，同在京师为省掾时，日以文诗讲议、商订文字。隐居平阳时，曹之谦继续倾其心血，为好问诗集编辑付梓。

金亡前后，隩州（今山西河曲）白氏家族白华、白朴父子两代与秀容元氏家族元德明、元好问父子为世交。两家深厚的交谊自比中唐白居易与元稹。"两家子弟，每举长庆故事，以诗文相往来。"③ 在金末战乱中，元好问历经艰难与危险，途经汴京、冠氏（今山东冠县）、真定、

---

① （金）元好问：《张仲经诗集序》，姚奠中主编《元好问全集》卷36，山西古籍出版社2004年版，第766页。

② （金）元好问：《董右丞师中》，姚奠中主编《元好问全集》卷41，山西古籍出版社2004年版，第941页。

③ （元）王博文：《白兰谷天籁集序》，李修生主编《全元文》第5册，江苏古籍出版社1999年版，第89页。

太原等地，一路对与亲人失散的白朴倍加保护与教育，并最终使失散数年的白华、白朴父子得以团聚。故白华有诗谢之曰："顾我真成丧家犬，赖君曾护落巢儿。"

从整体上来看，文学家族由科举、贬官、隐居等带来的迁移不仅拓展了家族成员的生存空间，丰富了家族文化的精神内涵，更重要的是促进了不同地域之间的文化交流与融合，从而形成家族文化与不同地域文化相互交错又相互渗透的文化网络。金代家族的空间流动，也提升了金代文学的文化品位，活跃了金代文学的创作气氛。金代后期，有些士族通过文学创作、歌酒雅集等活动，活跃了地域文化生活，充实了地域文化内涵，提升了自己家族的文化影响力。

金代文学家族的空间流动是一种社会现象，同时又是一种文化现象。家族文化代表着一种地域文化，而家族流动一方面增强了家族文化的影响，带动了包括河东理学文化、汴洛京都文化、幽燕游牧文化、齐鲁儒家文化等多元地域文化的互动交流，也从整体上提高了金代文化、文学的发展水平。家族之间的友爱互助更体现出中华传统文化的长久生命力与影响力。

## 第三节　家族间的通婚与文学交流

文学世家是中国古代一种颇具特色的文化现象。文学世家间的联姻对文学产生的意义，主要体现在以下三个方面：一是这种联姻构成彼此间在文化上的门当户对。家族成员在文学（文化）氛围较浓的环境中，从而有继续进行文学活动的可能；二是这种联姻可以带来一种家族间的文化（如东京张氏、王氏家族、高氏家族，西京刘氏、雷氏家族、王氏家族）优势组合。这种优势组合造就出一些杰出作家；三是联姻在密切家族间关系的同时，也促生了一些有意义的文学活动，对文学的发展产生了积极的影响。

金代以科宦家族、世家大族为特征的文学世家，其联姻对象亦多为历时久远、有深厚文化积淀的科宦世族。苏天爵《滋溪文稿》卷12《元故奉元路总管致仕工部尚书韩公神道碑铭并序》："韩氏世居渔阳、上谷。辽金以来族大而盛，位列公侯将相，富贵赫奕，与刘六符、马人望、赵思温等号四大族。婚姻门阀,时人比唐崔、卢。"其中辽金四大族之一的卢龙赵氏在五代、辽时,与太原王氏、清河张氏、弘农杨氏、彭城刘氏、博陵崔氏联姻,入金后,婚姻渐不可考。

科宦家族之间的联姻也是维系家族生存、拓展家族空间的有效措施。渤海文化圈内,熊岳王氏与渤海张氏、高氏世代联姻。家族间形成浓厚的艺术氛围。在这种艺术氛围和家族教育中,家风家学得以传承,家族长盛不衰。西京浑源雷氏和刘氏是金元时期久负盛名的文学世家。雷、刘两族与弘州魏、王两族为世交,联姻不绝。"诸人气味相投,往来密切,诗歌唱和,吟咏成风。他们周围还环绕一些当地文人,也相当活跃,共同组成一种独特文化圈。"① 其中以雷渊和刘从益在金末文坛上声名最为显赫,影响最大。刘氏家族在发展过程中,除与本地雷氏家族、弘州王氏家族联姻外,还与辽西张氏家族、魏氏家族、中山赵氏家族、洛阳史氏家族联姻。

大名毛氏家族,为由宋入金科宦家族。毛伯朋曾祖毛瑜,宋代官成忠郎;祖父毛询,金朝初,与弟毛评同登进士第,官至朝散大夫。父毛大壮,曾官广威将军、永年县主簿。毛伯朋明昌中,以父任系承奉班。夫人为涿郡王氏,泰和名臣大尹儵然之女孙。有二女。长适千户乔惟忠,次适顺天路军民万户张德刚。乔惟忠与张柔(字德刚)皆开国勋臣,"宝书龙节,位望崇显,在当代侯伯之右"。毛伯朋显然将二女的婚姻作为拓展家族势力的机会与途径,所以他拒绝当地筦库常族的求婚,而将之许配金末具有政治军事背景的世侯大族。最后果然不负所望,二婿成元蒙开国元勋。"庇荫所及,外舍有光,诚不负君所期矣。"②

金初战乱频仍,不少家族谱系断绝。人们不仅做到了"取士不问家世",即在婚姻观上也真正做到"不尚阀阅",整个社会风气完全变了。唐宋社会形成的"子为进士,女嫁士大夫"③ 的风气,一直延续

---

① 李正民、董国炎:《辽金元文学研究》,文化艺术出版社 1999 年版,第 22 页。
② (金)元好问:《潞州录事毛君墓表》,姚奠中主编《元好问全集》卷 28,山西古籍出版社 2004 年版,第 605—606 页。
③ (宋)王令:《故屯田郎中张公夫人许氏墓志铭》,《王令集》卷 20,沈文倬点校,上海古籍出版社 1980 年版,第 346 页。

到金代及以后。贵族阶层不重当下的世俗追求，如功名、财富等，而是选择有前途的、有文化的政权新贵联姻，以确保家族利益的长久化。

曹南名士商衡选进士刘茂为婿。冯延登之女嫁进士张绂。聂天骥之女嫁进士张伯豪。刘仲洙之女嫁于许古。元好问长女元真嫁进士程思温。

科宦家族之间的联姻则更为让人倾慕。进士雷渊长女嫁进士陈某，进士张行信一女嫁敬铱。进士孙德秀有两女，长女适祭酒吉州冯内翰子俊之子亨，次女适进士太原王楫。元好问为兴定五年（1221）进士，岳父张翰为大定二十八年（1188）进士。张翰子张仲常，黄裳榜登科。

金代长子人宋楫、宋楫子宋元吉、宋元圭、宋楫族孙宋景萧皆为进士。宋景萧为陵川刘昂霄外兄，刘昂霄父亲刘俞为明昌三年（1192）进士。

不能成功以进士为联姻对象的话，选择士族联姻也是不错的结果。张公著女四人，皆嫁士族。李平父女二人，皆嫁士族。王若虚，女一人，嫁为士人妻。张行信一女适袭封衍圣公孔元撌。

金代科宦家族大多数不能维持长久的科举及第成功率。所以选择与地方豪族联姻，也是文学家族维持家族生存的手段。

盖州（今辽宁盖州市）诗人刘仲尹，为正隆二年（1157）进士。历官潞州节度副使，后召为都水监丞。其活动年代约在熙宗、海陵世宗朝。刘仲尹出身豪族，勤奋好学。能诗，学江西诗派，著有《龙山集》。元好问称其诗乐府俱有蕴藉。其女嫁河中李彦实为妻。李彦实子李献能与从兄献卿、献诚、从弟献甫皆以文学名。

淄川邹平刘汝翼，以财雄乡里。刘汝翼师事同乡单雄飞、张元造。贞祐四年（1216），经义第一人擢第。女二人，一适进士谢芝，一适士族张简。女孙七人中，二及笄者，适士族。

山西河曲白氏家族第一代人物白全道虽出身素族，第二代、第三代家族成员有数人进士及第。白全道三女分别适地方吏目、大族，以及进士。女孙二人，皆适士族，说明该家族同时注重依靠联姻地方大族或科宦士族，来加强家族力量，巩固家族利益，提振家族声誉。

金代部分士人婚姻关系表：

| 地区（路府） | 姓名 | 内容 | 备注 | 出处 |
|---|---|---|---|---|
| 盖州熊岳 | 王遵古 | 王遵古四子，太师南阳郡王张公浩之外孙 | | 《中州集》卷3 元好问《王黄华墓碑》 |
| 东京辽阳 | 张浩 | | | |
| | 刘仲尹 | 刘仲尹，辽阳人。李钦祖外祖 | | |
| 盖州熊岳 | 高宪 | 王庭筠之甥 | | |
| 磁州滏阳 | 赵秉文 | 女三人，长嫁汝州推官高可约、次嫁卫州行部郎中石玠、季嫁省知管差除令史张履。三婿皆名进士 | | 元好问《闲闲公墓铭》 |
| 真定藁城 | 王若虚 | 周德卿（昂），公舅行 | 德卿传其甥王从之文法（《中州集》卷四） | 元好问《内翰王公墓表》 |
| | 王若虚 | 女一人，嫁为士人妻 | | 元好问《内翰王公墓表》 |
| 真定 | 蔡松年 | 桑之维，蔡丞相伯坚之子婿也 | 桑之维以乐府著称，有《东皋集》传于世 | 《中州集》卷8 |
| 真定栾城 | 李平父 | 女二人，皆嫁士族 | | 元好问《寄庵先生墓碑》 |
| 沃州宁晋 | 张景贤 | 女二人，长适平晋进士李铣，次适安肃进士陈惟良 | | 元好问《中顺大夫镇南军节度副使张君墓碑》 |
| 定州永平 | 王扩 | 女五人，四女适同知钧州军州事兼荥泽令张泰亨 | 张泰亨为正大中进士。据《元史》卷一六六《张泰亨传》 | 元好问《嘉议大夫陕西东路转运使刚敏王公神道碑铭》 |
| 沧州河间 | 许古 | 许古妻刘氏，定海军节度使仲洙之女 | | 《金史》卷130《列女传》 |
| 大名府大名 | 史公奕 | 子婿庞铸，明昌五年进士 | 史公奕为大定二十八年进士，再中博学宏辞。正大中，充益政院讲官 | 赵秉文《史少中碑》 |
| 应州浑源 | 刘㧑 | 夫人浑源雷氏，北京转运使思之女 | | 王恽《浑源刘氏世德碑铭（并序）》 |
| | | 王元节，婿于南山翁，传其赋学 | 王元节，祖仕辽、父仕金 | 《中州集》卷7 |
| | 雷渊 | 女二人，长嫁进士陈某 | | 元好问《雷希颜墓铭》 |
| 吉州吉乡 | 冯延登 | 二女，长嫁进士张憍。女孙二人，长适进士徐升 | 兴定五年，憍为洛川主簿 | 《金史》卷130《列女传》、元好问《国子祭酒权刑部尚书内翰冯君神道碑铭》 |

续表

| 地区（路府） | 姓名 | 内容 | 备注 | 出处 |
|---|---|---|---|---|
| 岚州河曲 | 白全道 | 女四人，长适州吏目杨桂，次适大族张访，次适进士贾铎。女孙二人，皆适士族 | | 元好问《善人白公墓表》 |
| 代州五台 | 聂元吉 | 聂元吉女三人，长嫁进士张伯豪 | 聂元吉，弱冠登进士第 | 元好问《聂元吉墓志铭》 |
| 太原文水 | 孙德秀 | 女二人，长适祭酒吉州冯内翰子骏之子亨，次适进士太原王楫 | 孙德秀，擢正大元年词赋进士第 | 元好问《御史孙公墓表》 |
| 泽州陵川 | 郝天挺 | 女一人，嫁进士侯公佐 | 郝天挺少日举进士 | 元好问《郝先生墓铭》 |
| 东平须城 | 黄久约 | 母刘氏，尚书右丞刘长言之妹 | 父胜，通判济州 | 《金史》卷96《黄久约传》 |
| 淄川邹平 | 刘汝翼 | 刘汝翼女二人，一适进士谢芝、一适士族张简 | 刘汝翼，贞祐四年经义第一人擢第，特授儒林郎，赐绯衣银鱼 | 元好问《大中大夫刘公墓碑》 |
| 曹州济阴 | 商衡 | 女一人，适进士刘茂 | | 元好问《曹南商氏千秋录》 |

联姻的文学家族内部一般都重视对晚辈的教育。浓郁的重学重教风气，使家族成员从小就有良好的学习条件，并能够传承家风家学，形成独特的学术传统。

周昂为王若虚舅行，对王若虚教督周至，尽传所学。

高宪，"幼学于外家，故诗笔字画，俱有舅氏之风。"[1]

李献能外甥刘仲伊"亦能诗，学江西诗派"。[2]

黄久约隽朗敢言，性友弟，"为文典赡，有外祖之风"。[3]

耶律履，"善画鹿，绰有祖风。"[4]

史良臣"温厚谦冲，殆过所闻。其问学愈叩而愈无穷，与人交，愈

---

[1]（金）元好问：《中州集》卷5《高博州宪》，华东师范大学出版社2014年版，第327页。

[2]（金）元好问：《中州集》卷3《刘龙山仲尹》，华东师范大学出版社2014年版，第130页。

[3]（元）脱脱等：《金史》卷96《黄久约传》，中华书局1975年版，第2125页。

[4]（清）王毓贤：《绘事备考》卷7，内府藏本影印。

久而愈不厌。自赵黄山、王黄华诸公，皆屈己尊礼之。又与其婿，陕西东路转运使庞铸才乡，有冰玉之誉。观其为人，与所交游，其家世可知矣"①。

金代文学家族联姻，实现文化资源的强强共享。不少女性出身衣冠士族，自幼所受良好教育。她们深明大义，自觉承担培养后代的责任，躬自教育后代。

大名史氏家族为石晋郑王之后。史良臣曾祖以下皆以农为业。良臣父史渊力教良臣读书。良臣母蒋氏，出生魏之甲族。史渊殁后，躬教以义方，史良臣卓然自立，文学富赡。大名名臣之旧李釜，馆置良臣于门下，年二十四，登宣和六年第。良臣一子公隽，妙龄秀发，有声场屋间，诗笔妙绝。一子公奕，大定二十八年（1188）进士，再中博学宏辞。累迁著作郎，翰林修撰。正大中，充益政院讲官。以直学士致仕，居亳卒。公奕所著诗文集，名曰《洹水集》②。

汝上张汝明出身素族，三岁丧父。母亲程氏，出身于衣冠世家，"力课君学。"③ 张汝明弱冠擢大安元年经义进士第。

磁州滏阳人曹珏生数月而孤，养于祖母史氏。"少长，教之读书，学性颖悟，有成人之量。及就举选，即有声场屋间，以两赴廷试，移籍大学。时辈翕然推重之。"④

西京孟驾之的母亲为其子读书，不惜金钱购书。"（驾之）年逾三十，不就资荫。折节读书，母罄囊金，聚经史以成其志。工属文，颇为进取计，有声于场屋，学者从之如林。崇庆元年秋，魁大同府选，辛巳登进士第。"⑤

---

① （金）赵秉文：《赠少中大夫开国伯史公神道碑》，阎凤梧主编《全辽金文》，山西古籍出版社 2001 年版，第 2252—2253 页。

② （金）赵秉文：《赠少中大夫开国伯史公神道碑》，《闲闲老人滏水文集》，中华书局 1985 年版，丛书集成初编本。

③ （金）元好问：《御史张君墓表》，姚奠中主编《元好问全集》卷 21，山西古籍出版社 2004 年版，第 477 页。

④ （金）元好问：《曹征君墓表》，姚奠中主编《元好问全集》卷 23，山西古籍出版社 2004 年版，第 520 页。

⑤ （元）李俊民：《孟氏家传》，李修生主编《全元文》第 1 册，江苏古籍出版社 1999 年版，第 59 页。

从家族成员的为人治学可以看出整个家族的家风家学传统。这充分说明了文学家族之间的联姻的重要性。

金代文学家族联姻，主要是在科宦家族之间、科宦家族与世家大族、科宦家族与地方豪族之间的联姻。其联姻目的主要是提高家族的政治经济地位。在金代整个汉化背景影响下，金代世家大族、地方豪族普遍表现出崇文好学的倾向，故带有士族特征。这种充满文化氛围的姻亲关系最容易形成重教重学的家学网络，使家族后代在这个网络中从小受到文化学术的熏陶。在家学氛围与治学环境中，家学传统、家学特色得以继承。

# 第五章　金代女真皇族与文学

在我国历史上的北方少数民族政权当中，金代女真皇族的文学成就最为引人注目。女真皇族不仅具有特殊的政治和经济地位，并且善于将其政治优势、经济优势转化为文化优势、文学优势，从而创造出自身独特的皇族文化，成为活跃在金代文学舞台上最为独特的部分。刘祁《归潜志》14卷，其中卷一共记载9人，首先提到金代中叶后的5位皇族宗室：海陵、宣孝太子、章宗、豫王允中、密国公完颜璹。庄仲方《金文雅》和张金吾《金文最》有大量皇族成员的作品。唐圭璋所编《全金元词》中记载金代有作品存世的词人约70人，皇室完颜氏共计有词作近20首。阎凤梧、康金声《全辽金诗》，共计收录金代皇族诗65首。笔者据《全辽金文》统计，金代籍贯可考的散文作家共255人，其中胡姓作家46人；而皇族作家有15人，占胡姓作家总数的32.6%。

由于成就突出，人们将女真皇族作为独立的文学创作群体加以研究。刘扬忠先生《金代山西词人群》一文将金代词人划分为七个词人群，其中就有女真皇族完颜氏词人群[①]。张仓礼《金代词人群体的组成》[②]将金代词人群分为5个部分，其中的一个部分是完颜氏词人。唐圭璋先生所编《全金元词》把金代词人按地域划分为7个词人群，其中有女真皇族完颜氏词人群。王昊《论金词创作的形态和群体特征》[③]也划出了女真族贵族"完颜氏词人群体"，可见皇族词人群体的影响。[④]

---

[①]　《晋阳学刊》2003年第4期。
[②]　《东北师范大学学报》1987年第4期。
[③]　《文学遗产》1998年第4期。
[④]　对金代皇族整体文学成就的研究论文有田同旭《论金元帝王诗与民族文化融合》（《民族文学研究》2008年第2期）、李玉君《论金源皇族的文学创作》（《民族文学研究》2011年第5期）等。拙著《政权对立与文化融合——金代中期诗坛研究》第八章第一节"女真族诗人的文学创作"对于女真皇族文学成就作了专门探讨。

## 第一节　金代女真皇族谱牒文化述论

金代女真文学首先是女真家族文学。而女真家族文学又与女真谱牒文化密切相关。女真皇族的文学成就，是与女真皇族的家族意识、谱牒意识密不可分的。要探讨女真皇族的文学成就，首先需要探讨女真谱牒文化的产生与发展。女真皇族的谱牒文化的意义在于，通过女真谱牒的流传，确保女真皇族的世选世婚制度、保存继承女真的传统族风、注重提升皇族整体文化素质，从而维护政权稳定、延续民族发展。

几乎所有民族在文字产生前呈现的一种谱牒形式是口传谱牒。它通过人们的口传心授将宗族的世代谱系传承下来。我国古籍文献中记载的上古传说时代的家族世系，如《史记》中记载黄帝各支系的《五帝本纪》等，就是源于口传谱牒。在我国古代少数民族中，口传谱牒当更为普遍。女真建立金朝前后，北方少数民族皆有口传谱牒的记载。早于女真的鲜卑族有口传史诗《真人代歌》："上叙祖宗开基所由，下及君臣废兴之迹。"[1] 其中包含对鲜卑族世系的传述。晚于女真的蒙古族亦有保存祖先系谱的族风。近代洪钧所撰《元史译文证补》中记载，蒙古人在有文字之前，"世系事迹，口相传述"。一些典籍还记载，蒙古族各部落要"教导出生的每一个孩子（知道）系谱的习惯。这样他们将有关系谱的话语做成氏族的财产，因此他们中间没有人不知道自己的部落和起源。"[2] 成吉思汗就能将自己黄金家族的世系背诵二三十代。

金代女真和其他民族一样，其世系谱牒同样经历了由口传谱牒向书写谱牒的发展变化。景祖一系完颜阿离合懑、完颜勗、完颜宗翰留意女真系谱法度，传承完颜先祖遗事，撰定女真完颜族谱，为女真口传谱牒的流传、书写谱牒的收集、整理做出贡献。女真重视谱牒的撰写，形成了独特的谱牒文化。

在金朝立国之前，特别是女真文字产生之前，女真族经历了很长时间的口头文学发展阶段。迄今采集到的女真族神话、传说、民谣、巫歌

---

[1] （北齐）魏收：《魏书》卷109《乐志五》，中华书局1974年版，第2828页。
[2] ［波斯］拉施特主编：《史集》第1卷第2分册，余大钧、周建奇译，商务印书馆1983年版，第11页。

等口头文学作品史料中，有不少是关于族源谱系的内容。景祖时，女真完颜口传系谱逐渐清晰并形成系统。景祖乌古乃第八子、隋国公完颜阿离合懑"祖宗族属时事并能默记，与斜葛（景祖乌骨乃兄跋黑之子）同修本朝谱牒。见人旧未尝识，闻其父祖名，即能道其部族世次所出。或积年旧事，偶因他及之，人或遗忘，辄一一辨析言之，有质疑者皆释其意"。① 这部族谱便是由阿离合懑及斜葛口述的第一部女真口碑史书，阿离合懑成为女真族最早的"口碑"史家。②

阿离合懑之后，景祖曾孙、国相撒改之子完颜宗翰，景祖六世孙海陵王完颜亮亦致力于收集家族系谱。史载"女直既未有文字，亦未尝有记录，故祖宗事皆不载。宗翰好访问女直老人，多得祖宗遗事。"③ 特别是宗翰利用各种机会，向其祖辈阿离合懑请教、询问，有许多收获。天辅三年，阿离合懑病重卧床，宗翰"日往问之，尽得祖宗旧俗法度"。④ 贞元二年（1213）十月，海陵考虑到熟悉先朝旧事的褥盌温敦思忠年事已高，于是率三品以上官幸思忠第，使以家礼见，谓思忠曰："卿神气康实，习先朝旧事，舍卿无能知者，当为朕起，共治国政。"⑤

宗翰和海陵王分别对处于病危之中的阿离合懑、褥盌温敦思忠及时进行探访，其目的就是抢救性收集祖宗谱系，旧俗旧事，使完颜一族谱牒不至错乱、失传。

在女真成员中，完颜阿离合懑、褥盌温敦思忠两人可谓特殊人才。阿离合懑"为人聪敏辨给，凡一闻见，终身不忘"。⑥ 褥盌温敦思忠在太祖伐辽时，"凡军事当中覆而应密者，诸将皆口授思忠，思忠面奏受诏，还军传致诏辞，虽往复数千言，无少误"。⑦ 也正有像阿离合懑、褥盌温敦思忠这样具有特殊记忆能力的许多人才，女真谱系才代代

---

① （元）脱脱等：《金史》卷73《阿离合懑传》，中华书局1975年版，第1672页。
② 辛更儒：《金初的祖庙和十帝传说》（《文史知识》2007年2期）认为景祖以上五世世系的名字和事迹都不可信，并且以为，自乌古乃以下的世次，虽然其人可能确实存在，但所述事迹也不完全可靠。
③ （元）脱脱等：《金史》卷66《完颜勖传》，中华书局1975年版，第1558页。
④ （元）脱脱等：《金史》卷73《阿离合懑传》，中华书局1975年版，第1672页。
⑤ （元）脱脱等：《金史》卷84《褥盌温敦思忠传》，中华书局1975年版，第1882页。
⑥ （元）脱脱等：《金史》卷73《阿离合懑传》，中华书局1975年版，第1672页。
⑦ （元）脱脱等：《金史》卷84《褥盌温敦思忠传》，中华书局1975年版，第1881页。

相传。

景祖一系为完颜部落实权家族。为了维护其女真完颜家族利益,其家族成员自然重视家族系谱的传承。景祖乌古乃是女真完颜部的酋长。自乌古乃起,完颜部开始在女真诸部落里逐渐占支配地位。乌古乃之子劾者、劾里钵受乌古乃器重,劾里钵专主外事,劾者专治家务。劾里钵一系发展为金代帝王世系,其次子完颜阿骨打、四子完颜吴乞买成为金代皇帝。

女真贵族在破辽灭宋,获得大量契丹人、汉人之后,"始通契丹、汉字,于是诸子皆学之"①。阿骨打建国后,于天辅三年(1119)命大臣完颜希尹制成女真大字。后金熙宗又在天眷元年(1138)制成女真小字。女真大、小字产生以后,女真族便出现了书写谱牒。

最早完成第一部女真书写谱牒的文人完颜勖出自景祖一系,为景祖完颜乌古乃之孙,穆宗乌鲁完第五子。天会六年(1128),金太宗命完颜勖与耶律迪越求访祖宗遗事,所获资料以备国史。完颜勖等"采摭遗言旧事,自始祖以下十帝,综为三卷。凡部族,既曰某部,复曰某水之某,又曰某乡某村,以别识之。凡与契丹往来及征伐诸部,其间诈谋诡计,一无所隐。事有详有略,咸得其实"。② 可以说这是金代第一部女真完颜部族的书写谱牒。在此基础上,完颜勖继续访求收集先祖遗事,在熙宗时又撰定《女直郡望姓氏谱》。③ 相信这是一部更为完整详细、全面系统的女真谱牒。

景祖一系完颜阿离合懑、完颜勖、完颜宗翰等先后皆留意女真系谱法度,搜集、撰定先祖遗事,撰定女真君王族谱,为女真谱牒整理、继承奠定了基础。后来景祖一系的一些帝王也熟悉女真谱牒。完颜宗干在《上熙宗尊号册文》中,称金熙宗完颜亶"体貌耆英,惇叙宗族"。《金史》中也记载金章宗完颜璟少小时就接受女真开国史的教育。④

太宗到世宗时,一些皇族成员、甚至一些帝王在一些场合撰文追叙祖宗业绩、弘扬继祖之志,明显具有铺陈族谱之意,但也极具文学特

---

① (元)脱脱等:《金史》卷66《完颜勖传》,中华书局1975年版,第1558页。
② 同上。
③ 同上书,第1560页。
④ (元)脱脱等:《金史》卷98《完颜匡传》,中华书局1975年版,第2165页。

征。景祖曾孙、太宗吴乞买长子宗磐有天会十四年（1134）所写《追尊祖宗谥号议》，从太宗九代祖一直叙至太宗伯祖，梳理其统序、追述其功业，使后人知太祖授命拨乱、光启大业，太宗继志卒伐、奋张皇威，种种积德累功，"所由来者远矣"①。《金史》记载："显宗命完颜匡作《睿宗功德歌》，教章宗歌之。……（大定）二十三年三月万春节，显宗命章宗歌此词侑觞。世宗鄂然曰：'汝辈何因知此？'显宗奏曰：'臣伏读《睿宗皇帝实录》，欲使儿子知创业之艰难，命侍读撒速作歌教之。'世宗大喜，顾谓诸王侍臣曰：'朕念睿宗皇帝功德，恐子孙无由知，皇太子能追念作歌以教其子，嘉哉盛事，朕之乐岂有量哉。卿等亦当诵习，以不忘祖宗之功。'"又大定二十五年（1185）四月，世宗幸上京，宴宗室于皇武殿时，作《本朝乐曲》歌。诗歌开始追述祖宗拯溺救焚的艰难创业，接着指斥海陵王昏淫误国，逆天殃民，自己登上皇位是"望戴所归，不谋同意"。其主旨亦是"道祖宗创业艰难，及所以继述之意"②。

金代女真族通过口承文学传统教育后代的传统后来为女真后裔——满族所沿袭和接受，使女真族杰出人物的英雄事迹历经上千年仍在满族居民中以"说部"的形式口耳相传，从而为女真族保存了大量活态的非物质文化遗产。在目前采集完成的满族说部中，超过三分之一的作品与满族先世女真人的杰出人物密切相关。如《忠烈罕王遗事》《苏木夫人传》《金世宗走国》《女真谱评》等，便歌颂了女真完颜部叱咤风云英雄人物的辉煌业绩。这些"说部"作品讲述传扬的生动事迹，当来自女真完颜部的口头传承③。

女真谱牒文化的发展自熙宗时就开始发生了很大的转折。金熙宗晚年荒于酒色、嗜杀成性，其弟完颜元、完颜查剌、裴满后及妃嫔多人都遭杀戮。最终金熙宗亦于皇统九年（1149）十二月被完颜亮、唐括辩等合谋刺死。完颜亮即位后，更大肆诛杀女真宗室，包括太宗子孙七十

---

① （金）完颜宗磐：《追尊祖宗谥号议》，阎凤梧主编《全辽金文》，山西古籍出版社2002年版，第1264页。

② （元）脱脱等：《金史》卷39《乐志上》，中华书局1975年版，第892页。

③ 参看周惠泉《论金代女真族口传长篇叙事文学的发现在文学史上的意义》，《江苏大学学报》2009年第1期。

余人，周宋国王完颜宗翰子孙三十余人，诸宗室五十余人，另有领行台尚书省事完颜秉德、东京留守完颜宗懿、北京留守完颜卞等。章宗即位后，又杀世宗二子永蹈、永中，诸王制限防禁严密。

女真皇族内部长时期的互相倾轧，残酷仇杀，导致皇族成员人数大量消减。完颜亮时，在迁都离上京会宁府之前，强令上京地区一部分女真皇族迁离上京故土到河北、山东等地与汉人杂居安家，这样又导致皇族成员之间避嫌疏远，分居离散。数量消减与人员离散直接导致女真谱系逐渐失序，难以查考。世宗尝曰："今之女直，不比前辈，虽亲戚世叙，亦不能知其详。"世宗专门问完颜宗叙："太后之母，亦是卿父谭王之妹，知之乎？"宗叙曰："臣不能知也。"世宗遂感叹道："父之妹且不知，其如疏远何？"① 宗叙父完颜阇母为世祖劾里钵第十一子、太祖完颜阿骨打异母弟，与世宗太后之母为兄妹，宗叙竟不知晓。金后期，完颜宗室人数锐减，甚至导致立嗣之选也变得困难。卫绍王被弑后，纥石烈执中召番汉群臣共议所立，发现"时亲贤凋落"②。宣宗南迁过程中，诸王宗室颠沛奔走、亡命四散，以致"谱牒散失，大概仅存，不可殚悉"③。

金哀宗天兴二年（1233）五月，元蒙军队俘获金朝宗室男女共五百多人。梁王完颜从恪、荆王完颜守纯（金哀宗的二哥）等所有金朝宗室男子被一一认出，然后在汴京青城被全部屠杀。就在一年前，世宗孙，越王永功之子完颜璹论及时事时，还对女真命运还心存侥幸："兵势如此，不能支，止可以降。全完颜氏一族归吾国中，使女直不灭则善矣，余复何望？"④ 而这个时候完颜璹希望保存女真族脉的想法完全破灭了。

女真政权存在一百二十多年间，一直在进行族牒、族史的修撰。金初，女真谱牒修撰已具深厚基础，之后，女真贵族通过撰修国史、实录，丰富族史、族牒的内容，力求使谱牒内容更加清晰，谱牒内涵更加全面。为了使所记内容真实可信，卫绍王之前，主持国史、实录修撰、

---

① （元）脱脱等：《金史》卷64《后妃传下》，中华书局1975年版，第1518页。
② （宋）宇文懋昭：《大金国志》卷24，崔文印校证，中华书局1986年版，第323页。
③ （元）脱脱等：《金史》卷59《宗室表》，中华书局1975年版，第1359页。
④ （元）脱脱等：《金史》卷85《完颜璹传》，中华书局1975年版，第1905页。

监修的人员多为女真学者。大定六年（1166），近拜纥石烈良弼右丞相，监修国史。大定十四年（1174），完颜守道迁右丞相，监修国史。明昌四年（1193）四月，以平章政事夹谷清臣为尚书右丞相，监修国史。同年八月，以完颜匡为尚书左丞，监修国史。宣宗朝以后，渐有汉族学者参与其中。左丞高汝砺、参知政事张行信同监修国史，后又由赵秉文任同修国史兼益政院说书官。哀宗正大年间，王若虚用荐入为国史院编修官。金人在修史方面力求完美，成就非常突出。正大初，九朝实录亦撰修完毕。金朝《实录》的考订比较详细，如《太宗实录》《睿宗实录》修成后，世宗以觳英为国宿勋旧，于开国之事多所亲历，故命温迪罕缔达"往北京就其家问之，多更定焉"①。

女真对本族谱牒的重视，带动了金代整个史学的发展。在立国以后，女真贵族效法中原汉制，建立修史机构，纂修本朝历史，逐渐形成了比较完备的修史制度。据当代学者考订，有金一代共有史部书籍154种，流传至今者17种。这些史籍除国史、诸朝《实录》外，尚有其他体裁的史书传记等。明昌元年（1190）正月，章宗"敕外路求世宗御书"②，承安四年（1199）十二月，章宗应右补阙杨庭秀之请，诏类集太祖、太宗、世宗三朝圣训，"以时观览"。这些圣训及御书经过编纂后类集到一起，成为女真民族史册的一部分。此外，章宗明昌年间，经义、辞赋两科进士韩玉作《元勋传》，贞祐四年（1216），翰林学士完颜勃迭进《中兴事迹》。

内容丰富、考订详细的金朝《实录》及其他金代史学著作至元朝尚有流传，这为元代学者修撰《金史》提供了有利条件。清人赵翼评价说："金史叙事最详核，文笔亦极老洁，迥出宋、元二史之上。"③《金史·宗室表》资料较为详尽，其中记录了271位女真皇族成员的名字，并且确定了这些皇族在整个家族中的准确位置；在《列传》部分收录有114位皇族，并有对皇族成员生平事迹的叙述。可以说，《金史》中详尽展示了皇族的世系。

---

① （元）脱脱等：《金史》卷72《觳英传》，中华书局1975年版，第1663页。
② （元）脱脱等：《金史》卷9《章宗纪一》，中华书局1975年版，第214页。
③ （清）赵翼：《廿二史札记》（订补本）卷27，王树民校证，中华书局1984年版，第597页。

女真完颜重视谱牒的修撰和传承，充分表现出女真皇族强烈的家族意识。他们希望通过谱牒的修撰，来甄别梳理完颜谱序，纯化完颜皇族统系。这种观念和契丹贵族是一脉相承的。耶律阿保机建国前后，将若干氏族从部族组织中独立出来，如诸斡鲁朵、遥辇九帐、横帐三父房、国舅五房等家族，联盟首领就在固定家族中世选产生。这是契丹人编撰家族谱牒的重要背景。女真人编写族谱的主要原因，也是为了追溯部氏族源、辨别异同亲疏、维护世选制度。

据《金史·宗室表》记载："金人初起完颜十二部，其后皆以部为氏，史臣记录有称'宗室'者，有称完颜者。称完颜者亦有二焉，有同姓完颜，盖疏族，若石土门、迪古乃是也；有异姓完颜，盖部人，若欢都是也。"女真早期，完颜十二部酋长结盟，函普被推为首领。自此完颜部内出现函普一系的完颜氏（宗室完颜）与函普有族属关系的疏族（同姓完颜），以及与其原来同部的完颜氏（异姓完颜）。石土门（一作神徒门），其父直离海，为始祖函普弟保活里四世孙。迪古乃为海陵王完颜亮，是金太祖完颜阿骨打庶长孙，完颜宗干次子。石土门、迪古乃为同姓完颜。

欢都祖石鲁与昭祖同时同部同名。欢都祖石鲁尽管与昭祖同生共死，然却因为异姓完颜，与皇族"宗室"无缘。昭祖完颜石鲁之长子景祖有九子，元配唐括氏生劾者，次世祖，次劾孙，次肃宗，次穆宗。及当异居，景祖曰："劾者柔和，可治家务。劾里钵有器量智识，何事不成？劾孙亦柔善人耳。"① 于是命劾者与世祖同居，劾孙与肃宗同居。景祖卒，世祖继之。后经肃宗、穆宗、世祖之子，至于太祖，竟登大位。

女真皇族原本通过谱牒修撰纯化完颜统系，然金代中后期，由于各种原因，女真完颜内部的谱系逐渐错讹繁杂，难以查考。《金史》记载，女真皇族在大定以前称"宗室"，明昌以后为避睿宗讳称"内族"。"宗室"和"内族""其实一而已，书名不书氏，其制如此。宣宗诏宗室皆称完颜，不复识别焉"。②

---

① （元）脱脱等：《金史》卷1《世纪》，中华书局1975年版，第7页。
② （元）脱脱等：《金史》卷59《宗室表》，中华书局1975年版，第1359页。

通过传承女真谱牒，推行世婚制度，维护本族利益，加强本族生存与发展，这也是金代女真谱牒文化的意义所在。

最初女真人实行部落内婚氏族外婚，例如始祖函普的婚姻就属于部落内婚、氏族外婚的形式。始祖函普至完颜部，居久之，其部有贤女，始祖聘而纳之。"后生二男，长曰乌鲁，次曰斡鲁，一女曰注思板，遂为完颜部人。"①《金史·世纪》记载，函普曾居高丽，初与弟保活里俱来，始祖居完颜部仆干水之涯。保活里居耶懒，子孙世为耶懒完颜部之部长。到四世孙直离海时，始令部人邈孙来安出虎水完颜部，与景祖复通宗系。这说明，始祖兄弟原本是完颜部人，因为某种原因从本氏族出来，来到本部落的其他完颜氏族中，这个氏族以贤女妻之，函普由此成为该氏族成员。

从献祖绥可时期开始到世祖劾里钵时期，为了进一步扩大部族势力，完颜部利用族外婚习俗，逐步建立起稳定的世婚婚姻关系。女真族这一婚姻形式从金昭祖时稳定了下来，并形成制度。"金昭祖娶徒单氏，后妃之族自此始见。"② 到女真建国之后，完颜氏的世婚制度基本得以延续。《金史·后妃传》卷六十三载，金代，"后（皇后）不娶庶族"。从金朝诸帝即位前所娶正室的角度看，无一例外，全部出自诸世婚家族，都严格遵循世婚制传统。《金史·后妃传下》记载："乌林答氏，其先居海罗伊河，世为乌林答部长，率部族来归，居上京，与本朝为婚姻家。""婚姻家"是指与完颜皇族累世通婚的家族。

女真公主虽无遵循明确的世婚制度，然普遍与勋贵家族联姻。金以武得国，故女真皇族更借公主的婚姻笼络有功战将之家，很多公主嫁给了功臣子孙。唐括德温"善射"，尚睿宗皇帝女楚国长公主。德温子唐括贡本，尚世宗第四女吴国公主，授驸马都尉，充奉御。③ 尚主的对象中很多与皇族有着重亲关系。徒单思忠，"曾祖赛补，尚景祖女，父赛一，尚熙宗妹"。思忠通敏有才，颇通经史。世宗在潜邸，抚养之。尚世宗皇弟二女唐国公主。④ 仆散揆，大定十五年（1175），尚韩国大长

---

① （元）脱脱等：《金史》卷1《世纪》，中华书局1975年版，第2—3页。
② （元）脱脱等：《金史》卷120《世戚传》，中华书局1975年版，第2613页。
③ 同上书，第2626页。
④ 同上书，第2622页。

公主，世宗谕之曰："以汝宣献皇后之亲，故令尚主。"① 事实上，金代后族以及公主婚姻对象多为少数几大家族。"金之徒单、挐懒、唐括、蒲察、裴满、纥石烈、仆散皆贵族也。天子娶后必于是，公主下嫁必于是。"②

辽金两国建国之初，皆实行传统的世选制，在官吏选拔上，注重血缘关系。"百官择人，必先宗姓。"③ 这个政策体现出北方少数民族政权祭先保本的家族观念。宗室所享受的政治、经济特权极其显赫。中央政府中的许多重要职位，均由皇族成员世选，打破部落联盟时期众多强盛家族分享不同关键职位的传统格局。在金建国初，担任过勃极烈官职12人中，都是宗室贵族身份，其中，国论乙室勃极烈阿离合懑，是景祖第八子、太祖叔父。阿舍勃极烈谩都诃，景祖子，太祖叔父。阿买勃极烈辞不失（习不失），昭祖石鲁孙、景祖侄。国论昊勃极烈蒲家奴（名昱），景祖孙，太祖从兄弟。国论忽鲁勃极烈撒改，景祖孙，世祖侄，太祖从兄弟。迭勃极烈斡鲁，景祖孙，劾者第二子，太祖从兄弟。国论移赉勃极烈宗翰，景祖从孙，撒改长子，太祖从侄。谙班勃极烈吴乞买，世祖劾里钵第四子，太祖阿骨打母弟。国论昊勃极烈（后为太宗朝谙班勃极烈）斜也（完颜杲），世祖第五子，太祖弟。国论勃极烈宗干，太祖庶长子。国论忽鲁勃极烈宗盘，太宗子。谙班勃极烈合剌（完颜亶），太祖孙，宗峻子。由以上所列可见，"宗室近属"完全垄断了"勃极烈"这一职位。金代中期，世宗、章宗对待宗室亦非常优厚。宗室子或不胜任官事，世宗欲授散官，量与廪禄，以赡足之。世宗作法受到大臣的称赞。石琚对世宗说："尧亲九族，周家内睦九族，皆帝王盛事也。"④ 又《金史·宗室表》："大定、泰和之间，祖免以上亲皆有属籍，以叙授官，大功以上，薨卒辍朝，亲亲之道行焉。"⑤

女真谱牒文化包含着女真人对民族核心文化的坚守，同时又展示出女真民族向往文明的精神追求。这往往会导致女真民族本位意识的自我

---

① （元）脱脱等：《金史》卷93《仆散揆传》，中华书局1975年版，第2067页。
② （元）脱脱等：《金史》卷120《世戚传》，中华书局1975年版，第2629页。
③ （元）脱脱等，《辽史》卷45《百官志一》，中华书局1974年版，第695页。
④ （元）脱脱等：《金史》卷88《石琚传》，中华书局1975年版，第1961页。
⑤ （元）脱脱等：《金史》卷59《宗室表》，中华书局1975年版，第1359页。

封闭性与追求儒家农耕文明的多元开放性的冲突。

女真人在氏族公社末期形成猛安谋克的部落组织，是以血缘为纽带建立起来的。女真各部落由血缘组织向地域组织转化，由此形成金代女真族的原始民主、平等族风。在凝聚民族力量，拓展民族生存方面，民主、平等族风起着关键的作用，正体现出女真立国前后家国一体的观念，是女真贵族起家立国的根本，也是女真谱牒文化的核心。

女真社会早期家庭生活形态与汉地不同，"金国自其祖宗以来，虽名为帝，而与其下无尊卑之别。乐则同享，财则共享"①。曾出使金朝的洪皓在《松漠记闻》中记载，"胡俗旧无议法。君民同川而浴，肩相摩于道。吴乞买称帝，亦循故态。"民主、平等的女真族风，并未削弱部落首领、家族长者的威信。女真内部尊祖意识、家法意识非常强烈。"金初风气淳实，祖父一言，子孙终身奉之弗敢违。"② 而这正是金代初期战斗力极强的主要原因。正如《金史》所载，女真军将"用兵如神，战胜攻取，无敌当世，曾未十年遂定大业"。③

恶劣的自然环境，落后的生产力，简单的生活方式，使女真民族逐渐形成淳朴质实的族风。《金史·食货一》："金起东海，其俗纯实，可与返古。"保持、延续淳朴族风是女真民族本位意识的直接体现，也是女真政权的立国之本、治国之方。女真开国之初，完颜阿骨打所独享维一殿名乾元殿。此殿之余，于所居四外栽柳行以作禁围而已。马扩《茅斋自叙》记载，阿骨打对南宋使者马扩曾说："我家自上祖相传，止有如此风俗，不会奢饰。只得个屋子，冬暖夏凉，更不必修宫殿，劳费百姓也。"海陵王时，魏王斡带之孙活里甲"好修饰"，海陵王将其族之。④ 世宗也喜欢淳朴尚真的风气。《金史·乐志上》记载：大定十三年（1173）四月，世宗御睿思殿，命歌者歌女直词。"顾谓皇太子曰：朕思先朝所行之事，未尝暂忘。故时听此词，亦欲令汝辈知女直醇质之

---

① （宋）李心传：《建炎以来系年要录》卷117，中华书局1985年版，丛书集成初编本，第1886页。

② （清）赵翼：《廿二史札记》（订补本）卷28，王树民校证，中华书局1984年版，第621页。

③ （元）脱脱等：《金史》卷44《兵志》，中华书局1975年版，第991页。

④ （元）脱脱等：《金史》卷5《海陵本纪》，中华书局1975年版，第95页。

风。"大定八年（1168），世宗对秘书监移刺子敬赞誉"昔唐、虞之时，未有华饰，汉惟孝文务为纯俭。"①

保持女真人敦厚朴直、不事奢华之风，一直是女真人的民族习俗、民族品格和民族精神。世宗一贯重视对女真皇族淳朴族风的教育，大定十三年（1173）四月，世宗在命歌者歌女直词后，对皇太子及诸王强调说："汝辈自幼惟习汉人风俗，不知女直纯实之风。至于文字语言，或不通晓，是忘本也。汝辈当体朕意，至于子孙，亦当遵朕教诫也。"②大定中，太子詹事刘仲诲请增东宫牧人及张设。世宗回答说："东宫诸司局人自有常数。张设已具，尚何增益？太子生于富贵，易入于侈。惟当导以淳俭。朕自即位以来，服御器物往往仍旧，卿以此意谕之。"③世宗多次对女真成员进行民族传统教育，从中体现出世宗强烈的民族生存的忧患意识。一些出身在女真内地的官员因能够摆脱利欲的诱惑，而秉守淳朴的族风，确系难能可贵而受到后人的称赞。金末宣宗朝官员术虎筈寿为故上京大家，生长燕、云间，州间贵游，华靡相尚。术虎筈寿"家累巨万，僮仆千人，帷帐、轩车、琴、筑、棋、槊，可取诸左右而足。能被服俭素，攻苦食淡，不变老人大父国俗真淳之旧，此一难也！"④

淳质朴实的族风不仅是女真民族的传统习俗，更是战争取得胜利、国家实现富强的重要保证。南宋大臣分析不敌金国的原因时认为："敌之所以胜我者，以其用心朴实故尔。"⑤而宋高宗曾总结宋朝立国之初的治国经验时也认为朴实之风的重要："朕观太祖、太宗以来，多用朴实之人，所以风俗厚而根本固。"

保持女真淳朴族风与促进社会文明发展，对于女真统治者来说，也许是难以调和的矛盾。《西夏书事》卷20云："西夏崇尚旧俗，故能保国数百年。世宗以为然。夫遵祖制、由旧章，诚守成令主，然能

---

① （元）脱脱等：《金史》卷6《世宗纪上》，中华书局1975年版，第141页。
② （元）脱脱等：《金史》卷7《世宗纪中》，中华书局1975年版，第159页。
③ 同上。
④ （金）元好问：《龙虎卫上将军术虎公神道碑》，姚奠中主编《元好问全集》卷27，山西古籍出版社2004年版，第568页。
⑤ （宋）李心传：《建炎以来系年要录》卷153，丛书集成初编本，中华书局1985年版，第2641页。

不安陋习,渐进华风,亦君子所取也"。社会的发展、文明与进步,始终依赖文明因素的介入。"自金人兴兵后,虽渐染华风,然其国中之俗如故。已而往来中国汴洛之士多至其都。四时节序,皆与中国侔矣。"①

显赫的家族意味着绵长的家风家学、文化文明,所以往往格外令人崇敬。北方少数民族包括高丽、契丹、西夏、女真、蒙古诸族,皆充满对中原士族的崇敬。"高丽好文,又重士大夫家世。"②《宋史》记云,北宋范镇其学本《六经》,口不道佛、老、申、韩之说。契丹、高丽皆传诵其文。少时赋《长啸》。晚使辽,人相目曰:此"长啸公"也。兄子百禄亦使辽,辽人首问镇安否。③ 韩亿之子、三司户部判官韩综使契丹,契丹主问其家世,韩综言其父尚书左丞韩亿在先朝尝持礼来,契丹主喜曰:"与中国通好久,父子俱使我,宜酌我酒。"④

在女真谱牒文化中,由家族凝聚、家风延续、家学传承而带来的文化传承和社会进步,促使金代女真民族始终存在着对中原士族的崇拜情结。这种崇拜由民间层次逐渐上升到官方层次;由文化层次逐渐提高到政治层次。

金女真贵族对绵延数代的武将世家也极为重视。唐代汾阳王郭子仪及其后代皆节镇北方。唐末,子仪后裔郭承勋入于辽,子孙继为天德军节度使,至郭昌金降为副使。郭昌金之子郭企忠袭父官,加左散骑常侍。天辅中,企忠降金。军帅命同勾当天德军节度使事,徙所部居于韩州。及见太祖,问知其家世,礼遇优厚,以白鹰赐之。⑤

士族阶层通过门荫制度获得家族的生存与延续,而金代统治者利用士族力量来巩固女真政权,维护女真利益,也推动了女真汉化进程。门荫制度也使得传统儒家忠孝节义观念与女真政权的统治思想实现统一,

---

① (宋)李心传:《建炎以来系年要录》卷19,丛书集成初编本,中华书局1985年版,第381页。
② (元)脱脱等:《宋史》卷317《钱勰传》,中华书局1977年版,第10349页。
③ (元)脱脱等:《宋史》卷337《范镇传》,中华书局1977年版,第10790页。
④ (元)脱脱等:《宋史》卷315《韩综传》,中华书局1977年版,第10300页。
⑤ (元)脱脱等:《金史》卷82《郭企忠传》,中华书局1975年版,第1841页。

其共同的核心就是家国一体观念。家国一体正是女真皇族谱牒文化的本质特征。大定二十三年（1183）九月，译经所进所译《易》《书》《论语》《孟子》《老子》《杨子》《文中子》《刘子》及《新唐书》。当译经所进所译经书时，金世宗对大臣说："朕所以令译《五经》者，正欲女直人知仁义道德所在耳！"①

女真谱牒文化始终蕴藏着民族本位与汉化开放的碰撞冲突。这种冲突可以为我们研究金代灭亡提供一个视角。汉化开放使金朝在百年之内就实现了封建化转化，社会高度发展、文化高度发达，然存国之短暂，也使人扼腕叹息。女真亡国的外部、内部原因是多方面的。就其女真内部原因来看，刘祁认为，金朝为政"分别蕃汉人，且不变家政，不得士大夫心，此所以不能长久。向使大定后宣孝得立，尽行中国法，明昌、承安间复知保守整顿以防后患，南渡之后能内修政令，以恢复为志，则其国祚亦未必遽绝也"。②刘祁认为金朝速亡的原因是金朝汉化不够。世宗死后，如果汉化很深的宣孝太子当政，金朝当不致因衰败而早亡。这一观点在元初比较流行。

从另一个角度来看，忽必烈认为"金以儒亡"并不是没有原因的。女真人的汉化改变了女真传统的生活方式甚至传统淳朴的族风，养成他们懒惰奢靡、耽于逸乐的生活方式，从而使这个民族最终走向衰落。陈亮谓金人自南迁汉地，便"舍戎狄鞍马之长，而从事中州浮靡之习"。③大定二十四年（1184）世宗巡游上京时，听说上京"宗室子往往不事生业"，而女真官僚"随仕之子，父没不还本土，以此多好游荡"。④次年四月，世宗在离开上京时，心情沉重地对宗室戚属们说："太平岁久，国无征徭，汝等皆奢纵，往往贫乏，朕甚怜之。当务俭约，无忘祖先艰难。"⑤陈规在写成于贞祐四年（1216）的一篇奏议中，称南迁的猛安谋克军户均为"游惰之人，不知耕稼，群饮赌博，习以成风"。"至于

---

① （元）脱脱等：《金史》卷8《世宗纪下》，中华书局1975年版，第184—185页。
② （金）刘祁：《归潜志》卷12，崔文印点校，中华书局1983年版，第137页。
③ （明）陈邦瞻：《宋史纪事本末》卷79《陈亮恢复之议》，中华书局1977年版，第847页。
④ （元）脱脱等：《金史》卷73《完颜宗尹传》，中华书局1975年版，第1676页。
⑤ （元）脱脱等：《金史》卷8《世宗纪下》，中华书局1975年版，第189页。

贵臣、豪族、掌兵官，莫不以奢侈相尚，服食车马惟事纷华。"① 朝野上下苟且偷安，崇尚奢靡，直接导致女真战斗力的明显下降。世宗曾对兵部郎中高通说："女直旧风，凡酒食会聚，以骑射为乐。今则弈棋双陆，宜悉禁止，令习骑射。"② 大定八年（1168），朝廷从猛安谋克中遴选侍卫亲军，而"其中多不能弓矢"③。宋人也认识到了女真军队战斗力的变化："金人之初甚微……当时止知杀敌，不知畏死，战胜则财物、子女、玉帛尽均分之，其所以每战辄胜也。今则久居南地，识上下之分，知有妻孥、亲戚之爱，视去就死生甚重，无复有昔时轻锐果敢之气。"④ 在整个社会汉化背景之下，金代朝野上下安于现状，耽于安乐，不修武功，战斗力自然下降。正因如此，元初学者王恽认为："金人立国，作制颇详。虽服御饮膳，皆有法以维之。然化敝则奢丽，奢则娇，娇则弱，弱则萎蘼而不振，恐亦取亡国之一端也。"⑤ 清太宗皇太极曾向宗室诸王和满汉大臣阐述他对金朝亡国的原因："朕思金太祖、太宗法度详明，可垂久远。至熙宗合喇及完颜亮之世尽废之，耽于酒色，盘乐无度，效汉人之陋习。世宗即位，奋图法祖，勤求治理，惟恐子孙仍效汉俗，预为禁约，屡以无忘祖宗为训，衣服语言，悉遵旧制，时时练习骑射，以备武功。虽垂训如此，后世之君，渐至懈废，忘其骑射。至于哀宗，社稷倾危，国遂灭亡。"⑥ 女真淳质朴实族风的泯灭丧失，动摇了维系女真民族的核心价值观，涣散了女真上下的凝聚、进取之心，从而也使女真谱牒文化不断处于衰微之中，而没有再现女真立国之初那样的繁荣景象。

---

① （元）脱脱等：《金史》卷109《陈规传》，中华书局1975年版，第2405、2406页。
② （元）脱脱等：《金史》卷80《完颜阿离补传》，中华书局1975年版，第1812页。
③ （元）脱脱等：《金史》卷88《纥石烈良弼传》，中华书局1975年版，第1952页。
④ （宋）徐梦莘：《三朝北盟会编》卷230《炎兴下帙一百三十》，上海古籍出版社1987年版，第1652—1653页。
⑤ （元）王恽：《金制》，李修生主编《全元文》第6册，江苏古籍出版社1999年版，第258页。
⑥ 《国学研究》第7卷，北京大学出版社2000年版。

## 第二节　金初四朝的皇族与文学——以完颜亮为中心

在伴随女真谱牒文化和口承文学的发展过程中，最早出现萨满教的"巫歌"。从"巫歌"发展为"民谣""诅咒词""解纷歌"和各种各样的"自度歌"，这是女真本民族文学发展的路径①。其内容大致有两种：通过宗教的力量向对方诅咒报复，或者在当事者之间调解和合。

女真口头文学在金朝立国之初渐渐发生转变。"金初未有文字，世祖以来，渐登条教。太祖既兴，得辽旧人用之，使介往复，其言已文。"② 熙宗、海陵提倡汉族文学，女真口头文学遂在女真社会上层失去了应有的地位，只能在女真老人和下层女真人中还保持着。直到二十多年以后，海陵遇弑，世宗重新提倡女真文化时，巫歌、自度歌才得以苏生，并发展成为世宗和女真贵族们所唱的"本曲"了。

随着汉化政策的实行，文学氛围逐渐形成，儒学教育、诗文创作渐成风气。

辽、金皇族在两国立国之初，皆重视对皇子、诸王的教育。"选名儒以伴学，更择端士以训德。"③ 辽代太祖时置大惕隐司，掌皇族之政教。兴宗重熙二十二年（1053），耶律义先拜惕隐，戒族人曰："国家三父房最为贵族，凡天下风化之所自出，不孝不义，虽小不可为。"④

景祖曾孙、国相撒改之子、金初名将完颜宗翰有诗云："近来渐觉家风好，儿读书声女织声。"⑤ 在金初一些女真皇室家庭，已出现在中原地区才能看到的咏经诵诗、童声朗朗的景象。皇族子弟嗜书嗜学风气渐渐形成。宗翰弟宗宪年十六，选入学。兼通契丹、汉字。未冠，从宗翰伐宋，汴京破，众人争趋府库取财物，宗宪独载图书以归⑥。

---

① 金启孮：《论金代的女真文学》，《内蒙古大学学报》1984年第4期。
② （元）脱脱等：《金史》卷125《文艺传上》，中华书局1975年版，第2713页。
③ 《皇弟秦越国王耶律弘世墓志》，盖之庸编著《内蒙古辽代石刻文研究》，内蒙古大学出版社2002年版，第260页。
④ （元）脱脱等：《辽史》卷45《百官志一》，中华书局1974年版，第694页。
⑤ （宋）徐梦莘：《三朝北盟会编》卷55《靖康中帙三十》，上海古籍出版社1987年版，第411页。
⑥ （元）脱脱等：《金史》卷70《完颜宗宪传》，中华书局1975年版，第1615页。

宗道本名八十，上京司属司人，系出景祖，太尉讹论之少子。通《周易》《孟子》，善骑射。①

宗雄本名谋良虎，康宗长子。宗雄好学嗜书，出猎，误中流矢，托疾归家，卧两月，因学契丹大小字，尽通之。凡金国初建，立法定制，皆与宗干建白行焉。及与辽议和，书诏契丹、汉字，宗雄与宗翰、希尹主其事②。完颜勖喜钻研汉族典籍。完颜勖子宗秀，涉猎经史，通契丹大小字③。

完颜宗弼（？—1148），本名斡啜，又作兀术，金太祖第四子。宗弼亦有文名。有《镜铭》："体离之虚，得坤之方。假尔无思，验我有常。"④

完颜宗干本名斡本，太祖庶长子。随太祖伐辽。太宗即位，宗干为国论勃极烈。"始议礼制度，正官名，定服色，兴庠序，设选举，治历明时，皆自宗干启之。"⑤ 完颜杲，女真名斜也，为金世祖完颜钵里劾的第五子，阿骨打、吴乞买同母弟。金太宗称帝后，完颜杲被封为谙班勃极烈。史评"斜也、宗干当国，劝太宗改女直旧制，用汉官制度"。⑥ 斜也、宗干虽为女真皇族，但崇尚中原文明、儒家文化，在胡汉文化的碰撞中，持开放的态度，赞成女真社会进行封建化改革。

金代自熙宗朝开始，为太子设立东宫官属，其职责为"保护东宫，导以德义"。同时各亲王府设王傅一人，其职责为"掌师范辅导，参议可否"；文学二人，"掌赞导礼仪，资广学问"。⑦

熙宗为金太祖完颜阿骨打之嫡长孙。熙宗"幼而聪达，贯通经业。所与游处，尽皆文墨之士。有未居显位者，咸被荐擢，执射赋诗，各尽

---

① （元）脱脱等：《金史》卷73《完颜宗道传》，中华书局1975年版，第1677页。
② （元）脱脱等：《金史》卷73《完颜宗雄传》，中华书局1975年版，第1680页。
③ （元）脱脱等：《金史》卷66《完颜勖传》，中华书局1975年版，第1560页。
④ 据1937年《潍县志》卷6，（全卷）影印本。
⑤ （元）脱脱等：《金史》卷76《完颜宗干传》，中华书局1975年版，第1742页。
⑥ （元）脱脱等：《金史》卷78《韩企先传》，中华书局1975年版，第1777页。
⑦ 王德朋《论金代女真人的民族传统教育》认为：民族传统是金代女真人得以立国的重要因素。女真进入中原以后，面对"旧俗"渐失的现实危机，包括海陵、世宗、章宗在内的女真有识之士，则大力提倡女真"旧俗"，积极开展尚武精神教育、女真语言文字教育、民族历史教育、传统习俗教育等。

其所长以为娱。"① 完颜亶自童稚时，金人已寇中原，得燕人韩昉及中国儒士教之。完颜亶之学，虽不能明经博古，而稍解赋诗翰，雅歌儒服，分茶焚香，弈棋战象，已失女真之故态。由是则与旧大功臣君臣之道殊不相合，渠视旧大功臣则曰："无知夷狄也！"② 完颜亶跟韩昉学习汉文化。从金天会五年（1127）开始，一直到金太宗天会十二年（1134）韩昉到礼部任职，在这八年里，韩昉从中原的汉字开始，到《史记》《资治通鉴》《楚辞》《离骚》《论语》《尚书》《春秋左氏传》及诸史、《通历》《唐律》，以及唐诗宋词，将中华文化经典、史籍，尽教完颜亶，完颜亶因此而全然如一汉家少年，"喜文辞，威仪早有大成之量"。③ 即位后，熙宗对侍臣曰：朕幼年游佚，不知志学，岁月逾迈，深以为悔。④ 故在韩昉教育下，熙宗汉化向学，加速了女真社会由落后的奴隶制向先进的封建制迅速转变。

熙宗即位后，朝廷的文学活动日趋活跃。又熙宗"敬礼宗室大臣，委以国政。其继体守文之治，有足观者。"⑤ 皇统元年（1141）三月，侍臣进诗称贺宗弼攻宋奏捷，熙宗览之曰："太平之世，当尚文物。自古致治，皆由是也"。⑥

完颜亮之父完颜宗干是女真皇族中崇尚儒学、思想开放的改革家。在汉化环境濡染下，完颜亮自幼好读书，学弈象戏、点茶，爱同留居于金地的辽宋名士交往，延接儒生，谈论有成人器。⑦ "海陵王嗜习经史，一阅终身不忘。见江南衣冠文物，朝仪位著而慕之。"⑧ 海陵

---

① （宋）宇文懋昭：《大金国志》卷9《熙宗孝成皇帝一》，崔文印校证，中华书局1986年版，第135页。
② （宋）宇文懋昭：《大金国志》卷12《熙宗孝成皇帝四》，崔文印校证，中华书局1986年版，第179页。
③ （宋）宇文懋昭：《大金国志》卷9《熙宗孝成皇帝一》，崔文印校证，中华书局1986年版，第135页。
④ （元）脱脱等：《金史》卷四《熙宗本纪》，中华书局1975年版，第77页。
⑤ 同上书，第87页。
⑥ 同上书，第77页。
⑦ （宋）宇文懋昭：《大金国志》卷13《海陵炀王上》，崔文印校证，中华书局1986年版，第185页。
⑧ 同上书，第187页。

父子所从师的张用直为临潢人，少以学行称。辽王宗干闻之，延置门下，海陵与其兄完颜充，及其海陵之子光英，完颜充之子完颜永元皆从之学。张用直天眷二年（1139），以教宗子赐进士及第，除礼部郎中。皇统四年（1144），为宣徽判官，历横海军节度副使，改宁州刺史。海陵即位，召为签书徽政院事、太常卿、太子詹事①。海陵尝谓用直曰："朕虽不能博通经史，亦粗有所闻，皆卿平昔辅导之力。太子方就学，宜善导之。朕父子并受卿学，亦儒者之荣也。"② 太子光英经史学问成就到底如何，史籍并未记载。而完颜充之子完颜永元，"幼聪敏，日诵千言"。皇统元年，"试宗室子作诗，永元中格。善《左氏春秋》，通其大义"③。

岳珂在其《桯史》卷八"逆亮辞怪"一条中，对完颜亮的诗词创作作了较为详细的介绍和评价。

完颜亮"颇知书，好为诗词。语出辄崛强，憨憨有不为人下之意，境内多传之"。"初王岐，以事出使，道驿有竹，辄咏之曰：'孤驿潇潇竹一丛，不同凡卉媚春风。我心正与君相似，只待云梢拂碧空。'又书壁述怀曰：'蛟龙潜匿隐沧波，且与虾蟆作混和，等待一朝头角就，撼摇霹雳震山河。'既而过汝阴，复作诗曰：'门掩黄昏染绿苔，那回踪迹半尘埃，空亭日暮乌争噪，幽径草深人未来，数仞假山当户牖，一池春水绕楼台。繁花不识兴亡地，犹倚阑干次第开。'又尝作雪词《昭君怨》曰：'昨日樵村渔浦，今日琼川小渚。山色卷帘看，老峰峦。锦帐美人贪睡，不觉天花剪水。惊问是杨花，是芦花。'一日至卧内，见其妻几间有岩桂植瓶中，索笔赋曰：'绿叶枝头金缕装，秋深自有别般香。一朝扬汝名天下，也学君王著赭黄。'味其词旨，已多圭角，盖其蓄已不小矣。及得志，将图南牧，遣我叛臣施宜生来贺天申节，隐画工于中，使图临安之城邑，及吴山、西湖之胜以归。既进绘事，大喜，瞯然有垂涎杭、越之想，亟命撤坐间软屏，更设所献，而于吴山绝顶，貌己之状，策马而立，题其上曰：'万里车书尽混同，江南岂有别疆封。提兵百万西湖上，立马吴山第一峰。'迁汴之岁，已弑其母矣。又二日而

---

① （元）脱脱等：《金史》卷105《张用直传》，中华书局1975年版，第2314页。
② 同上。
③ （元）脱脱等：《金史》卷76《完颜宗干传》，中华书局1975年版，第1744页。

中秋，待月不至，赋《鹊桥仙》曰：'停杯不举，停歌不发，等候银蟾出海。不知何处片云来，做许大通天障碍。虬髯捻断，星眸睁裂，惟恨剑锋不快。一挥截断紫云腰，子细看嫦娥体态。'明年竟遂前谋。使御前都统骠骑卫大将军韩夷耶将射雕军二万三千围，子细军一万，先下两淮。临发，赐所制《喜迁莺》以为宠。曰：'旌麾初举，正驭骊力健，嘶风江渚。射虎将军，落雕都尉，绣帽锦袍翘楚。怒磔戟髯争奋，卷地一声鼙鼓。笑谈顷，指长江齐楚，六师飞渡。此去，无自堕。金印如斗，独在功名取。断锁机谋，垂鞭方略，人事本无今古。试展卧龙韬韫，果见成功旦暮。问江左，想云霓望切，玄黄迎路。'余又尝问开禧降者，能诵忆尚多，不能尽识。观其所存，寓一二于十百。其桀骜之气，已溢于辞表。它盖可知也。"①

岳珂所记完颜亮的诗词达8首之多，包括了今天我们所能见到的完颜亮诗词的大部分，而若依照岳珂"寓一二于十百"的说法，海陵王完颜亮当时的诗词创作数量应当不只这些。而我们今天所能见到的只有诗6首、词4首。

完颜亮的4首词中，除1首为赐人之作外，其他3首均为咏物之作。这3首词中，2首为咏雪词，另外1首为咏月词。完颜亮的2首咏雪词别具一番特色，其《昭君怨》咏雪词有柔美的一面。《念奴娇》"天丁震怒"一句则十足地体现了北方词坛特有的气质与风格。

《鹊桥仙》词更是异于寻常咏月之作：停杯不举，停歌不发，等候银蟾出海。不知何处片云来，做许大、通天障碍。虬髯捻断，星眸睁裂，惟恨剑锋不快。一挥截断紫云腰，仔细看、嫦娥体态。

这首词别开生面，不但"出语崛强，真是咄咄逼人"②；"俚而实豪"③，甚而有些"凶威可掬"④，而清人赵翼更称此词曰"尤奇横可

---

① （宋）岳珂：《桯史》卷8，吴企明点校，中华书局1981年版，第94—96页。
② （清）徐釚著，王百里校笺：《词苑丛谈校笺》，人民文学出版社1988年版，第186页。
③ 唐圭璋：《词话丛编》，中华书局1986年版，第785页。
④ （宋）洪迈：《夷坚志》，《夷坚支志丙》卷4，何卓点校，中华书局1981年版，第909页。

喜"①。如此多的对于完颜亮这首待月之词的激赏，表明了这首词的创作上的成功。史评海陵王"一吟一咏，冠绝当时，沉深严重，莫测其志。"②

在海陵王的性格当中，有北方游牧民族的文化性格：桀骜、霸气、尚武、自信的一面。张德瀛《词徵》谓："今观《桯史》及《艺苑雌黄》所载金主诸词，独具雄鸷之概，非但其武功之足纪也。"③

海陵王重视对太子的经史教育。有一次，海陵王对侍臣说："上智不学而能，中性未有不由学而成者。太子宜择硕德宿学之士，使辅导之，庶知古今，防过失。诗文小技，何必作耶？至于骑射之事，亦不可不习，恐其懦柔也。"④ 要求太子通习经史、勤于治学，以便总结历史得失，将来可担重任。希望光英不要沉溺吟诗作赋之类雕虫小技，消磨志气，以致不振。事实上，太子光英从小尚武，"年十二，善骑射。尝射獐获之，金主亮以荐太庙"。⑤ 他是符合海陵王的期许的。

海陵王是历史上有名的暴君，但我们对其历史地位应有客观的评价。刘祁《归潜志》卷十二云："海陵庶人，虽淫暴自强，然英锐有大志。定官制、律令皆可观，又擢用人材，将混一天下。功虽不成，其强至矣。"对海陵王在文学上的贡献，我们也应给予足够的重视。完颜亮的诗词充满雄霸之气，风格雄浑遒劲，气象恢弘，不但影响了金朝一代文风，也给中国古代文学注入了刚建朴质的活性元素。他的诗词是构成金宋"北雄南秀"文化格局的重要基石。⑥

---

① （清）赵翼：《廿二史札记》（订补本）卷28，王树民校证，中华书局1984年版，第623页。

② （宋）宇文懋昭：《大金国志》卷15《海陵炀王下》，崔文印校证，中华书局1986年版，第212页。

③ 唐圭璋：《词话丛编》，中华书局1986年版，第4170页。

④ （元）脱脱等：《金史》卷82《海陵诸子》，中华书局1975年版，第1853页。

⑤ （宋）李心传：《建炎以来系年要录》卷179，丛书集成初编本，中华书局1985年版，第2968页。

⑥ 参见刘肃勇《说完颜亮的诗词》（《牡丹江师院学报》1984年3期）、景爱等《谈完颜亮的诗词》（《满族文学研究》1984年1期）、张克等《试论女真族诗人完颜亮》（《湖北师范学院学报》1987年1期）、李成《论女真帝王海陵完颜亮的诗词艺术》（《黑龙江民族丛刊》2004年第1期）、王通与牛小东《完颜亮及其诗词特点》（《中北大学学报》2005年第6期）、胡传志《完颜亮诗词命运的启示》（《民族文学研究》2007年第3期）

## 第三节　世宗一系的文学——以完颜璟为中心

经过金初四朝的发展，到世宗时期，南北和好，天下安定。再加上"世宗天资仁厚，善于守成，又躬自俭约，以育士庶，故大定三十年几致太平"①。金代社会进入全面繁荣时期。社会文化繁荣带来的是文学的昌盛。女真皇室成员喜以汉族士人为师，经常和朝廷官员谈儒论道、写诗论文。大定后期到章宗时，统治者有意识地延揽、召集、礼遇文学之士，使这段时期在朝廷汇聚了众多宫廷文学作家。章宗性好儒术，即位数年后，兴建太学，儒风盛行。"学士院选五六人充院官，谈经论道，吟哦自适。群臣中有诗文稍工者，必籍记名姓，擢居要地，庶几文物彬彬矣。"②

### 一　世宗一系的皇族教育

世宗从小就接受儒家文化的熏陶。受母亲的影响，金世宗从小养成读书的习惯。世宗十三岁时，父（睿宗）死，其母贞懿皇后，"教之有义方"③，使其读书明理，接触汉文典籍和女真文化，为世宗日后积累治国经验打下了良好基础。

作为一代有作为的帝王，世宗广泛涉略古代典籍，认真思考，提出自己的心得。他认为司马光所编《资治通鉴》一书，"编次累代废兴，甚有鉴戒。司马光用心如此，古之良史无以加也"④。体现了金世宗强烈的史鉴意识和忧患意识⑤。

世宗重视对子女的熏陶教育是世宗一系文学成就比较突出的主要原因。大定十五年（1175），永功除刑部尚书。世宗劝导曰："侍郎张汝

---

①　（金）刘祁：《归潜志》卷12，崔文印点校，中华书局1983年版，第136页。
②　（宋）宇文懋昭：《大金国志》卷21《章宗皇帝下》，崔文印校证，中华书局1986年版，第289页。
③　（元）脱脱等：《金史》卷64《贞懿皇后传》，中华书局1975年版，第1518页。
④　（元）脱脱等：《金史》卷7《世宗纪中》，中华书局1975年版，第175页。
⑤　关于金世宗民族本位政策及其强烈的史鉴意识，可参看拙著《政权对立与文化融合——金代中期诗坛研究》第一章第一节和第二节。

霖，汝外舅行也，可学为政。"① 不仅劝自己身边的家族人员嗜书嗜学，世宗还不时教育近臣曰："护卫以后皆是治民之官，其令教以读书。"② 世宗喜爱诗词书画。"司马朴工书翰，有晋人笔意。兴陵万几之暇，尝购其遗墨学之。"③ 在世宗的影响和激励下，世宗子孙中，出现不少文学之士。世宗四子、豫王完颜允成"好文，善歌诗，有《乐善老人集》行于世"。④ 世宗孙郓王琮"好学"，"善吟咏"，"骑射绘塑之艺，皆造精妙"。⑤ 郓王琮同母弟瀛王瓌，"重厚寡言，内行修饬，工诗，精于骑射、书艺、女直大小字"⑥。两人都具有较高的文学修养，可惜皆享年不永，分别卒于明昌五年（1194）和三年（1192），其作品亦未有流传。

为了加强对皇族子女的教育，金代朝廷亦设有"文学"一职。"文学"为亲王府属官，从七品，负责对皇室后代赞导礼仪、资广学问。世宗、章宗朝，不少著名文人为世宗子完颜永功、完颜永成、完颜永中，以及世宗孙完颜琮、完颜珣担任过王府文学一职。

孟宗献，开封人，大定三年（1163）乡府省御四试皆第一，大定十一年（1171）或之后，供奉翰林曹王府文学，兼记室参军⑦。曹王为世宗子完颜永功。永功于大定四年（1164）封郑王，七年进封隋王，十一年进封曹王，时年十八。

赵承元字善长，先世汴人，后迁河间。大定十三年（1173）词赋第一人，除应奉翰林文字，兼曹王（完颜永功）府文学⑧。

宋戾，中都宛平人。正隆五年（1160）进士。历辰州、宁化州军事判官，曹王（完颜永功）府记室参军，陕西西路转运都勾判官。

---

① （元）脱脱等：《金史》卷85《世宗诸子》，中华书局1975年版，第1902页。
② （元）脱脱等：《金史》卷6《世宗纪上》，中华书局1975年版，第146页。
③ （金）元好问：《中州集》卷10《司马侍郎朴》，华东师范大学出版社2014年版，第631页。
④ （金）刘祁：《归潜志》卷一，崔文印点校，中华书局1983年版，第4页。
⑤ （元）脱脱等：《金史》卷93《显宗诸子》，中华书局1975年版，第2056页。
⑥ 同上。
⑦ （金）元好问：《中州集》卷9《孟内翰宗献》，华东师范大学出版社2014年版，第589页。
⑧ 同上书，第592页。

完颜永成，大定七年（1167），始封沈王，以太学博士王彦潜为王府文学。

邹谷字应仲，密州诸城人。中大定十三年（1173）进士第，累官沈王府文学。

刘玑字仲璋，益都人。登天德三年（1163）进士第。大定初，为太常博士，改左拾遗，兼许王（完颜永中）府文学。按：镐王永中，大定元年（1161）封许王，五年判大兴尹，七年进封越王。

陈讷为郓王（完颜琮）府文学。大定二十九年（1189）闰五月，章宗封兄珣为丰王，琮郓王。

康元弼在章宗朝为尚书刑部侍郎，兼郓王傅。

刘汲子偘，大定十年（1170）进士，积资奉直大夫，丰王（完颜珣）府文学兼记室参军。

世宗对东宫太子的教育不仅包括家族史、民族史、建国史方面的内容，还主要包括伦理教育、品德教育、勤俭教育等体现中原儒家忠孝伦理文化的内容。通过这种举措，对东宫的立身、修德等方面加以提高，从而达到人格的完善。正因如此，东宫属官的选择尤其重要。

世宗对太子詹事兼左谏议大夫刘仲海说："东宫官属，尤当选用正人，如行检不修及不称位者，具以名闻。"又曰："东宫讲书或论议间，当以孝俭德行正身之事告之。"东宫请增牧人及张设什用，世宗对刘仲海曰："太子生于富贵，每教之恭俭。朕服御未尝妄有增益，卿以此意谕之。"① 刘仲海不负世宗所望，前后为东宫官且十五年，"多进规戒，显宗特加礼敬"。② 而显宗在宫中"专心学问"，"在东宫二十五年，不闻有过。"③

对诸王府文学、皇子近僚，世宗同样希望他们认真负责担负起教育引导的责任。世宗曾对世祖之从孙宗宪曰："卿年老旧人，更事多矣。皇太子年尚少，谨训导之"。诏以《太祖实录》赐宗宪及平章政事完颜元宜、左丞纥石烈良弼、判秘书监温王爽各一本。④ 世宗又对诸王府长

---

① （元）脱脱等：《金史》卷78《刘彦宗传》，中华书局1975年版，第1773—1774页。
② 同上书，第1774页。
③ （元）脱脱等：《金史》卷19《世纪补》，中华书局1975年版，第416页。
④ （元）脱脱等：《金史》卷70《完颜宗宪传》，中华书局1975年版，第1616页。

史谕之曰:"朕选汝等,正欲劝导诸王,使之为善。如诸王所为,有所未善,当力陈之。尚或不从,则具某日行某事以奏。若阿意不言,朕惟汝罪。"①

应该说,大臣们皆能够尽职尽责,丝毫不敢懈怠。范阳王翛为皇统二年(1142)进士。大定中,皇子曹王(完颜永功)尹大兴,王翛为少尹。曹王移镇北门,复以同尹从之,可见曹王对王翛的器重。而王翛也"前后多所规益,朝廷称焉"。②

随着大定间女真策论进士的推行,在东宫官属中陆续出现女真族进士官员。

纳坦谋嘉,上京路牙塔懒猛安人。初习策论进士,大定二十六年(1186),选入东宫,教郓王琮、瀛王环读书。承安五年(1200),特赐同进士出身。③

完颜匡本名撒速,始祖九世孙。事豳王允成,为其府教读。④

大定间,宣宗、章宗皆就学讹可,显宗曰:"每日先教汉字,至申时汉字课毕,教女直小字,习国朝语。"世宗亦诏完颜匡、完颜讹可俱充太子侍读。⑤

纳坦谋嘉、完颜匡、完颜讹可是女真族知识分子,在女真文化教育、国俗教育等方面,比汉族士人更有先天的优势。

## 二 世宗一系文学创作

### (一)金世宗完颜雍

世宗时刻不忘对子孙后代的民族历史的教育。史载,大定十三年(1173)四月,世宗到睿思殿后,先命歌者歌女直词,然后对皇太子及诸王曰:"朕思先朝所行之事,未尝暂忘。故时听此词,亦欲令汝辈知

---

① (元)脱脱等:《金史》卷7《世宗纪中》,中华书局1975年版,第155页。
② (金)元好问:《中州集》卷8《王大尹翛》,华东师范大学出版社2014年版,第508页。
③ (元)脱脱等:《金史》卷104《纳坦谋嘉传》,中华书局1975年版,第2287页。
④ (元)脱脱等:《金史》卷98《完颜匡传》,中华书局1975年版,第2163页。
⑤ 同上书,第2163页。

之。"① 意在强调在女真贵族中保护和延续女真旧风，并强调曲词或诗歌的教育作用。大定二十五年（1185）四月，世宗回到上京，宴宗室于皇武殿时，作《本朝乐曲》歌：

> 猗欤我祖，圣矣武元。诞膺明命，功光于天。拯溺救焚，深根固蒂。克开我后，传福万世。无何海陵，淫昏多罪。反易天道，荼毒海内。自昔肇基，至于继体。积累之业，沦胥且坠。望戴所归，不谋同意。宗庙至重，人心难拒。勉副乐推，肆予嗣绪。二十四年，兢业万几。亿兆庶姓，怀保安绥。国家闲暇，廓然无事。乃眷上都，兴帝之第。属兹来游，恻然予思。风物减耗，殆非昔时。于乡于里，皆非初始。虽非初始，朕自乐此。虽非昔时，朕无异视。瞻恋慨想，祖宗旧宇。属属音容，宛然如睹。童嬉孺慕，历历其处。壮岁经行，恍然如故。旧年从游，依稀如昨。欢诚契阔，日暮之若。于嗟阔别兮，云胡不乐。②

诗歌追述祖宗拯溺救焚的艰难创业，接着指斥海陵王昏淫误国，逆天殃民，然后诗歌的主题转移到这次来上都的感受。风物减耗，难与昔时相比，令人不觉神伤，而往日或朋友欢聚、或跃马出征的场面，却历历如昨，又使自己感到安慰和快乐。

世宗此诗的主题主要是："道祖宗创业艰难，及所以继述之意。"艺术上，也具有较鲜明的特色。语言质朴，情感自然，显示出北方民族淳厚、质朴的思想性格，诗歌同时又表现出构思巧妙、结构紧凑、抒情性强的特点，特别是后半部分，抒发时光如流，物是人非的感受，可谓情真意切，凄怆动人。

《全金元词》存金世宗词《减字木兰花》一首，题为《赐玄悟玉禅师》。词曰："但能了净，万法因缘何足问？日月无为，十二时中更勿疑。常须自在，识取从来无挂碍。佛佛心心，佛若休心也是尘。"词中体现出世宗受华严圆融无碍思想的影响，和以佛教为中心，以禅为主

---

① （元）脱脱等：《金史》卷7《世宗纪中》，中华书局1975年版，第159页。
② （元）脱脱等：《金史》卷39《乐志上》，中华书局1975年版，第892页。

体,走向三教融会的思想。①

(二) 金显宗完颜允恭

完颜允恭本名胡士瓦,为世宗第二子,大定元年(1161)封为楚王。大定二年(1162),立为皇太子。卒赐谥宣孝太子。章宗即位,追谥光孝皇帝,庙号显宗。显宗热爱儒学,专心学问,"显宗去东坡、与可未远,自得汴后,渐染文物典章之道,所以金之初政,济济可观"。②《金史》记载,他有时"与诸儒臣讲议于承华殿。燕闲观书,乙夜忘倦。翌日则以疑字付儒臣校正"。③

显宗不仅熟悉汉文古籍经典,而且理解深刻、准确。显宗读书喜文,"欲变夷狄风俗,行中国礼乐如魏孝文"④,即希望利用先进的儒家文化影响并改变女真族落后的社会状态。由于汉文化的熏陶,显宗自己具有了一定的文学水平和艺术修养,写诗作画,表现出汉族士大夫的典雅之风。刘祁称其"好文学,作诗善画,人物马尤工"。⑤诗歌现大多散失,《中州集》卷首只存其诗二首。其《赐石右相琚生日之寿》诗云:黄阁今姚宋,青宫旧绮园。绣绨归里社,冠盖尽都门。善训怀师席,深仁寄寿尊。所期河润溥,余福被元元。

又显宗有御书《次高骈风筝韵》云:"心与寥寥太古通,手随轻籁入天风。山长水阔寻无处,声在乱云空碧中。"⑥后人评曰:"皆得诗人风骚之旨也。"⑦

---

① 对金世宗的研究,可参看王对萍《论金世宗挽救女真传统的措施》,(《沈阳大学学报》2010年第2期)、周延良《完颜雍心性素养与文化词品》(《民族文学研究》2002年第4期)。
② (元) 张仲寿:《金显宗墨竹卷跋》,李修生主编《全元文》第17册,江苏古籍出版社1999年版,第408页。
③ (元) 脱脱等:《金史》卷19《世纪补》,中华书局1975年版,第410页。
④ (金) 刘祁:《归潜志》卷12,崔文印点校,中华书局1983年版,第136页。
⑤ (金) 刘祁:《归潜志》卷1,崔文印点校,中华书局1983年版,第3页。
⑥ 《大金国志》卷二十认为此诗乃显宗所作。按:该诗为显宗御书,没有篇题,元好问《中州集》卷首称"不知何人作",故不能肯定为显宗所作,此姑从《大金国志》。
⑦ (宋) 宇文懋昭:《大金国志》卷20《章宗皇帝中》,崔文印校证,中华书局1986年版,第276页。

### （三）金章宗完颜璟

章宗具有多方面的艺术才能。雅好诗词，"博学工诗"①。"天资聪悟，诗词多有可称者"。②

章宗诗词书画样样精通。除诗词成就外，章宗书法学宋徽宗瘦金书。还擅长音乐。陶宗仪《辍耕录》卷二十七将金章宗与唐玄宗、后唐庄宗、南唐后主、宋徽宗并列，为五位"帝王知音者"之一。

章宗从小受到皇族儒学环境的影响。同时，章宗的艺术才华还可能来自他母亲的影响。据史籍载，章宗"母赵氏，即故降授千牛卫将军郓王楷之幼女"。③周密云："金章宗之母，乃徽宗某公主之女也。故章宗凡嗜好书札，悉效宣和。字画尤为逼真，金国之典章文物，惟明昌为盛。"④

章宗现存有六首诗歌，按题材的不同，可分为写景诗、记游诗、饮宴诗、刻石诗四类。

写景诗如《宫中绝句》云："五云金碧拱朝霞，楼阁峥嵘帝子家。三十六宫帘尽卷，东风无处不杨花。"

诗歌描写皇宫景象，其词轻盈婉约，又富丽堂皇、诗歌境界阔大、富有气势，所以刘祁叹曰："真帝王诗也。"⑤再如《云龙川泰和殿五月牡丹》云："洛阳穀雨红千叶，岭外朱明玉一枝。地力发生虽有异，天公造物本无私。"诗歌表面写景，实际上在抒情，以表天地无私，皇恩普照之意。诗歌虽出于帝王的心态，然格调高昂，意境宏阔，显示出北方少数民族的豪爽气魄。

饮宴诗如《命翰林待制朱澜侍夜饮诗》云："夜饮何所乐，所乐无喧哗。三杯淡醲醑，一曲冷琵琶。坐久香成穗，夜深灯欲花。陶陶复陶陶，醉乡岂有涯。"诗歌追求自适闲散的生活情趣，反映了社会承平时

---

① （宋）宇文懋昭：《大金国志》卷20《章宗皇帝中》，崔文印校证，中华书局1986年版，第275页。

② （金）刘祁：《归潜志》卷1，崔文印点校，中华书局1983年版，第3页。

③ （宋）宇文懋昭：《大金国志》卷19《章宗皇帝上》，崔文印校证，中华书局1986年版，第257页。

④ （宋）周密：《癸辛杂识》续集卷下"章宗效徽宗"条，吴企明点校，中华书局1988年版，第212页。

⑤ （金）刘祁：《归潜志》卷1，崔文印点校，中华书局1983年版，第3页。

期,统治者的享乐心态。刘祁称章宗"属文为学,崇尚儒雅"①,指出了章宗诗歌典雅瑰丽的一面。

章宗记游诗成就较大。如《水窦岩漱玉亭》:"断岸连苍山,寒岩多积雪。中有万古泉,淙淙声不绝。"《游龙山御制》:"嵯峨云影几千重,高出尘寰迥不同。金色界中兜率景,碧莲花里梵王宫。鹤惊秋露三更月,虎啸疏林万壑风。试拂花笺为觅句,诗成自适任非工。"这些诗意境开阔,色调浓郁,纵横时空,笔力豪迈,见出作者的不凡气势。

金源之制,金朝皇帝每岁正月幸春水,九月幸秋山。章宗的游记诗亦多作于这些时候。章宗每到一地,不仅题诗,并且还要将诗刻石,以传万世。当时章宗刻石诗很多,但现在早已失传。

章宗还曾作《铁券行》数十韵,刘祁称其"笔力甚雄"②,可惜现已不传。刘祁《归潜志》卷1还记有章宗写有《吊王庭筠下世》和《送张建致仕归》两诗。《吊王庭筠下世》全诗已佚,而《送张建致仕归》亦仅剩有两残句。

章宗诗歌于雄豪中带有儒雅之气,既反映出女真人始终保持的粗犷质朴的精神气质,又显示了在接受中原文化过程中,金朝承平日久所形成的典雅文风。

金章宗现存词作仅2首,都保存在刘祁的《归潜志》中,2首词俱为咏物之作。一为《蝶恋花·聚骨扇》:"几股湘江龙骨瘦。巧样翻腾,叠作湘波皱。金缕小钿花草斗。翠条更结同心扣。金殿珠帘闲永昼。一握清风,暂喜怀中透。忽听传宣须急奏。轻轻褪入香罗袖。"另一首为《生查子·软金杯》:"风流紫府郎,痛饮乌纱岸。柔软九回肠,冷怯玻璃碗。纤纤白玉葱,分破黄金弹。借得洞庭春,飞上桃花面。"

这两首词皆为咏物之作,又皆运用比兴手法、构思奇特、化情入物,托物写情,感情强烈,意境优美,富有生气。但二首词又自具特色。第一首词化物为景,化静为动,空灵飞动,意境闲远。第二首词描写细腻、感情深婉、色泽艳丽、形象鲜明。意境典雅。

章宗在即位之初,就"旁求文学之士以备侍从",形成以"明昌辞

---

① (金)刘祁:《归潜志》卷12,崔文印点校,中华书局1983年版,第136页。
② (金)刘祁:《归潜志》卷1,崔文印点校,中华书局1983年版,第3页。

人雅制"为标志的诗人群体。章宗又"雅爱诸王",非常重视皇族子弟的教育,在他即位初年,就"置王傅府尉官,以傅导德义"。① 对皇室成员的著作,注意收集整理,以传后世。②

## 第四节 金末皇族的文化影响——以完颜璹为中心

世宗一系文学成就突出。首先有高水平的汉族文人和胡姓文人对皇族子弟的教育。再者,皇族子弟普遍表现出的对中原儒家文化的强烈的兴趣。这种兴趣是他们能够取得文学成就的内在动力。"帝王宗亲,性皆与文事相浃,是以朝野习尚,遂成风会。"③

宣宗南渡后,国土日蹙,"凡大河以北,东至于山东,西至于关陕,不一二年陷没几尽"。④ 面对北方强敌和南方宿仇的共同夹击,金朝内忧外患,朝政多艰。值得庆幸的是,由于长时间的文化建设、制度建设,从南渡到金亡二十年之间,女真政权依赖张行中、张行简、赵秉文、杨云翼、赵思文等大臣尽力辅佐、精心筹划,朝廷的典章文物正常运转。

金末几位帝王皆为世宗子孙。卫绍王为世宗第七子,宣宗完颜珣为世宗孙,金哀宗完颜守绪为金宣宗第三子。这几位帝王在国家多难之时,能够继承世宗好学谦逊家风、优礼大臣、重教养士。讲读经史、礼仪兴朝。卫绍王大安二年(1120)四月,校《大金仪礼》。五月,诏儒臣编《续资治通鉴》。⑤ 哀宗即位,改赵秉文翰林学士,同修国史兼益

---

① (元)脱脱等:《金史》卷13《卫绍王本纪》,中华书局1975年版,第290页。
② 周延良《金源完颜璹文行诗词考评》(《民族文学研究》2004年第2期)一文考察了完颜璹的诗词从文学、文化结构上不同于完颜雍和完颜亮的两个原因。李淑岩《完颜璹的文化素养和诗词品质》(《黑龙江教育学院学报》2006年第6期)一文对金章宗的文化素养及其汉语文学创作在金源文学史上的特点、地位作了论析。关于金章宗的文学创作与文学特色,参见拙著《政权对立与文化融合——金代中期诗坛研究》,人民出版社2010年版,第84、286—288页。
③ (清)赵翼:《廿二史札记》(订补本)卷28,王树民校证,中华书局1984年版,第623页。
④ (宋)宇文懋昭:《大金国志》卷26《义宗皇帝》,崔文印校证,中华书局1986年版,第360页。
⑤ (元)脱脱等:《金史》卷13《卫绍王本纪》,中华书局1975年版,第292页。

政院说书官。哀宗希望"日亲经史以自裨益",于是赵秉文进《无逸直解》《贞观政要》《申鉴》各一通①。哀宗正大二年(1125),诏赵秉文、杨云翼作《龟镜万年录》。正大三年(1126),诏设益政院于内廷,以礼部尚书杨云翼等为益政院说书官。正大四年(1127),同知集贤院史公奕进《大定遗训》,待制吕造进《尚书要略》。正大五年(1128),进宣《宣宗实录》。

宣宗、哀宗的文学修养也较深。宣宗"好学,善谈论,尤工于诗,多召文学之士,赋诗饮酒。。"②哀宗"少而嗜书,长而博学","才藻富赡,好为文章"。③可惜他们的作品现已不存。

金末文学成就最高的皇室成员当属完颜璹。完颜璹,本名寿孙,世宗赐名为璹,金世宗之孙,越王永功长子。完颜璹文学成就来自世宗一系的家学传承:完颜璹父永功涉书史,喜好法书名画。完颜璹"博学有俊才,喜为诗,工真草书"。完颜璹第五子守禧,"作诗与字画亦可喜。"④

完颜璹的文学与文化成就表现在以下几个方面。

(一)文献保护

由于元蒙军队不断南下骚扰,金廷决定由中都燕京迁都到南京汴梁。完颜璹在搬迁转移图书文献的过程中,倍加保护,视同生命。史载:"初,燕都迁而南,危急存亡之际,凡车辂、宫县、宝玉、秘器,所以资丕天之奉者,舟车辇运。国力不赡,至汴者千之一耳。而诸王公贵主,至有脱身而去者。公家法书名画连箱累篋,宝惜固护,与身存亡,故他货一钱不得著身。"⑤在长途跋涉过程中,完颜璹"尽载其家法书、名画,一帙不遗。"⑥能一帙不遗,极为不易。南渡后,完颜璹

---

① (元)脱脱等:《金史》卷110《赵秉文传》,中华书局1975年版,第2428页。

② (宋)宇文懋昭:《大金国志》卷25《宣宗皇帝下》,崔文印校证,中华书局1986年版,第351页。

③ (宋)宇文懋昭:《大金国志》卷26《义宗皇帝》,崔文印校证,中华书局1986年版,第359页。

④ (金)刘祁:《归潜志》卷1,崔文印点校,中华书局1983年版,第4页。

⑤ (金)元好问:《如庵诗文序》,姚奠中主编《元好问全集》卷36,山西古籍出版社2004年版,第757页。

⑥ (元)脱脱等:《金史》卷85《世宗诸子传》,中华书局1975年版,第1905页。

家中藏书数量非常丰富。《绘事备考》卷七：完颜璹"家藏法书、名画几与中秘等"。元遗山《题樗轩九歌遗音大字后》云："公家所藏名画，当中秘十分之二"。刘祁正大年间拜访完颜璹府第，所见："一室萧然，琴书满案，诸子环侍无俗谈，可谓贤公子矣。乃出其所藏书画数十轴，皆世间罕见者。"① 可以说，完颜璹成为金末图书文献的搜集中心和传播中心。

（二）文学活动

完颜璹虽然出身皇族，位列公侯，而一生行迹却俨然如一寒儒。章宗时，永中、永蹈被诛后，金廷疏忌宗室，遂以王傅府尉检制王家。诸王皆置王傅与司马、府尉、文学，名为王府官守，其实是在监守。至宣宗南渡后，为防忌同宗，亲王仍皆有门禁。完颜璹以开府仪同三司奉朝请，一度长期生活在自我封闭、对外隔绝的生活环境中，"家居止以讲诵、吟咏为乐。时时潜与士大夫唱酬，然不敢彰露"。② 金廷一方面加大百姓赋税，一方面消减百官俸禄。完颜璹属皇室成员，但其俸禄被减几尽，导致生活难以为继。"方迁革仓卒，朝廷止以乏军兴为忧，百官俸给，减削几尽。岁日所入，大官不能赡百指，而密公又宗室之贫无以为资者，其落薄失次为可见矣。"③ 越王永功死后，金廷对亲王门禁渐宽，完颜璹也相对自由一些，与一些文士的交往更加频繁。尽管家中生活困顿，每当文士到门来访，密公总是热情相待。"客至，贫不能具酒肴，蔬饭共食，焚香煮茗，尽出藏书，谈大定、明昌以来故事，终日不听客去，乐而不厌也。"④ 有时，又与师友"展玩图籍，商略品第顾、陆、朱、吴，笔虚、笔实之论极幽渺；及论二王笔墨，推明草书，学究之说穷高妙，而一言半辞皆可记录。典衣置酒，或终日不听客去。炉熏茗碗，或橙蜜一杯，有承平时王家故态。"⑤ 与当时不少著名文人包括

---

① （金）刘祁：《归潜志》卷1，崔文印点校，中华书局1983年版，第4页。
② 同上。
③ （金）元好问：《如庵诗文序》，姚奠中主编《元好问全集》卷36，山西古籍出版社2004年版，第757页。
④ （元）脱脱等：《金史》卷85《世宗诸子传》，中华书局1975年版，第1905页。
⑤ （金）元好问：《如庵诗文序》，姚奠中主编《元好问全集》卷36，山西古籍出版社2004年版，第757页。

朱澜、任询、赵秉文、杨云翼、雷渊、元好问、李汾、赵滋等交往甚密。开封著名文人赵滋"以布衣而结交完颜璹,与之商略法书名画"①。赵滋博学多才,精通音律,在书、画、诗、论、文等方面皆有成就。

完颜璹具有深厚的传统文化底蕴和艺术修养,精于鉴赏古代典籍、字画图册,所交文人等皆是金末学问大家。他们交往频繁,既是朋友聚会,又具学术沙龙性质。所以完颜璹所居成为当时的文献资料收藏中心,又是艺术作品鉴赏中心,以及文学艺术活动中心。王郁尝有诗评完颜璹云:"宣平坊里榆林巷,便是临淄公子家。寂寞画堂豪贵少,时容词客听琵琶。"②盖实录也。

(三) 文学创作

完颜璹现存诗共41题44首。诗歌内容较为广泛。其中有一些写景状物之作较为出色。《梁园》诗云:"一十八里汴堤柳,三十六桥梁苑花。纵使风光都似旧,北人见了也思家。"在昔日汉梁孝王营筑而用以游赏宴宾的雅胜之地,他遥望故乡,追思历史,尽管汴京的景色多么迷人,也冲淡不了女真人思念祖宗兴邦之地的感情。另如《思归》:"四时唯觉漏声长,几度吟残蜡烬釭。惊动故人风动竹,催春羯鼓雨敲窗。新诗淡似鹅黄酒,归思浓如鸭绿江。遥想翠云亭下水,满陂青草鹭鸶双。"诗中借景写情,十分婉转而入妙,表达了诗人一往情深的思归之意。

《北郊散步》云:"陂水荷凋晚,茅檐燕去凉。远林明落景,平麓淡秋光。群牧归村巷,孤禽立野航。自谙闲散乐,园圃意犹长。"写秋天黄昏景象,一切是如此安详、闲适,充满对田园生活的向往。诗歌"文华落尽,潇洒淡远,深得唐人山水田园诗真谛。这位女真贵族完全涵泳于中华文化的精神之中了"③。

完颜璹不仅以诗名世,又善填词,其词作清刚俊逸,颇为可观。元人杨朝英在评论"近世大乐"时,曾将完颜璹的《春草碧》与苏轼《念奴娇》、辛弃疾《摸鱼儿》、柳永《雨霖铃》等名篇并称。另外如

---

① (金) 元好问:《中州集》卷10《蓬然子赵滋》,华东师范大学出版社2014年版,第662页。
② (金) 刘祁:《归潜志》卷1,崔文印点校,中华书局1983年版,第4页。
③ 薛瑞兆:《金代科举》,中国社会科学出版社2004年版,第41页。

《朝中措》一词，托意高远，堪为代表作，其词云："襄阳古道灞陵桥，诗兴与秋高。千古风流人物，一时多少雄豪。霜清玉塞，云飞陇首，枫落江皋。梦到凤凰台上，山围故国周遭。"词中所云襄阳、凤凰台当时均在南宋境内，玉塞（甘肃玉门关）则为西夏领地。作者能将大江南北、长城内外中华民族几千年来生息繁衍的疆土河山尽收笔端，追昔抚今，洋溢着盛衰兴亡之感叹，表明他胸襟开阔、气度不凡，能站在中华民族天下一统的立脚点上来抒情言志，非常可贵。词中又化用苏轼《念奴娇·赤壁怀古》、刘禹锡《石头城》等诗词句意，显示出完颜璹深厚的古代文化学养。元好问评论完颜璹是"百年以来，宗室中第一流人物"，这首诗是女真族文学史上的一颗璀璨的明珠，也是女真自然豪放的游牧民族性格与中原典雅醇厚的儒学艺术趣味的有机和谐的统一的象征。①

（四）书画成就

完颜璹的书画成就来自传统儒学文化的熏染。早年学诗于朱澜，学书于任询。朱澜大定二十八年（1188），年逾六十时始及第，历诸王文学，时完颜璹十七岁。任询为正隆二年（1157）进士，诗文书画俱工。

朱澜与任询的学问成就皆源自擅长书画的家学背景。朱澜"学问该洽，能世其家"。颇为党怀英、赵秉文所推重。朱澜工诗，尝入教宫掖，故诗歌多写宫词。任询父任贵，有才干，善绘画。任询真草书流丽犹劲，不让二王；山水师王庭筠、张才，得其三昧。《金史·任询传》说任询："为人慷慨多大节，书为当时第一。"《增补中州集》中记载："（任询）为人多才艺，其画高于书，书高于诗，诗高于文，书入能品，画入神品。"

任询书法集众家之所长，其字钟灵毓秀。明人周天球跋《秋怀诗帖》说他"本宗怀素"。吴其贞说："书法雄秀，结构纵逸，盖宗于颜鲁公"（《书画记》）；顾复认为："君谟书谓其擅学平原"（《平生壮观》）等。王恽于《秋涧先生大全集》中称其字在"颜（真卿）、坡（苏轼）之间"。叶昌炽《语石》中，评论任询所写的《大天宫寺碑记》："突兀奇伟，壁立千仞。"赵秉文说他的书法："'岱宗夫如何，齐

---

① 参看穆鸿利《女真族著名诗人完颜璹及其作品》，《满族文化研究》1982年第1期。

鲁青未了。''夫如何'三字几不成语，然非三字，无以成下句有数百里之气象。……学南麓者，当以是参之。"① 元好问赞其书法："行云流水，自有奇趣。"

完颜璹的书画风格，时人及后人评价很高：

《樗轩九歌遗音大字跋》："诗笔圆美，字画清健。"

《如庵诗文序》："字画得于苏黄之间。"

《书史会要》："密国公喜作墨竹，自成规格。"

《绘事备考》卷七："喜写墨竹，另一规格，颇近自然。"

完颜璹的书画风格鲜明，难以追步。一些文人学完颜璹书画，得其神韵，则属可贵。高德裔工于为文，字画尤有法。所题卷轴今犹有存者。"尝以樗轩所书比之，气韵形似，无毫发少异。樗轩物望甚高，殊不易学，曼卿乃暗合之，真异事也。"（《中州集》卷八"高德裔小传"）

完颜璹的书画作品当时流传的有："《绘事备考》卷七：《林下清风图》一、《淇水修篁图》一、《折枝竹图》二、《墨竹图》四。"《遗山集》卷十四《祖唐臣所藏樗轩画册二首》，其一咏败荷野鸭，其二咏风柳牧牛。

可惜现在未见完颜璹的书画留传于世。

（五）史学贡献

金代史学发达。不少士族文人、地方世侯致力于史学研究，出现不少史学研究专家。元好问云："中州文明百年，有经学、《史》《汉》之学、《通典》之学，而《通鉴》则不能如江左之盛。唯蔡内翰正甫珪、萧户部真卿贡、宗室密国公子瑀璹之等十数公，号称专门而已。"②

完颜璹对于史学研究，特别是对《资治通鉴》的研究非常投入。《中州集》有云："明昌以来，诸王法禁严，诸公子皆不得与外人交通，故公得穷日力于书。读《通鉴》至三十余过，是非成败道之如目前。"《如庵诗文序》云：完颜璹"于书无所不读，而以《资治通鉴》为专门，驰骋上下千有三百余年之事，其善恶是非，得失成败，道之如目

---

① （金）赵秉文：《闲闲老人滏水文集》，中华书局1985年版，丛书集成初编本。
② （金）元好问：《陆氏通鉴详节序》，姚奠中主编《元好问全集》卷36，山西古籍出版社2004年版，第749页。

前。贯穿他书，考证同异，虽老于史学者不加详也。"以史为鉴，可以知兴替。完颜璹精通《资治通鉴》，主要是总结历史经验，反省朝政得失，以更好地维护女真统治，延续完颜氏族生存。

完颜璹的宗教思想是多元的。既有道家思想，又有佛教思想。完颜璹是一位居家的道教领袖。朝廷举行祭祀山陵的活动时，"若上清储祥宫，若太乙宫，五岳观设醮，上方相蓝大道场，则国公代行香，公多预焉"。① 完颜璹写有《长真子谭真人仙迹碑》，还受道教中友人玉阳子所请，为作《全真教祖碑》。完颜璹钟情于佛教的禅宗。他有《华亭》诗曰："世尊遗法本忘言，教外别传意已圆。只履携将葱岭去，不妨来上月明船。"据《联灯会要》卷一记载："世尊在灵山会上，拈花示众。众皆默然，唯迦叶破颜微笑。世尊云：吾有正法眼藏，涅槃妙心，实相无相，微妙法门，不立文字，教外别传，付嘱摩诃迦叶。"完颜璹用曲子词来谈佛论禅，"谈些般若"。如《西江月》："一百八般佛事，二十四考中书。山林城市等区区。著甚由来自苦。过寺谈些般若，逢花倒个葫芦。少时伶俐老来愚。万事安于所遇。"

完颜璹诗词作品中渗透了非常浓厚的佛禅意蕴，或者表现为对佛禅的体悟，描写随缘自适的心态；或者表现淡薄功名之心、幽隐闲逸之趣。② 但完颜璹始终没有脱离现实，而是始终生活在现实社会中，关心现实，关注人生。所以在完颜璹的思想深处，浸透着深厚的儒家思想。忠孝伦理观念、经史致用思想、诗词书画情趣，无不体现一个封建士大夫的代表特征。麻革《密国公挽词》："人知尊帝胄，我但识儒冠。"

少数民族诗人由于经过长时间汉文化的熏陶，也具有了汉族文人的文化心理和精神追求。完颜璹《自题写真》诗中亦称自己："只因酷爱东坡老，人道前身赵德麟。"完颜璹博学多才，是女真贵族最后的著名诗人。

完颜璹平生所作诗文甚多，晚年自刊其诗300首，乐府100首，号《如庵小稿》。即金亡后，诗文大多散佚。其好友元好问所编《中州集》

---

① （金）元好问：《如庵诗文序》，姚奠中主编《元好问全集》卷36，山西古籍出版社2004年版，第757页。

② 参看姜剑云、孙昌武《论完颜璹创作中的佛禅意蕴》，《河北大学学报》2003年第2期。

录存其诗 41 首，乐府词 7 首。清张金吾《金文最》辑存其文 2 篇；唐圭璋《全金元词》辑存其词共 8 题 9 首；阎凤梧、康金声《全辽金诗》辑存其诗共 41 题 44 首，残诗 1 首。

  女真家族文学在经历了早期的以谱牒文化为核心的口传文学之后，进入到完颜勖、完颜亶、完颜亮、完颜雍、完颜璟、完颜璹几个关键阶段。每一阶段的发展变化皆清楚地折射出女真政权汉化的进程。从完颜勖、完颜亶对汉文化的单纯的倾慕、学习，到完颜亮、完颜雍、完颜璟的丰富的文学实践，再到完颜璹的全方位汉化，使我们看到了汉文化在女真上层社会中影响的广度与深度。

# 第六章　金代北方胡姓家族与文学

金代文学家族的创作主体，包括汉族、女真、契丹、鲜卑、渤海等众多民族、各个阶层的作家。胡姓家族文学是金代文学的有机组成部分。与金代汉人家族的文学成就相比，金代北方胡族的文学成就相对较小，但在多民族共存、汉化趋向成为主流、各民族生存忧患意识强烈的背景下，胡姓各个阶层的家族参与金代文学生态建设，具有多样化的文学贡献。跨民族语言传递与交流、应用文体写作、史书写作，以及诗词书画创作等，体现出金代社会汉化进程中，胡姓家族文学的阶段性和层次性特征，并构成了有益于金代文学发展的良好的社会文化生态环境。

## 第一节　金代胡姓家族与文学

恩格斯指出："劳动愈不发展，劳动产品的数量、从而社会的财富愈受限制，社会制度就愈在较大程度上受血族关系的支配。"① 金代北方胡姓社会阶层具有强烈的家族意识，重视血族关系，重视家族谱牒的撰写，形成独特的谱牒文化。通过谱牒书写、流传，胡姓家族旨在继承传统族风、家风，延续民族、家族的发展。胡姓家族通过接受教育、参加选试等途径，分享儒学文明，增强文学修养，同时也扩展了金代社会的文人阶层和作家阶层。

辽金时期，贵族官僚重视子弟的教育。金代女真中央官学，设有女真字学、女真国子学和女真太学。女真字学于太宗天会元年（1123）设立，专门教授女真文字，是金朝最早的女真族学校，属启蒙教育。最

---

① 恩格斯：《家庭、私有制和国家的起源》，《马克思恩格斯选集》第4卷，人民出版社1972年版，第2页。

初女真字学设在京师，主要选女真族贵族子弟就学。女真国子学正式创设于金世宗大定十三年（1173）。《金史·选举志》谈到女真学时指出："自大定四年，以女直大小字译经书颁行之。后择猛安谋克内良家子弟为学生，诸路至三千人。九年，取其尤俊秀者百人至京师，以编修官温迪罕缔达教之。十三年，以策、诗取士，始设女直国子学。"据《金史·世宗本纪下》所记，女真太学创建于世宗大定二十八年（1188），属于国家高等人才的教育系统，故"教授必以宿儒高才者充"。

私学包括家学或私塾。家学为家族内部成员之间的熏染教育。家学以启蒙教育和专业知识教育、民族传统教育为主要内容。私塾有三种形式。第一，女真贵族官僚自设的私塾。第二，汉儒自设的私塾。第三，女真贵族延师受学。①

北方胡族历来有重视家族教育的传统。辽代世家大族成员均是"自幼至壮，惟以好学为志"。②契丹世家大族请汉儒教其子弟。"燕人有梁济世，为雄州谍者，尝以诗书教契丹公卿子弟。"③胡姓家族成员嗜书嗜学成为一时社会风气。

辽代淳钦皇后弟阿古只五世孙萧柳曾著诗千篇，名为《岁寒集》。④于越屋质之五世孙耶律孟简善属文，幼时曾赋《晓天星月诗》。⑤季父房之后、检校太师吴九之子耶律庶成精通辽、汉文字，尤善作诗。庶成弟庶箴亦善属文。庶箴子蒲鲁自幼聪悟好学，年未满十岁，就博通经籍，重熙中，举进士第。出身辽之贵族的萧瀜，好读书，亲翰墨，尤善丹青，慕唐裴宽、边鸾之迹，凡奉使入宋者，必命购求，有名迹不惜重价，装潢既就，而后携归本国，临摹咸有法则。⑥

张博泉先生在《女真文人与金代文化》一文中指出："女真文人的

---

① 参见兰婷《金代女真族教育特点、历史地位及影响》，《社会科学战线》2005 年第 4 期。

② 《王安裔墓志》，向南编《辽代石刻文编》，河北教育出版社 1995 年版，第 687 页。

③ （宋）苏辙：《契丹来议和亲》，《龙川略志》卷 4，俞宗宪点校，中华书局 1982 年版，第 21 页。

④ （元）脱脱等：《辽史》卷 85《萧柳传》，中华书局 1974 年版，第 1317 页。

⑤ （元）脱脱等：《辽史》卷 104《文学传下》，中华书局 1974 年版，第 1456 页。

⑥ （清）厉鹗：《辽史拾遗》卷 21，中华书局 1985 年版，丛书集成初编本，第 400 页。

构成，首先是家族的构成。"① 金代女真贵族、官僚家里同样普遍重视家族教育。家族成员嗜学风气强烈。不少女真贵族家庭设立私学，聘请儒士、学者，教授子弟。据王彦潜《大金故左丞相金源郡贞宪王完颜公神道碑》记载：希尹"性喜文墨，征伐所在获儒士，必礼接之，访以古今成败。诸孙幼学，聚之环堵中，凿阅窦，仅能过饮食。先生晨夕教授，其义方如此"。完颜希尹的私学是金初的典型贵族官僚私学，其他官僚也大都在其任职地方设立私学。

金初大量扣留宋朝使节。羁留北方的宋臣在金地开设私塾，虽为了糊口求生，却是在金朝第一批开设私塾、传播文化的人。

## 一 金代对于少数民族贵族子弟的主要培养方向

### （一）跨民族文字翻译、多民族文化交流

跨民族文字交流、跨民族文化传播的承担主体——译史、通事等，是北方文学作品贮藏、欣赏、交流的社会因子，甚至是北方胡姓家族文学创作主体的重要组成部分。

随着金代封建化进程的逐步深入，各民族之间相互渗透、相互融合日益广泛，同时金代政权为了更有效实施对各民族的统治，协调各部门之间的工作，女真政权强化了各级政府的翻译岗位的职能。培养通晓诸国语言的人才，由女真贵族家塾家学上升成为女真政权的治国政策，成为科举内容及选官条件。据《金史·选举志》记载，在右职吏员杂选中，有女真译史、通事、御史台令史、译史，枢密院令史、译史，睦亲府、宗正府、统军司令译史等职。译史、通事等从事翻译工作的人员遍布各个机关。

金朝建国之初，女真人一般都不通汉语、不识汉文，故多以契丹人或汉人为通事。《松漠记闻》卷上谓"金国之法，夷人官汉地者，皆置通事"。通事作为各种场合的翻译，精通多民族语言文字，为跨民族、跨语言人员带来交流的便利。

贵胄子弟可以译史、通事为仕进之门户，这在世宗朝相当普遍。《金史·选举志》指出："自进士、举人、劳效、荫袭、恩例之外，入仕之途尚多，而所定之时不一。……若宗室将军、宫中诸局承应人、宰

---

① 《辽金史论集》第七辑，中州古籍出版社1995年版，第232页。

相书表、太子护卫、妃护卫、王府祗候郎君、内侍、及宰相之子,并译史、通事、省祗候郎君、亲军骁骑诸格,则定于世宗之时,及章宗所置之太常检讨、内侍寄禄官,皆仕进之门户也。"文字翻译考核,在海陵王时就已实施,当时主要包括将契丹文字翻译为女真文字和汉族文字。"正隆元年,定制,女直书写,试以契丹字书译成女直字,限三百字以上。契丹书写,以熟于契丹大小字,以汉字书史译成契丹字三百字以上,诗一首,或五言七言四韵,以契丹字出题。汉人则试论一道。"①

金代"诸宫护卫、及省台部译史、令史、通事、仕进皆列于正班,斯则唐、宋以来之所无者,岂非因时制宜,而以汉法为依据者乎?"②译史、通事等职位在唐宋时期并未设置,但在金朝一直受到重视,并非权宜之计。

金廷重视译史、通事的作用,提高译史、通事地位。又"以女真文译汉文,选贵胄之秀异就学焉"。③ 对于译史、通事等人才的培养与储备,金代也投向具有家学背景的世家大族。经过一段时间的发展,到大定间,参知政事梁肃上疏"论生财舒用八事",其一曰:"罢随司通事。"④ 说明跨民族、跨语言交流在各级官僚阶层、社会民间已相当普及,无须专门的人员。

据《金史》统计,金代有籍贯可考的通契丹、汉字的女真人共20人,这20人全部为金源地区人,其中18人成长或主要活动于金朝前期。他们中间除了纥石烈胡剌以"识契丹字"入仕,完颜彦清情况不详,孛术鲁阿鲁罕、完颜兀不喝和完颜宗宪出身于女真字学,其余13位通契丹、汉字的女真人均为以军功入仕的武将,反映了女真政权由重武向重文的封建化转型。

金代政权机构内,翻译工作作为建立民族交往的桥梁,沟通民族文化的渠道,其作用无疑是不可替代的。同时,金代社会精通各民族语言的女真人才的大量出现,为社会营造良好的文化、文学生态,为活跃民

---

① (元)脱脱等:《金史》卷53《选举志三》,中华书局1975年版,第1182页。
② (元)脱脱等:《金史》卷51《选举志一》,中华书局1975年版,第1130页。
③ (金)元好问:《尚书右丞耶律公神道碑》,姚奠中主编《元好问全集》卷27,山西古籍出版社2004年版,第584页。
④ (元)脱脱等:《金史》卷89《梁肃传》,中华书局1975年版,第1985页。

族文学之间的交流，其贡献也是值得关注的。

（二）利用科举政策，培养论策人才

世宗大定朝设立的女真进士科，即策论进士，其定制是用女真文字以为程文，以女真大字试策，以女真小字试诗。策论进士考试使用女真文字，究其原因，"斯盖就其所长以收其用，又欲行其国字，使人通习而不废耳"。① 有利于发挥女真族士人独特的民族思考方式，也有利于女真文化的推广传播。

女真进士科的考试不断处于完善当中。特别是中间逐渐增加了汉文化的深邃丰富的思辨色彩。大定二十年（1180），世宗注意到"今虽立女直字科，虑女直字创制日近，义理未如汉字深奥，恐为后人议论。"丞相完颜守道认为："汉文字恐初亦未必能如此。由历代圣贤渐加修举也。圣主天姿明哲，令译经教天下，行之久亦可同汉人文章矣！"世宗建议女真论策文字应译成汉文，仿照汉人进士的考取程序，让汉官评议。通过这一举措，使女真进士文章论议更加深刻，富有内涵。大定二十八年（1188），世宗建议女真进士除试以策外，增试经义。当时《五经》中《书》《易》《春秋》已译成女真文字，《诗》《礼》尚待译出。有司决定，待五经全部翻译成女真文字后，就将之列入女真士子考试的内容。

策论进士科培养、选拔了一批具有传统中国儒家文化素养的女真文化官员。从大定十三年（1173）到金亡，女真进士共二十科。从《金史》及其他史料中查到，有明确记载的女真进士共六十二人。其中官至三品者五十人，任宰执者十六人。著名的女真策论进士有隆州人尼庞古鉴，识女真小字及汉字，登大定十三年（1173）进士第，调隆安教授。大名路人和速嘉安礼，字子敬，颖悟博学，淹贯经史。大定二十八年（1188）进士。宗室完颜素兰为至宁元年（1213）策论进士，曾担任金朝的监察御史，提出许多富有成效的建议。临潢府人裴满亨性敦敏习儒。大定二十八年（1188）擢第。裴满亨"出入宫禁数年，谠议忠言多所裨益"。世宗曾问以上古为治之道，裴满亨奏曰："陛下欲兴唐、虞之治，要在进贤，退不肖，信赏罚，薄征敛而已。"②

---

① （元）脱脱等：《金史》卷51《选举志一》，中华书局1975年版，第1130页。
② （元）脱脱等：《金史》卷97《裴满亨传》，中华书局1975年版，第2143页。

## 二 女真贵族与文学

女真贵族是金代社会上层,包括皇族、后族、外戚、军功家族、科宦大族等,具有优裕的政治保障、经济保障、文化保障。

辽金时期,社会上层人士的汉化程度相对更深。他们不仅注重经史,而且许多人还会吟诗作赋,能诗能文。辽代诗人中,绝大多数诗人来自帝后、贵戚、宗室等,形成较为庞大的创作群体。金代诗文作家中,尽管没有看到帝后、外戚的作品,但我们不能忽视他们在金代文学中的贡献和作用。在营造文学创作氛围、培养文学欣赏习惯、拓展文学传播途径等方面,金代贵族阶层有着得天独厚的条件。

金朝于天德三年(1151)始置国子监为养士之地。学生直接来自贵族阶层。以宗室及外戚皇后大功以上亲、诸功臣及三品以上官兄弟子孙年十五以上者入学。后定制,词赋、经义生百人,小学生百人,以宗室及外戚皇后大功以上亲、诸功臣及三品以上官兄弟子孙年十五以上者入学,不及十五者入小学。大定六年(1166)始置太学,初养士一百六十人,后定五品以上官兄弟子孙一百五十人,曾得府荐及终场人二百五十人,凡四百人①。

女真贵族子弟教育途径,除了家庭私学之外,就是来自以上所述的官学教育系统。

《金史》中,比较著名的来自女真贵族的人才有:

完颜合住"长子步辉,识女直、契丹、汉字,善骑射"。②

景祖之孙、阿离合懑次子完颜晏,"明敏多谋略,通契丹字"。③

完颜耨碗温敦兀带,天会间充女直字学生,"学问通达,观书史,工为诗"。④

温迪罕缔达,该习经史,以女直字出身,累官国史院编修官。⑤

阿邻,世宗时,官兵部尚书。通女直、契丹大小字及汉字。⑥

---

① (元)脱脱等:《金史》卷51《选举志一》,中华书局1975年版,第1131页。
② (元)脱脱等:《金史》卷66《宗室传》,中华书局1975年版,第1562页。
③ (元)脱脱等:《金史》卷73《完颜晏传》,中华书局1975年版,第1672页。
④ (元)脱脱等:《金史》卷84《耨碗温敦兀带传》,中华书局1975年版,第1884页。
⑤ (元)脱脱等:《金史》卷105《温迪罕缔达传》,中华书局1975年版,第2321页。
⑥ (元)脱脱等:《金史》卷73《完颜阿邻传》,中华书局1975年版,第1682页。

这些贵族子弟能够精通多国语言，有的甚至颇知书史、雅好诗词。

内族思烈为南阳郡王完颜襄之子。完颜襄为金朝皇室，为东京留守完颜什古之孙，参知政事完颜阿鲁带之子。思烈资性详雅，颇知书史。①

完颜陈和尚字良佐，丰州人，系出萧王诸孙（萧王完颜秉德，女真族，本名乙辛。完颜宗翰之孙）。从兄斜烈辟太原王渥为经历。陈和尚天资高明，雅好文史，自居禁卫日，人以秀才目之。至是，渥授以《孝经》《小学》《论语》《春秋左氏传》，略通其义。

女真地方部族为金代儒学地方化、民间化的代表文化形态，是推动金朝全境汉化进程的有生力量。女真部族子弟依赖于地方府学的培养。

纥石烈胡剌，晦发川奄敦河人，徙西北路。识契丹字，为帅府小吏。②

独吉义本名鹈鲁补，曷速馆人也。善女直、契丹字，为管勾御前文字。③

完颜兀不喝，会宁府海姑寨人。年十三，选充女直字学习。补上京女直吏，再习小字，"兼通契丹文字。"④

有的部族子弟立身行事，亦深受儒学文化影响。

斡勒忠本名宋浦，盖州人。习女直、契丹字。章宗朝，官至武宁军节度使。斡勒忠忠性敦悫，通法律，以直自守，不交权贵，故时誉归之。⑤

金代外戚包括后族男性成员、皇族女性联姻家族，是除了女真完颜皇族之外势力最大的社会阶层，掌握着丰富的经济资源、文化资源。金代采取世婚制度。天子娶后，公主下嫁，皆限定和徒单、挐懒、唐括、蒲察、裴满、纥石烈、仆散氏等贵族联姻。其他妃嫔出身，则家族阶层、民族范围较广。据统计，有金一代，见于史籍记载的后妃共有69人，其中非女真族的占35人，占总人数的50.7%。⑥由于活动环境的

---

① （元）脱脱等：《金史》卷111《内族思烈传》，中华书局1975年版，第2454页。
② （元）脱脱等：《金史》卷82《纥石烈胡剌传》，中华书局1975年版，第1840页。
③ （元）脱脱等：《金史》卷86《独吉义传》，中华书局1975年版，第1917页。
④ （元）脱脱等：《金史》卷90《完颜兀不喝传》，中华书局1975年版，第1998页。
⑤ （元）脱脱等：《金史》卷97《斡勒忠传》，中华书局1975年版，第2144页。
⑥ 参见王世莲《金代非女真后妃刍议》，《辽金史论集》第六辑，社会科学文献出版社2001年版。

不同，不少外戚成员主要是注重学习不同民族的语言，增强跨民族、跨文化之间人员的交往交流。

徒单绎本名术辈，"自曾祖照至绎尚公主者凡四世。徒单绎尚熙宗第七女沈国公主。祖撒合懑，绎美姿仪，通诸国语"。①

蒲察鼎寿本名和尚，上京曷速河人，钦怀皇后之父。"赋性沉厚有明鉴，通契丹、汉字"。②

有些外戚成员汉化程度较深，他们熟读经史，工于诗赋，重忠孝伦理、家族和睦，甚至礼贤下士，博学多能。

徒单思忠字良弼，本名宁庆。曾祖赛补，尚景祖女。父赛一，尚熙宗妹。思忠"通敏有才，颇通经史。世宗在潜邸，抚养之"。③

唐括安礼，为金主亮妹婿。大定初，官至大兴尹。唐括安礼"好学，习汉字，读《诗》《书》，通经史，工词章，知为政大体。能文知兵"。④

仆散忠义，上京拔卢古河人，宣献皇后侄，元妃之兄。仆散忠义"公余学女直字，及古算法，阅月，尽能通之。忠义动由礼义，谦以接下，敬儒士，与人极和易，侃侃如也。及为宰辅，知无不言"。⑤

外戚是除了皇族外，最早享受汉化文明带来的物质成果和文化成果的上层贵族群体。他们在日常家族文化活动中，崇尚礼乐教化、诗书歌赋等。一些后妃在家庭汉化风气熏染下，具有较高汉文化水平。她们重教嗜学，并重忠孝伦理、家族和睦。世宗、章宗朝时期，后族的文学素养普遍很高，从小具有的文学风尚无疑增强了金代帝王宗室内部的文学氛围。

  世宗母贞懿皇后李氏，为辽阳大族。"居上京，内治谨严，臧获皆守规矩，衣服饮食器皿无不精洁，敦睦亲族，周给贫乏，宗室中甚敬之"。⑥

---

① （元）脱脱等：《金史》卷120《世戚传》，中华书局1975年版，第2622页。
② 同上书，第2621页。
③ （元）脱脱等：《金史》卷120《徒单思忠传》，中华书局1975年版，第2622页。
④ （元）脱脱等：《金史》卷88《唐括安礼传》，中华书局1975年版，第1963页。
⑤ （元）脱脱等：《金史》卷87《仆散忠义传》，中华书局1975年版，第1935页。
⑥ （元）脱脱等：《金史》卷64《后妃传下》，中华书局1975年版，第1518页。

显宗孝懿皇后，"好《诗》《书》，尤喜《老》《庄》，学纯淡清懿，造次必于礼。逮嫔御以和平，其有生子而母亡者，视之如己所生，慈训无间。上时问安，见事有未当者，必加之严诫"。①

显宗昭圣皇后，刘氏，辽阳人。"性聪慧，凡字过目不忘。初读《孝经》，旬日终卷。最喜佛书。"②

章宗钦怀皇后，蒲察氏，上京路曷速河人。"后性淑明，风仪粹穆，知读书为文。"③

## 三　猛安谋克与文学

女真猛安谋克是金代胡姓家族文学创作队伍的重要组成部分。世宗、章宗朝强化对猛安谋克子弟的教育，形成了嗜学好文、知书识礼，甚至博通经史、注重立身大节的猛安谋克知识群体。

"猛安谋克制"是女真人在氏族公社末期形成的一种以血缘为纽带建立起来的军事组织制度。《金史·百官志》："猛安，从四品，掌修理军务、训练武艺、劝课农桑，余同防御。诸谋克，从五品，掌抚辑军户、训练武艺。惟不管昌平仓，余同县令。"金代猛安谋克实行世袭制度。在金代社会的地方政权中，猛安谋克阶层是掌握一定政治资源、经济资源，以及文化资源的带有家族式权力传递的特殊现象。猛安谋克关系到金代地方的稳定，甚至关系到金代政权的存亡。猛安谋克与文学的关系，实际上牵涉到金代社会的汉化进程，所以女真每朝帝王皆极为重视。

世宗朝，猛安谋克官多年幼，不习教训，无长幼之礼。世宗与大臣纥石烈良弼、完颜守道商议："可依汉制，置乡老选廉洁正直、可为师范者，使教导之。"④

世宗初兴女真学，规定："凡承袭人不识女直字者，勒令习学。"⑤ 自大定四年（1164），以女真大小字译经书颁行女真学。后择猛安谋克内良

---

① （元）脱脱等：《金史》卷64《后妃传下》，中华书局1975年版，第1525—1526页。
② 同上书，第1526页。
③ 同上书，第1527页。
④ （元）脱脱等：《金史》卷88《纥石烈良弼传》，中华书局1975年版，第1953页。
⑤ （元）脱脱等：《金史》卷73《完颜宗尹传》，中华书局1975年版，第1675页。

家子弟为学生，诸路至三千人。大定九年（1169），命温迪罕缔达教猛安谋克内良家子弟以古书、作诗、策，后复试，得徒单镒以下三十余人。大定十三年（1173），以策、诗取士，始设女真国子学，诸路设女真府学。凡取国子学生、府学生之制，皆与词赋、经义生同。又定制，每谋克取二人，若宗室每二十户内无愿学者，则取有物力家子弟年十三以上、二十以下者充。①世宗认为猛安谋克："但令稍通古今，则不肯为非。"于是在大定二十六年（1186），听从亲军完颜乞奴建议，规定猛安谋克皆先读女真字经史然后才能承袭。②

猛安谋克中的女真族所面对的社会环境，已经不再是他们肇兴的金源地区的落后的经济文化状况。金朝后期也涌现出许多在经学研究方面取得成就的杰出文人。如完颜斜烈兄弟、伊剌廷玉、夹谷德固、完颜承晖、蒲察琦、乌林答爽、纳兰胡鲁剌、术虎邃等。

金朝自章宗朝，崇文风尚渐兴。很多武将宁可舍弃猛安谋克的世袭爵位，也要参加朝廷的科举考试。这种现象导致一些大臣的担忧。徒单克宁对章宗指出："承平日久，今之猛安谋克其材武已不及前辈，万一有警，使谁御之？习辞艺，忘武备，于国弗便。"③

金末，随着社会的战乱，各种宗教活动进一步活跃，文人的思想文化呈现多元化趋势，世袭猛安谋克家族出现分化。燕南教门提点蓬莱洞主圆明大师李志，系出辽东咸平蒲察氏，乃高曾祖父，皆金国贵戚勋旧，故得以谋克袭其世。李志及冠，遇郝太古，授之以正法。"公得法，克养精进，游历四方，三十余年间，屡以己之所得，置之于长春大师门下。"④

## 四 其他高度汉化的胡姓家族与文学

### （一）鲜卑元氏家族

元好问先世系出北魏鲜卑族拓跋氏，后改姓元，落籍汝州（今河南临汝）。元氏远祖为中唐元结（719—772）。元结为唐代古文运动先驱之

---

① （元）脱脱等：《金史》卷51《选举志一》，中华书局1975年版，第1133页。
② （元）脱脱等：《金史》卷8《世宗纪下》，中华书局1975年版，第192页。
③ （元）脱脱等：《金史》卷92《徒单克宁传》，中华书局1975年版，第2052页。
④ （元）李鼎：《长真观碑记》，李修生主编《全元文》第9册，江苏古籍出版社1999年版，第45页。

一。元氏家族在宋朝是仕宦家族。好问高祖元谊，北宋宣和年间为忻州神虎军使。曾祖元春，为北宋隰州团练使，后赠忠显校尉。入金后，祖父元滋善，及进士第，历任柔服丞、铜山令。好问生父元德明（字），教授为业，有《东岩集》三卷。元好问外家为阳曲张氏。《遗山乐府》卷2《浣溪沙·外家种德堂》："三世读书无白屋，一经教子胜黄金。一雏先与唤琼林。"可知好问外家亦为书香门第。元好问一生创作宏富，现存诗1380余首，词近380首，文260多篇。所存作品不仅数量最多，而且成就也最高。他一生亲历金末元初的战乱，目睹了蒙古军队攻城略地、烧杀抢掠的暴行，本人也饱经流离忧患。这些都在他的创作中得到了深刻反映。他的"丧乱诗"，成为金、元之际社会变乱的"诗史"。元好问晚年尤以著作自任，记录、收集、保存、整理一代文献，为金、元文化传承做出贡献。

金亡之际，顺天张万户家保存有金国实录，元好问请于张，愿为撰述，然而为乐夔所阻而止。元好问誓不令一代之迹泯而不传，乃构亭于家，著述其上，名之曰："野史。""凡金源君臣遗言往行，采撷所闻，有所得辄以寸纸细字为记录，至百余万言。"

元好问注重图书积累与保护。图书种类繁多。金代丧乱以来，元好问对家藏许多医书宝惜固护，与身存亡，卷帙独存。另家所藏有法书，以唐人笔迹及五代写本为多，画有李、范、许、郭诸人高品。贞祐之乱后，元氏南渡河，所藏杂书及其先人手写《春秋》三史、《庄子》《文选》等千余册，并画百轴，载二鹿车自随①。羁留聊城期间，元好问将自己"记忆前辈及交游诸人之诗"与邢州元道明所集，商平叔、商孟卿父子附益手抄的《国朝百家诗略》合为一编，目曰《中州集》。

元好问注重文献校订与编撰。元好问家旧有《笠泽丛书》两本。一本是唐人竹纸番复写，元光间元好问应辞科时，买于相国寺贩肆中；宋人曾校定，涂抹稠叠，殆不可读。第二本得于阎子秀家，比唐本，有《春寒赋》《拾遗诗》《天随子传》，而无《颜荛后引》，其间脱遗、有至数十字者。"二本相订正，乃为完书。"②

---

① （金）元好问：《故物谱》，姚奠中主编《元好问全集》卷39，山西古籍出版社2004年版，第823页。

② （金）元好问：《校笠泽丛书后记》，姚奠中主编《元好问全集》卷34，山西古籍出版社2004年版，第709页。

元好问长子元拊,仕元为汝州知州。次子元振为太原参佐。季子元㧑,为都省监印。长女元真,婿为进士东胜程思温。次女元严,婿卢氏进士杨思敬。婿死后为女冠,宫中女教,号浯溪真隐,著有《浯溪集》传世。

**忻州野史亭**

### (二) 沙陀族后裔李汾

金末著名诗人李汾为突厥沙陀族后裔。李汾在《感遇述史杂诗五十首》序中称其远祖乃"雁门武皇"。可知他是突厥沙陀人李克用之后。有论者据此以李汾族籍为突厥,其实他也是突厥和汉两民族的混血。李汾本名让,字敬之,后字长源,太原平晋人,为元好问"平生三知己"之一。举进士不第,入史院书写,被逐。后为武仙署掌书记,金亡,长源劝仙归宋,未几,为仙麾下所杀(一说绝食死)。《中州集》小传说李汾"平生以诗为专门之学,其所得为尤多"。《归潜志》说他"平生诗甚多,不自收集,故往往散落"。《金史》则说"世所传者十二三而已"。李汾诗作,《中州集》收 25 首,《全金诗》补 1 首。《中州集》小传和《归潜志》又录有零散佳句近 20 句。

李汾是沙陀李唐皇族后裔,虽然祖先功业已成陈迹,但对李汾的胸襟气度,却不能没有影响。当时李汾心雄万夫,慷慨豪爽。刘祁《归潜志》说李汾"喜读史书,览古今成败治乱,慨然有功名心"。正反映这位青年人对未来充满自信。李汾的壮怀激烈、豪放慷慨,令元好问感叹。元好问《雪后招邻舍王赞子襄饮》诗中说"君不见并州少年作轩昂,鸡鸣起舞望八荒,夜如何其夜未央"。自注云:"并州少年谓李汾长源。"李汾自己素耿耿自信,不但有建功立业之壮怀,文采风流也不让古人,他的《陕州》诗云:"黄河城下水澄澄,送别秋风似洞庭。李白形骸虽放浪,并州豪杰未凋零。"自李白之后,千百年间,敢如此抗礼者不多。这"并州豪杰"四字,确为李汾生色。元好问评价李汾于金末在关中往来所作的十数首诗:"道其流离世故,妻子凋丧,道途万里,奔走狼狈之意。虽辞旨危苦,而耿耿自信者故在,郁郁不平者不能掩清壮磊落,有幽并豪侠歌谣慷慨之气。"①

(三)龙山贵族张澄

张澄出身"龙山贵族",其祖父娶汉人介休衣冠家女吴氏为妻,金初时出任过洺水(今属河北)、栾城(今属河北)和黄县令。张澄父张子厚,娶汉人束鹿刘氏。张澄乃乌惹、女真和汉人的混血。作为金元之际的文化名人和优秀作家,张澄与元好问、辛敬之、刘景玄、杜仲梁、麻信之、高信卿、康仲宁等一批诗人交往颇深,是当时"诗号专门"和诗界倡导以唐人为指归的主要人物。其子梦符,也是著名诗人,有《橘轩诗集》。

(四)花门贵种马氏家族

马氏家族属于花门贵种(回纥),于宣政之季,居于临洮。金兵略地陕右,尽室迁辽东。太宗时,又迁静州之天山。至马庆祥时,因持家勤俭,自力耕垦、畜牧,遂成为当地富族。马庆祥"资禀聪悟,气量宏博,侪辈无出其右,年未二十,已能通六国语,并与其字书识之。章宗泰和中,试补尚书省译史。使者报聘丽、夏,庆祥率在行中。大安初,卫绍王始通问大朝,国信使副,倚君往复传报"。②马氏家族至马庆祥五世孙马祖常时,号称衣冠望族,祖常在元朝时,"位至光显,文学政术,为时名臣"。③

---

① (金)元好问:《中州集》卷10《李讲议汾》,华东师范大学出版社2014年版,第619页。

② (金)元好问:《恒州刺史马君神道碑》,姚奠中主编《元好问全集》卷27,山西古籍出版社2004年版,第571页。

③ (元)苏天爵:《元故资德大夫御史中丞赠摅忠宣宪协正功臣魏郡马文贞公墓志铭》,李修生主编《全元文》第40册,江苏古籍出版社1999年版,第392、396页。

## 马氏世谱①

| 朝代 | 世代 | 姓名 | 迁居 | 入仕方式 | 仕宦经历 | 文学成就 |
|---|---|---|---|---|---|---|
| 辽 | 一 | 和禄采思 | 由西域迁居临洮 | 道宗欲官之，不就 | | |
| | 二 | 帖穆尔越歌 | | 军功 | 马步军指挥使 | |
| 金 | 三 | 伯索麻也里束 | 静州天山 | 熙宗数遣使征之，终不起 | | 好施与，结交贤士大夫 |
| | 四 | 习礼吉思，一名庆祥，字瑞宁 | | 泰和中，以六科中选 | 开封府判官，以劳迁凤翔府兵马都总管判官 | 善骑射而知书，凡诸国语言文字，靡所不通 |
| 元 | 五 | 三达 | | | 中书左司郎中 | |
| | | 天民 | | 军功 | 太平江州等路达鲁花赤 | |
| | | 月忽难 | | 习礼吉思子 | 礼部尚书 | |
| | 六 | 天下闾 | 天山 | | | |
| | | 灭都失剌 | | | | |
| | | 约实谋 | | | | |
| | | 奥剌罕 | | | 杨子县达鲁花赤 | |
| | | 保禄赐 | | | 湘阴州达鲁花赤，迁同知南安路总管府事 | 文学政事，有传存焉 |
| | | 世忠 | | | 常平仓转运使 | |
| | | 世昌 | | | 行尚书省左右司郎中，赠吏部尚书 | |
| | | 世敬 | | | 通州达鲁花赤 | |
| | | 斡沙纳 | | | 不仕 | |
| | | 世靖 | | | 不仕 | |
| | | 世禄 | | | 中山府织染提举 | |
| | | 失吉 | | | 绛州判官 | |
| | | 世荣 | | | 瑞州路总管 | |
| | | 世臣 | | | 大都平准库提领 | |

---

① （元）黄溍：《马氏世谱》，《全元文》第 30 册，江苏古籍出版社 1999 年版，第 36—39 页。

续表

| 朝代 | 世代 | 姓名 | 迁居 | 入仕方式 | 仕宦经历 | 文学成就 |
|---|---|---|---|---|---|---|
| 元 | 七 | 阙里奚斯 | | | 易县达鲁花赤 | |
| | | 世德 | | 以国子生擢进士第 | 由监察御史迁中书省检校官 | |
| | | 润 | | | 同知漳州路总管府事，赠河南行中书省参知政事 | |
| | | 节 | | 入道于王屋山 | | |
| | | 礼 | | | 下沙场盐司令，赠浙东道宣慰司都事 | |
| | | 渊 | | | 赠江浙行中书省左右司都事 | |
| | | 开 | | | 在京仓某官 | |
| | | 岳难 | | | 兰溪州达鲁花赤 | |
| | | 失里哈 | | | 河南行中书省左右司都事 | |
| | | 继祖 | | | 大都宣课提举 | |
| | | 也里哈 | | | 不仕 | |
| | | 雅古 | | | | |
| | | 必胡南 | | | 同知兴国路总管府事 | |
| | | 祝饶 | | | 富池茶盐 | |
| | 八 | 祖仁 | | 国子生 | 灵璧县主簿 | |
| | | 祖常 | | 进士第一人 | 御史中丞 | 维马氏世著劳勋于国，至文贞公（祖常）以文学益大其家，宗族子弟悉教育之，俾克有立，积分贡举，连中其科（苏天爵《元故奉训大夫昭功万户府知事马君墓碣铭》） |
| | | 祖义 | | | 翰林国史院编修管 | |
| | | 祖烈 | | | 汝宁府知事 | |

续表

| 朝代 | 世代 | 姓名 | 迁居 | 入仕方式 | 仕宦经历 | 文学成就 |
|---|---|---|---|---|---|---|
| 元 | 八 | 祖孝 | | 与祖常同年进士 | 为某官 | |
| | | 祖信 | | | 某场某官 | |
| | | 祖谦 | | 国子进士 | 昭功万户府知事 | 少入乡校,日记数百言(苏天爵《元故奉训大夫昭功万户府知事马君墓碣铭》) |
| | | 祖恭 | | 国子生 | | |
| | | 祖中 | | | 某副使 | |
| | | 祖周 | | 乡贡进士 | 广西廉访司知事 | |
| | | 祖善 | | 进士 | 河东宣慰司经历 | |
| | | 祖元 | | 乡贡进士 | 市舶某提举 | |
| | | 祖某 | | | 某路儒学教授 | |
| | | 祖宪 | | 国子进士 | 吴县达鲁花赤 | |
| | | 苏刺哈 | | | 枣阳县主簿 | |
| | 九 | 伯嘉纳 | | | | |
| | | 武子 | 祖常子 | | 奎章阁学士院典签 | |
| | | 文子 | 祖常子 | | 秘书监著作郎 | |
| | | 献子 | | 国子进士 | 含山县达鲁花赤 | |
| | | 惠子 | | | 高邮府知事 | |
| | | 帖木尔 | | 乡贡进士 | | |
| | | 明安沓尔 | | | 某税使 | |

## 第二节 契丹家族文学——以耶律履家族为中心的考察

金代多民族文学发展中,契丹族作家的文学成就值得重视。比较著名的契丹族文人有移剌愲、移剌子敬、移剌成、移剌买奴、移剌道、移刺斡里朵，以及出自辽代耶律倍一系的耶律氏家族成员等。

移剌慥本名移敌列，契丹虞吕部人，通契丹、汉字，尚书省辟契丹令史，摄知除，擢右司都事。正隆南伐，兼领契丹、汉字两司都事。① 大定时期，契丹族大臣移剌慥亲自校定皇统制条，"通其窒碍，略其繁碎"，② 最后修成一部一千一百九十条、十二卷的制条律令，受到朝廷嘉奖。移剌子敬字同文，本名屋骨朵鲁，辽五院人。子敬读书好学，皇统间，特进移剌固修《辽史》，辟为掾属。大定二年（1162），以待制同修国史。移剌成本名落兀，其先辽横帐人，沉勇有谋，通契丹、汉字，大定朝官终北京留守。移剌买奴，蒙古国时霸州（今河北霸州市）人，契丹世袭猛安。读史书，慷慨有气义。喜交士大夫，刘从益、刘祁父子与之亦有交往。少从父移剌捏儿习征战。1230年、1233年，两攻高丽，擢征东大元帅。移剌道，本名赵三，其先乙室部人，"通女直、契丹、汉字"。③ 移剌斡里朵，一名八斤，系出辽五院司，"通契丹字"。④

在众多契丹作家中，出自辽代耶律倍一系的耶律氏家族是辽代契丹皇族文学在金元历史时期的继续和升华，体现了金代契丹族后裔文学的水平和成就。

## 一 耶律氏谱系

耶律履出于东丹王、辽太祖长子耶律倍次子娄国一系，为耶律倍之七世孙。清代周春在《增订辽诗话》中指出："耶律氏、萧氏及渤海大氏，其后嗣繁衍入金、元，登显仕者指不胜曲，就其政事、文学著称，莫如东丹房。"

耶律倍有五子，长世宗，次娄国、稍、隆先、道隐。耶律隆先，景宗时，留守东京。主张薄赋税，省刑狱，恤鳏寡，举荐贤能之士。隆先博学能诗，有《阆苑集》行于当时。晋王道隐，有文武才，被时人所称道。

---

① （元）脱脱等：《金史》卷89《移剌慥传》，中华书局1975年版，第1986页。
② 同上书，第1987页。
③ （元）脱脱等：《金史》卷88《移剌道传》，中华书局1975年版，第1966页。
④ （元）脱脱等：《金史》卷90《移剌斡里朵传》，中华书局1975年版，第2002页。

东丹次子，燕京留守、政事令娄国一系：娄国生将军国隐，国隐生太师合鲁，合鲁生太师胡笃，胡笃生定远大将军内刺，内刺生银青荣禄大夫、兴平军节度使德元。

耶律履父聿鲁，早亡。聿鲁之族兄兴平军节度使德元无子，以履为后。耶律履以荫补国史掾，迁蓟州刺史，入为翰林修撰。历直学士待制，礼部尚书，特赐进士第，拜参知政事。明昌元年（1190）进尚书右丞。《金史》卷九五有传。元好问撰有《神道碑》。

耶律履有三子：辨材、善材、楚材；四孙：钧、弦、镛、铸。

耶律履长子辨材，年十八，以门资试护卫。泰和中，从军南征，以功授冀州录事判官，转曹州司候。宣宗朝，以功授顺天军节度副使。扈从南渡，奏充孟津提控。兴定中，选授京兆府兵马使、静难军节度副使。后为河中府判官，复次同知睢州军州事兼归德府推官，历中京兵马副都指挥使。壬辰正月，理索北归。晚年留寓真定。

耶律履次子善材，字天祐，以宰相子引见，补东上阁门祗候。泰和四年，调衡水令、兰州军士判官，入为西山阁门签事。大安二年，改太子典仪，转裁造署令。扈从宣宗南渡，以劳授仪鸾局使。俄迁太府少监，兼直西上阁门尚食局使。贞祐三年（1215），出为同知昌武军节度使事，改章化军。历嵩、裕、息、延四州刺史，同知凤翔府事、中京副留守、同知归德府事。壬辰二月，善材弟、中书令楚材奉旨理索善材北归。善材不从，乞留死汴梁，后自投水而殁。

耶律楚材（1190—1244），耶律履季子，字晋卿，号玉泉老人，法号湛然居士。初仕金，为开州同知、左右司员外郎。成吉思汗十四年（1219），随成吉思汗西征，二十一年（1226），又随成吉思汗征西夏。窝阔台汗即位后，执掌中原地区赋税事宜，窝阔台汗三年（1231），任中书令（宰相）。

耶律铸（1221—1285）元初大臣。耶律楚材子，字成仲，1244年耶律楚材死后，任中书省事。世祖中统二年（1261）为中书省左丞相。后去山东任职，应诏监修国史。世祖至元二十年（1283）因罪免职。

耶律希亮，字明甫，耶律铸之子。1246年生于和林。至元八年（1271），授奉训大夫、符宝郎。至元十四年（1277），转嘉议大夫、礼部尚书，不久升任吏部尚书。至元十七年（1280），耶律希亮告病辞官归田，退居总阳二十余年。至大二年（1309），元武宗访求先朝旧臣，耶律希亮复出，出任翰林学士承旨、资善大夫，后出任翰林学士承旨、知制诰兼修国史。泰定四年（1327）逝世。

耶律希逸号柳溪，又号梅轩，为耶律楚材之孙，元中书左丞相耶律铸第九子。曾任河北河南道提刑按察使、山东东西道提刑按察使、南台御史中丞，官至参知政事。

耶律有尚，字伯强，为耶律善材之孙、耶律钧之子。

## 二 耶律氏家族意识

耶律氏横跨辽、金两代。其绵长的发展历史当中，家族内部始终保持者对祖先的仰慕。辽代契丹宗室耶律氏多以漆水为郡望封爵。都兴智从《辽史》中，统计出 13 位契丹宗室后裔皆封漆水郡王[①]。《耶律宗政墓志》："惜我太祖，创业称皇。漆水源浚，银河派长。"辽代赐"国姓"的汉人也以漆水为郡望。韩知古之孙之德让，圣宗时赐姓耶律。德让弟德崇、德崇子制心等，先后被封为漆水郡王。李俨在道宗时赐姓耶律氏，天祚帝时，封为漆水郡王。为了表现自己一族的高贵与不俗，耶律履一系不时向人们宣誓漆水郡望的身份与地位。耶律楚材母杨氏被金廷封为"漆水国夫人"。耶律楚材在文集中，常称自己为"漆水楚材"。漆水即辽金时期大凌河之别名，流经辽宁医巫间地区。医巫间一直是耶律氏文化家族的郡望。耶律楚材《和薛伯通韵》："间山归隐天涯远，梦里思归梦亦难。"

耶律楚材诗文中亦多次涉及"东丹"，显示自己不平凡的出身。耶律楚材"我本东丹八叶孙，先生贤祖相林牙。"[②] "我祖东丹王，施仁能善积。"在《爱子金柱索诗》中他激励儿子："我为北阙十年客，汝是东丹九世孙。……他时辅翼英雄主，珥笔承明策万言。"在《送房孙重奴行》中他劝勉房孙："汝亦东丹十世孙……而今正好行仁义，莫学轻薄辱我门。"他用东丹家族的光辉教导儿孙，实际上更是在自勉。

耶律楚材《为子铸作诗三十韵》（乙未为子铸寿，作是诗以遗之，

---

[①] 都兴智：《辽金史研究》，人民出版社 2004 年版，第 130 页。
[②] （元）耶律楚材：《赠辽西李郡王》，《湛然居士文集》卷 7，丛书集成初编本，中华书局 1985 年版，第 94 页。

铸方年十有五也）："皇祖辽太祖，奕世功德积。弯弓三百钧，天威威万国。一旦义旗举，中原如席卷。东鄙收句丽，西南穷九译。古器获轩鼎，神宝得和璧。南陬称子孙，皇业几三百。赫赫东丹王，让位如夷伯。藏书万卷堂，丹青成画癖。四世皆太师，名德超今昔。我祖建四节，功勋冠黄合。先考文献公，弱冠已卓立。学业饱典坟，创作乙未历。入仕三十年，庙堂为柱石。重义而疏财，后世遗清白。我受先人体，兢兢常业业。十三学诗书，二十应制策。禅理穷毕竟，方年二十七。万里渡流沙，十霜泊西域。自愧无才术，忝位人臣极。未能扶颠危，虚名徒伴食。汝方志学年，寸阴真可惜。孜孜进仁义，不可为无益。经史宜勉旃，慎毋耽博弈。深思识言行，每戒迷声色。德业时乾乾，自强当不息。"

在诗中，他极力赞美辽代开国皇帝耶律阿保机的丰功伟绩："皇祖辽太祖，奕世功德积。弯弓三百钧，天威威万国。一旦义旗举，中原如席卷。"而对东丹王的论述则是："赫赫东丹王，让位如夷伯。藏书万卷堂，丹青成画癖。"太祖崇尚武功，伟业赫赫，而东丹王不恋帝位，专心诗文书画，开启辽朝崇儒好学风尚。耶律楚材用心良苦，他希望自己的儿子能够像东丹王一样积极接受汉文化的熏陶，为国家、黎民作出贡献，这同样也是他对自己的要求。

耶律氏的敬宗收族意识在金、元易代之际表现十分突出。

元太祖时，为并吞天下、大量招揽人才，尝访辽宗室近族，耶律楚材被元朝发现并重用，耶律楚材常以所得禄赐分散宗族。但耶律楚材"未尝私以官爵，或劝以乘时广布枝叶，固本之术也"。① 耶律楚材之孙耶律希亮困厄遐方期间，随身只藏祖考画像，四时就穹庐陈列致奠。②

## 三 耶律氏儒学渊源

耶律氏家族的儒学渊源，可以一直追溯到耶律倍。辽朝立国之初，将孔子放在敬祀首位，即实行崇儒政策，是出自耶律倍的建议。自兹而后，辽朝历代君主无不崇儒重文，上行下效，蔚然成风。耶律楚材所

---

① （元）宋子贞：《中书令耶律公神道碑》，李修生主编《全元文》第1册，江苏古籍出版社1999年版，第176页。

② （明）宋濂等：《元史》卷180《耶律希亮传》，中华书局1976年版，第4162页。

咏:"辽家遵汉制,孔教祖宣尼。焕若文章备,康哉政事熙。"①

在辽代推行汉化政策、尊崇儒学、鼓励儒学的环境中,契丹皇室文学艺术取得很大成就。耶律倍可以作成熟的五言诗,也可以绘出精妙的本国图画,他内心极为仰慕汉学,名号亦仿效白居易,最后在走投无路时泛海奔唐。耶律倍子嗣耶律隆绪同耶律倍一样,亦能诗善画,他亲自以契丹文字翻译白居易《讽谏集》。耶律隆绪长子耶律宗真、耶律洪基均已成为精通汉学的儒家文人。辽道宗还有文集《清宁集》行世。这也标志着契丹族汉文学发展到了一个高潮。

正是这种社会氛围和文化环境,使耶律倍后世家族一直行进在崇文重道的"汉化"道路上,成为契丹族人中遵循儒家传统道德的典范。史称,"世宗方兴儒术,诏译经史,擢耶律履国史院编修官,兼笔砚直长。耶律履推贤让能,力为引荐。后生辈借公余论,多至通显。论事上前是非利病,惟理所在,未尝有所回屈"②。

耶律履善于将儒家积极入世、兼济天下的用世思想体现到女真政权的用人政策中。耶律履主张女真进士考试内容中,加入时务考察,以注重培养女真学生经世济民的意识与才能。"初议以时务策设女直进士科,礼部以所学不同,未可概称进士,诏履定其事,乃上议曰:'进士之科,起于隋大业中,始试以策。唐初因之,高宗时杂以箴铭赋诗,至文宗始专用赋。且进士之初,本专试策,今女直诸生以试策称进士,又何疑焉。'世宗大悦,事遂施行。"③

耶律履不满海陵杜塞言路,致使天下缄口,习以成风。希望世宗惩艾前事,开谏诤之门。同时进言统治者应仪礼教化,以德服人。大定二十六年(1186),耶律履进本部郎中,兼同修国史、翰林修撰,表进宋司马光《古文孝经指解》曰:"臣窃观近世,皆以兵刑财赋为急,而光独以此进其君。有天下者,取其辞施诸宇内,则元元受赐。"④ 章宗为

---

① (元)耶律楚材:《怀古一百韵寄张敏之》,《湛然居士文集》卷12,丛书集成初编本,中华书局1985年版,第170页。

② (金)元好问:《尚书右丞耶律公神道碑》,姚奠中主编《元好问全集》卷27,山西古籍出版社2004年版,第587页。

③ (元)脱脱等:《金史》卷95《移剌履传》,中华书局1975年版,第2100页。

④ 同上。

金源郡王时，喜读《春秋左氏传》，闻耶律履知识博洽，召质所疑。耶律履曰："左氏多权诈，驳而不纯。《尚书》《孟子》皆圣贤纯全之道，愿留意焉。"王嘉纳之。① 耶律履有诗《史院从事日感怀》："不学知章乞鉴湖，不随老阮醉黄垆。试从麟阁诸贤问，肯屑兰台小史无？一战得侯输妾尉，长身奉粟愧侏儒。禁城钟定灯花落，坐抚尘编惜壮图。"诗人不愿学年老乞归的贺监，醉卧黄垆的阮籍，劳形兰台的班固，而是希望像杜甫志在麒麟阁那样，无愧朝廷的俸禄，效法为国立功的将士，实现自己的宏图大志。

耶律履仲子耶律善材亦表现出儒家尊君思想。金末耶律善材曾扈从宣宗南渡。壬辰二月，其弟楚材奉元帝旨理索耶律善材北归，召见隆德殿。哀宗幸和议可成，赠金币固遣之，君臣相视泣下，善材竟自投于内东城濠水中而殁。金帝闻之震悼，追封工部尚书、龙虎卫上将军。

耶律楚材是蒙古势力进入中原以后最早明确主张"以儒治国"的人。他自幼便受到儒家文化的浸润濡染。耶律履通术数，尤邃于太玄，认为楚材是"吾家千里驹也，他日必成伟器。且当为异国用。因取左氏之楚虽有材，晋实用之以为名字"。② 对耶律楚材寄予很大的希望。而耶律楚材的志向是"衣冠异域真余志，礼乐中原乃可荣"。就是使蒙古游牧贵族能够适应中原汉族的农业封建文明，使中原传统的儒家礼文制度延续下去。

元太宗始取中原，听从中书令耶律楚材建议，用儒术选士。1230年耶律楚材在中原辖区设十路，每路都任命正副课税使，皆由儒士担任。太原路转运使吕振、副使刘子振，以赃抵罪。帝责备楚材曰："卿言孔子之教可行，儒者为好人，何故乃有此辈？"对曰："君父教臣子，亦不欲令陷不义。三纲五常，圣人之名教，有国家者莫不由之，如天之有日月也。岂得缘一夫之失，使万世常行之道独见废于我朝乎！"帝意乃解。③

窝阔台汗即位后，耶律楚材倡立朝仪，劝亲王察合台（太宗兄）等

---

① （元）脱脱等：《金史》卷95《移刺履传》，中华书局1975年版，第2100页。
② （元）苏天爵：《中书耶律文正王》，《元朝名臣事略》卷5，中华书局1996年版，第73页。
③ （明）宋濂等：《元史》卷146《耶律楚材传》，中华书局1976年版，第3462页。

人行君臣礼，以尊汗权。从此更日益受到重用，被誉为"社稷之臣"。初执掌中原地区赋税事宜，建议颁行《便宜一十八事》，设立州郡长官，使军民分治；制定初步法令，反对改汉地为牧场；建立赋税制度，设置燕京等处十路征收课税所。

耶律楚材教育上大力倡导儒学，推崇孔子。他征得太宗的同意，修复了孔庙，优待孔子后裔，建立了国子学，用封建文化教育民众。公元1237年，耶律楚材又提出恢复科举取士。第二年，元朝首次开科取士，一次录取了四千多人。科举考试的恢复，提高了中原儒生的地位，为国家招揽了大量的人才，使忽必烈时期蒙古帝国的发展繁荣积蓄了力量，奠定了基础。

窝阔台汗三年（1231），耶律楚材任中书令（宰相）。此后，他积极恢复文治，逐步实施"以儒治国"的方案和"定制度、议礼乐、立宗庙、建宫室、创学校、设科举、拔隐逸、访遗老、举贤良、求方正、劝农桑、抑游惰、省刑罚、薄赋敛、尚名节、斥纵横、去冗员、黜酷吏、崇孝悌、赈困穷"的政治主张。在政治、经济、文化各方面殚精竭虑，创举颇多。改革政治体制，提拔重用儒臣；反对屠杀生命，保护百姓生命；主张尊孔重教，整理儒家经典。

耶律楚材子耶律铸自幼聪敏，秉承家教，崇尚儒学，善于赋诗属文，更擅长骑射。他继承其父"以儒治国"的家教，无疑努力推行汉法。在其父卒后，耶律铸嗣领中书省事，时年二十三岁。他上言宜疏禁网，采集历代德政合于时宜者八十一章进呈。中统二年（1261）六月，忽必烈拜他为中书左丞相。至元元年（1264），他"奏定法令三十七章，吏民便之"（《元史·耶律铸传》）。同年八月，立山东诸路行中书省，以中书左丞相耶律铸、参知政事张惠等行省事。

耶律铸子耶律希亮、耶律钧之子耶律有尚皆受学于元初名儒。

自耶律楚材的祖父起，他们家世代常居燕京。当时燕京是北方封建社会的经济文化中心，有深厚的汉文化的基础。这使得耶律氏世代受到汉文化熏陶。元宪宗尝遣耶律铸核钱粮于燕，耶律铸以先世皆读儒书，儒生俱在中土，愿携诸子至燕受业为由，迁居燕京。耶律铸命其子希亮师事北平赵衍。

耶律有尚祖父耶律善材在金朝尝官于东平，因以为家。有尚于东平受业许衡之门，号称高第弟子。其学邃于性理，而尤以诚为本。至元八年（1271），许衡罢中书左丞，除集贤大学士，兼国子祭酒，以教国人之子弟，乃奏以门人十一人为斋长以伴读，有尚是其中之一。至元二十四年（1287），元朝始立国子监，有尚升国子祭酒，儒风为之丕振。大德改元，复召为国子祭酒。寻除集贤学士，兼其职。有尚前后五居国学，"其立教以义理为本，而省察必真切；以恭敬为先，而践履必端悫。凡文词之小技，缀缉雕刻，足以破裂圣人之大道者，皆屏黜之。是以诸生知趋正学，崇正道，以经术为尊，以躬行为务，悉为成德达材之士。大抵其教法一遵衡之旧，而勤谨有加焉。身为学者师表者数十年，海内宗之，犹如昔之宗衡也"。①

耶律有尚尊孔崇儒、重礼尚义，将耶律氏家族儒学渊源发展至极致。在分析耶律有尚思想形成的原因时，苏天爵评价说："耶律有尚继承家学。东丹王子孙世事华学，衣冠日盛。耶律钧尝同昆季作传家誓训，以教子孙。大概以谓自东丹王以来，生长中国，素习华风，父子夫妇，纲常严正，累世弗变，不当效近世习俗，渎乱彝伦。有尚佩服遗训惟谨，治家严肃，以身先之，诸子卓然有立。"②

耶律氏家族的文化儒学化，反映了北方游牧渔猎文化与中原农耕文化的双向交流与优势互补，是对代表中华民族主体文化——中原儒家文化的认同感和归属感。中华儒学文化在多民族文化交流中，具有强大的生命力和吸引力。

### 四　耶律氏家族的嗜学传统

耶律倍是辽代第一位著名的汉语文学家，正是他奠定了耶律氏家族崇尚文学、雅好词翰的传统。耶律倍不喜射猎，嗜书好学，曾购书数万卷，置医巫闾山望海堂。耶律倍有文才，博古今，知音律、工辽、汉文章，精医药、砭焫之术、通阴阳，尝译《阴符经》。善画本国人物，如《射骑》《猎雪骑》《千鹿图》，是辽代契丹族著名的文学家、书法家、画家、翻译家、音乐家，以及阴阳学家、医学家。

---

① （明）宋濂等：《元史》卷174《耶律有尚传》，中华书局1976年版，第4065页。
② （元）苏天爵：《皇元故昭文馆大学士兼国子祭酒赠河南行省右丞相耶律文正公神道碑铭（有序）》，李修生主编《全元文》第40册，江苏古籍出版社1999年版，第270—272页。

耶律倍崇儒好学，以致泛海奔唐时，惟载书数千卷。史载耶律倍到后唐后，"每通名刺云乡贡进士黄居难字乐地。以拟白居易字乐天也"。① 说明耶律倍对汉文化是极度的崇拜。耶律倍子兀欲亦为著名画家，"善丹青。千角鹿出庑中，所画诚妙笔也"。②

辽朝共历九帝，其中六帝出于耶律倍一系。耶律倍之后圣宗、兴宗、道宗等帝王皆附会风雅，博通文史，习儒学，擅词翰。

辽圣宗耶律隆绪，"幼喜书翰，十岁能诗。既长，精射法，晓音律，好绘画"。③ 圣宗还"好读唐《贞观事要》，至太宗、明皇、《实录》则钦伏，故御名连明皇讳上一字；又亲以契丹字译白居易《讽谏集》，召番臣等读之。尝云：'五百年来中国之英主，远则唐太宗，次则后唐明宗，近则今宋太祖、太宗也。'"④

辽兴宗耶律宗真，"善骑射，好儒术，通音律。"⑤ "工书，善丹青，尝以所画鹅、雁送诸宋朝，点缀精妙，宛乎逼真"。⑥

重熙五年（1036）四月，"兴宗幸后弟萧无曲第，曲水泛觞赋诗。……重熙六年（1037）六月，赐南院大王耶律胡睹衮命，兴宗亲为制诰词，并赐诗以宠之。……七月，以皇太弟重元生子赐诗及宝玩器物"。⑦

辽道宗耶律洪基，清宁二年（1056）三月，"御制《放鹰赋》赐群臣，谕任臣之意"。⑧ 清宁三年（1057）八月，道宗"以《君臣同志华夷同风诗》进呈太后"。⑨ 清宁六年（1060）五月，"监修国史耶律白请编次御制诗赋，仍命白为序"。⑩ 是为《清宁集》。

---

① （清）厉鹗：《辽史拾遗》卷19，中华书局1985年版，丛书集成初编本，第383页。
② 同上。
③ （元）脱脱等：《辽史》卷10《圣宗纪一》，中华书局1974年版，第107页。
④ （宋）叶隆礼：《契丹国志》卷7《圣宗天辅皇帝》，贾敬颜、林荣贵点校，中华书局2014年版，第81页。
⑤ （元）脱脱等：《辽史》卷18《兴宗纪一》，中华书局1974年版，第211页。
⑥ （宋）叶隆礼：《契丹国志》卷8《兴宗文成皇帝》，贾敬颜、林荣贵点校，中华书局2014年版，第93页。
⑦ （元）脱脱等：《辽史》卷18《兴宗纪一》，中华书局1974年版，第217、219页。
⑧ （元）脱脱等：《辽史》卷21《道宗纪一》，中华书局1974年版，第253页。
⑨ 同上书，第255页。
⑩ 同上书，第258页。

天祚帝耶律延禧，乾统三年（1103）十一月，召监修国史耶律俨纂太祖诸帝《实录》①。天祚帝亦能书法，曾经奉道宗命敕写《尚书五子之歌》。

耶律氏入金后，经过一段默默无闻的时间后，至耶律履时，家族蕴藏的文学因子再现生机。耶律履从小就聪异过人，长辈寄予厚望。耶律履方五岁，晚卧庑下，见微云往来天际，忽谓乳母曰："此所谓'卧看青天行白云'者耶？"叔父德元闻之，惊曰："是子当以文学名世。"②

耶律履记忆力惊人，读书一过目辄不忘。及长，博学多艺。通六经百家之书，尤邃于《易》《太玄》。阴阳方技之说，历象推步之术，无不洞究。并继承甚至超越家族先辈耶律倍的绘画成就。《绘事备考》卷七："（耶律履）善画鹿，绰有祖风。人马亦佳，墨竹尤妙。"赵秉文《题移剌右丞画双鹿图二首》（其一）："忘言老人写双鹿，笔力不减东丹王。"

耶律履善属文，为时辈所推。《千顷堂书目》卷29："《耶律履文献公集》十五卷。"

耶律履有《乙未元历》《揲蓍说》及文集，皆佚。现存诗1首。赵万里《校辑宋金元人词》辑有《耶律文献公词》1卷，凡3首。

耶律履建立的家族嗜学好文的传统，在其子耶律楚材身上得到了很好的延续和发扬。耶律楚材"十三学诗书，二十应制策"。平时非常注意图书积累。在从元太祖下灵武期间，诸将争取子女金帛，楚材独收遗书③。楚材死时，唯琴阮十余及古今书画、金石、遗文数千卷而已。④耶律楚材不仅自己笃于学问，不舍昼夜，还告诫诸子一定要勤奋好学。他尝诫其诸子曰：公务虽多，昼则属官，夜则属私，亦可学也。⑤

耶律楚材博览群书，勤于著述。有《湛然居士文集》《西游录》《五星密语》《先知大数》《皇极经世义》《庚元历》《历说》《乙未元

---

① （元）脱脱等：《辽史》卷27《天祚皇帝纪一》，中华书局1974年版，第320页。
② （元）脱脱等：《金史》卷95《移剌履传》，中华书局1975年版，第2099页。
③ （明）宋濂等：《元史》卷146《耶律楚材传》，中华书局1976年版，第3456页。
④ （元）苏天爵：《中书耶律文正王》，《元朝名臣事略》卷5，姚景安点校，中华书局1996年版，第84页。
⑤ 同上。

历》《回鹘历》等。《湛然居士文集》共14卷，收录了660余首诗。其中现存辽代篇幅最长的契丹语诗篇《醉义歌》就是由耶律楚材译为汉文七言歌行体长诗并保存于《湛然居士文集》中。

耶律楚材现存诗720余首，文近100篇，词仅存《鹧鸪天·题七星洞》1首。

耶律履次子耶律善材亦"资雅重，读书知义理"。①

耶律辨才子耶律镛，曾从元好问学。

耶律铸自幼聪敏，秉承家教，善于赋诗属文，擅长骑射。著有《大成乐》《双溪小稿》《双溪醉隐集》（今已不全，乾隆年间修《四库全书》时，从《永乐大典》辑编出6卷），现存诗770余首，文近30篇，词8首。

耶律铸诸子希逸、希亮皆工于词翰。希逸博学多能，尤长于诗。曾官淮东宣慰使，有《耶律柳溪集》。耶律希亮"方九岁，未浃旬，已能赋诗。平时虽疾病，不废书史，或中夜起坐，取烛以书。所著诗文及从军纪行录三十卷，目之曰《愫轩集》"。② 耶律有尚"资识绝人，笃志于学"。③

耶律氏由金至元，从耶律履起，祖孙四代，崇文好学，在非汉族作家当中，文学成就卓著。盛如梓称："耶律文献公、子中书令湛然居士、孙丞相双溪、曾孙宣慰柳溪，四世皆有文集，共百卷行于世。"④ 金、元易代之际，他为汉文化在北方的继承和发扬作出积极贡献。

## 五　耶律氏家族的学术成就

耶律氏学术特色是在北方多民族文化形态的孕育下，结合中原传统中国士大夫文化的影响，以儒为主，兼通百家，具有高度的多元开放性。

---

① （金）元好问：《龙虎卫上将军耶律公墓志铭》，姚奠中主编《元好问全集》卷26，山西古籍出版社2004年版，第563页。
② （明）宋濂等：《元史》卷180《耶律希亮传》，中华书局1976年版，第4162—4163页。
③ （明）宋濂等：《元史》卷174《耶律有尚传》，中华书局1976年版，第4064页。
④ 盛如梓：《庶斋老学丛谈》卷上，艺文印书馆 影印本。

耶律履是一位淹通经史、腹笥渊博的儒士文人，被视为"通儒""良史"，"名卿材大夫"。① 耶律履对于通易、太玄，至于阴阳历数，无不精究。

耶律楚材的学术领域比其父亲还要广泛："凡星历、医卜、杂算、内算、音律、儒释、异国之书，无不通究。"② 虽出师征伐之间，耶律楚材"犹锐意经济之学"。③ 注重学问的经世致用。"金制，宰相子例试补省掾。楚材欲试进士科，章宗诏如旧制。问以疑狱数事，时同试者十七人，楚材所对独优，遂辟为掾"。④ 史载成吉思汗每次征讨，"必命楚材卜，帝亦自灼羊胛，以相符应。"⑤ 其精熟的占卜术使成吉思汗想当然地将他当成测断吉凶的预言家。同时，耶律楚材又精通天文历象，他以自己所学的律历知识对金朝的《大明历》细加修订，著成《西征庚午元历》，请成吉思汗颁行。从此，大蒙古国有了自己的历书，国土东西数万里，天象没有毫厘差错。

耶律楚材在学术修养上深受当时三教合一的社会思潮的影响，通过文化心态结构的多重建构，通过在儒佛道之间的自由选择，来不断丰富、健全自己完善理想的人格。万松于窝阔台汗六年（1234）为《湛然居士文集》所作序中言："湛然居士年二十有七，受显诀于万松。其法忘死生，外身世，毁誉不能动，哀乐不能入，湛然大会其心。精究入神，尽弃宿学，冒寒暑、无昼夜者三年，尽得其道。万松面授衣颂，目之为湛然居士从源。"后来耶律楚材寄书万松老人，皆自称"嗣法弟子从源"，执弟子礼甚恭。耶律楚材前后修习共十年，深刻地领悟了禅机。耶律楚材思考儒佛关系的处理。他在《西游录》中认为："以吾夫子之道治天下，以吾佛之教治一心。"又云："穷理尽性莫尚佛法，济世安

---

① （金）元好问：《尚书右丞耶律公神道碑》，姚奠中主编《元好问全集》卷27，山西古籍出版社2004年版，第583页。

② （元）宋子贞：《中书令耶律公神道碑》，李修生主编《全元文》第1册，江苏古籍出版社1999年版，第178页。

③ （元）孟攀鳞：《湛然居士文集序》，李修生主编《全元文》第2册，江苏古籍出版社1999年版，第356页。

④ （元）苏天爵：《中书耶律文正王》，《元朝名臣事略》卷5，姚景安点校，中华书局1996年版，第73页。

⑤ （明）宋濂等：《元史》卷146《耶律楚材传》，中华书局1976年版，第3456页。

民无如孔教。用我则行宣尼之常道，舍我则乐释氏之真如，何为不可也。"概括起来，耶律楚材就是主张"以佛治心，以儒治国"。《四库全书总目提要》云："晋卿学问渊源有自来矣，故旁通诣极，而要以儒者为归。"入世的儒家信条始终是耶律楚材最主要的精神支柱。王国维在《耶律文正公年谱余记》中评价耶律楚材说："虽洞达佛理，而其性格实与儒家近。其毅然以天下生民为己任，古之士大夫学佛者，从未见有此种气象。"

耶律楚材之子耶律铸，不似乃父笃信佛教，而是在尊崇儒学的基础上，周旋于释道之间，甚至慕道者。好求仙，信扶乩，因自号"独醉道者""独醉痴仙"。

## 六 耶律氏家族的文化贡献

世宗、章宗朝，金代经济文化进入全面繁荣时期。耶律履对当时女真政权的文化建设，做出了努力。耶律履"胸怀倜傥，有文武志胆。酬酢事变，若迎刃而解。与人言，必尽诚无隐。得一人善，若出诸己，至称道不绝口。推贤让能，力为荐引，后生辈借公余论，多至通显"。[①] 以自己坦荡的人格得到人们的尊敬，又善于发现人才，为国家培养了不少栋梁之材。

耶律履平时注意中国古代经史等汉文典籍的翻译、宣传，扩大儒家文化的影响，推动金朝汉化进程，为女真政权封建化转型贡献力量。耶律履素善契丹大小字，译经润文，辞达而理得。大定初朝廷无事，世宗锐意经籍，诏以小字译《唐史》。成，则别以女真字传之，以便观览。耶律履被选中，独主其事。书上，大受赏异，擢国史院编修官兼笔砚直长。改置经书所，径以女真字译汉文。

金末战争时期，耶律家族同样表现出儒家思想文化的影响。儒家仁政思想、人道主义精神、民胞物与的悲悯情怀，在耶律楚材身上表现最为突出。

1232年，耶律楚材极力劝阻屠城，保全了汴梁城内的一百多万人

---

[①] （金）元好问：《故金尚书右丞耶律公神道碑》，姚奠中主编《元好问全集》卷27，山西古籍出版社2004年版，第587页。

曰："国制，凡敌人拒命，矢石一发则杀无赦。汴京垂陷，首将遣人来报，且言此城相抗日久多杀伤士卒，意欲屠之。公驰入奏曰：将士暴露凡数十年，所争者土地人民耳！得地无民，将焉用之？上疑而未决，复奏曰：凡弓矢、甲仗、金玉等匠，及官民富贵之家，皆聚此城中，杀之则一无所得，是徒劳也。上始然之，诏除完颜氏一族外，余皆原免。时避兵在汴者户一百四十七万。楚材又请遣人入城，求孔子后，得五十一代孙元措，奏袭封衍圣公，付以林庙地。命收太常礼乐生，及召名儒梁陟、王万庆、赵著等，使直释九经，进讲东宫。又率大臣子孙，执经解义，俾知圣人之道。置编修所于燕京、经籍所于平阳，由是文治兴焉。"[①]

金亡之际，耶律楚材又奏选工匠、儒、释、道、医、卜之流散居河北，官为给赡，其后攻取淮汉诸城，以为定例。元好问曾在金亡后上书，请求他采取措施保护儒士文人，"以阁下之力，使脱指使之辱，息奔走之役"，推荐了数十位儒士。耶律楚材是否一一采纳元好问的建议，史上无载，但《湛然居士文集》中有一首诗名为《和梁斗南韵》，据年谱，作于1233—1236年，正是金亡之后，内有"谁知东海潜姜望，好向南阳起孔明"一句，有求贤若渴之意，而梁斗南正是元好问所推荐的儒士中的一位。上书者当然不止元好问，在《和孟驾之韵》中，耶律楚材说："平阳闻有邻人孙，封书上我仅万言。讨论故典造极至，商榷古今穷深源。"他成为当时众望所归的人物。

耶律楚材随成吉思汗西征时，常晓以征伐、治国、安民之道，屡立奇功，备受器重。随成吉思汗征西夏时，谏言禁止州郡官吏擅自征发杀戮，使贪暴之风稍敛。在蒙古灭金国、吐蕃、大理和征伐南宋时，许多名士如元好问、赵复、窦默、王磐等人都被保护并起用。1237年，在耶律楚材"守成者必用儒臣"的建议下，窝阔台乃命宣德州宣课使刘中随郡考试，以经义、辞赋、论分为三科，儒人被俘为奴者，亦令就试。得士凡四千三十人。这次选中的许多人才，如杨奂、张文谦、赵良弼、董文用等人，他们后来都是忽必烈时代的名臣。

在战争中，耶律楚材珍爱生命、制止杀戮，注重保护人才，为元蒙

---

[①] （明）宋濂等：《元史》卷146《耶律楚材传》，中华书局1976年版，第3459页。

政权储备了大量治国安邦的辅弼重臣。元蒙初期，推行仁政、倡导儒学，为巩固政权立下不世的功勋。在耶律楚材影响下，家族后代成员同样坚持以仁辅政，用以舒缓民困，或以过人的学问修养和人格精神作为感召力量，影响地方文化发展。

至元十二年（1275），元世祖忽必烈灭宋，世祖命耶律希亮问宋朝降将，可否征伐日本。宋朝降将夏贵、吕文焕、范文虎、陈奕等都说可以攻打日本，耶律希亮上奏反对。他认为，宋朝和辽、金攻战已三百年，现在刚刚太平，人民须要休息。过几年之后，俟数年，再兴师不晚。世祖认同。①

至大二年（1309），元武宗访求先朝旧臣，特除耶律希亮翰林学士承旨、资善大夫，寻改授翰林学士承旨、知制诰兼修国史。希亮以职在史官，乃类次世祖嘉言善行以进。英宗取其书，置禁中。久之，闲居京师，四方之士多从之游。②

### 七 耶律氏文学思想

金代"苏学盛于北"。苏轼为北宋文学大家，他的文章学术、人格修养、人生态度等为辽金元时期的北方文人所欣赏。苏轼对国家大事，总是敢于坚持自己的意见，"尽言无隐"（《杭州召还乞郡状》），"不顾身害"（宋孝宗《御制文集序》），不盲从，不徇私，抗言直节、表里如一，其"忠规谠论，挺挺大节，群臣无出其右。"（《宋史·苏轼传》）金代不少文人从苏轼身上接受了强烈的社会责任感和为国为民的文人使命感。大定、明昌时期，不仅形成了浓厚的人文气息，文人的心智活动方式，也步武苏、黄。特别是此时文人的书画艺术基本上是继承了以苏、黄为代表的北宋时期书画艺术的创作特色。徐明善《送黄景章序》云："中州士大夫文章翰墨，颇宗苏黄。盖唐有李杜，宋有二公，遒笔快句，雄文高节，宗之宜矣。"③从某种程度说，对苏轼的接受是古代北方少数民族汉化深入的一个标志。

---

① （明）宋濂等：《元史》卷180《耶律希亮传》，中华书局1976年版，第4161页。
② 同上书，第4162页。
③ （元）徐明善：《送黄景章序》，李修生主编《全元文》第17册，江苏古籍出版社1999年版，第192页。

金代文人中，耶律氏家族对苏轼最为服膺，显示出这一家族精深的汉文化水平。服膺包括对苏轼人格的仰慕，对苏轼诗文风格的接受。耶律履在《念奴娇》词中自称"老坡疑是前生。"① 他认为："世徒知轼之诗文人不可及，臣观其论天下事，实经济之良才，求之古人，陆贽而下，未见其比。"② 对苏轼经世济民的才能表示由衷的赞美。耶律履的词风亦追步苏轼，他所仅存《鹧鸪天·题七真洞》，况周颐《蕙风词话》评为："合苏之清、辛之健而一"。《四库全书总目提要》称其作为："皆本色，惟意所如，不以研炼为工"。

清代顾嗣立《元诗选》小传称耶律楚材为蒙元"一代词臣倡始"，并在《题元百家诗集后》有"雄篇秀句逗风流"之誉语。耶律楚材为诗"典雅继李杜"（《赠高善长一百韵》），"诗章平淡思居易"（《戏刘润之》），渴望"既倒狂澜再扶起，昔有谪仙原姓李"（《和南质张学士敏之见赠七首》）。表现出尊唐的诗歌特色。然而耶律楚材赞苏轼："苏黄冠世能文词。"由此显示出学苏的倾向。孟攀鳞评价耶律楚材："观其投戈讲艺，横槊赋诗，词锋摧万物，笔下无点俗，挥洒如龙蛇之肆，波澜若江海之放。其力雄豪，足以排山岳；其辉绚烂，足以灿星斗。"③ 其诗歌风格与苏轼"雄豪"的诗风一脉相承。

耶律铸之母是苏轼五世孙，经常在诗文中流露出对苏轼的仰慕之情。麻革《双溪醉隐集序》中云，耶律铸幼年学诗，"下笔便入唐人阃奥"，诗词融李白、李贺之格调，具苏轼笔势奔腾、想象奇特的特点。

金末元初，耶律氏家族的诗文创作在北方具有很大影响。耶律铸是燕蓟诗派的代表诗人。王恽《西岩赵君文集序》云："金自南渡后，诗学为盛。其格律精严，辞语清壮，度越前宋，直以唐人为指归。逮壬辰北渡，斯文命脉，不绝如线。赖元、李、杜、曹、麻、刘诸公为之主张，学者知所适从。惟虎岩、龙山二公，挺英迈不凡之材，挟迈往凌云之气，用所学所得，偃然以风雅自居，视孝协律赵渭南伯仲间也。雅为中书令耶律公宾

---

① （金）耶律履：《念奴娇》，唐圭璋编《全金元词》，中华书局1979年版，第28页。
② （金）元好问：《中州集》卷9《右相文献公耶律履》，华东师范大学出版社2014年版，第578页。
③ （元）孟攀鳞：《湛然居士文集序》，李修生主编《全元文》第2册，江苏古籍出版社1999年版，第356页。

礼，至令其子双溪从之问学，由是赵、吕之学自为燕蓟一派。西岩受业，适丁兹时，探究其渊源，沉浸乎醲郁，加以立志坚笃，讲肄不倦，宜绍传遗绪，最为知名士。（赵衍）捐馆后十五年，子天民携所述《西岩集》见示，求引其端，乃为之说。曰：文章，天下之公器，与造化者争衡，为之甚难，故得其正传者，亦不多见。岂非天之降才不易而人之器识亦有限量邪？惟就其材地所至学问能就以自得有用为主，尽名家而传不朽，若必曰湏撑霆裂月碎破阵敌穿穴险固者，方可为之，则后生晚学不复敢下笔矣！如西岩之气淳而学古，材清而辞丽，自足以撼平生之底蕴，为后进之规模。异时有大辞伯出如王临川元新兴纂李唐之英华，续中州之元气，序文章之宗派者，则于是集，恐亦有所取焉。"①

虎岩、龙山分别指赵著和吕鲲，二人是燕蓟诗派的领袖人物。赵著字光祖，号虎岩，渔阳（今天津蓟县）人。鲜于枢《困学斋杂录》中有小传，擅诗歌。后为耶律楚材宾礼，担任其子耶律铸的老师。太宗八年，又受耶律楚材推荐，出任燕京编修所次二官。吕鲲号龙山居士，雁门人。与赵著齐名。蒙古乃马真后三年，尝为耶律铸《双溪醉隐集》作序。赵衍字昌龄，号西岩，北平（平州，今河北卢龙）人。辽勋臣赵思温十二世孙，金朝进士。师从龙山居士吕鲲垂十五年，长期在燕京地区活动，为耶律楚材门客，曾为耶律楚材撰写墓志铭，与耶律铸关系密切，又曾担任其子耶律希亮的老师。他的活动时间主要是在大蒙古国时期。《金文最》卷45收录其在丙辰年（1256）撰写的《重刊李长吉诗集序》。

燕蓟诗派是燕蓟地方文化的直接产物。金代前期蔡松年、蔡珪父子为首的一批燕京文人，"建瓴一派雄燕都"（元·郝经《书蔡正甫集后》），开创燕蓟一地的雄豪健举诗歌特色。金后期，由赵著、吕鲲、赵衍、耶律铸等形成的燕蓟诗派，继续沿着尊唐的道路发展。大多数燕蓟诗人主要偏重卢仝、李贺，如李经作诗"将长吉、卢仝合而为一"。（赵秉文《答李天英书》），李纯甫"诗不出卢仝、李贺"。（《归潜志》）王郁"全类李长吉"。（《归潜志》）吕鲲"诗极精深，体备诸

---

① （元）王恽：《西岩赵君文集序》，李修生主编《全元文》第6册，江苏古籍出版社1999年版，第205—206页。

家,尤长于贺"。其《古漆井》《苦夜长》等诗,"雷翰林希颜、麻征君知几诸公称之,以为全类李长吉"。"为文章,法六经,尚奇语,诗极精深,体备诸家,尤长于贺。"①

耶律铸问学于吕、赵,诗风自然受其影响。赵衍为李长吉诗集所作序中云:"双溪中书君诗鸣于世,得贺最深。"元好问《双溪集序》也说:"近时燕中两诗人各擅名一时,当其得意时,视《北征》《南山》反有愧色,然每见中令一诗出,必欢喜赞叹,失喜噫呕,曰此长吉体也,义山语也,《樊川集》所无也。"

耶律氏家族是辽金元时期汉化程度最深的胡姓家族之一。耶律倍时期形成的家学家风,是这一家族能够长久以来尊孔崇儒、经世致用、嗜书博学的原始动力。金元时期,耶律氏家族与汉人家族联姻,使契丹家族直接融入中原文化的血统。据金元好问《尚书右丞耶律公神道碑》,耶律履先后娶过三位妻子,"始娶萧氏,辽贵族;再娶郭氏,岠山世胄之孙;三娶杨氏,名士昷之女",后两位皆汉人。宋子贞《中书令耶律公神道碑》明确记述耶律楚材母为杨氏,足证其为契丹、汉二族双重血统。耶律楚材二岁丧父。他受到的教育都来自其母杨氏细心的诲育。而母亲是汉名士杨云之女,所以他接受的是正统的汉民族教育。

耶律履家族是辽代耶律倍一系的皇族文学在金元历史时期的继续和升华,延绵4代,体现了契丹族后裔文学的水平和成就,是契丹族文学发展的巅峰。耶律氏家族文学体现了对主体文化的认同、鲜明的民族个性、与古代中华总体文化的发展走向相一致等特征②。这一文学世家的形成充分显示了由北方民族文化和汉族文化交融所展现的生机。

## 第三节　胡姓家族的文化贡献

多元一体背景下的胡姓汉化家族为金代的政权建设、制度建设、典章礼仪建设,以及文化建设,包括收集整理历史文化文献资料、保护传承中原儒家文化、促进文学艺术繁荣等方面作出重要贡献。《全辽金

---

① (金)赵衍:《重刊李长吉诗集序》,阎凤梧主编《全辽金文》,山西古籍出版社2002年版,第2013页。

② 参见刘达科《金元耶律氏文学世家探论》,《民族文学研究》2003年第2期。

文》中，非汉族作家所占比例也是相当高的。作家除来自皇室、后族、女真贵族、地方部族，以及其他民族各阶层之外，还来自社会一般阶层。这充分说明，金朝一代的汉化水平已经普及至金朝社会各个阶层。中原儒家文化及其所代表的文化、文明水平已经为金代朝野所普遍接受。非汉族文人（其中许多为官员）参政议政，并且将忠言谠论形于文章，成为金朝文学当中的一道亮丽的色彩。

金代非汉族文人著述表：

| 族别 | 作者 | 著述 | 出处 |
| --- | --- | --- | --- |
| 女真 | 完颜勖 | 金始祖以下十帝实录<br>女真郡望姓氏谱<br>金始祖以下十帝实录<br>熙宗尊号册文<br>金源郡王完颜勖集<br>金源郡王完颜勖诗集<br>东狩射虎赋熙宗猎于海岛三日之间<br>亲射五虎<br>金源郡王完颜勖谏表韩昉集 | 《二十五史补编·补辽金元艺文志》<br>《补三史艺文志》<br>《补三史》<br>《补三史》 |
| 契丹 | 萧永祺 | 辽纪三十卷又志五卷又传四十卷 | 《补辽金元艺文志》 |
| 契丹 | 耶律履 | 乙未历、文献集十五卷 | 《补辽金元艺文志》 |
| 女真 | 兀钦 | 注青乌子葬经一卷 | 《补辽金元艺文志》 |
| 女真 | 完颜纲 | 类编陈言文字二十卷 | 《补辽金元艺文志》 |
| 女真 | 完颜璹 | 如庵小稿六卷<br>乐府诗一百首又诗三百首又如庵小稿 | 《补辽金元艺文志》<br>《补三史艺文志》 |
| 女真 | 完颜永成 | 乐善居士集 | 《补辽金元艺文志》<br>《补三史艺文志》 |
| 女真 | 徒单镒 | 弘道集六卷<br>史记译解<br>西汉书译解<br>译贞观政要<br>译光白氏策林<br>汉武中兴赋 | 《补辽金元艺文志》<br>《补三史艺文志》<br>《千顷堂书目》 |
| 女真 | 温迪罕缔达宗璧阿鲁张克忠等译 | 四书译解<br>五经译解 | 《十五史补编·补三史艺文志》清金门诏撰 |
| 女真 | 完颜希尹 | 太祖女直大字<br>熙宗女直小字 | |
| 女真 | 宗叙 | 金天德朝起居注 | 《补三史》 |
| 女真 | 完颜守贞 | 章宗起居注 | 《补三史》 |
| 契丹 | 移剌愷 | 皇统制条大定律例 | 《补三史》 |

在金代重史风气的社会风气影响下，非汉族文人记史、研史、修史用功最勤，在辽金元三代非汉族文人中，成就最大①。

在元朝所修的辽、金、宋三史中，《金史》以"叙事最详核"著称。《四库全书总目》卷46《金史》提要："是元人之于此书，经营已久，与宋、辽二史取办仓卒者不同。故其首尾完密，条例整齐，约而不疏，赡而不芜，在三史之中，独为最善。"究其原因主要在于"金代实录本自详慎"。②金朝不少女真贵族文人参与了金朝实录的编撰。金朝所修实录的"详慎"，与女真贵族重视修史有直接的关系。参加金朝实录编写的女真贵族整体上，文学修养高、识见深、有威望、晓典章、通经史、尚节义。这是女真贵族汉化崇儒的结果。

穆宗第五子完颜勖，好学问，当时女真人呼为秀才，是金初儒学水平较高的贵族成员。太祖完颜阿骨打第四子完颜宗弼自皇统和议后，始终坚持"南北和好"政策。因而直到海陵王南侵，二十年间金宋边界几无战事，这对双方经济、文化的发展都有积极的作用。皇统八年（1148）八月，宗弼进《太祖实录》。始祖九世孙完颜匡，原名撒速，精通汉族文字和女真大小字。初事豳王允成，为王府教读。后事显宗，充太子侍读，教章宗兄弟。

金初女真族著名史家纥石烈良弼，师从当时丞相完颜希尹。14岁时为北京教授，学徒常二百人。17岁时，便被补为尚书省令史。后累迁右丞相，兼修国史。良弼等人所修《太宗实录》及《睿宗实录》，深得世宗嘉奖。

欢都与其子完颜希尹及其曾孙守贞、守道为金代前期著名的女真贵族文化家族。祖孙三代的主要文化贡献为君臣定分、改革辽制、预修实录。

欢都祖石鲁与昭祖为生死之交。欢都事四君，出入四十年，广廷大议多用其谋。欢都之子完颜希尹随金太祖完颜旻兴兵，参与攻辽、建国等重大事件，受命创制女真大字。金兵入汴，希尹则先收宋朝图籍。入

---

① 关于金代重史、史鉴意识的表现，参见拙著《政权对立与文化融合——金代中期诗坛研究》第一章第二节、第三节。

② （清）赵翼：《廿二史札记》（订补本）卷27，王树民校证，中华书局1984年版，第597页。

京任相以来，朝廷立官制，议礼乐，取前朝封建制度，初多因革辽制。希尹与宗宪等人主张应参用唐、宋、辽三朝制度，结合女真实情改革而制。皇统三年（1143），金熙宗察希尹实无奸状，死非其罪，恢复希尹及其子同修国史把答、符宝郎漫带名誉。完颜希尹之孙完颜守贞通晓法律，熟悉当代典故，为章宗更定礼乐、刑政等制度。守贞不满当时吏权重而积弊深，认为监察御史八员为清要之职，主张俱宜一体纯用进士，通过国家兴学养士，培养间世之才。守贞通法律，明习国朝故事。时金有国七十年，礼乐刑政因辽、宋旧制，杂乱无贯，章宗即位，乃更定修正，为一代法。其仪式条约，多守贞裁订，故明昌之治，号称清明。守贞为人刚直明亮，金帝尝与泛论人材，守贞乃迹其心术行事，臧否无少隐藏。喜推毂善类，接援后进，朝廷许多大臣，都出自他的门下。

  完颜守贞之弟完颜守道，本名习尼列，以先朝勋臣之后，大定中，为右丞相，监修国史，复迁左丞相，授世袭谋克，预修《熙宗实录》。坚持不藏善、不隐恶，直事无隐、秉笔直书的良史原则。大定二十年（1180），修成《熙宗实录》后，受到世宗称赞。守道秉政效竭忠勤，也受到世宗嘉许。

**完颜希尹家族墓地**

  金代少数民族文人参与编撰的金代实录及史籍著述如下：

| 姓名 | 官职 | 实录名称 | 进呈时间 | 出处 |
| --- | --- | --- | --- | --- |
| 完颜勖 | 尚书左丞 | 先朝实录三卷 | 皇统元年十二月癸巳 | 《金史》卷4 |
| 完颜勖 | 尚书左丞加镇东军节度使同中书门下平章事 | 祖宗实录三卷 | 皇统元年 | 《金史》卷66 |
| 完颜勖 | 左丞相兼侍中 | 太祖实录二十卷 | | 《金史》卷66 |
| 完颜宗弼 | 太师、领三省事、都元帅 | 太祖实录 | 皇统八年八月戊戌 | 《金史》卷4 |
| 纥石烈良弼 | 尚书右丞相监修国史 | 太宗实录 | 大定七年八月辛亥 | 《金史》卷92 |
| 纥石烈良弼 | 尚书左丞相 | 睿宗实录 | 大定十一年十月丙寅 | 《金史》卷6 |
| 完颜匡 | 尚书左丞 | 世宗实录 | 泰和三年十月庚申 | 《金史》卷11 |
| 完颜守道 | 右丞相监修国史复迁左丞相授世袭谋克 | 熙宗实录 | 大定二十年 | 《金史》卷88 |
| 伊剌固、萧永祺 | | 辽史 | 《金史》卷一二五：固作《辽史》未成，永祺继之，作纪三十卷、志五卷、传四十卷，上之。加宣武将军，除太常丞。 | 《金史》卷89 |
| 移剌履 | 参知政事，提控刊修《辽史》 | 辽史 | | 《金史》卷95 |
| 完颜孛迭 | 翰林学士 | 中兴事迹 | 至宁四年闰七月癸巳 | 《金史》卷14 |

# 第七章　西京浑源刘氏家族

浑源刘氏家族为金代享誉全国的科举世家。自金初至元（蒙古）初，家族五代共出进士9人，有正式官职者26人。家族领袖人物刘㧑为金代首科词赋状元，他的两个儿子刘汲、刘渭，三个孙子刘㑑、刘似、刘俨和两个曾孙刘从益、刘从禹也都进士及第。入元以后，刘㧑玄孙刘祁又在蒙元时期的首次科举考试（戊戌选试）中夺魁南京。刘氏家族在金、元两代赋学、诗学、理学、史学方面卓有建树。元代王恽评价刘氏家族成就与地位时说："金源氏崛起海东，当天会间，方域甫定，即设科取士，急于得贤。故文风振而人才辈出，治其具张而纪纲不紊，有国虽百余年，典章文物至比隆重唐宋之盛。若夫笃志力学，扶艺应选，首破天荒，魁冠多士，父子昆季相继擢第，为名士大夫，作良牧守，文行端雅，门第清峻，为金朝第一流者，其惟浑源刘氏乎？"[①]

刘氏家族的发展依赖于辽金时期晋北地域文化的孕育。浑源在金代属西京路应州。晋在大同置云州大同军节度，辽兴宗重熙十三年（1044），升云州为西京大同府，金沿置。金代西京路大同府及邻近德兴府、应州等地，地处山西北部桑干河流域、太行山、燕山一带，是阴山与太行山，长城内外游牧民族与农耕民族的交汇处，以山西大同为中心，辐射张家口、呼和浩特及山西朔州地区。西京的战略地位十分重要。辽、金两朝极为重视西京，在辽代，西京非亲王不得主之。金初，西京设立西帅府，与燕京东帅府遥为呼应，以防宋军。西京同时又是辽金时期的文化教育中心。辽金两代，皆较早在西京尊孔建庙、设学养士。魏源《古微堂外集·四》曰："辽起塞外，宜乎不识汉文，而首立

---

① （元）王恽：《浑源刘氏世德碑铭并序》，李修生主编《全元文》第6册，江苏古籍出版社1999年版，第503页。

孔子庙，太祖即亲祭孔子。太宗及东丹王兄弟皆工绘事，勒石能铭，登高能赋，师旅能誓，其才艺有足称者。每科放进士榜百余人，故国多文学之士。其史纪、表、志、传皆详明正大，虽在元代前，而远出元代之上。"《辽史拾遗》亦载："道宗诏设学养士，于是有西京学，有奉圣、归化、云、德、宏、蔚、妫、儒等州学。各建孔子庙，令博士、助教教之，属县附焉。"其中的西京学就在大同。

长期的政治中心、浓郁的文化氛围，使辽、金西京形成重学、重教的地域文化传统。

辽代西京涌现出一批著名学者，他们大多由科第出身，重家族教育，通经史、善儒学。辽初，以文学出身而见于史籍的有邢抱朴、邢抱质兄弟。幼与弟抱质受经于母陈氏，兄弟二人皆以儒术知名。邢抱朴（？—1004）为应州（今山西应县）人，父邢简，为刑部郎中，母陈氏，"甫笄，涉通经义，凡览诗赋，辄能诵，尤好吟咏，时以女秀才名之。年二十，归于简。孝舅姑，闺门和睦，亲党推重"。① 邢简夫妇共有六子，陈氏亲教以经书，后二子抱朴、抱质皆以贤，位至宰相。邢抱朴还在应州建有龙首书院。大同邻近地区在辽代也人才辈出。朔州鄯阳（今山西朔州）宁氏一家有进士四人。宁鉴（1058—1104）父宁的，明经（经义进士）登第。宁鉴举进士，在道宗朝屡蒙擢拔。宁鉴有三男：长曰囗孙，举进士；次曰福惠，左班祗候；季曰郑九，亦中进士。夏文彦《图绘宝鉴》卷四载："虞仲文，字质夫，武州（今山西神池）宁远人。善画人马、墨竹，学文湖州。官至平章，封秦国公。"可知虞仲文也是辽末的一位艺术大家。

长期发展的晋北地域文化至金代达到鼎盛，孕育了不少的科宦家族、文学家族。家族联姻又形成文学创作群体，文学活动网络，提升了晋北地区的整体文学水平。

金代西京地区文事开启较早。金初，宋朝使金文人大都被金朝政权留滞西京。朱弁于南宋高宗建炎元年（金天会五年，公元1127年）使金，被扣留西京十五年，主要教授金国名王贵人子弟。有诗集《聘游》

---

① （元）脱脱等：《辽史》卷107《列女传》，中华书局1974年版，第1471页。

四十二卷。朱熹称其"碑版篇咏流行北方者亦甚众,得之者相夸以为荣焉"。① 皇统二年(1142)进士丁暐仁,"大定中,尝同知西京留守事,首兴学校,以明养士之法"。西京亦为科考中心之一。天眷时,设词赋、经义府试三处,"自河以北至女真皆就燕,关西及河东就云中,河以南就汴"。② 又大定十三年(1173),分别在西京、中都设府学。

深厚的地方文化积淀,以及官学府学教育,家学家风传承等,使晋北地区出现不少名臣与学者。刘祁非常自豪地说:"金朝名士大夫多出北方,世传《云中三老图》。魏参政子平宏州顺圣人,梁参政甫应州山阴人,程参政晖蔚州人,三公皆执政世宗时,为名臣。又苏右丞宗尹天成人,吾高祖南山翁顺圣人,雷西仲父子浑源人,李屏山宏州人,高丞相汝砺应州人,其余不可胜数。"③ 除刘祁所说的魏子平、梁甫、程晖、苏保衡、刘㧑、雷志、雷渊、李纯甫、高汝砺等这些以宦绩著称的、横跨金朝始终的人物之外,晋北地区还有不少著名的文人。

丰州人边贯道为辽代状元,至贯道孙元勋时,迁居云中(今大同市)。元勋中金天会十年(1132)进士。元勋弟元鼎,字德举,天德三年(1151)第进士。"德举资禀疏俊,诗文有高意,时辈少及"。元鼎与兄元勋、元恕俱有诗名,时号"三边"。④

云中人刘勋,与其兄汉老、庭老俱工诗。⑤

大定、明昌时期,晋北诗人群中还有被元好问称为"雁门前辈"的诗人许蜕、倪民望及倪仲仪父子、张绍、李忠直、苏吉、李鹏翼。

云中诗人张安中,被元好问评为"云朔名士"。⑥

朔州、五台地区是以大同为中心的文化辐射地区。著名诗人有姚孝锡、赵敏夫、张大节等。姚孝锡为由宋入金的诗人,宣和七年(1125)冬入金后被留,授五台簿。年二十九弃官,家五台。"以家事付诸子,

---

① (宋)朱熹:《晦庵集》卷98《奉使直秘阁朱公行状》,四库全书本。
② 参见洪皓《松漠纪闻》续卷、《金史》卷90《丁暐仁传》。
③ (金)刘祁:《归潜志》卷10,崔文印点校,中华书局1983年版,第118页。
④ (金)元好问:《中州集》卷2《边内翰元鼎》,华东师范大学出版社2014年版,第113页。
⑤ (金)刘祁:《归潜志》卷3,崔文印点校,中华书局1983年版,第28页。
⑥ (金)元好问:《中州集》卷9《孙益》,华东师范大学出版社2014年版,第565页。

放浪山水间，诗酒自娱。"① 姚孝锡著有《鸡肋集》，金末尚存五卷。五台诗人王敏夫，"作诗工于赋物"。② 张大节，天眷进士。与世宗有藩邸之旧，甚为世宗倚重。大节历横海军节度使、咸平大兴尹、吏部尚书、河东北路兵马都总管。明昌初请老，特授雁门节钺。大节好奖进士类，沧州徐趡、太原王泽、大兴吕造，经其指授，终成大名。

金代晋北地区可谓文化繁荣，人才济济。元好问指出："晋北号称多士。太平文物繁盛时，发策决科者，率十分天下之二，可谓富矣！"③ 浑源是金代西京的文化重镇，自然具有重学、重教的深厚民间基础。刘㧑和苏保衡在浑源翠屏山上创立的翠屏书院，是金代山西唯一有记载的书院。苏保衡父苏京，云中天成（今山西天镇）人，辽进士，为西京留守，宗翰兵至西京，苏京出降，以子苏保衡属宗翰。宗翰荐保衡于朝，赐进士出身，历任工部尚书、太常卿、礼部尚书，仕至参知政事、右丞。

浑源地处西京通往中都的要道，文人来往频繁，文学活动也非常活跃。据《浑源州志》卷2记载，金末元初李治、元好问、张德辉尝同游浑源城西南四十里龙山（一名封龙山），时号龙山三老。山中有刘京叔、麻信之诸贤题咏。④

在地域文化的孕育下，浑源的科举文教在金代一朝发展到浑源历史上的顶峰。据《浑源州续志》卷8（光绪六年庚辰刊本）记载，浑源科考"惟金尤盛。第进士者至二十六人，明仅及四之一"。地域文化与时代发展为刘氏家族的壮大兴盛提供了丰富而深厚的土壤。

## 第一节 刘氏家族谱系

刘氏家族自第一代刘㧑起，其谱牒世系因元代王恽撰有《浑源刘氏

---

① （金）元好问：《中州集》卷10《醉轩姚先生孝锡》，华东师范大学出版社2014年版，第638页。

② （金）元好问：《中州集》卷9《王敏夫》，华东师范大学出版社2014年版，第563页。

③ （金）元好问：《兴定庚辰太原贡士南京状元楼宴集》，姚奠中主编《元好问全集》卷37，山西古籍出版社2004年版，第776页。

④ 《浑源州志》卷2，乾隆癸未重镌本。

世德碑铭并序》一文而清晰可考。

第一代　刘㧑

浑源刘氏出彭城望族。唐末五代社会动荡，家族离散。其中一支向北迁徙。辽末，刘用率族迁居弘州顺圣县之耀武关，与子刘翰一直世业耕稼。刘翰子刘㧑始释耒耜，习进士业。天会二年（1124），肇辟科场，刘㧑以词赋第一人中选。刘㧑释褐右拾遗，转知天成、阳曲、怀仁三县。擢大理正，再知贡举。迁平阳府判官，安东节度副使。仕至大理少卿、石州刺史，累官中大夫，年六十三卒，有《刘㧑集》（《雍正山西通志》卷175"经籍"）。夫人为浑源雷氏。

第二代　刘汲

刘㧑生有四子，刘汲、刘渭、刘㴜（早夭）、刘浚。

刘汲字伯深，与弟刘渭同擢天德三年（1151）进士，屡为州县，有声。累官朝散大夫、应奉翰林文字、西京路转运司都勾判官。

刘渭字仲清，登第后，历任隰州军事判官，终葛岚州刺史，号龙泉老人。

刘浚，为刘祁曾祖，仕至安远大将军、饶阳令。

第三代　刘伋

刘汲子刘伋，字稚川。大定十年（1170）进士第，积资奉直大夫，丰王府文学兼记室参军。

刘浚子刘似（1163—1217），字稚章，为刘祁祖父，四试于庭，不第。用恩赐进士出身，历任华州（今陕西华县）教授、沂水县（今属山东）主簿。

第四代　刘从益

刘似子从益（1183——1226），字云卿，号蓬门。大安元年（1209），刘从益擢进士乙科，调鄯阳（今山西朔州）县丞。贞祐初，刘从益调任长葛（今河南长葛）主簿，摄许州（今河南许昌）幕官。贞祐四年（1216），任陈州（今河南淮阳县）防御判官。同年，金朝设置提举南京路榷货司，刘从益进提举南京路榷货事。兴定初，以丁忧居丧淮阳。兴定四年（1220），刘从益起复拜监察御史，五年，罢御史。正大初，哀宗锐意于政事，怜惜刘从益的才干，选刘从益任叶县（今属河南）令。哀宗正大二年（1125）春天，刘从益受召入翰林院，任应奉翰林文字。

刘从恺字舜卿，就荫补官，授武义将军、登封主簿。元初授河南府路经历。

第五代　刘祁　刘郁

刘祁字京叔，从益子，生于金章宗泰和三年（1203）。早年刘祁随祖父、父亲游宦于金之南京开封府（今河南开封）。壬辰，北还乡里，躬耕自给，筑归潜堂。岁戊戌，诏试儒人，刘祁就试魁西京，选充山西东路考试官。后征南行台，粘合闻其名，邀至相下，待以宾友。蒙古海迷失后三年（1250），刘祁去世。

刘祁弟刘郁，字文季，别号归愚，与兄皆以文名。元太宗十三年（1241），刘郁游东平，为东平行台严实之僚友，受到严实部将阎珍的招待。次年游曲阜，谒孔庙。元乃马真后二年（1243），与著名学者王若虚东游泰山。元世祖中统元年（1260）夏四月，肇建中书省，六月，召刘郁于真定（今河北正定），乘传赴阙，辟左右司都事，后受排挤，出任新河（今属河北）县尹。至元五年（1268），召拜监察御史。

刘氏家族谱系：

| 世代 | 朝代 | 姓名 | 地区 | 科举 | 职官 | 资料出处 |
|---|---|---|---|---|---|---|
| 刘氏 | | | 彭城望族 | | | 王恽《浑源刘氏世德碑铭并序》（以下简称《世德碑铭》） |
| 远祖 | 辽代 | 用 | 辽末居弘州顺圣县（今河北阳原） | | 世业耕稼 | |
| | | 翰 | 弘州顺圣 | | 耕稼为生 | |
| 第一代 | 金代 | 㧑 | 迁浑源 夫人浑源雷氏 | 天会二年词赋状元。《刘㧑集》 | 平阳府判官，安东节度副使 | 有集传世。（《世德碑铭》） |
| 第二代 | | 汲 | 娶曹氏，追封彭城县君 | 天德三年进士《西岩集》 | 西京路转运司都勾判官 | 未五十致仕（《世德碑铭》） |
| | | 渭 | 字仲清 | 天德三年进士 | 官终朝列大夫、岢岚州刺史 | |
| | | 溁 | | | 早夭 | |
| | | 浚 | | 用荫入仕 | 安远大将军、饶阳县令 | |

续表

| 世代 | 朝代 | 姓名 | 地区 | 科举 | 职官 | 资料出处 |
|---|---|---|---|---|---|---|
| 第三代 | 金代 | 偘 | 刘汲子，字稚川 | 大定十年进士及第 | 丰王府文学兼记室参军 | 擅文学 |
| | | 价 | 刘渭子刘价 | | 官至河水泊酒监 | |
| | | 伌 | 刘浚子，字稚行 | | 仕至宣武将军、真定府军资库使 | |
| | | 似 | 字稚章，号龙山 | 恩赐及第 | 承仕郎，华州教授，再迁沂水县主簿 | 力学能文，称其家声。(《世德碑铭》) |
| | | 俨 | 字稚昂 | 承安二年进士及第 | 累官至中奉大夫、秘书少监 | |
| | | 俣 | | | 官承奉班祇候，遂州酒监 | |
| 第四代 | | 从夔 | 刘偘子，字和卿 | | 奉职（一种下级官吏）出身 | 善作诗。(《世德碑铭》) |
| | | 从益 | 刘偘子，字云卿 | 大安元年进士及第 | 《蓬门集》十卷。完颜璹为其集作后序。(《归潜志》卷一) | 为文章长于诗，五言古诗又其所长。(《中州集》小传) |
| | | 从善 | 刘伌子，字泽卿 | | 官至彰德府酒监 | |
| | | 从契 | 刘伌子，字礼卿 | | 官至武义将军、克胜军副都统 | |
| | | 从禹 | 刘俨子，字虞卿 | 正大七年词赋进士及第 | 官至朝散大夫、同州录判 | |
| | | 从恺 | 刘俨子，字舜卿 | 就荫补官 | 武义将军、登封主簿 | |
| | | 从稷 | 刘俨子，字贤卿 | | 官终济南路儒学教授 | |

续表

| 世代 | 朝代 | 姓名 | 地区 | 科举 | 职官 | 资料出处 |
|---|---|---|---|---|---|---|
| 第五代 | 元代 | 祁 | 字京叔，妻史氏，出洛阳名族 | 元蒙戊戌进士 | 雷渊，姻家也 | 《归潜志》三卷、《神川遁士集》二十二卷、《处言》四十三篇（《世德碑铭》） |
| | | 郁 | 字文季，别号归愚。娶赵氏，为前礼部尚书赵璜之女 | | | 《世德碑铭》 |
| | | 郊 | 刘佖孙 | | 武义将军 | |
| | | 廓 | 字君美 | | 仕至平江路人匠提举 | 《世德碑铭》 |
| | | 郾 | | | 袁部场管勾 | |
| | | 邻 | | | 顺德路总管府判官，监察御史 | 《世德碑铭》 |
| 第六代 | | 景山 | | | 官终国史编修官 | 《世德碑铭》 |
| | | 绍祖 | | | 江浙省宣使 | 《世德碑铭》 |
| | | 庆祖 | | | 澱山巡检 | 《世德碑铭》 |

  刘祁入元后，逢中书令耶律楚材请用儒术选士。元太宗十年戊戌岁（1238），刘祁就试南京，与杨奂等成为蒙元时期首批进士。由于蒙古国时期，科举并未形成定制，刘祁的考试官后来成了闲职。

  刘祁之后，由于元朝长期没有举行科举，刘氏家族成员也没有机会通过科举进入仕途。① 其中一些成员以荫补或荐举入仕，维系了家族生

---

① 元朝前期，忽必烈建元之前，蒙古对中原统治已长达半个世纪。高级官员大多出自半世袭化的蒙古、色目乃至较早投效元廷的汉人"贵戚世臣、军功武将"。在这一时期，凡纳土归降者，均命其为当地长官，依照金朝的官制授予官职，其中许多汉人儒士和官吏、地主等成为蒙古统治区的政权主宰者。他们在自己的辖境内，既统军，又管民，有权任命其下属官吏。到忽必烈更定官制时，随路州府乡曾历任司县无大过之人，暨亡金曾人仕及到殿举人，几乎都成为既定官员人选。因此，导致元朝科举长期停废。元仁宗即位，为了整顿吏治，改革由吏入仕制度带来的某些弊端，主张以儒治国，重新提出"求贤取士，何法为上"的问题。皇庆二年（1313）末，元廷以行科举诏颁天下。

存。但整个元代,刘氏家族成员中没有出现像金朝时期引领家族发展的代表人物。由于元朝长时间废除科举,刘氏家族发展空间受到了限制。

## 第二节　刘氏家族家风特征论

刘㧑被称为"金百年文宗",是金代科举文化的开拓者、科场领袖,刘氏家族家风、家学传统的奠定者。

金初实行科举制度是女真政权积极推行汉化政策的重要举措。刘㧑作为刘氏家族第一代核心人物积极投身科举,并希望一举及第,是以刘㧑为代表的刘氏家族成员拥护金朝政权统治,主动献身新朝建设的具体体现,是在女真贵族率先认同华夏文化后,刘氏家族对女真政权合法性的高度认同。其后家族成员几代多人进士及第,充分说明以儒家核心价值观为重的家族认同的承续。

作为家族第一代人物,刘㧑熏染了北方文化中的雅尚气节、朴素本分的地域文化性格,为家族后代确立了不畏权势、仁政爱民的家风传统。

金初,不少文人依附权贵,干谒躁进,"乘时以干名,依势以取贵。"[①] 文人结党营私,形成利益集团,互为党狱,排斥异己。熙宗时,文人凡依附韩企先、田珏辈皆至显达,"士之希进者无不附之",独刘㧑不预。及田珏遇祸,天下士多不免,独刘㧑得以远害全身。其子婿张景仁评价说:"当时以声势为能吏巧相附会者,未尝推挽公,公亦不以此屑意。其后,皆坐朋党沦胥以败,公独不与,识者莫不多之"。[②] 刘㧑及第后先在京城上京(今黑龙江阿城)任右拾遗,后又转任天成(今山西天镇)、阳曲(今属山西)、怀仁(今属山西)三县知县。刘㧑所至,仁政爱民,为民所拥戴。他长于吏治,爱护百姓,每当他离任时,老百姓都恋恋不舍,将他的画像供奉起来。刘㧑三次担任大理寺官职,公正审理各种案件,不畏权贵,平反了很多冤案。

刘㧑在田珏党狱的选择,为官时勤政爱民、为民请命,为刘氏家族

---

① (元)苏天爵:《浑源刘氏传家集序》,李修生主编《全元文》第40册,江苏古籍出版社1999年版,第60—61页。

② (金)刘祁:《归潜志》卷10,崔文印点校,中华书局1983年版,第111页。

后代树立了做人的榜样，并得到很好的继承。

刘㧑子刘汲继承了刘㧑雅尚气节、不屈权势的家风，慕汉代高士郭林宗、黄叔度之为人，平生寡合不羁，不随时俯仰。晚年倦于游宦，放浪山水间，以遣兴读书为乐。其诗歌主题皆表现居官不乐，不如回归的思想追求。

刘㧑曾孙刘从益以正直敢言及治才闻名于金代后期。兴定四年（1220），刘从益拜监察御史。他负才尚气，资之以学，"知无不言"，①所言朝廷纪纲，切中时政利病，一时台纲大振。兴定五年（1221）四月，因敢于与宰臣辩论得失，不屈去职。王宾上刘从益诗云："致君有道莫如律，敢谏不行犹得名。"正大初为叶县令时，刘从益锄强剔蠹，豪族恶党慴慄，不敢少肆。"叶自兵兴，户减三之一，田不毛者万七千亩有奇，其岁入七万石如故。从益请于大司农，为减一万，民甚赖之，流亡归者四千余家。又修学励俗，有古良吏风。在叶县建孔子庙，集诸生肄习，境内风化大行，考课为河南第一。"王恽注意到，在雷渊、赵秉文为其所作墓铭、神道碑中，都给予刘从益很高评价："皆称其器识明敏，刚直敢言，学可以辅政教，材足以济时艰，赍志以没，士论惜焉，叶民至庙而祀之。"②

刘从益铭记其曾祖刘㧑祖训"元自蓬蒿出门户，莫交门户却蒿蓬"，③将其文集命名为《蓬门先生集》，这表现出刘从益希望延续科宦传家的理念外，亦包含了对金朝政权自觉认同的家学理念。刘氏家族成员中，和从益同辈的兄弟有从夔、从皋、从禹、从契、从稷、从恺、从善等。从其取名可以看出以儒家核心价值观为重的家族认同，以及对女真政权的家族认同。家族成员希望像黄帝时的灵兽夔牛威震四方、唐尧时的皋陶秉公执法，像商族始祖契、周朝始祖稷，以及夏朝大禹那样，始终坚持正直人格，并且能够经世济民，在金朝建立不朽的功业。

刘从益《乐山松》："争如十八公，笑傲冰霜风。居然喜避世，不

---

① （金）赵秉文：《故叶令刘君遗爱碑》，阎凤梧主编《全辽金文》，山西古籍出版社2002年版，第2262页。

② （元）王恽：《浑源刘氏世德碑铭》，李修生主编《全元文》第6册，江苏古籍出版社1999年版，第505页。

③ 同上。

肯污秦封。"通过比兴手法，展现自己的人格追求。希望能够像松柏一样，不屈服于任何毁谤打击，不受任何外物的诱惑，始终坚守自己的理想与节操、董道不渝、正道直行。

刘从恺亦以治才称名于时。年轻时任武义将军、登封主簿，已能综核县务，束湿吏曹，人不敢以少年书生易之。"令宜阳时，廉知其利病休戚，斟酌而更易之。凡科取差徭，必验其等第，俾均输焉。"①

在刘氏家族成员身上，体现了中原儒家忠义、仁政、兼济思想与北方民族旷直、豪放、侠义等文化性格的统一。正道直行、人格独立与为民请命、积极有为的统一，能吏与文学的统一。

莫达尔说过："我们祖先的情感方式和思考方法在某些方面仍然被我们运用着。我们继承着他们的灵魂，不是个别的，而是集合的整体。"②家族发展过程中，如何加强家族凝聚、维护家族利益，增强家族成员忧患意识，对家族成员警醒明悟，一些家族成员提出了明确的家训、家规，制定家族成员的为人行事准则，以影响、规范家族成员的思想道德和日常行为。

《浑源刘氏世德碑铭（并序）》："刘似尝训子孙曰：为士当先行检，如丝之洁；将立其身，慎无点污。汝佩吾言，则无忝矣！"③

刘祁从理论上总结家训、家规的意义。"人之生有三乐，有志气之乐，有形体之乐，有性命之乐。夫事业、功名、权势、爵位，乐志气也；酒色、衣食、使令、车马，乐形体也；仁义、礼知、忠信、孝弟，乐性命也。虽然，事业、功名、权势、爵位，得时者之所有也；酒色、衣食、使令、车马，富厚者之所备也；惟仁义、礼知、忠信、孝弟，虽不得时、不富厚而于我皆具，盖穷士之所有也。今吾既不得时有志气之乐，又不富厚有形体之乐，居荒山之中，日惟藜藿之为养，其所享无一

---

① （元）王恽：《浑源刘氏世德碑铭》，李修生主编《全元文》第6册，江苏古籍出版社1999年版，第506页。

② 莫达尔：《爱与文学》，湖南文艺出版社1987年版，第10页。

③ （元）王恽：《军源刘氏世德碑铭》，李修生主编《全元文》第6册，江苏古籍出版社1999年版，第505页。刘祁记云，余祖沂水君（刘似）尝训子孙曰："士之立身如素丝然，慎不可使点污，少有点污则不得为完人矣。"见《归潜志》卷13，崔文印点校，中华书局1983年版，第146页。

毫过于人，舍性命其何乐哉？"① 刘祁还指出："国之不可治犹可以治其家，人之不能正犹能正其身，使家之齐而身之修，虽隐居不仕犹可谓得志。故吾尝曰：'虽天下未太平，而吾一家独不可太平乎？是诚在我者也。'"② 他认为："举世之人日奔走经营，惟以衣食为事。士君子则安闲乐道，不以衣食为忧。举世之人所畏者，饥寒、患难、死亡。士君子则于饥寒、患难、死亡无所畏，使道义充于中，虽明日饥而死，无憾于天地。使行不义而动非礼，虽贵于王公，富积千金，而内以愧于心，外以怍于人。然则士君子之所为、所守，诚举世之人所背而驰者也。"③

刘祁对性命、修身、道义的认识与阐述，是对刘氏家族长久以来形成的对人生观、伦理观、价值观的思考与选择，实际上也是对刘氏家族家风、家规的全面思考与总结。刘祁的相关论述使刘氏家族形成完整、清晰的治家理念、家风传统，达到提炼家族文化、巩固家族地位、扩大家族影响、延续家族生存的目的。刘祁总结自己的治学经验时说："予平生有二乐，曰良友，曰异书，每遇之则欣然忘寝食。盖良友则从吾讲学，见吾过失，且笑谈游宴以忘忧。异书则资吾见闻，助吾辞藻，属文著论以有益。彼酒色膏粱如一时浮云，过目竟何所得哉？"④ 这是对刘氏家族、嗜学风气、家风传承的最好注脚。

家族的文化品格由时空因素长时间培育形成，一旦成熟定型，就使得一个家族的"祖宗家法"发展成一种潜意识的文化积淀，最终形成一种具有鲜明价值取舍的文化氛围。家族繁衍越长久、活动区域越广，其家族的文化品格的影响就越广泛而长久。

"崔立碑事件"中，刘祁的表现印证了一个家族的家风，即"祖宗家法"对其成员的直接影响。

金亡之际，崔立据汴京以降元，又胁迫廷臣为其立碑颂德。崔立碑文到底出自谁手，除刘祁《归潜志·录崔立碑事》之外，元好问《内

---

① （金）刘祁：《归潜志》卷 12，崔文印点校，中华书局 1983 年版，第 139—140 页。
② （金）刘祁：《归潜志》卷 13，崔文印点校，中华书局 1983 年版，第 145 页。
③ （金）刘祁：《归潜志》卷 12，崔文印点校，中华书局 1983 年版，第 142 页。
④ （金）刘祁：《归潜志》卷 13，崔文印点校，中华书局 1983 年版，第 145 页。

翰王公墓表》《外家别业上梁文》，以及《金史》中也有记载①。按照元好问在《内翰王公墓表》的说法，崔立党羽翟奕首先让当时年高望重的文坛盟主王若虚撰写碑文，王若虚以"丞相既以城降，则朝官皆出丞相之门。自古岂有门下人为主帅诵功德而为后人所信者"为由而拒绝。《归潜志》卷第十二中，专门有刘祁"录崔立碑事"一文，记述自己在崔立碑事件中的经历。刘祁坚决拒绝为崔立撰写碑文，并且态度是坚决和一贯的。不少学者依据刘祁文中"略为草定"的记载，认为是刘祁撰定的碑文。事实上，从刘祁在《录崔立碑事》一文中的记述来看，刘祁这次的"草定"远非碑文的"定稿"，甚至还不能称作碑文的"初稿"，后来元好问"落笔草其事"，王若虚又"为定数字"，才最终撰定碑文。因此，元好问受到当时许多文人的责难②。值得敬佩的是，《录崔立碑事》一文中，刘祁将事情的前因后果和事实经过交代得明明白白，丝毫没有隐瞒。刘祁并率真地承认了这是自己的"少年之过"，表明他不饰己过、莫讳人非的可贵精神，更显出刘祁正直、磊落的家族性格。

刘祁记载"崔立碑事件"的内容应该是可信的。《归潜志》一书的真实性和可靠性向来为史家所称道。卢文弨评价道："京叔际危乱之时、国亡之后，幸而完归，追述交游闻见以著为是书，修金史者亦颇取裁于是，乃其论一代之盛衰与其所以亡者实为确当，可为后来之龟鉴。"③可以说，在雅尚气节、正直磊落的家风熏染下，产生这样的史学著作是非常自然的。

元苏天爵指出："余闻古之君子不以名位崇高为贵，而惟节义风概之为尚也。故曰富与贵是人之所欲也，不以其道得之，不处也；贫与贱是人之所恶也，不以其道得之，不去也。其审富贵而安贫贱如此，浑源刘氏其庶几乎！"苏天爵在总结刘氏家族家风表现的同时，也分析了刘

---

① 《金史·王若虚传》中的相关内容只是将元好问《内翰王公墓表》和刘祁《归潜志·录崔立碑事》有关记载综合而成。

② 元好问《聂元吉墓志铭》有"贼杀二相"之语、《聂孝女墓铭》有"崔立举兵反"等语，可见元氏对待崔立事件中的立场和态度是非常清楚的。可参见狄宝心《元好问年谱新编》，中国文联出版社2000年版，第169—170页。

③ （金）刘祁：《归潜志·诸跋》，崔文印点校，中华书局1983年版，第190页。

氏家族家风形成的原因："南山翁之家风，其子翰林继之，家学益修，居官廉平，恒慕黄叔度、郭林宗，为人萧然有高士之志，徜徉西岩泉石之间而佚老焉。后之人皆世其学，历其行，未尝趋势干名以苟富贵，则能家传保族，固其宜哉！"与此同时，苏天爵也不禁思考："昔金盛时，公卿将相，隆名极位，赫然震耀，曾无几时，声迹俱灭，甚者或无以为继。而刘氏独能以诗礼操义保其世德若此，览者其亦有所感而兴起矣。"① 字里行间充满对刘氏家族的欣赏与崇敬之情。

## 第三节 刘氏家族文学特色

在金代家族的发展中，许多家族因其文化的独特性和渗透力而形成了比较鲜明的家族文化品格，并最终影响到家族成员的文学创作。家族具有长时间的文化积累，一旦外界提供适合的环境条件，家族内部所蕴藏的知识能量就会突然间爆发出来。浑源刘氏家族从彭城刘氏一支发展而来。在南朝齐梁之际，刘氏家族文学在彭城的刘绘、刘孝绰父子时达到鼎盛。据《南史·刘勔传》附"刘孝绰传"中云："（孝绰）兄弟及群从子侄当时有七十人，并能属文，近古未之有也。"刘氏家族有诗文传世者，亦有十数人之多，共有诗 184 首，文 81 篇②。浑源刘氏家族尽管经过长时间的颠沛流离，辗转迁移，成为北方河朔地方传统农耕家族，但其家族始终保持并延续彭城刘氏的耕读文化传统。

（一）家学形成

刘㧑继承并发扬了崇儒重教、耕读传家的中原农耕家族传统，为家族后代确立了嗜书嗜学的家学家风。刘㧑出生于辽末。虽然战事频仍，但刘㧑并未因此而荒废学业："当辽金革命扰攘际，学未尝一日废。"③天会元年（1123）十一月，金朝下诏设科取士。第二年二月，正式举行考试，刘㧑应试，以词赋第一人中选，成为金代的首位状元。

---

① （元）苏天爵：《浑源刘氏传家集序》，李修生主编《全元文》第 40 册，江苏古籍出版社 1999 年版，第 60—61 页。

② 据南朝五史、严可均《全南北朝文》及逯钦立《先秦汉魏晋南北朝诗》。

③ （元）王恽：《浑源刘氏世德碑铭并序》，李修生主编《全元文》第 6 册，江苏古籍出版社 1999 年版，第 503 页。

王恽记载:"惟辽以科举为儒学极致,文体庞杂萎苶,视晚唐五代尤为卑下。公(刘㧑)励精种学,文辞卓然天成,妙绝当世,一扫假贷剽窃、牵合补缀之弊。"① 刘㧑不仅为金代科举史上第一位词赋状元,更重要的是刘㧑改变了辽代科举"假贷剽窃、牵合补缀"的陋习,为金初科举文坛吹进了自然生动、奇趣妙绝的清新文风,引领了金代科举发展的全新气象。"金国一代词学,精切得人为盛,由公有以振而起之也"。② "当时名士大夫多出门下。学者至今皆师尊之。"③ 孟宗献、赵枢、张景仁、郑子聃等文人皆有所取法。刘祁指出:"金朝以律、赋著名者曰孟宗献友之、赵枢子克。其主文有藻鉴多得人者曰张景仁御史、郑子聃侍读。故一时为之语曰:'主司非张、郑,秀才非赵、孟。'律、赋至今学者法之。然其源出于吾高祖南山翁。故老云,孟晚进,初不识翁,因少年下第,发愤,辟一室,取翁赋,剪其八韵,类之帖壁间,坐卧讽咏深思,已而尽得其法,下笔造微妙。再试,魁于乡、于府、于省、于御前,天下号孟四元,迄今学者以吾祖孟师也"。④ 孟宗献在当时声誉颇著。《金史·杨伯仁传》载:"孟宗献发解第一,伯仁读其程文称之'此人当成大名'。是岁,宗献府试、省试、廷试皆第一,号'孟四元',时论以为知文。故事,状元官从七品,阶承务郎,世宗以宗献独异等,与以六品,阶授奉直大夫。"⑤ 大定府郑子聃亦很有文名。子聃"及冠,有能赋声。天德三年,丘行为太子左卫率府率,廷试明日,海陵以子聃程文示丘行。对曰:'可入甲乙'。及拆卷,果中第一甲第三人。调翼城丞,迁赞皇令,召为直长。子聃颇以才望自负,常嗛不得为第一甲第一人。正隆二年会试毕,海陵以第一程文问子聃,子聃少之。海陵问作赋何如,对曰:'甚易'。因自矜,且谓他人莫若己也。海陵不悦,乃使子聃与翰林修撰綦戩、杨伯仁,宣徽判官张汝霖、应奉

---

① (元)王恽:《浑源刘氏世德碑铭并序》,李修生主编《全元文》第6册,江苏古籍出版社1999年版,第503页。
② (元)王恽:《浑源刘氏世德碑铭》,李修生主编《全元文》第6册,江苏古籍出版社1999年版,第503—504页。
③ (金)刘祁:《归潜志》卷8,崔文印点校,中华书局1983年版,第81页。
④ 同上书,第80—81页。
⑤ (元)脱脱等:《金史》卷125《杨伯仁传》,中华书局1975年版,第2724页。

翰林文字李希颜同进士杂试。七月癸未，海陵御宝昌门临轩观试，以'不贵异物民乃足'为赋题，'忠臣优孝子'为诗题，'忧国如饥渴'为论题……丁亥，御便殿亲览试卷，中第者七十三人，子聃果第一。海陵奇之，有倾，进官三阶，除翰林修撰，改侍御史。"①

刘㧟的科举贡献受到后人的高度评价。王恽《浑源刘氏世德碑铭并序》中刘㧟的铭文：

> 汉庭射策，贡士遗风，排黜百氏，仲舒是崇。唐文三变，败北无从，振起衰荼，尊昌黎公。两公杰出，莫之比隆，考其胤裔，孰继芳踪？大名难再，气数奇穷。金源立国，网罗才雄，首魁多士，惟南山翁。程文妙绝，一世师宗，当时景仰，韩董攸同。子孙克肖，家学是攻，巍科七决，声华摩空。

铭文将刘㧟与董仲舒、韩愈相提并论，见出作者对刘㧟在振兴辽、宋萎靡文风方面所起重要作用的推崇。

刘㧟现存仅有《梦里作诗》一首："喜逢汉代龙兴日，高谢商山豹隐秋。蟾宫好养青青桂，须占鳌头稳上游。"诗歌精神饱满，气魄宏大，当为刘㧟年轻时所作。首句"喜逢汉代龙兴日"指刘㧟祖籍彭城（今江苏徐州），与汉高祖刘邦同宗，叙家族荣耀，为自誉之词。第二句叙刘氏家族脱离农耕家族而转向科宦家族。秦末汉初东园公等四老人隐居商山，号"商山四皓"，在此比喻刘氏家族长久以来一直为普通的农耕庶族。最后两句作者想象自己蟾宫折桂，科举登第，并且独"占鳌头"，状元及第。诗歌虽为梦中所作，却也说明刘㧟早有夺魁志向。

刘从益好友张毂作《赠刘云卿》诗："邱垤孰与南山尊，公卿皆出山翁门。遗文人共师夫子，阴德天教有是孙。问礼庭中新有桂，忘忧堂下旧多萱。人间乐事君兼有，歌我新诗侑寿樽。"②诗中称颂南山翁刘㧟为刘氏家族家学传统、家族教育所作的贡献。

刘㧟对整个金代科举、金代文坛的影响是广泛而深刻的，对家族文

---

① （元）脱脱等：《金史》卷125《郑子聃传》，中华书局1975年版，第2726页。
② （金）刘祁：《归潜志》卷4，崔文印点校，中华书局1983年版，第35页。山翁即南山翁刘㧟。

化、地域文化的形成与影响是长久而明显的。"南山翁方以清修文雅著名于时，用则出而应之，否则安其所守，不见喜愠，而词学之懿，操行之洁，传诸其家，以及其乡人者。终金之世，云朔诸郡文献相望，大抵多翁所感发也。"①

在刘㧑的影响下，刘氏家族逐渐形成积极重学嗜学的家学风气。

据王恽所撰刘氏碑铭记载，刘汲颖悟绝人，早传家学。刘渭少好学。刘浚少有声场屋间。刘浚子刘似（1163—1217），字稚章，为刘祁祖父，力学能文，称其家声，遗文雄深简古，有其祖父遗风。刘从益是金代著名文学家，深受当时主盟文坛的赵秉文的器重，被视为赵的接班人。《金史》载："从益博学强记，精于经学。为文章长于诗，五言尤工，有《蓬门集》。"② 在《全金诗增补中州集》中，刘从益被列入名家十二人之一。

刘祁从小就接受家族文化的熏陶。自幼随父亲刘从益在任所读书，18岁时，遇元好问。元好问对这位少年奇才非常佩服："阿京吾所畏，早生号能文"。③ 兴定、元光间，刘祁在南京，"从赵闲闲、李屏山、王从之、雷希颜诸公游，多论为文作诗"。④ 22岁，刘祁在开封，遇高汝砺，又遇杨宏道、宋九嘉等。其父令叶，识王郁、王予可。正大间，在南京，完颜璹送刘祁二诗，又为刘祁父从益集作后序。在浑源，归潜堂成，当时交游咏及归潜堂者，有二十多位著名诗人。其中张澄有诗云："方今河朔藩镇雄，衣冠往往罗其中。"⑤ 后在保州与郝经会，过济南，与杨宏道游。41岁，移居相州。刘祁在淮阳时，屡与尤虎遽相从讲学。契丹世袭猛安移剌买奴、世袭谋克乌林答爽与刘从益、刘祁父子有交往。

金亡后，元太宗九年（1237）秋八月，中书令耶律楚材请用儒术

---

① （元）苏天爵：《浑源刘氏传家集序》，李修生主编《全元文》第40册，江苏古籍出版社1999年版，第60—61页。

② （元）脱脱等：《金史》卷126《刘从益传》，中华书局1975年版，第2734页。

③ （金）元好问：《赠答刘御史云卿四首》之二，姚奠中主编《元好问全集》卷1，山西古籍出版社2004年版，第13页。

④ （金）刘祁：《归潜志》卷8，崔文印点校，中华书局1983年版，第88页。

⑤ （金）刘祁《归潜志》卷14，崔文印点校，中华书局1983年版，第181页。

选士。蒙古政府命断事官术虎乃与山西东路课税所长官刘中试诸路儒士。十年,戊戌岁,刘中等到南京诏试儒士。刘祁这时正在南京,就试,魁南京。由于这次考试没有举行廷试,所以刘祁夺魁后直接选充山西东路考试官,与山西东路课税所长官刘中同署公事。"时士大夫尊师之,人文之盛实所赖焉。"① 刘祁 42 岁时,中书粘合珪开府于相,刘祁受邀入其幕府,因识史天泽。又刘祁与杨奂、王革、魏邦彦等游。在其父刘从益下世后,刘祁"读书为文亦未尝少休。闻四方交游来,把酒论交,谈笑连日夕,或留之旬月不令去"。②

刘从益、刘祁父子的人品学识,为世人所称赞。雷渊作《云卿父子有宛丘之行,作二诗为饯》其二云:"汉庭议论学,倾耳待歆向。君家贤父子,千载蔚相望。读书二十年,闭户自师匠。异端绌偏杂,陈言刊猥酿。刚金百炼余,气出诸老上。颓风正波靡,去去作堤障。"在诗中,雷渊把刘从益、刘祁父子比为汉代的刘向和刘歆,希望他们反对奢靡的颓风,作文坛崇正去邪的屏障。刘氏父子不负众望,恪守学术正道,为后人留下了必传之作。尽管父子两人在仕途上并不顺利,均曾遭受挫折,但在文学和史学界却很有影响。

刘勋《上刘从益》:"南山有厚传能赋,北阙无人继敢言。"《送刘祁赴试》:"文章四海名父子,孝友一门佳弟兄。"张邦直《挽刘云卿》:"传家有贤子,文或似欧韩。"这些诗歌明确指出刘从益、刘祁父子二人的家学传承,并给予他们的家学成就以很高的评价。

(二) 文学创作

在家族成员参与的同题共作、次韵唱和之类的文学活动创作中,以师友情、兄弟情为题材的作品表现出了深厚的家族情结。这些题材形成了刘氏家族文学创作中的具有家族标志的共同风貌。

金代前期,刘㧑为文坛领袖,诗歌自然成为大家学习的榜样。刘汲诗歌学习陶渊明、白居易,大量描写居官不乐,不如归去的思乡之情。

在调任蒲县(今属山西)令时,刘汲有《题蒲县下库村》诗二首:

---

① 赵穆:《归潜志诸跋》,见刘祁《归潜志》,崔文印点校,中华书局 1983 年版,第 188 页。

② (金)刘祁:《归潜志》卷 14《归潜堂记》,崔文印点校,中华书局 1983 年版,第 171 页。

古柳长楸倚翠微，水光岚气袭人衣。清闲岁月无多事，事简何妨倒载归。

山城无事早休衙，闲逐东风看落花。行处不教呵唱闹，恐惊林外野人家。

两首诗歌写乡村优美淳朴的景色和诗人闲散赏景的心情。

刘汲迁朝散大夫，应奉翰林文字时，有《南园步月》诗：

云横树外山，树映山巅月。微风拂寒枝，疏光散清樾。幽欢难相遇，此景安可忽。从来山水心，不为尘埃没。

诗歌颇具诗情画意。仰望天空，山月高悬。微风徐来，树影摇动。诗歌意境清幽旷远，表达了诗人忘情山水、追求闲逸的心境。

刘汲无心恋栈，常思归隐。《家僮报西岩栽植滋茂，喜而成咏》诗：

孤云出岫本无心，何用微名挂士林。近日故园消息好，西岩花木已成阴。

这首绝句准确反映了一个心境淡泊、不重禄位的文人追求疏旷自然、徜徉山水的高情远韵。

诗人出任西京路（今山西大同）转运司都勾判官时，回到了故乡，作《到家》一诗：

三载尘劳虑，翻然尽一除。园林未摇落，庭菊正扶疏。绕屋看新树，开箱检旧书。依然故山色，潇洒入吾庐。

家园树木葱郁，鲜花相映。诗人回到家乡，陶醉其间。绕屋看树，开箱检书。可以想见诗人于此时何其闲逸，何其惬意！

辞官归家后，刘汲在西岩筑屋隐居，与山水为友，陶醉其中。有《西岩歌》：

> 西岩逸人以天为衢兮，地为席茵。青山为家兮，流水为之朋。饥食芝兮渴饮泉，又何必有肉如林兮，有酒如渑！世间清境端为吾辈设，吾徒岂为礼法绳。少文援琴众山响，太白举杯明月清波澄。人间行路是，处处多炎蒸。何如水前山后，六月赤脚踏层冰。

诗人不为利禄所引诱，不为礼法所束缚，而是以天为衢，以地为茵，青山为家，流水为朋，自由自在，纵情山水间，援琴高歌，举杯畅饮。忘却了世道炎凉，宦途艰险，诗人在烈日炎炎的六月，于山涧赤着双脚，踏在冰层之上，这是多么潇洒天真的形象！赵秉文在《西岩歌跋》中称："南山翁子伯深《西岩歌》，置之古人集中，谁能辨之？所谓不拘礼法，如晋之狂士。公未及五纪致政，临终不乱，盖有道者。"

刘汲自适诗歌深受江西诗派以及白居易的影响。《金诗选》卷一评《平凉道中》诗曰："西岩诗拟乐天，亦未离宋调，如'身将隐矣文何用，人不知之味更真。'犹是江西余习也。两首洒落自然，不假刻凿，颇为超诣。"

刘㧑曾孙刘从益亦喜渊明诗歌。现存诗歌中，有《题苏李合画渊明濯足图》《和渊明杂诗》（二首）、《和渊明使春怀田舍》《和渊明饮酒韵》等。其中《和渊明杂诗》（二首）其一："功名乃外物，了不关吾身。吾身复何有？形神假相亲。……何如任天运，闭门坐齐芳。诗书列四隅，着我于中央。"其二："浮沉大浪中，毕竟归真宅。"诗句表现出刘从益追步渊明，希望摆脱功名利禄的束缚，纵浪大化，一任天运的思想情趣。

刘从益的诗歌当中，也包含着强烈的居官不乐、思乡归隐的思想感情。《和渊明杂诗》（二首）其二："风埃惨如此，何处真吾乡？"《闻蛰用少陵韵》："青衫伤久客，华发念双亲。"《除夕用少陵韵》："一蓑江上雨，归思浩无涯。"《次韵闲闲公梦归》："万里乡关飞不到，十年歧路走茫茫。"《题闲闲公梦归诗后用叔通韵》："梦间说梦重重梦，家外忘家处处家。"《再赓》："三山缥缈谁能到，目下身安亦是仙。"

金代中后期，文学活动活跃。聚会雅集、诗酒唱和成为当时创作风气。刘从益为官、贬官之地，成为当时的文学活动中心、交流中心。

贞祐初，刘从益摄许州幕时，"屏山、二张伯英、伯玉、雷魏诸公皆在焉，日会饮为乐"①。令叶时，刘从益同郝仲纯、李长源、元裕之、王飞伯等诗酒唱和。在官陈州防御判官时，刘从益于陈州买地筑屋，起建先茔。其后，与许古、董文甫、冀禹锡、李献能、赵思文、程震、赵秉文、李纯甫、元好问、曹恒、王宾、冯璧、史学、白文举、刘祖谦、乌古孙奴申、移剌买奴、冯延登相交往。罢御史后，刘从益闲居淮阳，种五竹堂后自娱，与赵秉文诗文往来。初摄令郾城，刘从益与麻九畴、张伯玉、宋飞卿、雷希颜、李钦叔等关系紧密，"日与唱酬为友"。②

刘从益现存诗歌41首，有近20首诗歌为次韵、和韵诗。另外在16首残诗中，唱和诗、联句诗、寄赠诗等就有6首，说明刘从益的不少诗歌是作于朋友聚会、诗酒唱和的场合。不同于文学史上其他朝代文人雅集喜欢选择山庄、园林，刘从益与友朋聚会的时间、场所非常自然，没有刻意地选择。地点或官府、或私邸，或野间；时间或雪后、或雨时、或晴日，灵犀一通，欣然相聚，或和韵、或联句，激扬文字，任心而发。诗文侑觞之乐，朋友相得之欢，充溢于字里行间。

正大初，刘从益由叶令召入翰林，当时李纯甫已经去世，赵秉文也已年老，准备致仕归家，刘从益被看作赵秉文的接班人。赵秉文与诸同僚齐集刘从益家，为他庆贺。大家约定分别以"好雨知时节，当春乃发生"十字为韵，各赋诗一首。赵秉文得"发"字韵，于是作了一首《就刘云卿第与同院诸公喜雨分韵得发字》诗：

> 君家南山有衣钵，丛桂馨香老蟾窟。从来青紫半门生，今日儿孙床满笏。尔来云卿复秀出，论事观书眼如月。岂惟传家秉赐彪，亦复生儿勔勔勃。往年尝乘御史骢，未害霜蹄聊一蹶。双凫古邑试牛刀，百里政声传马卒。今年视草直金銮，云章妙手看挥发。老夫当避一头地，有惭老骥追霜鹘。座中三馆尽英豪，健笔纵横建安骨。已知佳会得四并，更许深杯辞百罚。我虽不饮愿助勇，政要青灯照华发。但令风雨破天悭，未厌归途洗靴袜。

---

① （金）刘祁：《归潜志》卷2，崔文印点校，中华书局1983年版，第14页。
② 同上书，第15页。

诗歌颂扬刘㧑建树家学家风,子孙相继及第,广大门风。诗歌赞美刘从益能继承乃祖家风,又推许刘从益的政绩和文采。其"老夫当避一头地,有惭老骥追霜鹘",正是当年欧阳修赞美苏轼的口吻。① 最后归到春雨,希望风雨大作,改天公的悭吝,回家时自己的鞋袜湿了也情愿。

刘从益得"好"字韵。就眼前大雨而构思:"春寒桑未稠,岁早麦将槁。此时得一雨,奚翅万金宝。吾宾适在席,喜气溢襟抱。酒行不计觞,花底玉山倒。从来悭混嘲,盖为俗子道。北海得开尊,天气岂常好?况当生发辰,沾足恨不早。东风又吹檐滴干,主人不悭天自悭。"

诗歌表现作者对百姓的关怀。春天万物生长,长久干旱,今乃得雨,令人欣慰。主人不吝酒,大家喝得畅快淋漓,天公却吝雨,雨下得不透,不免令人遗憾。

这些士族文人具有相同的艺术修养、文学趣味、思想情感,一样洒脱的生活态度与诗性的人生旨趣。

刘从益以诗名世。陶玉禾《金诗选》卷2评价说:"云卿诗率直","颇学清淡,然若气促"。元好问在《中州集》评论说:"云卿诗如'荒烟斜日村村晚,衰柳寒蒲岸岸秋'、'雨乡留寓风薰面,千里相望月满楼'、'子美不妨衣露肘,长卿犹有赋凌云',《春雪》云:'千层宝楼阁,一片玉山川',《临终》云:'坏壁秋灯挑梦破,老梧寒雨滴愁生'此类颇多,不能悉载也。"②

刘从益的诗歌理论与刘汲相近,两人皆受江西诗派影响,但又能不置一端,能够从发展的眼光客观评价杜甫对江西派与西昆派的影响。刘从益有诗《次韵答刘少宣》(二首)。其一:"杨刘变体号西昆,窃笑登坛子美村。大抵俗儒无正眼,唯应后世有公言。光生杜曲今千丈,派出江西本一源。此道凌迟嗟久矣,不才安敢擅专门。"其二:"乐府虚传山抹云,诗名浪得柳连村。九原太白有生气,千古少陵无间言。登泰山

---

① 嘉祐二年,欧阳修《与梅圣俞书》云:"读轼书,不觉汗出,快哉快哉!老夫当避路,放他出一头地也。可喜可喜。"嘉祐五年,欧阳修又在《举苏轼应制科状》中称他:"学问通博,资识明敏,文采灿然,议论蜂出。"

② (金)元好问:《中州集》卷6《刘御史从益》,华东师范大学出版社2014年版,第383页。

巅小天下，到昆仑口知河源。如君少进可入室，顾我今衰不及门。"诗中极力称扬杜甫诗歌，特别是刘从益认识到杜甫"登泰山巅小天下"的雄心壮志与开阔胸襟对宋代诗坛的影响，从中也可以看出刘从益对杜甫人格品德的高度推崇。

刘从益壮年而殁，赵秉文深表惋惜，作《祭刘云卿文》以祭，为诗以挽。至于《新修叶县学》文及从益惠政碑，也皆由赵秉文执笔。其《挽刘云卿》诗云："人物于今叹渺然，知君才德几人全。忠言唐介初还阙，道学东莱不假年。黄壤苦埋经世志，青毡未了读书缘。西园酬唱空陈迹，泪洒南风擘素笺。"诗歌对刘从益的才德和学问给予了高度评价。其《祭刘云卿文》，悲哀之切，读之感人肺腑。

杨云翼吊刘从益诗云："清华方翰府，憔悴忽佳城。"冀禹锡《哭刘云卿》诗曰："才大自古无高位，吾道何人主后盟！"冀禹锡又为做哀词。陈规吊刘从益诗云："骢马余威行尚避，仙凫善政去尤思。"张邦直挽诗云："传家有贤子，文或似欧韩。"

刘从益利用自身的文学影响力，将家族文化与地域文化、士大夫文化相结合，丰富了金代文学的创作内容，延续了特色鲜明的以儒家思想为底色的家族文学传统。

(三) 理学贡献

刘从益、刘祁父子为金代理学名儒。刘从益因得罪权臣而被罢去御史、闲居陈州时，曾经与诸生讲明伊洛之学，又与刘祁一起直探圣贤心学，推于躬行践履。刘祁也从此专心治学，被称为"得斯文命脉之传"。① 赵秉文对于刘从益壮年而殁十分痛惜，他在《挽刘云卿》中追挽道："忠言唐介初还阙，道学东莱不假年。"刘祁传承家学，贯通百家，集其大成，王恽称他"导家学之渊流，会百川而朝东"，将他看作金元文化的集大成者。刘祁不信道教和佛教。《宋元学案》说他"以文与元裕之齐名，亦见赏于滏水诸公，传其父学，终身不谈佛"。②

刘祁以儒学为正道，其《归潜堂记》云："闲尝自念，幸生而为

---

① （元）王恽：《浑源刘氏世德碑铭并序》，李修生主编《全元文》第6册，江苏古籍出版社1999年版，第505页。

② （清）黄宗羲：《宋元学案》卷100《屏山鸣道集说略》，（清）全祖望补修，中华书局1986年版，第330页。

儒,忝学圣人之道,其平昔所志,修身治国平天下,穷理尽性至于命,进则以斯道济当时,退则以斯道觉后世。"刘祁非常欣赏北宋哲学家张载的理学思想。天兴二年（1233）,刘祁北渡归浑源,筑归潜堂,① 并将张载的《东铭》《西铭》书于壁间,潜心治学。郝经曾于元太宗十二年（1240）、海迷失后二年（1249）两度拜访刘祁,向他请教,并称赞说:"上稽韩柳下苏黄,探道索古追羲皇。一编处言含天章,立意造语攀荀扬。"② 郝经评价刘祁《处言》四十篇:"其辞汪洋焕烂,高壮广厚,约而不缺,肆而不繁,其理则诣乎极而穷乎性命,于死生祸福之际尤为明晰,非世之所谓文章,古所谓立言者也。"③《宋元学案》将郝经列为刘祁门人,因为郝经曾拜刘祁为师,学习理学,足见刘祁对元代哲学发展也多有贡献。王恽也曾多次问学于刘祁,在《追挽归潜刘先生》中说:"我自髫髦屡拜公,执经亲为发颛蒙。道从伊洛传心事,文擅韩欧振古风。"④ 诗中后两句对刘祁的文与道做了准确概括。这两位元初最著名的学者都曾就学刘祁,并对其学问和文章给予了很高的评价。⑤

（四）史学成就

刘祁《归潜志》为记述金朝史实的私家著作,共十四卷。金亡以后,刘祁有感于"昔所与交游皆一代伟人,今虽物故,其言论、谈笑想之犹在目。且其所闻所见可以劝戒规鉴者,不可使湮没无传",于是写作该书,意在"异时作史,亦或有取焉"。《归潜志》共涉金末一百多位文人的事迹。元人修《金史》多采用其著。是书所记人物,《金史》有传者,即达四十二人。清代史家赵翼在评论元末所修的三部正史时曾说:"《金史》叙事最详核,文笔亦极老洁,迥出宋、元二史之上。说

---

① 刘祁归潜堂在今浑源县西南四十五里玉泉山东,龙山西侧。龙山位于北岳恒山西30里,也叫封龙山,比恒山极顶天峰岭高出250多米。山上的大云寺始建于北魏,唐、辽、金、元曾经重修,毁于清初,为一处重要的古建筑群。

② （元）郝经:《浑源刘先生哀辞并序》,李修生主编《全元文》第4册,江苏古籍出版社1999年版,第462页。

③ 同上书,第461页。

④ （元）王恽:《追挽归潜刘先生》,刘祁:《归潜志》卷14,崔文印点校,中华书局1983年版,第184页。

⑤ 参见魏崇武《金代理学发展初探》(《历史研究》2000年第3期),杜成辉《刘祁及其学术成就简评》(《北方文物》2007年第2期)。

者谓多取刘祁《归潜志》、元好问《壬辰杂编》以成书,故称良史。"又说《金史》在修撰时,"其宣、哀以后诸将列传,则多本以元、刘二书。盖二人身历南渡后,或游于京,或仕于朝,凡庙谋疆事,一一皆耳闻目见。其笔力老劲,又足卓然成家。修史者本之以成书,故能使当日情事,历历如见"①。

《归潜志》于元至大年间由乡人孙谐首次刊行,得以流传后世,成为历代史家秘藏。孙谐字和伯,浑源人,曾祖父孙威(1183—1240),善制甲,授顺天、安平、怀州、河南、平阳诸路都总管。祖父孙公亮,为诸路甲将都总管。父孙拱,初为监察御史,后袭父职为诸路甲将都总管。刘祁文集《神川遁士文集》由刘祁弟刘郁整理刊行,孙拱为其作序。孙拱与刘郁同在朝中任职,可能曾同为监察御史,两人为同乡,关系密切。在刘郁去世后,《归潜志》原稿由孙拱保存,孙拱去世后,又由其子孙谐保存。

刘祁博览群书,涉猎广泛。他认为"若夫究地理,考风土,辨古今,识草木,皆不可谓亡益于学"(《游林虑西山记》)。在他的著述中,除文学、史学和政论方面的著作外,尚有《处言》等哲学著作和《书〈证类本草〉后》等著作。王恽在《浑源刘氏世德碑铭并序》中称刘祁"导家学之渊流,会百川而朝东",认为刘祁是金源文化的集大成者和元朝文化学术的开拓者。

刘祁学术成就既得益于家族内父兄之渊源,又来自家族嗜学的传统。刘祁晚年曾总结自己一生的学术经历时说:"今吾幼而苦学,及于齿壮,学虽粗成,而未有所遇。今穷居草野,日惟衣食之不充,将为事业、功名而不可得。又非居位当言,且临事变可以立节义。愿服炼,以懒惰不能。放纵,以拘窒不喜。诸技艺皆非所专心。平生以经籍文翰自娱。顾后日穷达犹未可知,然则独守吾残编断稿者,犹未为痴计也。"②

刘祁弟刘郁与当时的文学大家如王若虚、元好问、王郁、杨奂、句龙瀛、郝经、王恽,以及阎珍、严忠济等著名人物都有交往。刘郁《西使记》著于中统四年(1263)三月,是由使臣常德口授而由刘郁笔录

---

① (清)赵翼:《廿二史札记》(订补本)卷27"金史",王树民校证,中华书局1984年版,第598页。

② (金)刘祁:《归潜志》卷12,崔文印点校,中华书局1983年版,第140页。

的一部旅行记，记录了宪宗蒙哥九年（1259），常德奉命西行觐见旭烈兀大王于波斯的事。这部游记是研究西域古代史与中西交通史的珍贵文献，有法、英等多种译本，可见其史料价值之高。姚从吾先生说："刘祁的《归潜志》与《北使记》，刘郁的《常德西使记》等等，不但都有永垂不朽的价值，有些且因蒙古时代是有国际性的，业已引起国际学术界的注意，早在半世纪以前，都已被译成英文了。"①

浑源刘氏家族作为金代北方极具代表性的大家族，以科举晋身，以仕宦立家，以文化扬名。他们利用自己优越的文化环境，坚持刻苦勤奋的学习精神，在学术文化上取得了令人瞩目的成就。同时由于其家族深厚的文化积累、词学传家的家族传统，他们在文学创作、史学著述方面，也取得了同样卓越的成就。

## 第四节 刘氏联姻家族文化特征考论

刘氏联姻家族大致有据可考。金代前期，刘氏家族以浑源本地科宦家族作为联姻对象。如浑源雷氏家族、魏氏家族、弘州王氏家族、宣德张氏家族等。刘从益时，移家河南淮阳。刘祁、刘郁与河南地方大族联姻。刘氏家族通过联姻，依托地域政治、经济、文化资源，构建社会网络、文学网络，拓展家族生存发展空间。

### 一 主要联姻家族

浑源雷氏家族，为新兴科宦家族。刘㧑夫人浑源雷氏，出自同知北京转运使的同乡雷思一族。雷思（？—1186），字仲西，金天德三年（1151）进士。大定中，任大理司直，持法宽平，时人称之。仕至同知北京转运使。雷思弟雷志，字尚仲，贞元二年（1154）进士，仕至永定军节度使。雷思子雷渊，中至宁元年（1213）词赋进士甲科，官应奉翰林文字，拜监察御史。雷渊子雷膺为元代著名学者，官至江南浙西道提刑按察使、集贤学士。雷氏家族成员中，尚有雷发，天会二年（1124）进士；雷嗣卿，天会十年（1132）进士。

---

① 姚从吾：《姚从吾先生全集》（六），正中书局印行1982年版，第172页。

辽西张氏家族，为仕宦家族。刘㧑长女嫁张景仁。张景仁字寿甫，辽西人，累官翰林侍制。世宗大定二年（1162），仆散忠义伐宋，张景仁掌其文辞。张景仁为世宗朝重臣，曾任礼部尚书，并同修《太宗实录》。

弘州（今河北阳原）王氏家族，为世家大族。刘㧑次女嫁王元节。元节字子元，天德三年（1151）词赋进士。祖父王山甫为辽户部侍郎，父王诩，海陵朝左司员外郎。元节弟王元德，亦第进士，官终于南京路提刑使。元节孙王振，至元十九年（1282），敕授江南浙西道提刑按察司经历，以廉干称。元节玄孙王元甫也是一位诗人，官至承事郎兼黄池税务。元甫子王沂是元末《宋史》《辽史》《金史》这三部史书的总裁官。

浑源魏氏家族，科宦家族。刘似一女，嫁浑源（一说宏州顺圣）魏邦彦。魏邦彦名璠，在金贞祐三年（1215）进士及第。魏璠叔祖为世宗时名臣魏子平。魏子平字仲均，《金史》卷八十九有传。魏子平登进士第，调五台簿，累除为尚书省令史，除大理丞，历左司都事，同知中都转运使事，太府监。正隆三年（1158），为贺宋生日副使。世宗即位，除户部侍郎。大定二年（1162），进户部尚书，拜参知政事。十一年（1171），罢为南京留守，未几致仕。十五年（1175），起为平阳尹，复致仕。魏璠从孙魏初。元世祖任命魏初为国史院编修官，不久又官拜监察御史。魏初子必复，官至集贤侍讲学士。

中山赵氏家族，为科宦家族。刘祁弟刘郁，娶前礼部尚书赵思文之女。赵思文字庭玉，中山人。与其弟庭秀、庭直，皆著名进士。赵思文与其弟赵去非同擢明昌五年（1194）进士第，乡里因号其为"双飞赵家"。

刘从恺，娶宣德望族张氏。刘祁妻史氏为洛阳名族。刘祁一女，适监察田芝子文冕。

## 二 联姻家族文化特征

刘氏家族选择科宦文学家族作为联姻对象，希望在延续家族政治声望的同时，以科举文化作为家族生命，以文学创作扩大家族影响。

刘祁《归潜志》载："南山翁……二女，长姑及笄，将适人，一时贵显者争求之，翁皆不许。张御史景仁时在布衣，以所业诣翁，翁嘉之。俄翁为有司取士，张赋甚佳，坐为邻座者剽之，尽坐同而黜。已而翁知其然，遽以长姑嫁焉。家人辈告皆愠，翁不恤也。后三年，翁复为有司,御试,张擢别试魁,骤历清华,以文章擅当世,位至翰林学士、河南尹、御史大夫……赫然为名臣,世皆以翁有知人之鉴也……次姑适襄阴王元节,亦名进士,能诗博学,尝为密州节度判官。迄今士大夫嫁女多谈翁之事也。"①

张景仁以文章擅名于当时。大定二年(1162),仆散忠义伐宋,张景仁掌其文辞。宋人议和,朝廷已改奉表为国书,称臣为侄,但不肯世称侄国。往复凡七书然后定,其书皆景仁为之。世宗称其能,曾说:"今之文章,如张景仁与宋人往复书,指事达意,辨而裁,真能文之士也。"② 张景仁为世宗朝重臣,曾任礼部尚书,并同修《太宗实录》。世宗对其文采十分赏识,曾说:"自韩昉、张钧后,则有翟永固,近日则张景仁、郑子聃,今则(杨)伯仁而已,其次未见能文者。"③

王元节以诗酒自豪。辞官归乡后,与妻兄刘汲多有唱酬,有诗集行于当时。④ 王元节的孙子,也就是元末王沂的曾祖父,业儒术,尤长吏事,深受金宣宗的赏识,官至监察御史。王沂的父亲王元甫也是一位诗人,官至承事郎兼黄池税务。元末王沂自幼受到良好的教育,元仁宗延祐二年(1315)中进士。先后任国史院编修官、国子学博士、翰林待制、待诏宣文阁。《四库全书提要》说他"在职文字者几二十年,庙堂著作,多出其手"。王沂主持编撰《宋史》《辽史》《金史》三部史书。

魏璠一族,由其叔祖魏子平起家,后辈多有以封荫入仕者。世宗时著名文人赵可曾为魏子平撰墓志铭。魏子平族侄魏允元(魏璠生父)尝对子女曰:"我家赀可约五万余贯,浑有几,不若供汝辈读书,泰则登第,不登第犹足以学自守。"遂以重金馆请高公瑞卿、王公冲之,岁不下千余贯。魏允元与游皆当世名公巨卿,在任上林署丞时,与党怀英、赵沨、魏抟霄、张仲淹、杨敏行等文人诗酒聚会,礼极丰腆。每次聚会后,魏允元并让师友教其诸子读赋。魏璠弟兄七人,兄琦和魏璠中进士,兄珍神童及第,其他人也都好学不辍。魏允元"教子严重,倾动京邑"(魏初《先君墓碣铭》)。

---

① (金)刘祁:《归潜志》卷8,崔文印点校,中华书局1983年版,第81—82页。
② (元)脱脱等:《金史》卷84《张景仁传》,中华书局1975年版,第1892页。
③ (元)脱脱等:《金史》卷125《杨伯仁传》,中华书局1975年版,第2724—2725页。
④ (元)脱脱等:《金史》卷126《王元节传》,中华书局1975年版,第2739页。

魏璠曾被元世祖征聘到和林问策，向元世祖推荐名士60多人。魏璠好学上进。夹谷土剌自聊城居宣德期间，魏璠曾登其门，与之考论文艺。① 元世祖敬重魏璠的声名，把他和古代忠直之臣相提并论，询问得知魏初是魏璠的从孙，感叹勉励很久，于是任命魏初为国史院编修官，不久又官拜监察御史。魏初子必复，官至集贤侍讲学士。

据魏初所记，刘从益之妹、邦彦妻刘氏"赋性贞顺、勤俭孝谨，其事我祖靖肃如对大宾客，岁时伏腊，供奉祭享，菜菓醖酱，必躬自修荐，诚洁恳到，至老无一毫怠意，经史文赋一目成诵，且能通其大义，而停蓄涵蕴，若无所知者，是岂世之浅薄、粗识姓字，而矜以示人者可同日而语哉！……族中少相违言，处之以当然之义，不以彼此而有倾向也。年七十以家事付初，怡心引年，以书、以琴而已！"② 刘氏将其家族的家风带入魏氏家族，影响到魏氏家族家风、家学的发展，从而得到魏氏家族成员的崇敬。

赵思文深受宣宗赏识，屡典贡举，报政之后，赵思文日延宾客，论文把酒，与相娱乐。间作诗、乐府，为文不事雕饰，诗律精深。文采风流，至有"神仙官府"之目。③ 一时仪礼，多所刊定。有《耐辱居士集》二十卷传于当时。

### 三 联姻家族的社会影响

张景仁正直敢言，有"儒者之勇"。④ 大定朝曾劾奏平章政事乌古论元忠辄断六品官，受到世宗称赏，赞其"劾奏甚当。"又乌古论元忠尚豫国公主，"怙宠自任，倨慢朝士，张景仁劾之，朝廷肃然"。⑤

王元节雅尚气节、注重操守。天德三年（1151），进士及第后，王元节因不能从俗俯仰，故仕不达。既罢密州观察判官，闲居乡里，常以

---

① （金）元好问：《资善大夫武宁军节度使夹谷公神道碑铭》，姚奠中主编《元好问全集》卷20，山西古籍出版社2004年版，第472页。
② （元）魏初：《祖母夫人真赞（并序）》，李修生主编《全元文》第8册，江苏古籍出版社1999年版，第476—477页。
③ （金）元好问：《通奉大夫礼部尚书赵公神道碑》，姚奠中主编《元好问全集》卷18，山西古籍出版社2004年版，第438—439页。
④ （元）脱脱等：《金史》卷84《张景仁传》，中华书局1975年版，第1894页。
⑤ 同上书，第1893页。

诗酒自娱。

魏氏家族从金至元，连绵不绝。其家族耿直敢言的风气表现在内部男女成员的身上。魏初从祖魏璠在金末政坛上虽然官职卑微，但敢于上言直谏。当时宣宗朝国事危难之时，魏璠上言："国势危逼，四方未闻有勤王之举，陇右地险食足，其帅完颜胡斜虎亦可委仗，宜遣人往论大计。"魏璠建言未被采纳。"阅数月，胡斜虎兵不来，已无及，金主悔焉。"① 魏初父魏思廉尝撰先世遗德曰《家塾记》。其后序曰："自吾高祖朝列为一原，曾父酒使、季曾参政，派而两之，或以文章而升，或以门地而进。舍此之外，不由他道。不苟求，不奔竞，未尝有悖理伤道之过者。以政事观之，不须观循吏；以耿介观之，不须观独行；以忠义观之，不须观颜氏之弟兄；以谠正观之，不须观陆贽之谏论；以文章学问观之，不须观儒林；以母氏之贤淑观之，不须观列女。子孙能讲诵以味之，不犹愈于慕他人乎？用是，自天会，历大定、明昌、贞祐、正大，迄于中统、至元之间，虽支派分布而继继承承，知有本统者，盖于是记有考焉耳。"②

赵思文廉政明察，在官皆宽厚为化。裁决诉讼，不事苛细；史书称："故吏畏而爱，民爱而畏，蔼然有古良民吏之风。"③

刘氏家族的联姻对象普遍注重道德学问、人格独立、积极入世等儒家修齐治平的人生信念，与刘氏家族成员一起，共同构成了既具相对独立的鲜明家族文化特色，同时也显示金代士大夫文化的普遍特征。

## 四　联姻家族的交谊

在家族成员参与的同题共作、次韵唱和之类的文学活动创作中，以师友情、兄弟情为题材的作品表现了深厚的家族情结。这些题材形成了刘氏家族文学创作中的具有家族标志的共同风貌。

雷渊与刘从益为同窗好友，又是姻亲，二人在当时文坛上号称"雷

---

①　（明）宋濂等：《元史》卷164《魏初传》，中华书局1976年版，第3857页。

②　（元）魏初：《先君墓碣铭》，李修生主编《全元文》第8册，江苏古籍出版社1999年版，第496页。

③　（金）元好问：《通奉大夫礼部尚书赵公神道碑》，姚奠中主编《元好问全集》卷18，山西古籍出版社2004年版，第438页。

刘"。雷渊有一首题为《云卿父子有宛丘之行，作诗二为饯》的诗，其中有云："阳春到上林，百卉纷白红。岸谷稍敷腴，溪光亦冲融。独有石间柏，不落鼓舞中。期君如此木，岁晚延清风。汉庭议论学，倾耳待歆向。君家贤父子，千载蔚相望。读书二十年，闭户自师匠。异端绌偏杂，陈言刊猥酿。刚全百炼余，气出诸老上。颓风正波靡，去去作堤障。"诗中以松柏作比，道出了自己的情志和对友人的期望，并把刘从益和刘祁父子比作汉代的刘向和刘歆，希望他们反对奢靡颓风，作文坛崇正祛邪的屏障。

魏初和刘郁曾为中书省和御史台同僚，二人关系密切，诗书往来很多。魏初《青崖集》中，有不少两人交往的文献资料，其《浣溪沙·为刘归愚寿》词三首云：

> 前辈风流有几人，拼教诗酒百年身，小红灯影近新春。　醉里看花城外寺，闲来课种水南村，人间百伪不如真。
>
> 心地宽平见寿征，鬓鸦匀薄只青青，从今却是数松龄。　除却弄孙无一事，闲时针线困时行，小儿新语唤文苓。
>
> 灯火看儿夜煮茶，琴丝香饼伴生涯，秋霜元不点宫鸦。　十月好风吹雪霁，一天春意入梅花，寿星人指示仙家。

此词可能作于刘郁六十寿辰时，因为第三首末句称刘郁为"寿星"。当时刘郁任官监察御史。

世道迁移，家族沧桑，往往会使人生发出深沉的历史感慨。刘氏家族姻亲之间的关系，并没有因为岁月的流逝而变得疏离。祖先、故乡，这些代表亲情、乡情的符号，一旦在生活中被无意中勾起，就会引发强烈的情感激荡。

王元节孙王振在至元二十三年（1286）五月任江南浙西道提刑按察司经历期间，在杭州与魏初相见。因二人为同乡，相互倾慕，王振便拿出王元节的诗集，共有古律若干首，请魏初作序。魏初感触颇深："以余有乡曲之旧，颇相爱念，因以先生诗集见示，古律共若干首。余谓，金国百有余年，以文章名家者，如党竹溪、王黄华、赵黄山、杨、赵二礼部，雷、李、王、麻诸公，不啻百数十人。其余为兵乱磨灭者不可胜计。今伯起收集先世遗文以为子孙传，其意亦有足嘉者。呜呼！衣冠之后有不得已在胥吏、在商贾、在农工卒伍者，知其有先业之美而能继起之，是又吾伯起之心也。"①

王振曾孙王沂因为祖先曾经辉煌的岁月而发出感叹。其《题刘南山翁五世画像赞》诗："六世衣冠归盛族，百年文物记前朝。"王沂的家族情怀一直十分强烈。他对家乡故土充满深情："吾先世家襄山之阴，金季迁徙南北。大同吾土也，闻其山川之形胜，风俗之醇古，固已翘翘褰裳奋怀，欲访其遗老，问里之社与先曾大夫之故居。"②由对家乡的思念引发对先祖的追思、故老的挂怀。魏氏家族后代则是通过对祖先功业的追念，表现出强烈的慎终追远的家族情怀。魏初云："我魏氏自季曾辅政以来，享禄位者有之，不能尽其实者有之，不知天意将如是而已乎？将有以待于后人乎？于是于先大父、于先君，益有所感泣焉！先大父文章、礼法、施为、注措，足以建世业于当代，朝廷限以科举资考，使恢奇磊落之士郁而不信，其治乱盖兆于兹矣！"同时也希望自己能克绍祺裘，不坠祖绪。"初辈虽不能肖似，藉赖先世遗泽，知自守而已。"③魏氏家族之所以能够绵远流长，是出于家族成员的敬宗收族、光泽先祖的意识。

**魏氏家族谱系列表**

| 世代 | 姓名 | 仕宦 | 文学 | 出处 |
| --- | --- | --- | --- | --- |
| 一 | 魏子贞 | 兜答酒馆使 | | 魏初《先君墓志铭》（《全元文》卷267，下同） |
| | 魏子平 | 参知政事 | | 魏初《先君墓志铭》 |
| | 魏大参 | | | 魏初《先君墓志铭》 |

---

① （元）魏初：《遁斋先生诗集序》，李修生主编《全元文》第8册，江苏古籍出版社1999年版，第449页。

② （元）王沂：《曹大荣诗序》，李修生主编《全元文》第60册，江苏古籍出版社1999年版，第89页。

③ （元）魏初：《先君墓碣铭》，李修生主编《全元文》第8册，江苏古籍出版社1999年版，第498页。

续表

| 世代 | 姓名 | 仕宦 | 文学 | 出处 |
|---|---|---|---|---|
| 二 | 魏景元 | | | 魏初《先君墓志铭》 |
| | 魏允元（改德元） | 魏子贞之子 | 尝谓诸子曰："我家赀可约五万余贯，浑有几，不若供汝辈读书，泰则登第，不登第犹足以学自守。" | 魏初《先君墓志铭》 |
| | 魏叔元 | | | 魏初《先君墓志铭》 |
| 三 | 魏珪（改笏），字君玉 | | | 魏初《先君墓志铭》 |
| | 魏玩 | 业进士，弱冠承父荫终于耀州库使散官怀远大将军 | | 魏初《先君墓志铭》 |
| | 魏瑜 | 业进士，早卒 | | 魏初《先君墓志铭》 |
| | 魏琦 | 进士登第，户部郎中，行六部侍郎散官，太中大夫，死于河南郏城之难 | | 魏初《先君墓志铭》 |
| | 魏玠 | 神童及第，终于延安府司狱散官，朝列大夫 | | 魏初《先君墓志铭》 |
| | 魏璠 | 登进士第，出继大参之子，法物库大使，魏叔元之后 | 先大父文章、礼法、施为、注措，足以建世业于当代，朝廷限以科举资考，使恢奇磊落之士郁而不信，其治乱盖兆于兹矣 | 魏初《先君墓志铭》 |
| | 魏玉 | 业进士举，笃志力学，府会试屡得上捷。因避地唐州比阳县与友人苑德茂者入山不知所终 | | 魏初《先君墓志铭》 |
| 四 | 魏思廉 | 甄官署令 | | |
| 五 | 魏鉴，今名初。璠无子，以初为后。 | 江西湖广道提刑按察使 | 金贞祐三年进士。世祖居潜邸，征璠至和林，访以当世之务。璠条陈便宜三十余事，举名士六十余人以对，世祖嘉纳，后多采用 | 魏初《先君墓志铭》《元史》卷164《魏初传》 |
| | 魏钧 | 湖广行省令史，性刚直，能自刻苦，不肯俯仰于人 | | 魏初《先君墓志铭》 |
| 六 | 魏必复 | 翰林国史院编修官 | | 魏初《先君墓志铭》 |

# 第八章　渤海熊岳王氏家族

熊岳王氏家族是一个自汉代以降就早已胡化了的、与渤海、高丽和霫等民族都有血缘关系的汉人文化世家。在金代，王氏家族不仅权倾朝野，而且作家辈出，文学创作蔚成风气，是金代汉化最深、成就最高、影响最大的一个渤海文学家族。以王政、王遵古、王庭筠、王曼庆四代中心人物为代表，家族发展横跨整个金代，从一个侧面反映出我国古代东北地区渤海文化与汉文化相互渗透而呈现的发展势态，也反映出了金代长期接受儒学影响的胡姓家族在文学艺术方面所呈现的高度汉化的倾向。

## 第一节　渤海文化背景下的王氏家族谱系

东北渤海文化属于游牧渔猎文化，来自中原和燕云地区的渤海早期移民将中原农耕文化比较早地带进到这一地区。葛剑雄认为："中原人口向辽东半岛及朝鲜半岛的迁移在秦代已经开始。从战国后期燕国与朝鲜半岛的关系看，在秦的统治下，有大量燕人移居朝鲜半岛是十分正常的。"① 我国古代东北辽东半岛地区靺鞨族粟末部建立的一个多民族的地方政权渤海国，到唐五代时，发展成为东北亚的"海东盛国"。以粟末靺鞨为主体，渤海国逐渐融合了挹娄、夫余故地的居民，形成了共同的语言和文化。到唐代时，渤海国和内地的关系就非常紧密了。唐朝著名诗人温庭筠在送渤海国王子回国时曾赠诗《送渤海王子归国》："疆里虽重海，车书本一家。盛勋归旧国，佳句在中华。"诗中写的"车书本一家"，表明在唐代人们的眼中，渤海与唐原本是车同轨、书同文的

---

① 葛剑雄、曹树基、吴松弟：《简明中国移民史》，福建人民出版社 1993 年版，第 93 页。

一家人。

辽金时期,渤海地区也是契丹与女真贵族非常重视且经营最久的政治中心之一。辽太祖灭渤海国后,于此建东丹国,封皇子耶律倍为东丹王,成为特殊的行政区。辽太宗时废东丹国,称中台省,迁渤海人于东平郡(今辽宁辽阳),升东平郡为南京。天显十三年(938)改辽阳为东京,设东京辽阳府。

金代建立后,于辽阳延置东京辽阳府,又通过措施增加金源腹地包括渤海地区的汉族人口数量。据《三朝北盟会编》卷二十四记载,金人与北宋约,同取燕山后,北宋得其地,金得其人。故宣和五年(1123),金人驱燕山士庶多有归中京、辽水者。特别是金初女真人占领辽东京地区后,大肆收罗当地知识分子作为官僚队伍的补充。

长时间的胡汉人员往来,以及汉人入迁等,使渤海地区的儒家文化非常发达。礼制、官制、科举、教育等,有鲜明的中原文化特征。渤海贵族在金朝政坛扮演着重要角色。这不仅是因为渤海与女真系出同族,也是因为契丹时不用渤海,渤海故此深恨契丹。女真兵兴,渤海先降,所以女真多用渤海人为要职。其中如出生渤海大族的辽东铁州人杨朴登进士第,累官校书郎。金朝建国之初,朝仪制度皆出其手。海陵王、世宗时,渤海人共出现7位宰执和15位三品以上官员①,也出现了一批有影响的文人、作家,其整体文学成就不在汉族文人之下。根据裴兴荣《金代科举与文学》统计,金初至金末东北地区,包括上京、咸平、东京、北京诸路的进士人数总计达114人②。这在一定程度上反映出金代渤海地区教育的进步是整体性的。从时间分布上看,金代东北进士几乎覆盖了大金王朝的各个时期。这也充分说明金代辽宁教育和科举的发展是连续的,不间断的。

**金代部分辽宁籍文学家**

| 姓　名 | 籍　贯 | 民族 | 文学创作概况 |
| --- | --- | --- | --- |
| 刘仲尹 | 盖　州 | 汉 | 著《龙山集》 |

---

① 刘浦江:《辽金史论》,辽宁大学出版社1999年版,第106页。
② 裴兴荣:《金代科举与文学》,中国社会科学出版社2016年版,第82—83页。

续表

| 姓 名 | 籍 贯 | 民族 | 文学创作概况 |
| --- | --- | --- | --- |
| 王庭筠 | 盖州熊岳 | 汉 | 文集40卷 |
| 王遵古 | 盖州熊岳 | 汉 | 著《集录》 |
| 庞 铸 | 盖 州 | 汉 | 文集20卷。 |
| 高 宪 | 辽 阳 | 渤海 | 作诗逾千首,《中州集》卷5录其诗 |
| 李 经 | 锦 州 | 汉 | 《中州集》卷5录其诗5首 |
| 冀禹锡 | 利州龙山 | 汉 | 《中州集》卷6录其诗2首 |
| 邢具瞻 | 利州龙山 | 汉 | 《中州集》卷8录其诗1首 |
| 王仲通 | 广宁府 | 汉 | 《山右石刻丛编》卷23、《寰宇访碑录》卷10录其诗作,《中州集》卷8亦录其诗一首 |
| 石抹世勋 | 咸平府 | 契丹 | 《中州集》卷8录其诗1首 |
| 刘光谦 | 沈 州 | 汉 | 《中州集》卷8录其诗1首 |
| 田 锡 | 义 州 | 汉 | 《中州集》卷8录其诗2首 |
| 高德裔 | 辽 阳 | | 《中州集》卷8录其诗1首,《金文最》收其文4篇 |
| 冯文叔 | 辽 东 | | 清内府本《增补中州集》卷40录其诗一首,《客舍》 |
| 张汝霖 | 辽 阳 | 渤海 | 《中州集》卷9录其诗1首 |
| 耶律履 | 义 州 | 契丹 | 《耶律履文献公集》15卷 |
| 王 浍 | 咸 平 | 汉 | 《中州乐府》录其词1首,《谷音》录其诗6首 |

关于渤海王氏家族的谱系源流,元好问《王黄华墓碑》有较为清晰的记述。元好问《王黄华墓碑》据王氏家牒记载,王庭筠三十二代祖王烈,原为太原祁人,避汉末之乱,徙居辽东,隐居终身①。其后辽东亦乱,子孙散处东夷。

十九世祖王文林仕高丽为西部将,殁于王事。

十二世祖王乐德,徙居渤海。

九世祖王继远在辽代仕为翰林学士,因迁家辽阳。

七世祖王咸饧,仕辽为中作使,圣宗太平九年(1029),避大林延

---

① 实际据元好问《王黄华墓碑》推算,王烈至王庭筠应为三十六代。

之难，迁渔阳。

高祖王叔宁曾官六宅使、恩州刺史，迁白霄。

曾祖王永寿，居韩州。辽天庆中，占籍盖州熊岳县。

祖父王政，本名南撒里，尝使高丽，因改名政。因不预辽末高永昌之乱，被吴王阇母荐于太祖，授卢州渤海军谋克。从破白霄，下燕云。河南滑州降后，留王政为安抚使。天会四年（1126），为燕京都曲院同监。未几，除同知金胜军节度使事。改权侍卫亲军都指挥使，兼掌军资。六年，授左监门将军，历安州刺史、檀州军州事、户吏房主事。天会十三年（1135），太宗崩，以检校右散骑常侍使高丽，为报哀使。天眷元年（1138），迁保静军节度使。

王政子王遵仁、王遵义、王遵古。

王遵仁、王遵义生平不详。

王遵古，字符仲，号东海散人。正隆五年（1160）进士，大定十三年（1173）为汾州观察判官。大定二十一年（1181），由太子司经出为博州同知。承安二年（1197），自澄州刺史为翰林直学士，是年卒。著有《集录》。

王遵古有子四人：庭玉字子温，曾官内乡令，终于同知辽州军州事。庭坚字子贞，庭筠字子端，庭㧎字子文。

王庭筠生于正隆元年（1156），大定十六年（1176）甲科及第，释褐恩州军事判官。泰和元年（1201），官终翰林修撰。① 王庭筠子男三人，皆早卒。长女从净，幼为女冠，亦能为诗。王庭筠去世时后，以能诗被章宗召见，特加敬意。次女琳秀，入侍掖庭。庭筠嗣子万庆（亦作曼庆，字禧伯，号澹游），弟庭㧎次子，以荫补官。金末为京东行尚书省左右司郎中。天兴二年（1233）十月，徐州守臣郭恩杀逐官吏以叛，万庆因之入元。

王庭筠侄孙王显卿，仕于元。

王庭筠孙女嫁威宁张玮。据《勤斋集》卷三《威宁张氏新阡表》，张玮，字器之，官元帅左监军。

---

① 关于王庭筠去世时年龄，有四十七岁和五十二岁之说，此取四十七岁说。参见王庆生《金代文学家年谱》第4卷"王遵古 王庭筠"条，凤凰出版社2005年版，第217—218页。

## 第二节　王氏家族的文化贡献与文学创作——以王庭筠为中心

王氏家族从晚唐时的王乐德起徙居渤海。在渤海国统治时期，王氏家族只是"以孝闻"而已，并无显宦。金初，王氏家族主要以仕宦家族为主要特征。滑州降金后，王政被命为滑州安抚使。当时河南数州降金后，复杀金守将为乱。所以人们为王政担忧，王政曰："苟利国家，虽死何避。"宋王宗望深受感动，称其"身没王事，利及子孙"，对他的选择给予支持。王政从数骑入州。当时，许多百姓因饥饿为盗而被逮入狱。王政全部释放，并发仓廪以赈贫乏，于是州民皆悦，不复叛。天会四年（1126），王政权侍卫亲军都指挥使，兼掌军资。是时，军旅始定，管库纪纲未立，掌吏皆因缘为奸。王政"独明会计，严扃镝，金帛山积而出纳无锱铢之失。"①

王政的经历显示出仕宦家族重胆略、重吏能、重民生的可贵思想，体现了中原儒家文化忠贞爱国、经世济民的人生理想与北方民族性格刚烈、豪放果敢的地域风格。

王氏家族入金后，由仕宦家族转化为金代著名的文学世家，家族作家辈出，至少有六人将诗文结集问世，文学创作成为家风。金世宗、章宗时期，王氏作家的创作整体上达到顶峰。王氏深厚的家族传统和贵族文化成了文学表现的重要内容和激发文学创作的重要动力，文学打上了鲜明的家族烙印，展示出金代家族文学的特有魅力和发展规律。

王遵古"文行兼备，潜心伊洛之学"②，有诗、文传世。王庭筠在诗、词、文、书、画方面皆有成就。王庭筠次兄庭坚，亦有诗作传于今。王庭筠多年任职翰林，在四大家族中，文学成就亦最高。高宪、王庭筠崇拜、学习苏轼。人生态度、书画技艺。并且王庭筠悉力经史，务为无所不窥。旁及释老家，尤所精诣。

王庭筠嗣子万庆以书画名世，善画木竹树石，亦擅长山水。"文章

---

① （元）脱脱等：《金史》卷128《循吏传》，中华书局1975年版，第2760页。
② （金）元好问：《王黄华墓碑》，姚奠中主编《元好问全集》卷16，山西古籍出版社2004年版，第393页。

字画，能世其家。"①

王万庆入元后，参与元蒙文化建设。就在元蒙灭金入汴时，即召王万庆等，使直译九经，进讲东宫。元太宗时，编集金史，召儒士梁陟充长官，以王万庆、赵著副之。元中统二年（1261）九月，王鹗请于各路选委博学老儒一人，提举本路学校，特诏立诸路提举学校官，以王万庆、敬铉等三十人充之。

王万庆与契丹耶律氏家族交往很深。王万庆与耶律铸交游，两人有诗唱和。王万庆亦曾为耶律铸《双溪醉隐集》作序。

王庭筠长兄庭玉之子王明伯也有诗名。《中州集》卷八小传："明伯幼岁学书，书家即称赏之。惜明伯卒于金末兵乱。"《中州集》录其诗一首。

王庭筠是金代中期著名学者、书画家，并且成为这一时期典雅诗风的实际推动者。王氏家族发展到王庭筠时，文学成就达到高峰。

王庭筠极具才华，博通古今。"幼颖悟，六岁时，闻父兄诵书，能通大义。七岁，学诗。十一岁，赋全题，读书五行俱下，日记五千余言。涿郡王公翛然，风岸孤峻，少所许可；一见公，以国士许之。"②二十五岁时，卜居隆虑，以"黄华山主"自号。山居前后十年，"得悉力经史，务为无所不窥，旁及释老家，尤所精诣。学益博，志节益高，而名益重"。③

王庭筠交往广泛、影响深远。"从之游者，如韩温甫、路元亨、张晋卿、李公度，所引见者，如闲闲赵公、内翰冯公、屏山李公，皆为文章巨公。"④

大定后期到明昌间，王庭筠成为文坛中心人物之一。明昌初，王庭筠用荐者以书画局都监召，俄授应奉翰林文字，同知制诰，迁翰林修撰，坐为言事者所累，出为郑州防御判官。承安四年（1199）起复应奉翰林文字。泰和元年（1201），复翰林修撰，扈从秋山，应制赋诗至

---

① （金）元好问：《王黄华墓碑》，姚奠中主编《元好问全集》卷16，山西古籍出版社2004年版，第394页。

② 同上书，第393页。

③ 同上书，第394页。

④ 同上书，第395页。

三十余首。

王庭筠为大定、明昌向贞祐、正大过渡时期的关键人物。金后期诗坛不少代表人物受王庭筠的推崇与荐举。赵秉文、冯璧、李纯甫则受王庭筠的荐引,韩温甫、路元亨、张进卿、李公度与王庭筠为诗友。李遹诗歌律切精严,为王庭筠等所激赏。赵秉文"幼年时,诗与书皆法子端"。① 后由王庭筠荐入朝廷。王庭筠不仅发现、引荐大量文人,在黄华山时,王庭筠曾在林县城黄华坊创办黄华书院,执教讲学,成为"中州书院唯此为先,大梁(开封)、百泉(在今辉县市)皆在其后"的著名学府。辽东的读书种子,在异乡传布。

王庭筠文学成就突出。王庭筠一生写了大量诗、词、文,有《藂辨》十卷,文集四十卷。元末其集已不可见。近人金毓黻辑为《黄华集》八卷,载于《辽海丛书》。金氏《黄华集序目》云:"余喜蒐集乡邦文献,以先生籍隶熊岳,蒐之尤勤。乃仿四库馆臣辑《拙轩集》之例,取其所作及诸家之记载,纂为一编。然犹以为未尽,并属同学友人安君仲智广为搜检,又得若干事。釐为八卷,题曰《黄华集》。卷一为文,卷二为诗,卷三为词,皆先生所自作也。卷四为家集,则其父兄子侄之作也。卷五为纪事,汇集王氏一家之纪事也。卷六为题识,则集录诸家之所题咏。卷七为杂记,则随笔所记如干则,悉以入焉。余又别撰《年谱》,列为卷八。大抵前三卷为正集,第四卷为闰集,后四卷为附录。兹则不复别白,统以一名。此仿刘氏《归潜志》,以诸贤投赠诗文列为第十四卷之例也。"

阎凤梧、康金声《全辽金诗》录王庭筠诗37题45首,唐圭璋编《全金元词》录王庭筠词12首,阎凤梧主编《全辽金文》存王庭筠文6篇。

## 一　诗词创作

王庭筠现存诗词主要表现以下几方面的内容。

(一) 归欤之叹

《凤栖梧》:"衰柳疏疏苔满地。十二阑干,故国三千里。南去北来

---

① (金)刘祁:《归潜志》卷1,崔文印点校,中华书局1983年版,第5页。

人老矣。短亭依旧残阳里。紫蟹黄柑真解事。似倩西风、劝我归欤未。王粲登临寥落际。雁飞不断天连水。"

"衰柳疏疏苔满地"点明季节为萧飒凄凉的秋天。"十二阑干，故国三千里"抒发充满哀愁的思乡情结。"十二阑干"是家中的庭院回廊，暗含对妻子的思念。乐府古题《西洲曲》有"阑干十二曲，垂手明如玉"之句。"故国三千里"，见唐代张祜的作品《宫词》："故国三千里，深宫二十年。一声《何满子》，双泪落君前。"张祜本是抒发宫女背井离乡、禁锢深宫长期不得与亲人团聚的孤苦情结。王庭筠深感自己的身世与宫女命运有相通之处，明写三千里，实指二十年。"南去北来人老矣"借用了杜牧诗句"南去北来人自老"（《汉江》）。想到自己一生南北颠沛，四处奔波，有说不尽的辛酸。"矣"字饱含感叹与无奈。古代有五里一短亭，十里一长亭之说。"短亭依旧残阳里"，自己依旧只能在宦途劳顿奔波，归路遥远，归期无望。"紫蟹黄柑真解事"中，紫蟹黄柑为秋令节物。方岳《月下大醉星侄作墨索书迅笔题为醉矣行》诗云："白鱼如玉紫蟹肥，秋风欲老芦花飞。"黄庭坚《次韵子瞻题郭熙画秋山》句："坐思黄柑洞庭霜。"词人用晋代张翰睹秋风起思故乡的佳肴美味莼羹鲈脍而辞官归里的故实，表现厌弃官场、渴望归乡的心情。

另外，表现宦途劳顿、不如辞归的作品如下。

《野堂》二首。其一："绿李黄梅绕屋疏，秋眠不着鸟相呼。雨声偏向竹间好，山色渐从烟际无。"其二："云自知归鸟自还，一堂足了一生闲。门前剥啄定佳客，檐外孱颜皆好山。"

《忆瀍川》："极目江湖雨，连阴甲子秋。青灯十年梦，白发一扁舟。"

《示赵彦和》："四柳危亭坐晚阴，殷勤鸡黍故人心。儿孙满眼田园乐，花木成阴年岁深。十亩苍烟秋放鹤，一帘凉月夜横琴。家山活计良如此，归兴秋风已不禁。"

（二）写景抒怀

王庭筠写景绝句意境清幽、形象玲珑，极富韵味，富于概括，尺幅千里。

《绝句》："竹影和诗瘦，梅花入梦香。可怜今夜月，不肯下西厢。"通过视觉、嗅觉组成通感，构成立体画面。如梦如幻，虚实结合。诗中包含诗人身份,以及作者所处的环境、季节、时间、处所等。

表现鲜明地方风情的作品有《采莲曲》:"南北湖亭竞采莲,吴娃娇小得人怜。临行折得新荷叶,却障斜阳入画船。"《秋郊》:"瘦马踏青沙,微风度陇斜。西风八九月,疏数两三家。寒草留归犊,夕阳送去鸦。邻村有新酒,篱畔看黄花。"

《清平乐·赋杏花》:"今年春早,到处花开了。只有此枝春恰到,月底轻颦浅笑。风流全似梅花,承当疏影横斜。梦想双溪南北,竹篱茅舍人家。"

《诉衷情》:"夜凉清露滴梧桐,庭树又西风。熏笼旧香又在,晓帐暖芙蓉。云淡薄,月朦胧,小帘栊。江湖残梦,半在南楼,画角声中。"

这两首词从词牌、思想内容和语言风格来看,都与李煜词相仿佛。第一首词偏重写景,表现对春天美好景象的喜爱。第二首词着重抒情,借秋天凄清景物,抒发韶华易逝,孤独失落的心情。其共同特色是,两词皆选取最具代表性的事物,纳入容量很小的小令当中,清新别致,不落窠臼。

(三)人生喟叹

《被责南归至山中(丙申春)》:"短辕长路兀呻吟,行李迟迟日益南。亲老家贫官职重,恩多责薄泪痕深。向人柳色浑相识,著雨花枝半不禁。回首觚棱云气隔,六年侍从小臣心。"这是现存王庭筠诗中唯一系有年份的作品。丙申年是金世宗大定十六年(1176),王庭筠26岁,就在这年王庭筠中了进士。诗中指他已经作了六年的朝廷侍从小官,这又与情理不合。王庆生先生认为"丙申"应为"丙辰",即明昌承安元年(1196),时庭筠41岁。这一年,王庭筠坐赵秉文上书事,消一官,杖六十,解职。自明昌元年(1190)至此被贬,正好六年。诗歌反映了作者被贬官后抑郁自责的心情。

王庭筠七言长篇以造语奇险见称。这首诗意气低沉,对年年碌碌奔忙又遭罪责的侍从生活感到厌倦。对亲老家贫、公务繁重、前路茫茫的现实深有感慨而流泪苦吟;对"被责"一事流露出无限感伤和难言之苦;"年年岁岁花相似",柳色是似曾相识;"著雨花枝"句,更可与白居易"梨花一枝春带雨"意境相通。诗歌对诗人内心复杂的感情作了全面、综合的概括。

《谒金门》:"双喜鹊。几报归期浑错。尽做旧愁都忘却。新愁何处著。瘦雪一痕墙角。青子已妆残萼。不道枝头无可落。东风犹作恶。"

况周颐《蕙风词话》评曰："金源人词，伉爽清疏，自成格调，唯王黄华小令，间涉幽峭之笔，绵邈之音。《谒金门》后段云：'瘦雪一痕墙角……'歇拍二句，似乎说尽'东风犹作恶'。就花与风之各一面而言之，仍犹各有不尽之意。'瘦雪'字新。"

王庭筠或记游、或宦游、或朋聚、或赠答、或咏物、或写景、或叹老，喜借秋天的景物发抒情怀。除上述所举作品外，还有如《示赵彦和》《大安寺试院中寒食》《偕乐亭》《野堂二首》《韩陵道中》《送士选山东外台判官》《中秋》《秋郊》《忆漍川》《开化寺》等。

(四) 题画评画

题画诗显示出当时社会存在的浓烈艺术氛围，包括高超的书法、绘画技艺，以及当时书法、绘画鉴赏活动。绘画题材、绘画主题、绘画手法、绘画思想等绘画理论在诗歌当中往往得到体现。

王庭筠题画诗《杨秘监下槽马图》称赞杨秘监画马技艺"道人三昧手，游戏万象具"，比李公麟（公麟字伯时，号龙眠居士，北宋著名画家）技高一筹。杨秘监为金代著名画家杨邦基。杨邦基字德懋，华阴人。父绚，宋末为易州州佐。杨邦基为天眷二年（1139），登进士第，曾官秘书监兼左谏议大夫，修起居注。邦基以画名当世。擅画山水、人物、鞍马。人物画学李公麟；山水学李成。存世作品有《出使北疆图》《聘金图》。

题画诗《张礼部溪山真乐图》，就画面景象构思，画中人物内心活动，时空变化，富于想象。春天出游景象。行为描写："朝游溪桥畔，暮宿山堂前。"形象描写："澹然不知愁，亦复忘所惧。"心理描写："出山初无心，既出还思山。"

元好问评价王庭筠的诗文成就时指出："王黄华为文能道所欲言，如《文殊院斲琴飞来积雪赋》及《汉昭烈庙碑文》等，辞理兼备，居然有台阁体裁。暮年诗律深严，七言长篇，尤以险韵为工。方之少作，如出两手，可为知者道也。世之书法，皆师二王，鲁直、元章号为得法。元章得其气而鲁直得其韵。气之胜者，失之奋迅；韵之胜者，流为柔媚。而公则得于气韵之间。"[①] 王庭筠一生充满坎坷，也许正因如此，

---

① （金）元好问：《王黄华墓碑》，姚奠中主编《元好问全集》卷16，山西古籍出版社2004年版，第395页。

使他成为一代文宗。这位辽东籍渤海遗裔文人称雄于世,在当时被名家称"文采风流,映照一时"。

(五) 风格特点

王庭筠诗歌表现出的典雅趋向,这可以从王庭筠对待白居易的态度可以看出。

白居易诗歌通俗晓畅的语言风格,在那些讲求艺术上精雕细刻的诗人看来,是不登大雅之堂的。王庭筠始终不赞同白居易作品的风格。他有诗"近来陡觉无佳思,纵有诗成似乐天",明显表现出对白居易诗歌的排斥态度。宋代江西派素不喜白居易诗。江西派代表人物陈师道在《后山诗话》中指出:"学诗当以子美为师,有规矩,故可学。退之于诗,本无解处,以才高而好尔。渊明不为诗,写其胸中之妙尔。学杜不成,不失为工。无韩之才与陶之妙而学其诗,终为乐天尔。"陈师道在推崇杜甫、陶渊明诗歌的同时,极力贬低白居易的诗歌成就。李纯甫曾评价金代深受黄庭坚江西派的影响的诗人王庭筠:"东坡变而山谷,山谷变而黄华,人难及也。"① 说明了王庭筠的诗歌在继承黄庭坚诗风的基础上,有创新的一面,但即使如此,其对白居易的态度和陈师道《后山诗话》相一致。而王若虚非常不满王庭筠对白居易的态度,故专门写诗三首"为白傅解嘲",诗中或者批评王庭筠是"管窥天",或者嘲讽王的诗是"东涂西抹""时世梳妆",而称赞白居易的诗:"妙理宜人入肺肝,麻姑搔背岂胜鞭。世间笔墨成何事,此老胸中自一天。"对白居易的诗歌成就高度肯定。王若虚在《滹南诗话》卷一中指出:"乐天之诗,情致曲尽,入人肝脾,随物赋形,所在充满,殆与元气相侔。"王若虚从理论上将白居易的诗歌给予总结并提升到一个新的高度。他认为:"哀乐之真,发乎情性,此诗之正理也。"② 王若虚强调不同风格的诗歌皆应以"自得""辞达理顺"作为创作源泉和创作规范,与白居易诗歌有着直接的联系。

白居易诗歌风格代表了北方诗歌的某些风格。辽代统治者如圣宗与兴宗等就非常喜欢白居易这种平易自然的诗风。辽圣宗(隆绪)有《题乐

---

① (金)刘祁:《归潜志》卷10,崔文印点校,中华书局1983年版,第119页。
② (金)王若虚:《滹南遗老集》卷38,胡传志、李定乾校注,辽海出版社2006年版,第449页。

天诗》："乐天诗集是吾师。"作为北方文化一个有机组成部分的金代诗歌，在语言风格上具有追求自然浅易的特征，而这个特征与白居易的诗歌语言风格趋于一致。白居易自称其诗歌的风格是："其辞质而径，欲见之者易谕也。"其中"易谕"就体现了白居易在诗歌语言方面追求自然易懂的审美风貌。作为北方诗人的白居易在诗歌语言、抒情风格等方面的特点，正好符合了金代北方文学的审美需要。元好问《感兴四首》（其二）有："并州未是风流域，五百年来一乐天"，表现出对白居易的高度推崇。

王庭筠《狱中赋萱》诗：

> 沙麓百战场，舄卤不敏树。况复幽圄中，万古结愁雾。寸根不择地，于此生意具。婆娑绿云杪，金凤掣未去。晚雨沾濡之，向我泣如诉。忘忧定漫说，相对清泪雨。

诗歌运用多种艺术表现手法，包括环境渲染、意象组合、想象拟人、寓情于景等，抒发自己内心的苦闷和冤屈。其中的"晚雨沾濡之，向我泣如诉。忘忧定漫说，相对清如雨"，与李白的《独坐敬亭山》中的"相看两不厌，独有敬亭山"一样，表达的是人和物之间默默思想情感的交流。两位作者都是借助外物来抒发自己心中的忧愁和寂寞。诗意与这首诗紧紧相连的还有《狱中见燕》："笑我迂疏触祸机，嗟君底事入圜扉。落花吹湿东风雨，何处茅檐不可飞。"诗中第一句便表明，自己所以入狱，完全是由于个人的质朴固执和疏漏任性所造成的。后三句问燕子为何飞进牢狱，难道在别处茅檐自在飞翔不是更好吗？这一对比设想，委婉地表露诗人对无端入狱的不平之情。无论从内容还是形式上很容易使我们想起骆宾王的《在狱咏蝉》。骆宾王因上疏论事触忤武后，遭到诬陷，以贪赃罪名入狱。诗人几次讽谏武则天以至下狱。大好的青春，经历了政治上的种种折磨已经消逝，头上增添了星星白发。在狱中看到了这高唱的狱蝉，还是两鬓乌玄，两两对照，不禁自伤老大。相对而言，《狱中见燕》更为自然，而《在狱咏蝉》更为含蓄。

王庭筠诗歌有意识地突破白居易诗歌浅俗的倾向，以自己渊博的学识、高超的技巧，为金代诗坛带来不同的创作风气。

刘因《静修集》卷十二《书王子端草书后》："'子端振衣起辽海，

后学一变争奇新。黄山惊叹竹溪泣，钟鼎骚雅潜精神。'默翁（庞铸）语也。'雪溪仙人诗骨清，画笔尚余诗典型。'遗山语也。"当时诗坛常用"尖新"来界定王庭筠的诗歌。王庭筠的诗词确是承祧苏黄一脉而来，但王庭筠在集成的同时，更多的是自己的创新。正如李纯甫所评："东坡变而山谷，山谷变而黄华，人难及也。"在王庭筠的诗词中，既有江西派的影响，同时又兼王维、韦应物等清新淡泊的山水诗风、陶潜韵味醇美的田园诗风的滋养。从王庭筠现存诗歌来看，他的诗用典并不多，并非"穷极辞藻，牵引学问"，而是以雅健清新为主，有时虽不免冷峭寂寥，却不能归到"险怪奇崛"之类中的。故有学者指出庭筠是"尖而不涩，新实不怪"①。黄庭坚力主"胸中俗气一点无""笔下无一点陈俗气"，王庭筠确实很好地继承了这一诗学主张，其诗词意境淡远清新、精炼警拔，极少有陈俗之气。②

金章宗对王庭筠是非常欣赏的，他对大臣们说："应奉王庭筠，朕欲以诏诰委之，其人才亦岂易得。近党怀英作《长白山册文》，殊不工。闻文士多妒庭筠者，不论其文，顾以行止为訾。大抵读书人多口颊，或相党。昔东汉之士与宦官分朋，固无足怪。如唐牛僧孺、李德裕，宋司马光、王安石，均为儒者，而互相排毁何耶？"③

## 二 书画成就

王庭筠是金代最著名的书画家，其书法学米芾，重视笔墨情趣，不为成法所囿，上逼古人。与赵沨、赵秉文俱以名家，有墨迹《风雪杉松图跋尾》，刻石书迹则有《重修蜀先主庙碑》《博州重修庙学记》《黄华老人诗刻》（明嘉靖三十年重摹木）、《雪溪堂帖》十卷等。他现存的书法作品笔法豪放雄健，纵姿奔放，章法灵巧，疏密有致，深有米芾之风范。

王庭筠擅长画山水、古木、竹石。山水师任询，枯木竹石学米芾。其中王庭筠墨竹最为著名，是金人墨竹文化的体现。《图绘宝鉴》载，金代的善画墨竹者达十余人，其中不乏名家，对后世墨竹一科甚有影

---

① 马赫：《略论金代辽东诗人王庭筠》，《社会科学辑刊》1987年第5期。
② 于东新：《论金代渤海词人王庭筠——兼论民族融合语境下词人的艺术取向》，《黑龙江民族丛刊》2011年第5期。
③ （元）脱脱等：《金史》卷126《王庭筠传》，中华书局1975年版，第2731页。

响。其中金代帝胄画家中就有善画墨竹者。完颜亮为金太祖完颜阿骨打之孙，夏文彦《图绘宝鉴》说他："尝作墨戏，多善画方竹。"世宗完颜雍子完颜允恭所画墨竹自成一家，有《墨竹图》等画迹传世。在其他画家中，王庭筠、王曼庆父子为其中翘楚。王庭筠对文同竹画推崇之至，有"王得文竹"之谓。

王庭筠的墨竹画对整个元代画坛墨竹文化的发展起到了极为重要的引导作用。《图绘宝鉴》认为高克恭"墨竹学黄华，大有思致"，则说出王庭筠对他的影响；成廷珪题高克恭《墨竹》："黄花山主澹游翁，写竹依稀篆籀工。独有高侯知此趣，一枝含碧动秋风。"王澹游即王庭筠的儿子王曼庆，他是王庭筠衣钵之继承者。湖州竹派另一画家李衎亦善画墨竹，《图绘宝鉴》云："善画竹石枯槎，始学王澹游，后学文湖州。"李衎所画墨竹枝叶纷披，墨色秀润，合法度而富生意，著有《竹谱详录》。元朝画家中的另一重要人物赵孟頫，在《幽竹枯槎图》的题跋中言道："每观黄华书画，令人神气爽然，此卷尤为卓绝。"可见赵孟頫对王庭筠的墨竹是很推崇的。

王庭筠其画与诗文紧密结合，发展了文人画派，对后世影响甚大。《风雪松杉图》作者李山，金章宗时平阳（今山西临汾）人，擅山水，史载，他每于屋壁喜作大树、奇石，且用笔精良，用墨淡雅。《风雪松杉图》现藏美国弗利尔美术馆。卷前部中间有"平阳李山制"款，并钤有长方白文印"平阳"。图有王庭筠题诗："绕院千千万万峰，满天风雪打杉松。地边火暖黄昏睡，更有何人似我慵。"后有王万庆淳祐三年（1243）跋和若干收藏鉴赏章。

从他同时人的著作中，也多有关于他画竹石、人物画的记载，赵孟頫有一首《题黄华为其父写真诗》，可以证明他人物画亦精当。

章宗自幼喜丹青，好书画，擅长此道者容易得到其欣赏，王庭筠就是其中之一。当时，宫廷中出现了以王庭筠、赵秉文为核心的文人画创作群体。

金章宗设书画院，收集民间和南宋收藏的名画，王庭筠与秘书郎张汝方鉴定金朝所收藏书画 550 卷，并分别定出品第。章宗亲自为收藏的书画题签和题词。现存金画不多，有虞仲文《飞骏图》、王庭筠《枯木》等，以张瑀《文姬归汉图》为最。画面纵 29 厘米、长 127 厘米，由墨笔淡设色，画蔡文姬归汉行旅在漠北大沙中的生动情景。艺术风格和表现技巧，都承唐、宋名画家的传统，是难得的精品。

据《六砚斋笔记》：黄花老人刻《雪溪堂法帖》，有李赞皇真迹。

王庭筠当时有《古柏图》《墨梅图》，山水画《熊岳图》《雪溪山隐图》《幽居图》等，惜已失传。他存世的画作，只有一幅，即《幽竹枯槎图》，现藏日本京都藤井齐成会。《幽竹枯槎图》，绢本，墨笔，卷末王庭筠以大行书题识曰："黄华山真隐，一行涉世，便觉俗状可憎，时拈秃笔作幽竹枯槎，以自料理耳。"该画笔墨富有变化，柏树用笔潇洒爽朗，水墨淋漓，霜韵铁骨；画竹笔力挺劲，叶如刀裁，纵恣奔放。《幽竹枯槎图》，从立意、构图和笔墨上看，与苏轼、文同、米芾一脉相传，潇洒老健的画风为后世所仰。幽竹墨韵，苍树老干，给人一种沧桑之美，更能看到作者的风骨。元人汤垕在其《画鉴》中评论颇高："上逼古人，胸次不去元章（米芾）之下也。"另有人题其画竹卷云："湖州能与竹传神，笔到黄华又一新。"

王庭筠两次任职翰林，参与朝廷典章制度的修订，受到金章宗称赞。王庭筠去世时，金章宗雅知王庭筠家无余财，无以为葬，于是诏有司赙钱八十万，以给丧事，并求王庭筠生平诗文，藏之秘阁。金章宗还以御制诗赐其家，其引云："王遵古，朕之故人也。乃子庭筠复以才选，直禁林者首尾十年。今兹云亡，玉堂东观，无复斯人矣。其家以遗文来上，寻绎之久，良用怆然。"① 玉堂为官署名。汉侍中有玉堂署，宋以后翰林院亦称玉堂。东观是中国东汉宫廷中贮藏档案、典籍和从事校书、著述的处所。章帝、和帝以后，为宫廷收藏图籍档案及修撰史书的主要处所。东观藏有五经、诸子、传记、百家艺术，后又辟为近臣习读经传的地方。金章宗称"玉堂东观，无复斯人"，用来肯定王庭筠的文化贡献，并对他的去世表示惋惜。

王氏家族文学艺术成就的取得，有几个原因。

首先，与渤海的政治文化社会生态密切相关。金代辽东渤海地区，是政治、经济、文化的中心。海陵王由上京迁都到燕京（今北京西

---

① （金）元好问：《王黄华墓碑》，姚奠中主编《元好问全集》卷16，山西古籍出版社2004年版，第392—393页。

南），一直到宣宗朝，才迁都到汴京。东京辽阳一直是金朝的陪都。金世宗完颜雍在海陵王时任东京留守。正隆六年（1161）海陵王攻宋时，完颜雍在东京（今辽宁辽阳）称帝，改元大定，进据中都。王氏家族又是本地著名士族，有着广泛的社会交往，形成广泛的社会网络。王氏家族占天时地利、人和的有利条件。

其次，王氏家族形成知书识礼、追求高雅生活的家族文化氛围。正如有的学者所云："文学创作从根本上说是一种精神创造，是一种超越一般物质需求的高层次的精神体验。因此，只有把创作作为获得生存体验，提升人生境界的重要方式，它才成为生命的内在需要和驱动力，成为值得崇仰和仿效的做法，从而代代相继，咏歌不绝。"[①]

再次，家族成员普遍接受经典文化的熏陶，而家族周围存在着非常活跃的具有共同的生活情趣、相近的艺术风格的文人团体、文学社团，形成谈诗论艺、酬唱切磋、品评激赏的典雅风气。

## 第三节　渤海四大家族关系考察

王氏家族与渤海的政治生态密切相关。金朝前期渤海人享有较高的政治地位，这从渤海贵族与女真宗室的联姻及渤海族文人倍受金朝重用这两方面得以体现。为了笼络渤海人，女真贵族选东京士族女子有姿德者赴上京，与女真宗室子弟婚配。洪皓《松漠纪闻》卷上载："渤海国……其王旧以大为姓，右姓曰高、张、杨、窦、乌、李，不过数种。"在金朝，与女真皇室联姻的主要有辽阳大氏、李氏、张氏三支渤海右姓，从太祖到世宗朝，他们与女真宗室累世通婚，《金史·后妃传》中记载渤海族出身的后妃有10人，金代9个皇帝中，海陵生母大氏、世宗生母李氏，卫绍王母李氏和宣宗母刘氏都是渤海人，皆为东京渤海望族。且海陵、世宗又娶了渤海女为嫔妃。

辽阳李氏为渤海遗族。李石之姊李洪愿（即世宗母贞懿皇后）为金初天辅年间金朝贵族选东京士族女子赴上京时，被选入完颜宗辅府第。李献可，字仲和，太师金源郡王、辽末状元李石之子，世宗元妃之弟。大定十

---

[①] 陈友康：《古代少数民族的家族文学现象》，《民族文学研究》2004年第3期。

年（1170）史绍鱼榜进士，世宗非常高兴，赞叹道："太后家有子孙举进士，甚盛事也。"① 后历州县，入翰苑，累迁户部员外郎，终于山东西路提刑使。李献可为李氏家族中的代表诗人。然诗多散佚，今仅存二首。

金代渤海地区文化世家如王氏、李氏（李石、李献可、李道安祖孙）、张氏（张浩、张汝为、张汝霖、张汝能、张汝猷父子及其侄张汝弼）和高氏（高衎及其子守义、守信、守礼，守信子高宪）等历代通婚。王庭筠母张氏为张浩外甥女。王庭筠妻张氏为张浩孙女。高宪外祖父为王遵古，舅父王庭筠。

张氏、王氏、高氏三家以婚姻为纽带，又形成了一个庞大的开放式家族群落。王氏家族从王政之子即王遵古起，婚媾范围基本在渤海族内，但纵观其世系就会发现，几百年来数十代人的异地辗转宦居，早已使其与渤海以外的不少民族发生过血缘方面的交融。这一血统成分复杂的文学世家在金朝和元初颇有影响。王庭筠次女琳秀入侍掖庭，所以王氏家族和金廷又具有特殊的关系②。

辽阳张氏家族成员熟悉历朝制度，重视文学艺术，在金代有很大影响。家族代表人物张浩（？—1163），字浩然，籍贯辽阳，本姓高，高句丽东明王之后。东明王即高朱蒙（公元前59年—前19年），是传说里中国东北少数民族政权高句丽王国的开国国君。张浩四世祖高乐夫，仕辽为礼宾使，曾祖霸为金吾卫上将军（原姓高，至此始姓张），祖父张祁为南海军节度使，父张行愿，仕辽枢密院令史迁右班殿直。张氏家族于张浩一代入金。张浩历仕太祖、太宗、熙宗、海陵王、世宗五朝，官至尚书令。他在海陵王和世宗统治时期，任宰相十余年。由于出身士宦，熟通汉文化，通晓中原文物制度，这使张浩在女真族的封建制改革中能够发挥比较重要的作用。天辅年间，金太祖破辽东，张浩投奔，以他为"承应御前文字"办理文字事务。太宗天会八年（1130）赐进士及第，授秘书郎。先后受命修宫室、定朝仪、"管勾御前文字"。熙宗时，由户、工、礼三部侍郎升为礼部尚书，参与"详定内外仪式"，在熙宗时的一系列改革中起了一定的作用。张浩后来受到海陵王的重用，

---

① （元）脱脱等：《金史》卷86《李献可传》，中华书局1975年版，第1915页。
② 刘浦江：《渤海世家与女真皇室的联姻》，《大陆杂志》90卷1期。

为户部尚书，拜参知政事、尚书左丞、平章政事、尚书右丞兼中书令、左丞相兼侍中。正隆元年，以左丞相进为太傅、尚书令、司徒。海陵王统治时期，张浩进入金朝中央最高领导机构，使他的政治才能得到了很好的发挥。天德三年（1156），海陵王命张浩等增广燕京、营建宫室。张浩又请求朝廷，凡四方的百姓愿意居住在中都的，皆免除十年的赋役，以实京师。这一措施进一步打击了女真贵族保守势力，促进了女真族的封建化，同时也奠定了金、元两代京都规模。世宗即位于辽阳，扬州军变，海陵遇害。都督府使杀太子光英于南京。张浩遣户部员外郎完颜谋衍上贺表。明年二月，张浩朝京师入见世宗。世宗当面称张浩为"国之元老""练达政务"，希望他能够戮力赞治，以"令后世称扬德政"。俄拜太师、尚书令，封南阳郡王。

张浩反对女真保守势力的阻挠，利用自己的影响，协助世宗实行汉化政策。曾有近侍欲罢科举，世宗征询张浩意见，曰："自古帝王有不用文学者乎？"张浩对曰："有。"曰："谁欤？"浩曰："秦始皇。"上顾左右曰："岂可使我为始皇乎！"事遂寝。①可以说，张浩为金代科举制度的顺利进行起到了关键作用。又张浩以荐举人才为己任，他荐举的一些人包括纥石烈志宁等，其后皆为名臣。

张浩有五子：汝为、汝霖、汝翼皆为进士。其中汝为，字仲宣，石琚榜及第，官至河北东路转运使。汝霖，字仲泽，仕至平章政事，莘国公；另两子汝方，字仲贤，自号丹华老人，明昌三年（1192），曾与王庭筠品第法书名画；汝猷，字仲谋，据《金史》卷九《章宗本纪》，明昌三年（1192）十二月，以东上阁门使身份为高丽生日使。汝方与汝猷俱官至宣徽使。据《中州集》卷九："张浩父子兄弟各有诗传于世。"张浩曾著有《华表山人集》，现张氏家族成员诗歌皆不传。

张浩之后，张氏家族中，张汝霖成就较大。张汝霖（？—1190），贞元二年（1154）进士，大定八年（1168）除刑部员外郎中，封芮国公。谥文襄。善墨竹，师王庭筠。

张汝霖少时聪慧好学，张浩尝称其为张家的"千里驹"以示珍爱，并寄以振兴家族的重任。贞元二年（1154），张汝霖赐吕忠翰榜下进士

---

① （元）脱脱等：《金史》卷83《张浩传》，中华书局1975年版，第1864页。

第,特授左补阙,擢大兴县令,再迁礼部员外郎、翰林待制。大定八年(1168),除刑部郎中。后为太子左谕德兼礼部郎中。寻改中都路都转运使、太子少师兼礼部尚书,转吏部,为御史大夫。

张浩族弟张玄素的祖父张祐,父张匡,仕辽至节度使。张玄素初以荫得官。世宗即位,玄素来东京投靠世宗,深受赞赏。

张玄素兄、彰信军节度使玄征之子张汝弼,初以父荫补官。正隆二年(1157),中进士第。张玄征妻高氏与世宗母贞懿皇后有属,世宗纳张玄征女为次室,是为元妃。张氏生赵王允中。世宗即位于辽阳,汝弼与叔玄素俱往投靠,擢应奉翰林文字。汝弼与族弟参知政事汝霖同日拜进左丞。

张汝弼与张汝霖史评并不高。张汝霖通敏习事,凡进言必揣上微意,及朋附多人为说。章宗即位不久,有大臣建议改造殿庭诸陈设物,日用绣工一千二百人,需用时两年。章宗认为太过奢靡,不想进行这个工程。汝霖认为此未为过侈,其理由是将来外国朝会,殿宇壮观,亦有关国体。其后社会奢用浸广的风气,由汝霖首倡其端。而张汝弼"久居执政,练习制度,颇能斟酌人材,而用心不正"。汝弼为相,不能正谏。金帝所欲为,汝弼则顺而导之,所不欲为,则微言以观其意。金帝责之,则婉辞以引过,终不违逆帝意。"且黩货,以计取诸家名园甲第珍玩奇好,士论薄之。"并且张汝弼与赵王允中甥舅阴相为党。后有司鞫治,高氏伏诛。事连汝弼,章宗以事觉在汝弼死后,得免削夺①。

| 朝代 | 世代 | 姓名 | 主要仕宦 | 婚姻 | 备注 |
|---|---|---|---|---|---|
| 辽 | 一 | 高乐夫 | 礼宾使 | | |
| | 二 | 高霸 | 金吾卫上将军 | 陇西李氏 | (张浩)曾祖霸,仕辽而为张氏(《金史·张浩传》) |
| | 三 | 张祁 | 南海军节度使 | 弘农杨氏 | 仕辽 |
| | | 张祐 | | | 仕辽 |
| | 四 | 张行愿 | 以世家充枢密院令史,迁右班殿直 | 广陵高氏 | |
| | | 张匡 | 节度使 | | |

---

① (元)脱脱等:《金史》卷83《张汝弼传》,中华书局1975年版,第1869—1871页。

续表

| 朝代 | 世代 | 姓名 | 主要仕宦 | 婚姻 | 备注 |
|---|---|---|---|---|---|
| 金 | 五 | 张浩 | 海陵召为户部尚书，拜参知政事。贞元元年，进拜平章政事。世宗朝，拜太师、尚书令，封南阳郡王。 | 张浩之女，一嫁王遵古，一嫁孟鹤。为金末名士孟攀鳞祖母。 | 天眷朝，以张浩行尚书六部事。博通经史，尤长于诗，有《华表山人集》（《金史》卷八十三《张浩传》） |
| | | 张玄征 | 彰信军节度使。 | 张玄征妻高氏与世宗母贞懿皇后有属，世宗纳玄征女为次室，是为元妃 | |
| | | 张玄素 | 与浩同曾祖。玄素初以荫得官。世宗朝，官至户部尚书。 | | 玄素厚而毅，人畏惮刚之。（《金史》卷八三《张玄素传》） |
| | 六 | 张汝为 | 石琚榜及第。奉直大夫、冀州节度副使 | | |
| | | 张汝冀 | 进士。承事郎、东京鹤野县主簿。 | | 早卒 |
| | | 张汝霖 | 贞元二年，赐吕忠翰榜下进士第。大定二十八年，进拜平章政事，兼修国史，封芮国公。（《金史》卷八三《张汝霖传》） | | 少聪慧好学。通敏习事。善墨竹，师王庭筠 |
| | | 张汝翼 | 进士。仕不达。（《中州集》卷九） | | |
| | | 张汝方 | 官至宣徽使 | | 政隙，游戏翰墨。诗句高远似唐人，书画圆美似晋人。（王庭筠《香林馆记》，《金文最》卷二十四） |
| | | 张汝猷 | 官至宣徽使 | | |
| | | 张汝弼 | 海陵正隆二年（1157年）中进士。 | | 与族弟张汝霖同日拜参政。 |

渤海高氏在相当长一段时间内一直是大族。东汉时，渤海太守高洪，因居渤海修县（今河北景县），为当时望族，子孙传衍甚多，于是高氏便以渤海为郡号。高洪的四世孙高褒为太子太傅。高褒的孙子高承为国子祭酒。五代时期十国之一的荆南政权创建人高季兴自称为北齐勇

将高昂之后，因而也是出自渤海高氏。北宋以后，作为渤海高氏后裔，世系最清晰、地位最显赫的，应属唐太宗时任宰相的高士廉至宋武烈王、名将高琼一系。高琼重孙女为宋英宗皇后、神宗生母，曾辅政三朝，史称"女中尧舜"。自高琼起，五世七人追封为王：高琼为武烈王，子继勋为康王，孙遵甫为楚王，重孙士林为普安郡王、士宏为武安郡王，玄孙公绘为咸宁郡王、公纪为新兴郡王。公纪之子高世则于北宋末任天下兵马大元帅、康王赵构麾下行营副使，后"扈跸南渡"，金兵渡江南侵时，一直护从高宗赵构转战于浙东沿海。

辽金时期，渤海高氏也出现不少杰出人才。渤海高牟翰辽初屡立战功。辽世宗时，加开府仪同三司。穆宗应历初，为东京中台省右相，后迁左相。自高牟翰后，高氏家族"代袭重禄，家累余赀"，成为世家大族。其子高儒，历官胜州刺史，儒子为裘，六艺靡不精习。由祖父荫寄班祗候，仕至知顺义军马步军都指挥使事。①

高桢由辽入金，其五世祖牟翰仕辽，官至太师。高桢尝业进士，金天会六年（1128），迁尚书左仆射，判广宁尹，加太子太傅；十五年（1137），加太子太师，提点河北西路钱帛事。天眷初，同签会宁牧。迁太子太保，行御史大夫，封莒王。策拜司空，进封代王，太子太保、行御史大夫如故。桢久在台，"弹劾无所避，每进封，必以区别流品，进善退恶为言"。②

高德基为皇统二年进士（1142），皇统六年（1146），为尚书省令史。大定十一年（1171），改户部尚书。海陵为相时，专愎自用，人莫敢拂其意，德基每与之详辨。海陵王即位后，赞其"公直果敢。"③ 高竑以荫补官，官至左藏库副使。元妃李氏以皂币易红币，竑独拒不肯易。④ 高彪，本名召和失，辰州渤海人。祖安国，辽兴、辰、开三镇节度使。父六哥，左承制，官至刺史。⑤

在渤海多支高氏家族中，与王氏家族联姻的高衎高氏家族文学成就

---

① 《高为裘墓志》，向南编《辽代石刻文编》，河北教育出版社1995年版，第612页。
② （元）脱脱等：《金史》卷84《高桢传》，中华书局1975年版，第1889页。
③ （元）脱脱等：《金史》卷90《高德基传》，中华书局1975年版，第1996页。
④ （元）脱脱等：《金史》卷100《高竑传》，中华书局1975年版，第2216页。
⑤ （元）脱脱等：《金史》卷81《高彪传》，中华书局1975年版，第1822页。

最高。高衎和高宪祖孙二人，当时皆有诗文传世。

高衎为世宗时名宦，字穆仲。敏而好学，自少有能赋声，同舍生欲试其才，使一日赋十题戏之，衎执笔怡然，未暮十赋皆就，彬彬然有可观。年二十六登进士第。历仕海陵、世宗朝，官终吏部尚书。①《书画汇考》存有正隆四年所作《苏文忠公书李太白试卷跋》一文。

高宪伯父高守义为大定十六年进士。高宪父高守信，以荫补官。高宪叔守礼，官至宣徽使。高宪，字仲常，辽京（辽宁辽阳）人。他自幼就学于外祖父家，受到被称为"辽东夫子"的外祖父王遵古和"渤海遗裔第一文人"的舅父王庭筠的熏陶和影响很深。"诗笔字画，俱有舅氏之风。"他天资聪颖，博学强记。金章宗泰和三年（1203），登进士乙科，为博州（山东聊城）防御判官。他淡泊名利，不贪图富贵，生平无任何嗜好，只与文字结为生死之交，尤其崇拜苏轼的纵横恣肆和挥洒畅达的豪放词风。年不到三十岁，作诗已达数千首。金宣宗贞祐四年（1216）秋，木华黎统领蒙古大军进兵辽西，渡辽河，拔苏、复、海、盖等城，辽阳亦为蒙古所占，约在此时，高宪死于战乱之中。金人元好问编纂的《中州集》中，收高宪的诗歌八首。

张浩一女嫁孟鹤为妻。孟氏家族谱系有李俊民《孟氏家传》。②

| 世代 | 姓名 | 入仕途径 | 仕宦经历 | 文学活动 |
| --- | --- | --- | --- | --- |
| 一 | 孟唐牧，字尧臣，云中人 | 幼习儒业，进士 | 仕辽，为太子洗马 | |
| 二 | 彦甫，字仲山 | 初以荫补，后以明法中选 | 知西北路招讨使事 | |
| 三 | 鹤，字寿父 | 幼聪敏好学，手不释卷。同进士第出身 | 主汾州西河簿、宰宣宁县，进阶儒林郎 | 其妻为金太师、中书令张浩女 |
| 四 | 仁，更名泽民，字安宅 | 年逾三十，不就资荫。折节读书。崇庆元年秋魁大同府选，辛巳登进士第 | 河南福昌簿 | 世乱避地于陆浑南山，以诗酒自适 |

---

① （元）脱脱等：《金史》卷90《高衎传》，中华书局1975年版，第2005页。

② （元）李俊民：《孟氏家传》，李修生主编《全元文》第1册，江苏古籍出版社1999年版，第59—60页。

续表

| 世代 | 姓名 | 入仕途径 | 仕宦经历 | 文学活动 |
|---|---|---|---|---|
| 五 | 孟璘，易名攀鳞，字驾之 | 束发从父训，不经他师指授。十三岁，荐名于京师，擢进士第 | 任陕州州判、辟举灵台令、入补省掾 | 朝廷分三科诸路选试精业儒人监试刘中以赡于才学，皆优其等，充本府议事官 |

  云中孟氏为晋北著名的科宦家族，自辽入金，家族成员中科举及第者不绝。张浩与孟氏家族联姻，亦是虑其有深厚的家学渊源和稳定的政治地位，可以使张氏家族在金代汉化重文的治国政策背景下，最大限度地保障家族的经济利益、文化利益和政治利益，以便获得长远的家族发展前景。

  张氏、王氏、高氏三大家族以婚姻为纽带，形成了一个庞大的开放式家族网络。王氏家族几百年来数十代人的异地辗转宦居，早已使其与渤海以外的不少民族发生过血缘方面的交融。这一血统成分复杂的文学世家在金朝和元初颇有影响。

# 参考书目

## （一）原始文献

（宋）洪迈：《夷坚志》，中华书局1981年版。

（宋）叶隆礼撰：《契丹国志》，上海古籍出版社1985年版。

（宋）李心传撰：《建炎以来系年要录》，中华书局1985年版，丛书集成初编本。

（宋）徐梦莘撰：《三朝北盟会编》，上海古籍出版社1987年版。

（宋）李心传撰：《建炎以来系年要录》，中华书局1988年版。

（宋）江少虞撰：《宋朝事实类苑》，上海古籍出版社1996年版。

（宋）李心传撰、徐规点校：《建炎以来朝野杂记》，中华书局2000年版。

（宋）范成大撰：《范成大笔记六种》，孔凡礼点校，中华书局2004年版。

（宋）陈振孙撰：《直斋书录解题》，上海古籍出版社2005年版。

（宋）周密撰：《癸辛杂识》，吴企明点校，中华书局1997年版。

（宋）洪皓：《松漠纪闻》，中华书局1985年版，丛书集成初编本。

（宋）无名氏：《靖康要录》，中华书局1985年版，丛书集成初编本。

（宋）宇文懋昭：《金志》，中华书局1985年版，丛书集成初编本。

（宋）宇文懋昭撰：《大金国志校证》，崔文印校证，中华书局1986年版。

（金）张暐撰：《大金集礼》，中华书局1985年版，丛书集成初编本。

（金）元好问：《元好问全集》（增订本），姚奠中主编，李正民增订,山西人民出版社 1990 年版。

(金)元好问:《元好问诗编年校注》,狄宝心校注,中华书局 2011 年版。

(金)元好问:《元好问文编年校注》,狄宝心校注,中华书局 2012 年版。

(金)元好问编:《中州集》,华东师范大学出版社 2014 年版。

(金)王嚞撰:《重阳全真集》,道藏本。

(金)马钰撰:《洞玄金玉集》,道藏本。

(金)丘处机撰:《磻溪集》,道藏本。

(元)房祺编:《河汾诸老诗集》,山西古籍出版社校注本 1996 年版。

(元)刘祁:《归潜志》,崔文印点校,中华书局 1997 年版。

(元)苏天爵:《元朝名臣事略》,中华书局 1962 年版。

(元)脱脱等撰:《辽史》,中华书局 1974 年版。

(元)脱脱等撰:《宋史》,中华书局 1977 年版。

(元)脱脱等撰:《金史》,中华书局 1975 年版。

(明)宋濂等撰:《元史》,中华书局 1976 年版。

(明)陈邦瞻撰:《宋史纪事本末》,中华书局 1997 年版。

(清)李有棠撰:《金史纪事本末》,中华书局 1980 年版。

(清)赵翼:《廿二史札记》,中华书局 1984 年版。

(清)张金吾撰:《金文最》,中华书局 1990 年版。

(清)纪昀等编:《四库全书总目》,中华书局 1997 年版。

## (二)近现代著作

高延青主编:《北方民族文化新论》,哈尔滨出版社 2001 年版。
万绳楠整理:《陈寅恪魏晋南北朝史讲演录》,黄山书社 1987 年版。
陈寅恪:《陈寅恪史学论文选集》,上海古籍出版社 1992 年版。
戴素芳:《传统家训的伦理之维》,湖南人民出版社 2008 年版。
《道藏》,文物出版社、上海书店、天津古籍出版社 1988 年版。
罗时进:《地域 家族 文学——清代江南诗文研究》,上海古籍出版社 2010 年版。

陈寅恪：《寒柳堂集》，上海古籍出版社 1980 年版。

阎凤梧、刘达科：《河汾诗老研究》，山西人民出版社 1993 年版。

（金）王若虚：《滹南遗老集校注》，胡传志、李定乾校注，辽海出版社 2006 年版。

陈寅恪：《金明馆丛稿初编》，上海古籍出版社 1980 年版。

陈寅恪：《金明馆丛稿二编》，上海古籍出版社 1980 年版。

钟陵编：《金元词纪事汇评》，黄山书社 1995 年版。

赵维江：《金元词论稿》，中国社会科学出版社 2000 年版。

陶然：《金元词通论》，上海古籍出版社 2001 年版。

牛贵琥：《金代文学编年史》，安徽大学出版社 2002 年版。

薛瑞兆：《金代科举》，中国社会科学出版社 2004 年版。

赵琦：《金元之际的儒士与汉文化》，人民出版社 2004 年版。

王庆生编：《金代文学家年谱》，凤凰出版社 2005 年版。

裴兴荣：《金代科举与文学》，中国社会科学出版社 2016 年版。

吴梅：《辽金元文学史》，上海商务印书馆 1915 年版。

张晶：《辽金诗史》，东北师范大学出版社 1994 年版。

李兵主编：《辽金史研究》，中国文化出版社 2003 年版。

张晶：《辽金元文学论稿》，北京广播学院出版社 2004 年版。

张晶：《辽金诗学思想研究》，辽海出版社 2004 年版。

《辽金元名人年谱》（全三册），北京图书馆出版社古籍影印编辑室编，北京图书馆出版社 2005 年版。

《历代石刻史料汇编》，国家图书馆善本金石组编，北京图书馆出版社 2000 年版。

李成：《民族文化融合与金代文学研究》，黑龙江教育出版社 2005 年版。

何光岳：《女真源流史》，江西教育出版社 2004 年版。

李修生主编：《全元文》，江苏古籍出版社 1998 年版。

阎凤梧、康金声主编：《全辽金诗》，山西古籍出版社 1999 年版。

唐圭璋编：《全金元词》，中华书局 2000 年版。

阎凤梧主编：《全辽金文》，山西古籍出版社 2002 年。

牟钟鉴、白奚、常大群、白如祥、赵卫东、叶桂桐：《全真七子与齐鲁文化》，齐鲁书社 2005 年版。

蒋祖怡：《文心雕龙论丛》，上海古籍出版社 1985 年版。

王禹浪：《完颜宗翰及家族墓地考》，五常市拉林满族京旗文化开发办 2002 年版。

吴文治：《五朝诗话概说：宋辽金元明》，黄山书社 2002 年版。

贾敬颜：《五代宋金元人边疆行记十三种疏证稿》，中华书局 2004 年版。

陈寅恪：《隋唐制度渊源略论稿》，上海古籍出版社 1982 年版。

徐扬杰：《宋明家族制度史论》，中华书局 1995 年版。

王善军：《世家大族与辽代社会研究》，人民出版社 2008 年版。

钱锺书：《谈艺录》，中华书局 1984 年版。

李浩：《唐代三大地域文学士族研究》，中华书局 2002 年版。

狄宝心：《元好问年谱新编》，中国文联出版社 2000 年版。

孔凡礼编：《元好问资料汇编》，学苑出版社 2008 年版。

邵伏先：《中国的婚姻与家庭》，人民出版社 1989 年版。

徐扬杰：《中国家族制度史》，人民出版社 1992 年版。

傅璇琮、谢灼华主编：《中国藏书通史》，宁波出版社 2001 年版。

黄镇伟编著：《中国编辑出版史》，苏州大学出版社 2003 年版。

戚福康：《中国古代书坊研究》，商务印书馆 2007 年版。

# 后　　记

　　本书是国家社科一般项目《金代家族与金代文学关系研究》的最终成果。书中部分章节作为项目阶段性成果已在《民族文学研究》《中州学刊》《北方论丛》等刊物发表。

　　从项目结项到正式出版已历经几个春秋。按照匿名的国家社会科学基金成果鉴定专家针对结项材料所提出的非常宝贵的修改建议，本人尽力做了修改与完善。在成书过程中，得到了许多专家学者的帮助和指导。感谢狄宝心先生在夏日酷暑之下，抽出时间，通读了全部书稿并撰写了本书序言。狄先生表现出对后学的无私关心和尽力提携。从狄先生身上，我看到了一位学者所具有的一丝不苟的、严谨的治学态度。

　　在此也要感谢我的恩师黄珅先生对本书的肯定。在华东师大读博期间，黄珅老师为学生们营造了既严格又民主的学术氛围，从而培养了学生缜密的文献考证和活跃的学科思维相结合的学术素养，这使我一生受益无穷。

　　中国社会科学出版社的编辑慈明亮先生为本书的顺利出版付出了辛劳，冯英爽女士订误补缺，表现出精益求精的专业精神。在此对慈先生、冯英爽女士，以及出版社其他同人致以崇高的敬意！同事王长武、黄贤忠、裴兴荣、薛文礼等提供了多方面的帮助。爱人李东平在书稿出版的过程中，也付出了大量的心血。在此一并表示感谢！

　　作为金代家族与文学研究的尝试性努力，本书尚需持续的深化和拓展。书中的疏漏，甚或错误之处，敬请各位读者、学者不吝批评指正。

杨忠谦